Трилогия «Мрачный Взвод»

I

Ведьмин час

II

Двенадцать дней Коляды

III

Пробуждение Нави

Red Violet. Темные миры

РИТА ХОФФМАН

МРАЧНЫЙ ВЗВОД

ВЕДЬМИН ЧАС

Москва
МИФ
2024

УДК 82-312.9
ББК 84(2Рос)6-445.13
Х85

Хоффман, Рита

Х85 Мрачный Взвод. Ведьмин час / Рита Хоффман. — Москва : МИФ, 2024. — 448 с. — (Red Violet. Темные миры).

ISBN 978-5-00214-184-5

Их было трое — Варна, Дарий и Свят.

Старшая дочь, брошенная отцом в лесу, сирота, метивший в святые, и нелюдимый звереныш, не расстающийся с мечом. Они росли вместе, пока однажды судьба не развела их дороги: двое присоединились к Мрачному Взводу, а третий вступил в Святой Полк.

Охотница, в крови которой течет сила Зверя, мертвый мальчишка, проклятый и вечно юный, и светлый воин, тень которого оставляет кровавый след. Они встречаются вновь, чтобы разобраться с ошибками прошлого и истребить ведьм, десять лет назад загнанных в Черную Падь. Но так ли всё просто, когда врагу доверяешь больше, чем другу?..

УДК 82-312.9
ББК 84(2Рос)6-445.13

ISBN 978-5-00214-184-5

Все события вымышлены,

все совпадения — не больше

чем ведьмовские козни

ГЛАВА 1

Сейчас

— Отец наш Небесный, дай мне сил, дай мне воли. Пусть рука моя не знает промаха, пусть сердце не знает жалости. Защити, Отец, от проклятий и ядов, от ведьминых взглядов, от морока и порока, от...

Она прислушалась.

Лес спал. Ветер не тревожил листву, твари не рыскали в траве, но воздух едва заметно подрагивал.

Пригнувшись, она прокралась вдоль охранного круга, выискивая глазами тотем-идол, поддерживающий его силу. Не то, не то, не то... Вот он!

— Отец наш Небесный, — снова зашептала она, вынимая нож, — дай мне сил, дай мне воли. Пусть рука моя не знает промаха, пусть сердце не знает жалости. Защити, Отец, — дышать становилось все труднее, — от проклятий и ядов, от ведьминых взглядов, от морока и порока, от слова дурного, от...

Сжав в руке идола, она аккуратно вонзила в него блестящее в полумраке лезвие. На щербатой поверхности фигурки выступили густые капли темной крови. Ее запах щекотал ноздри.

Дверь ведьминой избы приветливо распахнулась.

Она могла войти прямо сейчас, не дожидаясь Дария, и столкнуться с ведьмой лицом к лицу.

Настолько ли она безрассудна? Да, можно не сомневаться.

Перешагнув через невидимую границу охранного круга, она подошла к избе и перепрыгнула через прогнившие ступени. Доски жалобно скрипнули, прогнувшись под ее весом. Она заглянула в избу и выдохнула — никого. Над огнем висел котел, задняя дверь была распахнута настежь.

Она переступила через разбросанные на полу тряпки и заглянула в котел. Одного взгляда хватило, чтобы понять, что стало с младенцем, похищенным из деревни, — его выварили, превратили в студень, которым ведьмы смазывают ясеневые суки и метлы.

— Опоздала, — прошипела она сквозь зубы.

Подхватив с пола остатки одежды, Варна вышла на улицу. Высоко в небе висела луна, приближался ведьмин час. Если они хотят найти ведьму сегодня, им нужно как можно скорее добраться до деревни.

Варна швырнула одежду на стол и уперла руки в бока. Деревенский староста, тщедушный, обрюзгший мужичок, скривил тонкие губы.

— Не справилась? — деловито осведомился он.

— Не справилась? — эхом откликнулась она. — Ведьма знала, что я иду! В вашей деревне есть крыса, которая предупредила ее о моем появлении.

— Крысы есть везде. — Староста пожал плечами. — Думается мне, я могу тебе не платить.

— А мне думается, — она схватила его за ворот рубахи и притянула к себе, — что я могу спустить на тебя своего мертвеца.

Мужик побледнел, его взгляд метнулся к темному углу за ее спиной.

— Отец наш Небесный, — прохрипел он, — защити...

Варна оттолкнула его и скривилась. Научи дурака богу молиться — он и лоб себе расшибет, как известно.

— Золото, — потребовала она.

— Половину, — сказал староста.

Из тени бесшумно выступил человек в черном плаще. Он аккуратно сдвинул капюшон, так, чтобы мужик сумел рассмотреть его лицо, и хриплым голосом спросил:

— У нас проблемы?

Староста осенил себя крестным знамением и, собрав остатки мужества, заголосил:

— Упыря на честного человека спустить решила?! Я сообщу куда следует, я напишу...

— Это ты-то честный человек? — Дарий оперся на стол и приблизился к лицу старосты. — Честью от тебя и не пахнет.

— Мрачный Взвод должен...

— Ничего он тебе не должен! — рявкнула Варна. — Либо плати, либо сам отправляйся на ведьм охотиться! Но, чтоб ты знал, только выйдешь из деревни — как от тебя, кроме сапог, ничего не останется!

Исподлобья глядя на Дария, староста вытащил из-за пазухи позвякивающий мешочек и бросил его к ногам Варны.

— На! Подавись! И чтоб духу вашего в моей деревне не было!

— А ведь могли бы по-хорошему договориться. — Дарий наклонился и поднял кошель.

— Ведьма вернется и заберет ваших детей, — сказала Варна. — Ты пожалеешь, что прогнал нас.

— Пошли прочь из моего дома, адамовы дети! — завопил мужик, брызжа слюной.

Отвесив старосте издевательски вежливый поклон, Дарий открыл дверь и пропустил Варну вперед. Она наградила его тяжелым взглядом и проворчала:

— Ты снова ведешь себя как скоморох.

— С такими, как этот, по-другому нельзя. Не в драку же лезть?

— Я бы предпочла хорошую драку.

Она облокотилась на коновязь и устало потерла переносицу. Раз в деревне есть ведьма, они не могут уехать, даже если староста погонит их факелами и вилами.

— Упырем обозвал меня, — обиженно сказал Дарий. — Слышала?

— Предыдущего старосту он не переплюнул. Тварина немертвая, ха!

— Еще, помнится, кое-кто звал меня умертвием. Не так уж и далек он был от истины, верно?

Варна посмотрела на его изможденное лицо и спросила:

— Когда в последний раз мы проводили ритуал?

— Уже и не вспомнить. — Дарий поднял молочно-белые глаза к небу и принялся считать. — Несколько лун минуло с прошлого раза.

Варна взяла его руку в свою и стянула с нее перчатку. Отросшие когти выглядели бритвенно-острыми, под бледной кожей бугрились темные вены.

— Кажется, нам снова придется напасть на старушку, — вздохнув, заключила она.

Варна напряженно всматривалась в темноту, пока Дарий переминался с ноги на ногу на пороге покосившейся избы. На стук никто не вышел, но внутри точно кто-то есть — за затянутым бычьим пузырем окном дрожит пламя свечи.

Дарий снова робко постучал. Изнутри донеслись шаркающие шаги, дверь приоткрылась, и Варна увидела согбенную старушку в пуховом платке, накинутом на поникшие плечи.

— Какая ясная ночь сегодня, — сказал Дарий, — доброго тебе вечера.

— Чего надо? — неприветливо осведомилась старушка.

— Зашел о здравии твоем справиться, узнать, не нужно ли тебе чего.

— Чур меня, — пробормотала вдруг старушка. — Чур! Не переступить тебе моего порога, не...

— Ш-ш-ш... — Дарий наклонился к ней и заглянул в поблекшие глаза. — Впусти меня.

Завороженная его взглядом, хозяйка отступила. Варна вздохнула, покрепче перехватила рукоять кинжала и вошла в избу следом за Дарием.

— Ни красного угла, ни икон, — заметил он. — Крестили тебя, красавица?

Старушка зарделась, сморщенные щеки налились румянцем.

— Не крестили, — ответила она, пряча смущенную улыбку.

— Окажи мне честь, не откажи заблудшей душе — поделись кровью.

Дарий картинно поклонился, встал на одно колено и взял старушку за руку. Та, завороженная его взглядом, охнула и закивала.

Варна посмотрела на Дария — и горькие воспоминания ожили, возвращая ее в их мрачное прошлое.

Он был ее другом, братом по вере и возлюбленным. Все детство они вместе молились, делили еду и невзгоды, порой даже спали в одной постели. А теперь... Он никогда не станет мужчиной, его волóс не тронет седина, лицо не избороздят старческие морщины. Дарий мертв уже десять лет.

— Ты на меня глазеешь. — Он посмотрел на Варну и лукаво улыбнулся. — Сильно я изменился за прошедшие годы?

Она поморщилась:

— Читаешь мои мысли?

— Иногда. — Он жестом попросил у нее нож. — Что скажешь, Варна, я все еще способен завоевать чье-нибудь сердце?

— Ты красив так же, как в тот день, когда твое сердце остановилось, — нехотя ответила она.

— Передай мне флягу. — Дарий протянул руку. — И спасибо тебе за эту безобидную ложь.

Его лицо уже начало меняться: бледная кожа натянулась на скулах, верхняя губа приподнялась, обнажая острые резцы. Затянутые посмертной пеленой глаза испещрили алые жилки, на шее проступили темные вены.

Он провел лезвием по руке старушки и, прежде чем подставить фляжку, тронул порез пальцем. Будь хозяйка дома крещеной — прикосновение к ее крови причинило бы ему нестерпимую боль.

Дарий никогда не нападает на людей. Приняв свою зависимость от чужой крови, он смирился с ней, но отказался от охоты, предпочтя ей мягкую настойчивость и дар убеждения, полученный после темного перерождения. Каждый человек, у которого он брал кровь, оставался в добром здравии после его визита. Насколько это возможно.

— Я едва слышу стук ее сердца, — вдруг сказал он.

— У нас нет времени искать кого-то другого. — Варна посмотрела на сгустившуюся тьму за окном.

— И почему ты всегда выбираешь стариков?

— Потому что их сложнее всего обратить в новую веру, — отрезала она.

— А я-то думал, что ты ревнуешь меня к юным девам, готовым бескорыстно поделиться со мной кровью.

Они обменялись многозначительными взглядами, Дарий мягко улыбнулся, и Варне пришлось приложить усилия, чтобы не улыбнуться в ответ.

— И я все еще тебе не отвратителен?

— Иногда, — сказала она, — когда забываешь, что тебе нужно пить кровь. Поторопись, луна уже взошла.

Дарий достал из мешочка на поясе длинную полосу ткани, надежно перевязал порез и, доверительно глядя старушке в глаза, прошептал:

— Забудь о нашей встрече. Ты поранилась, пока таскала дрова. Запри за нами дверь и ложись спать.

Та деловито кивнула, поправила платок на плечах и, дождавшись, пока они окажутся за порогом, закрыла дверь на хлипкий засов.

— Надолго тебе хватит ее крови? — спросила Варна.

— Сколько-нибудь продержусь.

Проверив, надежно ли привязаны лошади, Дарий взял седельную сумку, и они направились к темнеющей громаде леса.

Расположившись на расстеленном на земле плаще, Варна начала приготовления: достала комок спутанных волос, склянку с серым пеплом и котелок. Дарий принес ветки и развел небольшой костер.

— Не раздувай так сильно: нам ведь не нужно, чтобы кровь свернулась, — сказала Варна, аккуратно выуживая волосок из спутанного комка.

— Кто придумал добавлять волосы блудницы? — Дарий закатил глаза.

— Тот же, кто решил добавить прах задушенного. — Варна высыпала горстку пепла в походный котелок. — Давай флягу.

Стоило крови коснуться остальных ингредиентов, как густой белый пар поднялся над котелком. Варна подвесила его над едва горящим костром и принялась помешивать варево тут же подобранной веточкой.

— Раздевайся.

Дарий послушно расстегнул широкий кожаный пояс, стащил рубаху и встал на колени, являя взгляду испещренное шрамами тело. В лунном свете Варна разглядела выступающие ребра и позвонки.

— Ты почти высох. Почему не сказал раньше?

— Я должен был сказать об этом до или после того, как ты нашла вываренного младенца в убежище ведьмы? — язвительно осведомился Дарий.

Она раздраженно фыркнула и сняла котелок с огня. Нагнувшись к нему, Варна вдохнула густой пар и зашептала:

— Пока горит в небе солнце ясное, пока под ногами моими мать сыра земля, пока кипит в жилах моих кровь, именами павших...

— ...именами восставших, — эхом откликнулся Дарий.

— ...именами неспящих, именами проклятых, именами святых...

— ...именами своих, именами чужих заклинаю чужую плоть...

— ...заклинаю свежую кровь...

— ...заклинаю желчь...

— ...заклинаю тело твое...

— ...принять душу мою...

— ...и оставить ее здесь навек, пока смерть не настигнет меня!

Варна передала котелок Дарию, и он залпом выпил заговоренную кровь. Его тело мгновенно налилось жизненными соками, кожа на груди разгладилась, под ней проступили мышцы. Легкий румянец окрасил щеки, белесые глаза мертвеца заблестели. Он глубоко вдохнул и прохрипел:

— И этими губами ты обращаешься к Господу?

Варна не удостоила его ответом, поднялась на ноги, отряхнула штаны и огляделась.

— Где-то здесь должен течь ручей. Мне нужно смыть с себя грязь.

— И то верно, в таком виде тебя ни на одном постоялом дворе не примут.

— Плевать на двор. — Она отвязала лошадь и повела ее за собой. — Мы должны убраться отсюда.

— Варна...

— Поедем дальше, я думаю...

— Варна!

Она обернулась. Дарий медленно достал из-за пояса топорик и жестом приказал ей молчать. Он долго вслушивался в песню ночного леса, прежде чем размахнуться и запустить оружие в темноту.

Кто-то сдавленно зарычал, и спустя мгновение из леса прямо на них выбежало отвратительного вида существо — ведьма, не успевшая до конца принять звериный облик. Топор ранил ее в плечо, прервал обращение, но серьезного вреда не причинил.

Ковыляя на волчьих ногах, ведьма скалила зубы и утробно рычала.

Варна выхватила из ножен короткий меч и кинулась на нее. Тварь ощетинилась и бросилась навстречу, выставив вперед сведенные судорогой пальцы.

Первый удар нанесла Варна — ведьма коротко вскрикнула и кубарем покатилась по земле, но тут же вскочила, встала на четвереньки и снова бросилась в атаку. Дарий ринулся наперерез, заслоняя собой Варну, и ведьма врезалась в него. Они покатились по траве, сцепившись словно дворовые кошки.

— Немертвый! — завопила ведьма искаженным голосом. — Твое тело сохнет, мальчишка! Твои внутрен...

Варна ногой оттолкнула чудовище от Дария и коротким выпадом завершила атаку — лезвие меча пронзило шею ведьмы насквозь. Из зубастой пасти хлынула кровь, костлявая рука схватила ее за голень. Подоспевший Дарий легко отсек твари руку чуть ниже локтя. Испустив мучительный стон, ведьма затихла.

— Нужно вернуться в ее дом и проверить, нет ли там чего интересного. — Варна стряхнула кровь с лезвия. — Не надо было бросаться на нее.

— Как я мог стоять в стороне? — Дарий пожал плечами.

— То, что ты не можешь умереть, не повод для безрассудства. — Она увидела, что он готов возразить, но не позволила ему этого: — Ты все еще слишком слаб.

— Что ты сделаешь, если я не стану тебя слушаться? — Он смахнул волосы с лица. — Натянешь поводок?

— Нет у меня никакого поводка!

Дарий хмыкнул, взял ведьму за ноги и потащил ее к костру.

Они сожгли тело, смыли кровь с оружия в ручье, бегущем неподалеку, и вернулись к лошадям.

— Полезай в седло, охотница. — Дарий поднял лицо к небу. — Скоро рассвет.

— Не отставай, — Варна откинула косу за спину, — болтливый мертвец.

Прежде чем войти в избу, они порыскали по округе в поиске ловушек. Убедившись, что все тотемы-идолы уничтожены, Дарий заглянул в открытую дверь.

— Ну и беспорядок. — Он поморщился. — Чем воняет?

— Это от тебя.

Варна легко толкнула его плечом и указала на котел.

Это варево они уже видели, и не один раз. Если в деревне начинают пропадать младенцы, вариантов всего два: родители избавились от них, потому что не могли прокормить, или их уволокли ведьмы, чтобы сделать из них мерзкое варево. Потом этим варевом мажут метлы, собранные из ветвей мертвых деревьев, — и они приобретают способность летать по воздуху.

— Нужно сжечь дерево, — будто прочитав ее мысли, сказал Дарий.

— Как думаешь, где оно?

— Въездов в деревню всего два, наверное, неподалеку от одного из них.

Мертвое дерево — это дерево висельников. На раскидистых ясенях находят последнее пристанище негодяи и убийцы, разбойники и воры. Их тела висят неделями, пока не сгниют настолько, чтобы распасться на части. Потом останки растаскивают падальщики. Умирая не своей смертью, эти люди пропитывают все вокруг ненавистью, страхом и болью. Срезав с такого дерева сук, ведьма может заставить его летать.

— Разделиться предлагаешь?

— Предлагаю. — Дарий перебрал пожелтевшие листы, сваленные в кучу на столе. — Она вела записи.

— Дай. — Варна вырвала записи из его рук. — Здесь нет ничего интересного.

— Может, она хотела собрать свою «Черную книгу»?

— Эта болотная дрянь была способна только на то, чтобы похищать детей, какая еще книга? Мне кажется, она украла чьи-то записи и распотрошила их.

— Значит, — задумчиво протянул Дарий, — в деревне есть еще одна ведьма.

— Староста нас прогнал, — напомнила Варна. — Пусть разбирается сам.

— Мы не можем отказаться от работы.

— А мы от нее и не отказывались. Если людям не нужна наша помощь...

— Они уничтожат деревню. — Дарий жестом велел ей замолчать. — Мы должны вернуться.

— Черт с тобой. — Варна сунула край пергамента в огонь. — Давай найдем дерево, а там видно будет.

Она бросила горящий листок на стол, над записями взметнулось пламя. Скоро это место поглотит огонь, очистит землю от скверны, и, возможно, когда-нибудь здесь снова поселятся лесные твари.

— Ничего не скажешь?

Они стояли напротив горящей избы, в белесых глазах Дария отражались яркие всполохи огня. Немертвый убрал волосы за уши и спрятал руки в карманы. Если не присматриваться, можно принять его за простого охотника из Мрачного Взвода.

— Пусть снизойдет на это место благодать Господня, — нехотя сказала Варна. — Пусть Его слезы омоют землю, пусть кровь Его...

— Пусть кровь Его смоет скверну, — голос Дария дрогнул. — Пусть...

— Хватит. — Варна положила руку ему на плечо и развернула к себе. — Прекрати причинять себе боль.

С тех пор, как он умер, Слово Господне ранило его. Она знала об этом — сама боролась с болью каждый раз, когда обращалась к Богу. Должно быть, Он ненавидит таких, как они, но почему-то все еще не отвернулся от них.

— Нужно ехать. — Дарий мягко сжал ее пальцы.

— Все еще предлагаешь разделиться?

— Сейчас это не кажется мне хорошей идеей, — признался он.

Связанные колдовством, они не могли находиться вдали друг от друга. Стоило разойтись, как невидимая нить между ними натягивалась, причиняя обоим нестерпимую боль. Чем дальше друг от друга они отходили, тем слабее становились.

— Тогда поехали, — Варна посмотрела на светлеющее небо, — скоро вся нечисть разбежится по углам.

Найти дерево висельников труда не составило — смрад гниющей плоти Варна учуяла задолго до того, как увидела очертания могучего ясеня. Его ветви натужно скрипели, мертвецы раскачивались под порывами ветра, вороны деловито каркали, склевывая почерневшую плоть.

Варна спешилась, Дарий подал ей зажженную лучину. Вороны нехотя взмыли в воздух, заслышав их приближение.

Ствол ясеня почернел от горя, на ощупь кора напоминала мягкую плоть. Варна легко нашла места, где были отломаны ветви. Выходит, ведьмы действительно использовали дерево для своих ритуалов.

Стоило Дарию поднести лучину к коре, как на него спикировала лощеная ворона. Она попыталась вцепиться когтями ему в волосы, но он ловко увернулся от атаки.

— Гореть вам в пекле, — прошипел Дарий. — Проклятые прислужники ведьм.

Варна поднесла огонь к одежде висельника, и пламя занялось. Она отступила, увлекая за собой Дария. От дерева исходил нестерпимый жар. Птицы черной тучей кружили над их головами, и висельники шипели, тянули к ним истлевшие руки.

— Осторожно!

Дарий оттолкнул Варну в сторону, и в то же мгновение с неба камнем упала ворона. Она разбилась о землю, но блестящий черный глаз продолжал следить за ними. Ее примеру последовала другая птица, а за ней и все остальные. Прикрывая головы руками, Варна и Дарий вернулись к лошадям и, дав шпоры, погнали их в деревню, прямо к дому местного старосты.

— Я сказал вам убираться! — заорал староста, как только увидел их на пороге. — Клянусь, я достучусь до князя! Вам это с рук не сойдет!

— Тише, тише. — Дарий навалился плечом на дверь, чтобы мужик не закрыл ее. — Давай обсудим, что мы будем делать с ведьмой.

— Князь, князь вас быстро на место...

— Князь Ясно Солнышко мирно спит в своей постели, и ему нет дела до твоих просьб, — спокойно сказала Варна и жестом велела Дарию отойти.

Варна навалилась плечом на дверь — та распахнулась, а староста кубарем покатился по полу. Врезавшись в стол, он с трудом сел и обреченно уставился на них.

— Да чего вам надо?!

— Мы же сказали... — начал было Дарий, но Варна резко прервала его:

— Хватит строить из себя дурака! В твоей деревне промышляет ведьма, а ты дверь перед моим носом закрывать вздумал?!

Сдерживаемая сила вырвалась на волю, и перед глазами Варны заплясали разноцветные искры. Кровь, горячая, словно пламя, расходилась от сердца по венам.

— Отродье адамово! — выкрикнул староста.

Варна кинулась к нему. Она повалила его на пол, вдавила колено в грудь и зашипела:

— Сперва умрет скот, потом начнут умирать люди. Детей до десяти лет ведьма уведет за собой и не оставит плоти на их костях. Детей старшего возраста заставит участвовать в оргии под полной луной, а потом обескровит. Те, кто не умрет от горя, погибнут от хвори. На месте твоей деревни останется туманная падь, проклятый могильник, и десятки лет вокруг этого места не будет водиться ни зверей, ни птиц.

Она сама не заметила, как сдавила старосте горло. Подоспевший Дарий схватил ее за плечи и оттащил от перепуганного мужика.

— И что нам делать? — пискнул староста, пытаясь сесть.

— Пусть все жители деревни выйдут к колодцу. — Варна указала на распахнутую дверь, у которой начали собираться разбуженные шумом люди. — И поторопись, старый черт, иначе этой ночи не будет конца.

Запинаясь о собственные ноги, староста выскочил из дома и забил тревогу, размахивая ручным колоколом.

— Ты ведь убить его могла. — Дарий осуждающе посмотрел на нее.

— Одним дураком на свете стало бы меньше, — огрызнулась Варна. — Не могу поверить, что ведьмы вернулись.

— Давно мы о них ничего не слышали, — согласился он.

Они вышли на улицу и по пояс погрузились в густой туман. Петухи должны были уже пропеть, но луна застыла на небосводе и не двигалась с места.

— Как только найдем ведьму, бей не раздумывая, — напомнила Варна. — Не дай ей заговорить.

Они остановились у колодца и принялись ждать, пока соберутся люди. Заспанные, угрюмые жители медленно брели к ним, поминая лихом и их охоту, и весь Мрачный Взвод.

Худощавый мальчишка принес два ведра и поставил их у ног Варны. Она достала из кармана пару серебряных крестиков, прошептала короткую молитву и бросила их в воду. От серебра на ладони остались красные пятна.

— Именем Господа нашего, Отца Небесного, Творца сущего, — пробормотал Дарий, — укажи на посланника Нави, на невесту Зверя, на отродье Адамова семени.

Взяв по ведру, они принялись орошать святой водой ноги собравшихся. Староверы плевали им под ноги, шипели как змеи, но не отходили. Хорошо, что никто из них не знал, что Дарий упырь, паника им ни к чему.

От ног неприметного мужичка вдруг поднялся пар. Варна бросила ведро и схватилась за меч, но зверево отродье с такой силой ударило ее в грудь, что едва не вышибло дух.

— Дарий! — прохрипела Варна, хватая ртом воздух.

Он сделал выпад в их сторону еще до того, как она произнесла его имя. Сверкнул серп, серебряное лезвие легко отсекло ведьме голову. Лицо Варны оросила кровь.

Вращая глазами, отрубленная голова принялась хохотать.

— Беги, беги вода! — заголосила она женским голосом. — Рослава видит тебя! Ручей шумит, Рослава идет по берегу!

Не веря собственным ушам, Варна уставилась на Дария, а тот ответил ей таким же испуганным взглядом. По ее спине покатился пот, на лбу выступила испарина.

— Беги, вода! — гремел хохот. — Она видит! Она видит моими глазами! Рослава видит...

Варна подняла голову за волосы и, глядя в выпученные глаза, спросила:

— Где она?

— Беги, беги, Варна! — На потрескавшихся губах выступила алая пена, кожа лоскутами сползала с черепа. — Беги!

То, что было ведьминым лицом, упало на землю, в пальцах Варны остался только скальп с редкими седыми волосами. Она отбросила его в сторону и дрожащим голосом сказала:

— Отправьте воронов к охотникам.

Бледный староста отчаянно закивал и кинулся прочь. Деревенские жители разбежались кто куда. Сжав кулаки, Варна повернулась к застывшему Дарию и одними губами прошептала:

— Она вернулась.

Глава 2

Тогда

Аукая, она вышла на прогалину и прислушалась. Никто не откликался на ее зов, только птицы пели высоко в ветвях деревьев.

— Ау!

С какой стороны они пришли, Варна не запомнила, как долго плутали по лесу — тоже. Выбившись из сил, она поставила корзинку на землю и села рядом. Солнце медленно клонилось к закату, становилось прохладно. Если батюшка не вернется до темноты, дела ее будут плохи.

Она прождала много часов, сидя под раскидистой елью. Когда окончательно стемнело, Варна встала и побрела вперед, надеясь, что духи рода сберегут ее и отвадят диких зверей.

Дома ее ждали два брата и сестра, мама, две козы и собака. По вечерам все родичи садились за круглый стол и ели кашу, после заката возвращался батюшка, усаживался перед огнем на лавку и грел уставшие ноги.

Все последние дни она вела себя хорошо — помогала дома, сидела с младшими, кормила скотину, поэтому батюшка решил взять ее в лес, когда пошел проверить силки.

Она запнулась и едва не упала. Стало совсем темно, и ей казалось, будто кто-то крадется за ней. Варна остановилась, села на корточки, спрятала лицо в ладонях и заплакала.

Обычно мама шлепала ее по лицу и говорила: «Не реви!» — Варна послушно вытирала слезы и, проглотив обиду, плелась за ней, чтобы выпросить хотя бы немного сострадания. Но ей не доставалось даже этой малости, потому что характер у мамы совсем не такой. Она не обнимала ни ее, ни младших, всегда хмурилась и кричала. Но она — мама, не любить ее невозможно.

Внимание привлекло какое-то движение в темноте, Варна вскинула голову и резко встала. Если это волки — ей конец. Много раз она видела безутешных односельчан, которые не дождались возвращения близких с охоты. Становиться жертвой зверей совсем не хотелось, поэтому она встала и прижалась спиной к стволу, чтобы хищники не могли напасть сзади.

Вдруг холодные руки обхватили ее, она завизжала и принялась вырываться. Четыре руки! Нет, шесть рук! Шесть человеческих рук обхватили ее от горла до коленей и прижали к шершавому стволу! Кора впилась в спину, Варна вопила, как никогда в жизни, и больше всего ее пугало то, что она почти ничего не видит.

— Хватит, Пава!

Хватка ослабла, но руки не исчезли. Из тени под деревьями вышла незнакомая женщина. Она совсем не боялась твари с шестью руками, даже внимания на нее не обращала.

— Как звать тебя? — спросила женщина.

Варна промолчала.

— Слабоумная?

Руки исчезли, из-за дерева вышла еще одна женщина, низкорослая и худая. Она облокотилась на ствол и не сводила взгляда с Варны.

— Может, немая... — протянула первая. — Имя, девочка. Назови его.

— Не стану! — резко выкрикнула Варна. — Кто вы такие? Что делаете в лесу?

— Ох! — Смех женщины напоминал звон колокольчиков. — Какая смелая! Кто тебя здесь бросил? — спросила она, опустившись на колени. — Отвечай мне.

Ее глаза засияли — и Варна, не понимая почему, подчинилась ей: рот открылся, и слова полились сами собой:

— Батюшка повел меня проверить силки, а потом убежал. Я не смогла его догнать.

— Вот как... — Женщина кивнула. — Батюшка, значит. Имя, девочка.

— Варна.

Варна сжала кулаки. Почему она отвечает незнакомке?! Язык ворочается во рту без ее позволения!

— Пойдем, Варна. — Женщина встала. — Не бойся, сегодня волки тебя не съедят.

— Но она слишком взрослая, — громко зашептала Пава. — Мы не...

— Пойдем, — игнорируя спутницу, повторила женщина.

Ее рука была теплая, мягкая, совсем не такая, как у мамы. На ладони нет мозолей, пальцы не затвердели от домашней работы. Под недовольное бормотание Павы они пошли вперед, углубляясь все дальше в лес.

— Вы отведете меня домой? — спросила Варна.

— У тебя больше нет дома, — ответила незнакомка.

— Но мой...

— Твой батюшка бросил тебя в лесу. — В ее голосе не было жалости. — Пойми это прямо сейчас, чтобы не скучать по нему.

— Ты врешь. — Варна попыталась остановиться, но женщина силой потащила ее дальше. — Врешь!

— Они избавились от тебя, девочка, — сказала Пава. — Ты им больше не нужна.

— Неправда!

Она вырвала руку из цепких пальцев и побежала прочь, в темноту.

Он не мог так поступить! Она была хорошей девочкой, помогала им, не проказничала, не плакала, тогда почему...

Яркий свет ослепил ее, кто-то закричал:

— Ложись!

Она рухнула на землю, прикрыла голову руками и услышала, как что-то разбилось за ее спиной. Раздался визг, мужчина закричал:

— Отец наш Небесный, дай мне сил, дай мне воли...

Кто-то схватил ее под руки и потащил вперед.

Варна никак не могла понять, что происходит. Свет факелов слепил, незнакомая женщина взяла ее за подбородок и заставила посмотреть на себя.

— Цела?

Она кивнула.

— Нормальная? — спросил мужчина, с опаской разглядывая ее.

— Нормальная, — ответила женщина. — Где ты живешь? Что здесь делаешь?

— Батюшка бросил меня, — сказала Варна.

Произнести это оказалось куда проще, чем она думала. Слова незнакомки отрезвили, заставили вспомнить, как странно косилась мать в последние дни, с какой яростью батюшка порол Варну, как родители шептались, прежде чем отправить ее за дурман-травой несколько недель назад. В тот раз она вернулась из леса, но родители не выглядели обрадованными.

— Пойдем с нами. — Лицо женщины смягчилось. — Меня зовут Нина, а тебя?

Она не успела ответить, потому что началась суматоха — из леса вынесли человека. Варна увидела черную кровь, льющуюся из страшной раны на его шее.

— Думали, богинки* или болотницы**, а они в зверей обратились! — голос говорящего мужчины дрожал. — Ведьмы, богом клянусь, ведьмы!

---

* Богинка — в поверьях западных славян природный демон. Принимает облик уродливой старухи или бледной девушки.

** Болотница — в славянской мифологии сестра русалок. Живет на болоте, в огромном белоснежном цветке кувшинки.

— Быть не может! — выдохнула Нина и бросилась к раненому, которого положили на землю.

— Когтями хлестнула его. Дело плохо?

— Ему не выжить. — Нина достала из ножен кинжал и занесла его над тяжело вздымающейся грудью. — Пусть Господь будет к тебе милостив, пусть откроет врата райские, возвращайся к Отцу, а мы за тебя помолимся.

Она не мешкала: одним ударом пронзила сердце раненого — и он затих. На губах мертвеца выступила пена. Нина стряхнула кровь с лезвия и убрала оружие. Тишина, окружившая людей, стала зловещей.

— Ведьмы, — произнес темноволосый мужчина. — Я думал, они не осмелятся подобраться так близко.

— Страх им неведом. — Нина обвела взглядом присутствующих. — Нужно уходить.

— А эта? — Из толпы вышел мальчишка. — Она тоже ведьма?

Варна попятилась. Если эти люди узнают, что она говорила с ведьмами, что́ они сделают? Убьют ее? Будут пытать? Она слышала много историй о том, что делают с обвиненными в колдовстве.

— Твое обучение зря проходит, если ты до сих пор ведьму от обычной девчонки отличить не можешь.

Еще один мальчишка вышел в освещенный факелами круг. Он толкнул плечом первого и подошел к Нине. Та кивнула и посторонилась, а парнишка с важным видом приблизился к Варне.

— Меня Дарий зовут, я подручный Мстислава, а ты будешь моей помощницей.

Она перевела взгляд на Нину и увидела, что губы той изогнулись в улыбке.

— Не буду, — заупрямилась Варна. — Кто вы такие? Почему на ведьм напали?

Люди переглянулись, мужчина с темными волосами хлопнул Дария по спине и сказал:

— Теперь она — твоя забота, раз решил. Все ее промахи делиться пополам будут.

— Ладно. — Дарий откинул темные волосы со лба. — Я не подведу, Мстислав.

— Собираемся! — выкрикнула Нина. — Заберите тело Ратмира, похороним его на святой земле.

— Пойдем. — Дарий поманил Варну за собой. — Не стой столбом, шевелись.

— Никуда я с вами не пойду, — заявила она.

— Ладно, оставайся, — легко согласился он. — Утром вернусь, чтобы собрать твои кости и предать их земле.

— К-какие еще кости?! — выкрикнула она и сделала несколько шагов вперед.

— Те, которые оставят волки. Ты или иди, — он обернулся, — или стой на месте.

И она пошла. Лучше быть живой, чем мертвой — это и дураку ясно. Мальчишка заносчивый, совсем как братья, но его колкости не ранили. Только вот никто так и не рассказал, кто они и откуда знают о ведьмах.

В церквях бывать ей еще не доводилось: в ее деревне отрицали нового Бога и отказывались сжигать идолов. Мать все еще оставляла молоко для домового, батюшка не работал в поле в полдень, как завещали деды, в ночь на Ивана Купалу все жгли костры и пускали венки по воде. От распятого на кресте мужика все соседи шарахались, как покойники от серебра, плевали через плечо, а потом ругались.

— Это не наша вера, — однажды сказал батюшка, выставляя за порог очередного старика в рясе.

— Так вы новому Богу служите? — шепотом спросила Варна, с опаской покосившись на огромный крест, возвышающийся над алтарем.

— Отцу Небесному, — подтвердила Нина. — Он спасет нас от зла.

— Какого зла? — Варна всмотрелась в лицо женщины, пытаясь понять, не лукавит ли она.

— От нечисти, что бродит по земле. Сегодня ты встретилась с ведьмами. Тебе не было страшно? — Нина внимательно посмотрела на нее.

— Они ничего мне не сделали.

— Но ты убежала от них.

— Потому что они сказали, что... — Варна запнулась. — Что батюшка бросил меня.

— И не соврали, — заметил Дарий.

— Замолчи! — Она толкнула его.

— Драться в доме Господа нельзя! — Он пихнул ее в ответ.

Если Дарий думал, что она не даст сдачи, то глубоко заблуждался.

Варна накинулась на мальчишку, повалила его на пол и принялась колотить. Ее кулаки впивались в его ребра, в живот, он извивался, пыхтел, пытался сбросить ее с себя, но проиграл еще в тот момент, когда позволил ей напасть первой.

— Ладно, ладно, — Нина потянула ее за одежду, — будет вам, дети.

— Она правила нарушила! — завопил Дарий, приподнявшись на локтях.

— Пока она не знает никаких правил, — напомнила Нина. — И ты должен сделать так, чтобы этого больше не повторилось.

— Я?!

— Помоги ему подняться, Варна, — сказала Нина.

— Нет. — Она показала мальчишке язык и насупилась.

— Да, Варна, — с нажимом произнесла Нина. — Отныне вы — брат и сестра по вере, семья.

— У меня есть семья, — заявила Варна, вскинув подбородок.

— Они от тебя избавиться хотели! — Дарий хлопнул себя ладонью по лбу. — Ты такая глупая!

— Сам дурак, — прошипела она.

Дарий поднял полный мольбы взгляд на Нину, а та только пожала плечами.

В конце концов она указала на спуск под землю и пропустила их вперед, слегка подтолкнув Варну в спину, когда она замешкалась.

— В катакомбах расположены жилые комнаты, — сказала она. — Тебе нечего бояться, мы не причиним тебе вреда.

— Только попробуйте, — буркнула Варна.

ГЛАВА 3

Сейчас

Отправив воронов за охотниками Мрачного Взвода, они уехали из деревни. Если кто-то откликнется на призыв, то он поедет в Моррей — город из белого камня, построенный верующими. Посещать его Варна не любила, потому что за высокими стенами скрывались добропорядочные жители, от одного взгляда на которых она начинала дымиться. Даже название городу дали заморское, ироды, под стать новой вере и новому Богу.

— А я говорил, что нужно назначить встречу в другом месте, — проворчал Дарий.

— Хватит читать мои мысли. — Она приложила руку к глазам козырьком и посмотрела вперед. — Медленно едем.

— Не думаю, что кто-то из Взвода оставит свои дела и бросится сюда.

— Ведьмы важнее любых дел.

«Всякая нечисть, посмевшая осквернить святые земли, должна быть уничтожена», — это первый закон Мрачного Взвода. Упыри, русалки, домовые, бирюки, жировики, лешие — все звериные отродья, отравляющие жизнь людям, должны быть упокоены серебряным оружием и преданы огню.

Ведьмы — невесты Зверя, они способны призывать нечисть, увеличивать ее поголовье и создавать новых невиданных существ, кровожадность которых не знает границ. Их тлетворная сила отравляет землю вокруг, сводит с ума людей, заставляет их совершать страшные злодеяния. Когда-то по приказу князя создали Святой Полк, чтобы бороться с ведьмами, и воинам даже удалось оттеснить ковены к Черной Пади, но ненадолго. Тогда было решено создать Мрачный Взвод — в помощь святому войску.

— Думаешь слишком громко. — Дарий ткнул ее носком ботинка. — Твоя душа должна быть преисполнена мудрости и покоя, если я не ошибаюсь.

— Моя душа бродит отдельно от тела и обладает скверным нравом.

Он скривился.

Прошедшие годы стали для Варны испытанием — Дарий долго отказывался даже разговаривать с ней. Его обида и разочарование были настолько сильны, что он предпочел скитаться по безымянным землям в гробовом молчании. Дарий искал смерти, первым кидался в бой, но боги, старые и новый, были к нему милостивы, пусть он и не желал этого. Лишь спустя почти десять лет Дарий заговорил — так, будто не было молчания, будто Варна годами не умоляла его произнести хоть слово.

— Смотри-ка, — Дарий указал вперед, — работа сама нашла нас.

Им навстречу несся мужичок в заляпанной грязью косоворотке. Подбежав ближе, он упал на колени и бездумно схватился за стремя. Лошадь раздраженно зафыркала, и Варне пришлось похлопать ее по шее, чтобы успокоить.

— Сдохнуть решил?! — резко спросила она.

— Челом к ногам вашим припадаю! — выкрикнул мужик и со всей дури приложился лбом о землю. — Коль помочь можете, не откажите в милости!

Судя по его говору, жил он в глубинке, а там, как известно, творились самые мрачные дела. Господь еще не обратил Свой взор на отдаленные земли, а надо бы, ведь оттуда и лезет звериная зараза.

— Что стряслось? — спросил Дарий.

— Тварь завелась в колодце! Младшего чуть не утащила! — Мужик сложил руки в молитвенном жесте. — Прошу вас, будьте ласочками...

— Будет! — прервала его Варна. — Залезай. — Она протянула мужику руку.

Тот забрался на лошадь и обхватил Варну руками. Если бы она могла — послала бы мужика к черту, но третий закон гласит: «Охотник из Мрачного Взвода не имеет права отказать тому, кто просит помощи».

Можно было посадить мужика к Дарию, но если незнакомец узнает, что рядом с ним упырь, то крик поднимется до самых небес.

Они быстро добрались до крошечной деревушки на десяток дворов. Мужик дрожащим пальцем указал на старый колодец и попятился, предпочтя держаться подальше.

— Кто тут у нас... — пробормотал Дарий, заглядывая в колодец.

— Смотри, чтобы тебя воротом* не ударило. — Варна привязала лошадь и подошла ближе. — Чувствуешь что-то?

— Нет. — Он пожал плечами. — Совсем ничего не...

Из колодца вырвался толстый бордовый язык. Обвив руку Дария, он резко потащил его за собой. Раздался треск рвущейся ткани.

— Сволочь! — выкрикнул Дарий.

Он выхватил серп и полоснул тварь. Та утробно зарычала, и истекающий черной кровью язык втянулся обратно в колодец.

— Лизун, — заключила Варна. — Так я и думала.

---

* Ворот — простейший механизм, состоящий из вращаемого рукояткой горизонтального вала с навивающейся на него веревкой или цепью, которая крепится к грузу.

— Предупредить меня не могла? — Дарий пошевелил рукой. — Повезло, что только из сустава выскочила.

С противным треском он вправил плечо и раздраженно откинул капюшон. Увидев его белесые глаза, перепуганный мужик вдруг упал на колени и заголосил:

— Что же это такое творится-то, а?! Упырь на нашей земле! Упырь!

— Сам ты упырь. — Дарий откинул капюшон. — Можешь...

— Свят, свят, свят! — заорал мужик, пытаясь уползти подальше. — Свят, свят, свят!

Варна достала из сумки пару склянок с заговоренными настоями и подошла к колодцу. Она не стала наклоняться, чтобы рассмотреть лизуна, просто вылила содержимое в воду и замерла, дожидаясь, пока зелья подействуют.

— Долго, — тихо сказал Дарий.

— Сама знаю. — Она прислушалась. — Он даже не кашляет.

Обернувшись, Варна внимательно осмотрела кучно стоящие избы. Странно, но на улице нет ни одной живой души. Попрятались они все, что ли?

Варна нехотя обратилась к дремлющей внутри силе. Пелена перед глазами дрогнула, очертания домов стали зыбкими, и морок медленно растаял, явив им истину.

Деревня на месте, да только давно опустевшая. Ставни отвалились, двери сняты с петель, по земле стелется туман, а на небе нет солнца — над проклятым местом стоит беззвездная ночь.

— Чур меня... — пробормотал Дарий. — Это что, ловушка?

Колодца тоже давно нет — от него осталась только дыра в земле, из которой поднимается смрад. Варна с опаской заглянула внутрь и отпрянула: на дне лежали распухшие тела жителей, частично истлевшие и отравившие воду.

Скрипнула дверь, Варна вскинула меч и взглядом нашла источник звука — из дома пыталась выйти женщина в грязном сарафане, но никак не могла переступить через порог.

— Заложная*! — выдохнул Дарий.

Едва он замолчал, отовсюду, из всех окон и дверей, полезли мертвецы.

Заложные рычали, стонали, надвигались, волоча ноги. С пожелтевших скелетов сползала кожа, истлевшая одежда была покрыта пятнами и кровью. Оживленные чьей-то злой волей, теперь они подчинялись одному чувству — голоду.

Варна бросилась к избе, надеясь найти в ней укрытие, но дорогу ей преградил раздувшийся, посиневший покойник. Серебряный клинок запел в ее руках — и голова мертвеца покатилась по земле. Тело грузно осело на землю.

— Некуда бежать! — выкрикнул Дарий. — Варна, нужно дать им бой!

— Их слишком много!

Из колодца полезли утопленники.

Дарий вынул косу из ножен на спине, во вторую руку взял серебряный серп и заговорил:

— Отец наш Небесный, дай мне сил, дай мне воли. Пусть рука моя не знает промаха, пусть сердце не знает жалости. Защити, Отец, от проклятий и ядов, от ведьминых взглядов, от морока и порока, от слова дурного...

— ...от страха и боли, — продолжила Варна, — от слабости плоти, аминь!

Свисающая с рукояти косы цепь звякнула, Дарий раскрутил ее над головой и бросился в толпу мертвецов.

Черный плащ окутывал его, словно саван. Прикоснувшиеся к нему покойники выли и исходили паром: ткань,

* Заложные покойники — по славянским верованиям, умершие неестественной смертью люди, не получившие упокоения.

тридцать три дня пролежавшая в святой воде под укоризненным взглядом нового Бога, обжигала их плоть. Вышитые на плаще руны защищали Дария от существ, призванных из Нави.

Варна оперлась ногой на костлявую грудь мертвеца и выдернула застрявший меч. Заложные наступали, теснили их к избе.

— Посторонись!

Огромный жеребец проскакал мимо, втаптывая в грязь зазевавшихся мертвецов. Наездница развернула коня и ринулась обратно, рубя мечом направо и налево.

— Разойдись! — выкрикнула она и на ходу спрыгнула с лошади.

Стоя спиной к спине, они отбивались от наступающих мертвецов, сражались до тех пор, пока последний заложный не упал к их ногам.

Варна стерла с лица черную желчь и кивнула охотнице. Та поправила повязку на правом глазу и сдержанно кивнула в ответ.

— Нина. — Дарий опустил наконец косу и спрятал серп под плащ.

— Не ожидала вас здесь встретить, — откликнулась их бывшая наставница.

— Рада видеть тебя в добром здравии. — Варна выдавила принужденную улыбку.

— Что это было? — Нина подняла лицо к светлеющему небу.

— Морок, — сказала Варна. — Что делать будем?

— Жечь, — жестко ответила наставница.

— Аминь, — пробормотал Дарий. — Я займусь теми, что остались в домах.

На ходу доставая из поясной сумки лучину, он кое-как перебрался через груду бездыханных тел и пошел к скучившимся неподалеку избам.

— Хорошо, что ты оказалась здесь, — нарушая затянувшуюся тишину, сказала Варна.

— Мешу* гоняла неподалеку. Сколько бы ни старалась объяснить местным, что вреда он не причинит, — без толку; прогони — и всё тут.

Нина запалила лучину, присела и подожгла истлевшую одежду мертвеца. Варна отошла в сторону, чтобы не мешать ей. Кожей чувствовала напряжение, повисшее в воздухе.

— Ты выросла. — Нина выпрямилась и окинула Варну придирчивым взглядом. — Десять лет прошло, да? Годы идут, а заложных в этих землях меньше не становится.

— Ты права.

Это совсем не походило на разговор людей, которые много лет делили кров и еду, но сказать Варне было нечего. Она вдруг отчетливо вспомнила последний день, проведенный под сводами церкви, и злую, звонкую пощечину, которой Нина наградила ее на прощание.

— Ну, а он как? — Наставница посмотрела на суетящегося у горящей избы Дария.

— Все еще мертв, — ответила Варна. — Где Мстислав?

— Бог его знает. Мы разъехались в разные стороны семь лет назад, и с тех пор я ничего о нем не слышала.

Несколько бесконечно долгих мгновений они стояли молча, а затем Нина сказала:

— Я должна была убить вас обоих.

— Сделанного не воротишь, — откликнулась Варна.

— К сожалению.

Взгляд Нины был острым, словно бритва. Минувшие годы закалили ее, не оставив и намека на былое тепло, а стена, разделившая их после смерти Дария, стала только прочнее.

---

* Меша — безобидный проклятый дух, принимающий облик черного зверя и пугающий людей.

— Я получила ваше послание. — Нина вытащила из кармана плаща свернутую записку. — Думаю, в Моррей нам лучше отправиться вместе.

Не дождавшись ответа, она развернулась на каблуках и направилась к лошади. Варна проводила наставницу хмурым взглядом, вспоминая, какой эта женщина была прежде.

Отстраненная и холодная, Нина никогда не пыталась заменить сиротам мать. Она делала все, чтобы ребятня не чувствовала себя в церкви как дома и, что намного важнее, чтобы никто из детей не привязался к ней. Варна и сама пыталась заслужить внимание наставницы, но очень скоро поняла, что это бессмысленная затея.

Дарий бесшумно приблизился и встал рядом.

— Что случилось? — обеспокоенно спросил он.

— Нина случилась. — Варна поежилась. — Полезай на лошадь, нужно добраться до Моррея до наступления ночи.

— Не бери в голову. — Дарий ласково провел рукой по ее грязной щеке. — Сама знаешь: старые охотники не меняются.

Варна прижалась щекой к его ладони, но тут же отпрянула, почувствовав ее холод. Даже спустя столько лет она все еще не привыкла к тому, что Дарий мертв. В ее памяти он навсегда останется темноглазым мальчишкой, готовым посвятить свою жизнь служению новому Богу.

— Поехали. — Она мягко похлопала его по плечу. — Нина ждет.

ГЛАВА 4

Тогда

В первый же день, после того как ее силой подняли с постели, она снова подралась с Дарием, а когда ему на помощь сбежалась остальная ребятня, разбила нос девчонке. Оттащить Варну удалось только с помощью Мстислава, который сгреб ее в охапку и вынес из комнаты.

Он не отпускал Варну до тех пор, пока плита над их головами не поднялась и они не оказались в гулком зале церкви. Распятый на огромном кресте человек устремил на них свой измученный, укоризненный взгляд.

— Нельзя драться с братьями, — сказал Мстислав.

— Они мне не братья, — упрямо ответила Варна. — Я их даже не знаю!

— Дарий взял тебя на поруки и...

— Знать не знаю, что это.

— Все твои поступки будут сказываться и на нем. Если станешь вести себя плохо — он тоже будет наказан.

— Какое-то глупое правило, — задиристо заявила она. — Мама говорит, что каждый должен получать то, что заслужил.

— А ты заслужила, чтобы тебя бросили в лесу? — Взгляд Мстислава смягчился. — Мы — твоя новая семья, Варна, нравится тебе это или нет.

Она не понимала, почему им есть дело до нее, почему этот мужчина с усталым взглядом тратит свое время, чтобы убедить ее в чем-то. Они могли бросить Варну. Как батюшка.

— Зачем я вам?

— Ты дочь нового Бога, мы должны о тебе позаботиться, — просто ответил Мстислав. — Когда-нибудь мы построим приют для таких, как ты, но не сейчас. Пока у нас, — он задумался, — недостаточно влияния. Понимаешь, о чем я?

Варна покачала головой. Ей семь лет, конечно, она ничего не понимала. Но Мстислав старался говорить так, чтобы она поняла его; не хотелось признаваться, но ей это было приятно. Мама никогда ничего не объясняла, просто говорила, чтó делать, а батюшка больше молчал. Только бабушка была добра к ней, но она слишком рано ушла в Навь.

— Остальных тоже бросили? — спросила Варна.

— По большей части. — Мстислав кивнул. — Кто-то лишился родителей из-за болезни, от кого-то отказались, а кто-то сам сбежал. Так или иначе, теперь все они — твоя семья. И мы тоже. — Он указал на себя пальцем, будто она совсем глупая. — Перестань хотя бы драться с ними.

Варна пожала плечами, давая понять, что подумает об этом. Непонятно, откуда в ней взялось столько дерзости — дома ей стоило большого труда даже взгляд от пола оторвать. Варна не смела перечить родителям, делала все, о чем просили, потому что она — старшая, «потому что она должна» — так говорила матушка.

— Можно нам уже подняться? — раздался из прохода в полу голос одного из мальчишек. Мстислав жестом подозвал их.

Помимо Варны, на попечении церкви находилось шестеро детей, все старше нее, но ненамного. Четверо мальчишек и две девочки. И все косились на нее с подозрением.

— Варну следует крестить, — объявил Мстислав.

По ее спине побежали мурашки. Что это значит? Почему-то в голове возникло ужасное предположение, что крещение — это распятие. Придется провисеть несколько дней на кресте, как их странный Бог, с гвоздями в стопах и ладонях.

Она расплакалась.

— Солнце только встало, а ты уже детей до слез доводишь? — В зал поднялась Нина. — Что тут творится?

— Варна не хочет креститься, — с готовностью сообщил один из мальчишек.

— Вы тоже не хотели, — напомнила наставница. — Чего ревешь?

Теплая рука коснулась подбородка, Варна подняла взгляд. Нина смотрела на нее с любопытством.

— Ну? — нетерпеливо потребовала ответа наставница.

— Это ведь больно! — выкрикнула Варна. — Можно мне не креститься?

Краем глаза она заметила, как переглядываются дети. Мстислав тоже выглядел озадаченным.

— Мы погрузим тебя в воду и...

— Топить будете?! — взвизгнула Варна и вырвалась из рук Нины.

— Дикарка, — фыркнул один из мальчишек.

— Данияр! — громко оборвал его Мстислав.

Но Варна уже бежала на темноволосого мальчишку, готовая дать ему отпор. Если позволить над собой насмехаться, то так и останешься никем, и играть тебя звать не будут, и мнения твоего не спросят! Она сшибла его с ног, ударив головой в живот.

— Варна! — в один голос выкрикнули Нина и Мстислав.

Но она ничего не слышала из-за шума крови в ушах. Кто-то попытался оттащить ее, но она вцепилась в волосы противника изо всех сил и не собиралась сдаваться.

— Как была дикаркой, так и останешься! — выкрикнул Данияр, извивавшийся под ней. — Блаженная!

Тут чей-то кулак врезался в его скулу — и мальчишка заскулил. Варна уставилась на Дария, на лице которого застыла мрачная решимость.

— Сам ты дикарь! — выпалил он.

— Сколько будет продолжаться этот шум?!

Сильные руки оттащили Варну от жертвы, незнакомый мужчина поднял ее над полом, хорошенько встряхнул и сказал:

— Я научу тебя послушанию розгами, если ты продолжишь избивать наших детей. Тебе понятно?

Она сжала зубы и не ответила.

— Отведите ее к реке. Нельзя допускать ее к молитве, пока она некрещеная, — велел мужчина. — Дарий, — он поманил его к себе, — пять ударов по ладоням.

— Но... — начал было мальчик, но мужчина перебил его:

— Не смей спорить со мной. Ты ударил брата.

— Но защитил сестру! — заявил Дарий.

Взрослые переглянулись. Нина пожала плечами, мол, в словах мальчика есть смысл.

— По два удара каждому. Тебе, — мужчина указал на Дария, — ей и Данияру.

Дарий кивнул, как кивают взрослые, с чувством полного понимания и смирения. Он поправил косоворотку и подал руку лежащему на полу Данияру. Тот нехотя принял ее и встал.

Им не дали позавтракать, даже помолиться не дали, сразу вывели из церкви и отправили вниз по склону, к реке, о которой говорил Тихомир, — так старшие называли незнакомца с печальным лицом.

Варна шла рядом с ним, понурив голову. Похоже, сегодня ее не повесят на крест, но что тогда? Попытаются утопить? Будут держать под водой, пока она не уверует в Бога? Как бы то ни было, соврет, скажет, что поверила, а сама будет верить в старых богов. «Ничего эти люди не понимают, не ведают, — так говорила бабушка. — Их глаза закрыты, они не желают видеть мир Прави, чужой Бог заставил их сойти с тропы предков».

Река оказалась мелкой и узкой, такую и вброд перейти можно. Варна остановилась недалеко от воды и обняла себя руками, чтобы защититься от колючего ветра. Скоро зима, вот-вот осень перестанет быть ласковой, на землю упадет первый снег, жизнь в деревнях замедлится, ребятня будет каждый день кататься на деревянных ледянках. А что станут делать сироты из церкви? Им позволяют играть или они только и делают, что молятся?

Тихомир снял плащ — под ним оказалась белая рубаха и такие же белые штаны. Он поманил Варну к себе, а она ни шагу не сделала, будто к земле приросла. Не потащит же он ее в воду силой?

— Иди. — Дарий подтолкнул ее в спину. — Это не больно.

— Точно? — Она недоверчиво посмотрела на него.

— Трусиха, — прошептал Данияр, за что получил тычок под ребра от рыжеволосой девчонки.

— Ты не сможешь остаться на святой земле, если продолжишь поклоняться старым богам, — тихо сказал Дарий. — А идти тебе некуда.

— Но я и вашему Богу поклоняться не хочу.

— Потом поймешь, — пообещал Дарий.

Идти ей и впрямь было некуда, вряд ли родители обрадуются, увидев ее на пороге. В лучшем случае просто не пустят в дом, в худшем — снова попытаются избавиться от нее, только на этот раз наверняка.

Галька больно царапала ноги, но она все равно шла к Тихомиру. Дарий сказал, что обувь нужно снять, — пришлось подчиниться. Смирение — об этом они говорят? О нежелании создавать проблемы окружающим? О тупом согласии со всем, что предложат? Она чувствовала себя скотом, безвольно идущим на заклание. Отныне в ее голове смирение равно безволию.

— Господь примет тебя, — сказал Тихомир. — А ты принимаешь Его сердцем и духом?

Он не захотел бы слышать правду.

— Да, — ответила Варна.

— Готова ли ты отказаться от многобожия?

— Готова.

— Готова ли отказаться от обрядов языческих?

— Готова.

— Войди в воду, Варна, — сказал Тихомир.

Она вошла в реку, и в этом не было ничего приятного — вода ледяная, ветер пронизывающий, ее сразу же затрясло. Тихомир забрел следом, встал рядом и подложил руку ей под спину.

— Во имя Отца, — он сложил ее руки крестом на груди и заставил откинуться назад, — и Сына, и Святого Духа. Аминь.

Последнее слово она услышала за мгновение до того, как Тихомир погрузил ее в воду.

Ничего не произошло. Сначала.

Вдруг прямо над собой она увидела дрожащий человеческий образ. Он проплыл над ней, увлекая за собой сонм таких же бесплотных существ. Они смотрели на нее с осуждением, будто она предала их, отрешившись от старых богов. Ей захотелось закричать, рассказать им, что ее вынудили, но Варна не могла пошевелиться.

Морок пропал, с неба упал золотой луч, такой яркий, что она зажмурилась, но кожей ощутила его ласковое тепло. Коснувшись ее лба, невесть откуда взявшийся свет подарил покой и надежду — чувства, доселе ей неведомые.

Но вдруг тепло пропало, черный чад окутал ее, поднялся над водой, объял Тихомира, и это было не видение — мужчина резко достал ее из воды, руками разгоняя вороные хвосты дыма.

— Изыди! — выкрикнул Тихомир, доставая из-за пазухи крест.

Нина схватила Варну за шиворот и вытащила ее на берег. Дрожа от холода, та взглянула на противоположный берег и обомлела: там черные псы гонялись друг за другом, резвились, кусали себя за хвосты, вставали на задние лапы и ходили, подражая людям.

От страха голова у Варны закружилась, она прижала руки к груди и пятилась до тех пор, пока не врезалась в белобрысого мальчишку. Тот взял ее за плечи и отодвинул в сторону. Не сговариваясь, они с Дарием встали перед ней, собираясь защитить ее от чертовщины.

— Стой рядом, Свят, — прошептал Дарий.

Выглядывая из-за их спин, Варна глазела на пляску черных зверей. Их пасти открывались, и из них рвался хохот, от хвостов в воздухе оставались следы, будто твари состояли из черного смрада. Один из псов расхаживал на задних лапах, скалил зубы в леденящей душу улыбке и щелкал зубами.

— Да восстанет Бог и рассеются враги Его! — выкрикнул Тихомир. — И да бегут от лица Его ненавидящие Его!

— Как исчезает дым, да исчезнут, как тает воск пред лицом огня, так да погибнут грешники от лица Божия![*] — продолжила Нина.

— Воспойте Богу! — закричала одна из тварей нечеловеческим голосом. — Пойте имени Его!

— Тебе не перейти через святую воду! — Тихомир вышел из реки и закрыл детей собой. — Изыди, порождение Зверя!

— Ты украл то, что принадлежит мне. — Длинный скрюченный палец с черным когтем указал на Варну. — Верни! Верни!

— Верни! Верни! — заголосили твари, коверкая слова на все лады.

— Нет здесь ничего твоего, ведьма! — выкрикнула Нина. — И сказал Господь...

---

[*] Пс. 67:3.

Она не успела договорить — черная стрела, сотканная из того же смрада, что и ведьмино тело, вонзилась ей в голову. Нина упала на гальку как подкошенная, дети кинулись к ней и потащили прочь от реки.

Варна тоже помогала, вцепилась онемевшими от холода пальцами в плечо наставницы и изо всех сил тянула ее за собой. Она боялась, что ведьмы все же смогут перейти освященную реку, что вода их не остановит и они ее заберут.

— Боже, сжалься над нами, — зашептал Свят, — и благослови нас, яви нам свет лица Твоего и помилуй нас*.

Варна подняла голову и встретилась взглядом со Зверем, что стоял неподалеку от ведьм, — высокая фигура в черном саване, лица у него не было, только сияющие глаза, а голову его венчали бараньи рога. Ветер трепал рваные края его одеяния, но Зверь не двигался, лишь наблюдал за детьми, пока ведьмы отвлекали старших.

Люди впустили в свой мир нового Бога, но в открытую дверь вошло и новое Зло, такое, о котором никто не мог и помыслить.

---

* Пс. 66:2.

ГЛАВА 5

Сейчас

Моррей построили за год, общими усилиями истово верующих. Люди трудились не покладая рук, днем и ночью, в две смены, чтобы создать место, способное защитить их от нечисти. Ходили слухи, что каждый камень в стенах, окружающих город, заговорен, что каждый месяц монахи проходят по улицам и освящают их. Имя городу дал верховный архиепископ — иноземное название режет слух каждого жителя безымянных земель, но спорить с главой церкви желающих не нашлось. Даже князь безропотно согласился с ним.

Прежде им не доводилось бывать в Моррее. На освященной земле оба — и Дарий, и Варна — чувствовали себя неуютно, поэтому предпочитали охотиться на нечисть в глухих деревнях и селах, до которых еще не добрались люди нового Бога.

Въезжая в ворота Моррея, Варна сжала в руке нательный крест. Только он защищал ее от влияния Слова, только он не позволял Дарию сгореть в Святом Пламени. Когда-то этот оберег дал ей человек, которого она не видела вот уже десять лет.

— Подозрительно тихо, — спешиваясь, сказала Нина. — Почему у ворот нет стражи?

На вымощенной белым камнем главной улице не было ни души. Собаки не лаяли, не кричали торговцы, дети не крутились под ногами. Их встретили только вой ветра и шелест кустов спиреи. Цокот копыт эхом отражался от каменных стен. По земле стелился густой туман, над крышами повисли лохматые облака.

Внезапно зловещую тишину разорвал колокольный звон. Варна зажала уши от неожиданности.

— Нужно осмотреть дома! — перекрикивая звон, сказал Дарий. — Не могли же люди просто исчезнуть?

— Я поищу людей! Встретимся у храма! — выкрикнула Нина и поскакала прочь.

Варна спешилась и торопливо пошла следом за Дарием к ближайшему дому. От непрекращающегося звона сводило зубы, казалось, будто земля под ногами дрожит от этой какофонии.

— Не хочешь помолиться? — Дарий открыл дверь и пропустил ее вперед.

Если им предстоит столкнуться с нечистью, то лучше попросить помощи у Бога. Варна кивнула.

— Господи, поведи меня в правде Твоей ради врагов моих, направь пред Тобою путь мой, — начал Дарий.

— Ибо нет в устах их истины, сердце их суетно, гроб открытый — гортань их, языками своими обманывали*, — закончила Варна. — Какой же ты святоша.

— Святой отец, — поправил Дарий, — если ты забыла.

— Какая глупая шутка.

Дарий не хуже Варны знает, что называть святым отцом еще живого священника — богохульство, но удержаться не смог. Снова.

В доме они не нашли ничего, ни намека на присутствие хозяев. Люди словно бросили все свои вещи и покинули жилище.

— Здесь что-то произошло, — заключила Варна. — Не могли же все жители разом испариться?

---

* Пс. 5:8–9.

— Испарились не все. Кто-то ведь бьет в колокола, — напомнил Дарий.

Они вышли на улицу и направились к возвышающемуся над городом храму. В золотых куполах отражалось хмурое небо, на цветных витражах были изображены жизнь и смерть нового Бога. Стоило им приблизиться к храму, как звон оборвался, будто кто-то только и ждал, чтобы они подошли.

— Войдем? — Дарий огляделся.

— Давай подож...

Варна не договорила, услышала цокот копыт и обернулась, надеясь увидеть Нину, но вместо нее к ним приближались три всадника в развевающихся белых плащах. Она выругалась сквозь сжатые зубы и отошла с дороги.

Один из всадников спрыгнул с лошади и уверенной походкой направился к ним. Варна услышала удивленный возглас Дария и угрюмо уставилась на светловолосого мужчину. Он сильно изменился за прошедшие годы.

— Что здесь происходит?

Светозарный остановился на почтительном расстоянии и хмуро разглядывал их. Его товарищи спешиваться не торопились.

— Мы не знаем, — нехотя ответила Варна. — Здравствуй, Свят.

Его губы сжались в тонкую линию, он долго молчал, прежде чем ответить:

— Варна. — Свят перевел взгляд на Дария. — И ты.

— А ты все так же немногословен. — Дарий вышел вперед и встал перед старым другом. — Сколько лет прошло?

— Десять, — в один голос ответили Свят и Варна.

Свят изменился: возмужал, получил белый плащ и стал Светозарным. От угловатого мальчишки не осталось и следа — перед ними стоял широкоплечий воин, несущий Слово.

Его светлые волосы были заплетены в косу, непослушные пряди обрамляли лицо. Только глаза остались прежними — большими, серыми и ледяными.

— Так что здесь произошло? — спросил средних лет мужчина в белом плаще.

— Мы сами только приехали, — ответила Варна.

— Мрачный Взвод, как всегда, бесполезен.

Бритоголовая девушка спрыгнула с лошади и уперла руки в бока. На ее груди был вышит большой серебряный крест.

— Как это существо может находиться на святой земле? — спросила Светозарная, кивком указав на Дария.

— У существа есть имя, — с плохо скрываемой угрозой в голосе сказал Дарий.

— Имени у тебя быть не может, только название, — рявкнула девушка.

— Слава, — в голосе Свята появились стальные нотки. — Мрачный Взвод благословлен церковью.

— Взвод-то, может, и благословлен, но упырь...

— Следи за языком! — резко прервала ее Варна.

— Не то что?

Слава сделала шаг к ней, но Свят преградил ей путь. Напряженную тишину нарушило появление Нины — наставница подъехала ближе и рявкнула:

— Вам что, по десять лет? Немедленно прекратите! Не мог их приструнить, Добрыня?

Третий Светозарный пожал плечами и ухмыльнулся. Они обменялись крепким рукопожатием и отошли друг от друга на почтительное расстояние, словно воинам Святого Полка не пристало находиться рядом с охотниками.

Пока Мрачный Взвод сражался с лешими, мавками* и мелкими бесами, Святой Полк служил церкви, неся

* Мавка — злой дух, русалка.

Слово нового Бога во все уголки безымянных земель. Они никогда не охотились на мелкую нечисть, только на колдунов и ведьм — самых опасных из прислужников Зверя.

— Где Горeслав? — спросила Нина.

— Погиб, — холодно ответил Свят.

— Погиб? — Варна удивленно уставилась на него. — Как? Когда?

— Вы были знакомы? — бровь Славы вопросительно изогнулась.

— Мы... — Варна бросила настороженный взгляд на Свята. — Он...

— Горeслав учил нас ратному делу, — спокойно сказал он.

— Вот оно что. — Слава фыркнула. — Так ты и есть та девчонка, которая должна была явиться в Ясностан вместе со Святом?

Варна хотела ответить ей что-нибудь колкое, но Светозарный опередил ее:

— Не время вспоминать былое. Меня Добрыней зовут, будем знакомы.

— Варна, — кивнула она ему.

— Дарий, меня зовут Дарий. Почему никто не обращает внимания на покойника?

Варна шикнула на него, взглядом велела замолчать. Он выбрал не лучшее время, чтобы паясничать: само его существование вызывало у Светозарных неодолимое отвращение.

— Мы ехали в Торжок, когда услышали колокольный звон, — пояснил Добрыня. — Решили посмотреть, что здесь творится, а когда вошли в город, не нашли ни одной живой души.

— Город пуст, — подтвердила Нина. — Осталось проверить храм.

— Тогда почему вы все еще здесь стоите?

Слава в три прыжка преодолела ступени и распахнула дверь храма. Из темноты на нее вылетела огромная птица, сбила с ног и взмыла в воздух. Добрыня чудом успел подхватить напарницу под руки.

Птица звонко каркнула, несколько раз пролетела над их головами и вдруг рассыпалась сотней черных искр.

— Чертовщина, — пробормотала Нина и осторожно заглянула в распахнутую дверь.

Варна вошла в храм следом за ней. Отвратительный запах гниющей плоти сбивал с ног. Она прижала рукав к носу и скривилась.

Храм стал погостом — повсюду, насколько хватало глаз, лежали истерзанные тела.

— Господи, помилуй... — прошептал Добрыня.

Слава достала лучину и запалила ее. Мягкий свет огня озарил алтарь, но лучше бы они не видели того, что стало с жителями Моррея.

Обезображенные обнаженные тела лежали повсюду. Некоторые навсегда застыли в процессе соития — так и испустили дух, не прекратив оргию.

Варна подошла ближе и увидела на коже покойников следы от зубов и ногтей. Люди погибли в экстазе, предаваясь плотским утехам, они рвали друг друга на части.

— Какая мерзость! — воскликнул Добрыня.

— Господи! — раздался высокий детский голос.

— Господи! — вторил ему другой.

Варна вскинула голову и увидела двух птиц, сидящих на распятии. Их головы вращались вокруг своей оси, а черные бусины глаз сверкали, отражая свет пламени.

— Господи! — пискнула одна из птиц. — Почему Ты оставил нас?

— За что Ты наказываешь нас, Господи? — заголосила вторая.

— Изыди! — выкрикнула Нина.

— Спаси меня, Господи, ибо не стало праведного, ибо умалилась истина у сынов человеческих*, — горячо зашептал Свят.

— Спаси нас, Господи! — завизжала птица.

— Спаси нас! Спаси! Спаси!

— Отец наш Небесный, — стали читать Нина, Добрыня и Слава, — дай нам сил, дай нам воли. Пусть руки наши не знают промаха, пусть сердца не знают жалости...

Раздался громкий треск, стены затряслись, с потолка посыпалась белая пыль.

— Бежим! — выкрикнула Варна, толкая Свята в сторону выхода. — Быстрее!

Ей удалось вытащить его из храма за мгновение до того, как колокол провалился сквозь крышу и рухнул вниз. В клубах поднявшейся пыли Варна попыталась разглядеть своих. Впереди, как ей показалось, она заметила Нину, но стоило коснуться ее плеча — видение рассеялось. Ожившая покойница прыгнула на Варну, но Свят сбил нечисть с ног мощным ударом в грудь.

— Проклятие! — выругался он. — Прикрывай, Варна!

Она тут же заняла позицию за его спиной. Они столько раз бились на площадке, что даже спустя десять лет она все еще помнила, каково работать с ним в паре.

Густой туман поглощал звуки, Варна не видела ничего дальше собственного носа. Она сжала меч и медленно двинулась следом за Святом.

— Пе́кло, — сквозь зубы пробормотала она.

Тень Свята поднялась из земли и встала рядом с ним. Черная фигура без лица вынула из-за пазухи меч и замерла. Варна шарахнулась в сторону и едва не перекрестилась.

— Ищи, — тихо сказал Свят.

---

* Пс. 11:2.

Тень бросилась в туман, расчищая для них путь.

— Пошли! — выкрикнул Свят, и Варна подчинилась.

Они долго шли в густом мареве, лишенные обзора. Даже если бы рядом находился кто-то из товарищей, они бы не узнали об этом. Насланный ведьмой морок дурачил их, заставляя блуждать в его непроглядной белизне, словно слепых щенков.

— Слышишь что-нибудь? — спросил Свят.

— Нет, — ответила Варна.

— Я не к тебе обращался.

Она прикусила язык.

Тень вынырнула из тумана, и Варна попятилась от неожиданности. Свят раздраженно посмотрел на нее через плечо, и она с трудом совладала с желанием пихнуть его в спину. Нрав Свята и раньше был не сладким, а с годами, похоже, стал только хуже.

Тень положила руку на плечо Свята, и несколько мгновений они просто смотрели друг на друга.

— В городе никого нет, мы движемся к главным воротам, — сообщил Свят.

— А остальные?

— Они уже покинули город. Если здесь и была ведьма, то она давно ушла. — Он убрал оружие в ножны и уверенно пошел вперед.

— Ты уверен? Не стоит ослаблять бдительность, — сказала Варна.

— Я доверяю ему.

Не лучшее время для расспросов, но она с самого детства любила лезть на рожон.

— Свят, — начала Варна, — что это за...

Не успела она договорить, как тень припала к земле и исчезла.

— Не понимаю, о чем ты, — холодно сказал Свят.

— За дуру меня держишь? — Она задала вопрос беззлобно, желания препираться с ним у нее не было. — В который раз я вижу это существо и хочу знать, почему ты до сих пор жив. Неужели ни один воин Святого Полка не догадался?

— Тебе показалось, — с нажимом произнес Свят.

— Твои спутники знают о нем?

— Не смей рассказывать.

— Ты мне угрожаешь?

Он не ответил.

Они вышли из города, и Дарий тут же бросился к ним.

— Смотри, твой ручной упырь волновался, — язвительно бросил Свят.

— В отличие от тебя, я еще способен на это, — прорычал Дарий. — Откуда столько спеси, брат? А как же смирение?

Свят обнажил меч и приставил острие к его горлу. Варна оттолкнула Дария и втиснулась между ними. Поблескивающее на солнце лезвие коснулось ее кожи.

— В нем моя душа, — хрипло сказала она.

Рука Свята дрогнула. Он недоверчиво уставился на нее, не в силах выдавить из себя ни слова.

— Душа? — только и сумел произнести Свят.

Варна не опустила голову, смело ответила на его взгляд и выставила вперед подбородок. Неужели он не знал? Неужели никто так и не рассказал ему, что́ произошло?

— Как это случилось? Почему он все еще жив, Варна?!

Она твердо решила, что не станет оправдываться. Хватит, она давно уже не ребенок. Ей пришлось принять решение, и все эти годы она пожинает его последствия. Он не имеет права укорять ее.

— И ты знала? — обратился Свят к Нине.

— И Гореслав знал, — кивнула она. — Только благодаря им ему позволили создать Мрачный Взвод.

Свят снова повернулся к Варне и прорычал:

— Я могу дать вам Черную Карту.

— Не можешь, — прервал его Добрыня. — Дела Взвода решаются по принципам икономии и акривии*.

Свят обвел всех тяжелым взглядом и покачал головой. Не будь он от природы молчалив и сдержан, затеял бы драку, но вместо этого спросил:

— Чем вам приходится платить за это колдовство?

— Не твоего ума дело, — ответил Дарий.

— Нам нужно отправляться, — вмешалась Слава. — Мы и так здесь задержались.

— Отправь ворона, — сказал Свят. — Нужно сообщить в Ясностан о ведьме.

Он свистнул и поднял лицо к небу. Вскоре на его руку опустилась крупная черная птица. Он передал ворона Славе и жестом приказал ей заняться письмами.

Варна отошла в сторону и устало опустилась на землю. Не такой она представляла их встречу, совсем не такой. Пусть они расстались в спешке, даже не попрощавшись, но тогда между ними было что-то вроде дружбы. Глупо надеяться, что спустя столько лет он помнит об этом, но...

Краем глаза она увидела, что Свят снова подошел к Дарию. Нужно бы встать и помешать им устроить очередную перепалку, но сил совсем не осталось. Она прислушалась.

— Я никогда не прощу тебя, — сказал Свят.

— Я тоже себя никогда не прощу, — ответил Дарий.

---

* Икономия и акривия — принцип церковного правотворчества. Верховный архиепископ имеет право решать внутренние вопросы Мрачного Взвода и Святого Полка либо с позиции снисхождения (икономии), либо с позиции строгого следования правилам (акривии).

ГЛАВА 6

Тогда

Довольно быстро она поняла, как следует вести себя в новом доме: нужно вставать по первому требованию, исправно молиться и хорошо есть, прилежно изучать Святую Книгу и заниматься до тех пор, пока пальцы, сжимающие рукоять клинка, не сведет судорогой.

После встречи с ведьмами и их хозяином упорству и рвению Варны поражались все наставники — она вставала раньше всех, вызубрила все молитвы, все охранные псалмы «отлетали у нее от зубов», как говорил Мстислав. Но она все еще просыпалась ночами в поту и забивалась в угол, дрожала от страха и молилась, прося Господа защитить ее от Зверя.

Вместо ответа Бог послал ей Дария.

В одну из ночей он выбрался из постели, взял подушку и, ничего не говоря, улегся на ее кровать и засопел. Варна долго смотрела на то, как мирно вздымается его грудь. Он выглядел совсем ребенком, таким же беззащитным, как и она сама.

Утром Дарий сделал вид, что ничего не произошло. Они проснулись от звона колокола (Варна ужасно боялась, что Нина войдет и застукает их), убрали свои постели, переоделись и встали у двери, дожидаясь, пока им позволят покинуть комнату.

Краем глаза Варна наблюдала за Дарием. Он смахнул челку с лица и убрал каштановые волосы за уши.

— Сколько тебе лет? — спросила она.

— Восемь.

— А родился ты когда?

— Я не знаю.

— Откуда знаешь тогда, что тебе восемь? — удивилась она.

— Так сказал Мстислав.

— Во всем ему доверяешь, выходит?

— И тебе следует.

Потом он сделал то, чего она никак не ожидала: взял ее ладонь в свою и сжал. Никто из братьев никогда так не делал, они вообще были довольно противными, только кричали и дрались, а Дарий был другой, это она сразу поняла.

Он научил ее молиться перед сном, чтобы отогнать кошмары, помог подружиться с остальными сиротами и объяснил, чем занимаются наставники, когда уезжают на охоту. В какой-то момент Варна полностью растворилась в его братской заботе и таскалась за ним повсюду, как верный щенок, а он ни разу не прогнал ее.

Мстислав учил сирот обращаться с оружием, и эти занятия нравились Варне куда больше, чем уроки письма. Они выходили на улицу, шли к расчищенной площадке позади церкви, вооружались деревянными мечами и размахивали ими до самого вечера. Иногда занятия отменялись — в такие дни Мстислав уезжал на охоту, но возвращался всегда с пустыми руками. О том, чтó это была за охота, Варна узнала гораздо позже.

— Не отрывай пятки от земли без необходимости.

Она послушно прижала стопу к земле и подняла голову, чтобы видеть Мстислава. Он выглядел моложе ее батюшки, наверное, потому, что не носил бороду.

— Сохраняй мышцы расслабленными. — Он надавил на ее плечо, и боль разлилась по телу горячей волной. — Эй, малышня, слышите меня? Никакого напряжения в теле, вы и так потратите много сил на сражение, так что старайтесь не перенапрягаться.

— Не могу, — выдохнула Дива, пытаясь смахнуть с лица прилипшую ко лбу челку. — У меня не хватает сил.

— Что будет, когда для вас выкуют настоящие мечи? — строго спросил Мстислав.

— Она его даже поднять не сможет, — фыркнул Данияр.

— А когда ножны прикрепит к поясу, ее прибьет к земле! — поддержал друга Млад. — Она же девчонка!

Варне Дива тоже не очень нравилась — она постоянно хныкала и любила жаловаться. Но мальчишки-то обижали ее сейчас не потому, что Дива слабая, а потому, что она девчонка!

— Я вам покажу! — выкрикнула Варна, выходя вперед. — Кто из вас осмелится подраться со мной?

Дарий зашипел:

— Что ты делаешь?!

— Ты проиграешь, — вдруг вмешался Свят.

— Доставай меч, — упрямо сказала она. — Раз так уверен, давай!

Свят был выше нее на голову, худощавый, бледный и, если честно, ужасно ее пугал, потому что почти никогда не улыбался, но она твердо решила не отступать.

Мстислав увел с площадки Диву, остальные тоже отошли на почтительное расстояние. Варна уже мечтала о том, как она вскинет меч над головой в победном жесте, а ногу поставит на грудь поверженного Свята. От этих мыслей все внутри затрепетало.

Но упрямства иногда недостаточно — это она уяснила в тот самый день, сразу после того, как Свят повалил ее на землю, даже не воспользовавшись мечом.

Варна сама не поняла, как очутилась на лопатках, — просто небо вдруг оказалось прямо перед глазами. В затылке пульсировала боль от удара о землю.

— Молодец, Свят, — сказал Мстислав.

От обиды и унижения Варне захотелось плакать. Она была уверена, что одолеет его, но на деле не успела даже меч поднять!

— Нет уж... — пробормотала Варна, поднялась и оперлась на колено. — Нет уж!

Позабыв все приемы, которым ее учил Мстислав, она бросилась на Свята, протаранила его головой, повалила, забралась сверху и, схватив за рубаху, принялась трясти.

Серые глаза Свята раскрылись так широко, будто собирались охватить весь мир. От удивления он даже не сразу стал сопротивляться, просто смотрел на нее не в состоянии поверить в то, что происходит.

— Варна! — Мстислав обхватил ее за талию и поднял. — Угомонись!

— Не нужны мне ваши мечи! — выкрикнула она. — И так справлюсь!

— Только бодаться и умеешь, — заявил Свят. — На лешего тоже так накинешься? На ведьму?

— На всех!

Несмотря на то что она уже видела гнусное колдовство ведьм, все это казалось ей странной игрой, чем-то ненастоящим, неспособным причинить вред. Только Нина, потерявшая глаз в день ее крещения, напоминала о том, что колдовство осязаемо и способно убить.

— Я научу тебя драться на кулаках, — вдруг сказал Свят.

От удивления Мстислав разжал руки, и Варна чуть не упала лицом в землю. Бросив на наставника обиженный взгляд, она повернулась к мальчишке.

— Не врешь?

— Зачем мне врать? — Он пожал плечами.

На том и порешили: Мстислав позволил им заниматься кулачным боем перед сном под присмотром Нины. Именно на этих занятиях Варна начала подмечать в Святославе что-то странное, необъяснимое и злое.

Иногда Нине приходилось останавливать его, чтобы он не покалечил Варну. С площадки она уходила в синяках и кровоподтеках, но пообещала себе, что вытерпит все, чтобы однажды победить его в схватке. Ей не было дела до ведьм, до нечисти, Варна видела только бледное лицо с огромными серыми глазами, которое искажалось от призрения каждый раз, когда она падала на землю.

Дни превращались в недели, недели — в месяцы, а Варне никак не удавалось даже ударить его по-настоящему. Она начала терять надежду, но решила, что сдаваться рано. Нина рассказывала им, что во время охоты важно понимать поведение добычи, знать, чего можно от нее ожидать. И Варна начала свою охоту на Свята.

Каждый день она следовала за ним безмолвной тенью, наблюдала, запоминала все, что он делает, следила за его жестами. Через какое-то время он начал подозрительно коситься на нее, даже Дарий заметил, что с ней что-то не так.

— Влюбилась, что ли? — прямо спросил он во время обеда.

От удивления Варна поперхнулась кашей. Она так оскорбилась, будто Дарий обвинил ее в колдовстве.

— Думай, что говоришь! — так всегда выражалась мать, и Варна прижала руку ко рту, уловив знакомые интонации в собственном голосе. — Вовсе нет.

— Смотришь на него постоянно, как дурочка. — Дарий пожал плечами.

— Я не могу его победить, — призналась Варна. — Мы так долго сражаемся, а я никак не могу...

— Его готовят к службе в Святом Полку, — прервал ее Дарий. — Он встает на два часа раньше нас и занимается вместе со Светозарным.

— А к чему тогда готовят нас?

— Будем, как Мстислав и Нина, помогать простым людям уничтожать нечисть, — он говорил об этом так спокойно, будто даже не рассматривал других вариантов.

Варна поежилась. Она не хотела быть такой же, как Нина, не хотела каждый день встречаться лицом к лицу со злом. Может, ей удастся сбежать? Пусть не сейчас, позже, когда она окрепнет и подрастет. Мечтают ли сбежать остальные?

Она обвела взглядом детей и поняла, что они сломлены — пустые взгляды, на лицах застыло тупое смирение. Дива и вовсе выглядела как повидавшая жизнь старушка, запертая в детском теле. Волосы на ее висках уже поседели.

У каждого из них имелись отметины — шрамы, которые остались от той, другой жизни за стенами церкви. Мыться им приходилось всем вместе, и Варна, лишенная всякого стыда, давно разглядела красные полосы на спине Млада, белые шрамы на руках Данияра, клеймо для скотины, оставившее уродливый след на бедре Дивы.

Свои отметины она тоже разглядывала, но не в бане, а в те редкие моменты, когда оставалась одна. На коленях виднелись мелкие шрамы — батюшка поставил ее на гречку за то, что она потеряла козу, когда повела ту на выпас. Ладонь правой руки пересекал шрам, из-за которого она не могла раскрыть ее полностью, — мать била ивовым прутом и не рассчитала сил. В тот день им пришлось идти к волхву, потому что кровь все текла и текла. На щеке красовались три светлые полоски — следы ногтей от неосторожной пощечины. Одна из царапин долго не заживала и в конце концов начала гнить, оставив после себя самый уродливый шрам.

В церкви их тоже наказывали, но не так. Здесь не было внезапных пощечин, не было затрещин и ремней, только розги — гибкие прутья, которыми бьют по рукам за серьезные проступки. Нина и Мстислав пороли не для того, чтобы выместить свою злобу, они не старались причинить как можно больше боли, удары розог жалили, но по-настояще-му больно не делали.

Свят и Дарий — единственные, на ком не было отметин старой жизни. Дарий вечно щеголял сбитыми в кровь коленками, потому что часто не смотрел, куда идет, а Свят, если честно, вообще не походил на остальных. Когда он появлялся на улице и солнечные лучи падали на его лицо, путались в его выбеленных волосах, Варна готова была поспорить, что именно так и выглядит новый Бог, лик которого никогда не изображают на иконах.

На следующий день она встала намного раньше обычного, взяла обувь и выскользнула из комнаты. Варна не знала, накажут ли ее за это, но чувствовала, что это единственный шанс узнать, как победить Свята.

Утро выдалось промозглым — моросил дождь, дорожку, ведущую на площадку, размыло, — но она все равно решила идти на звуки боя. Выглянув из-за угла, Варна увидела высокого мужчину и Свята — они отрабатывали выпады с мечом. Белый плащ лежал на ограждении и развевался под порывами ветра.

В сравнении с этим боем то, что им преподавал Мстислав, было просто игрой. Свят нападал на мужчину, а тот неизменно уклонялся от атак. В какой-то момент деревянный меч Свята почти коснулся груди наставника, но тот вдруг наотмашь ударил мальчика по лицу — и Свят кубарем покатился по земле.

— Всегда помни о том, что противник может использовать не только оружие! — напомнил мужчина. — Вставай!

Каждое его слово было приказом. Он разговаривал со Святом так, будто тот был воином, а не ребенком.

Святослав подчинялся: раз за разом вставал, нападал и оказывался на земле. Его щека покраснела, волосы растрепались, и каждый раз, когда он смахивал их с лица, на коже оставались грязные разводы.

Во время очередной неумелой атаки мужчина схватил его за горло и приподнял над землей. Смотреть на это Варна больше не могла — выскочила из-за угла и побежала на обидчика с твердым намерением заставить его ответить за эту жестокость.

Она врезалась в Светозарного, от неожиданности он выпустил Свята и по инерции сделал несколько шагов вперед. Затем обернулся и вперился взглядом в Варну, а она сжала кулаки, готовая драться с ним.

Мужчина расхохотался. Он схватился за живот и хохотал до тех пор, пока смех не превратился в хрип. Свят смотрел на него с ужасом.

Большая ладонь Светозарного легла на макушку Варны — она едва доставала ему до пояса, но сдаваться не собиралась! Мотнув головой, Варна скинула его руку и насупилась.

— Это твоя защитница, Свят? — спросил мужчина.

— Нет, — буркнул он.

— Бери меч, — приказал Светозарный.

Варна не поняла, кому он это сказал, но, когда увидела обращенный на нее взгляд Свята, кинулась к стойкам с учебным оружием. От мороси дерево размокло, и, наверное, скоро мечи станут непригодными.

— Нападайте, — сказал мужчина.

Она не знала, что делать, стояла и смотрела, как Свят размахивает мечом, пыталась запомнить его движения, но, когда попробовала напасть, получила болезненный пинок в живот.

— Зачем ты пришла? — прошипел Свят, стряхивая со штанов грязь.

— Призови его, — вдруг сказал наставник.

Лицо Свята вытянулось, он побледнел, бросил на Варну испуганный взгляд и спросил:

— Сейчас?

— Сейчас! — приказал мужчина.

— Пожалуйста, — Варна никогда не слышала, чтобы Свят о чем-то просил, — не надо.

Наставник ударил его по лицу. Варна хотела вмешаться, но получила удар в грудь и упала навзничь. Мужчина не избивал Свята, только мучил: пихал, толкал, давал звонкие пощечины до тех пор, пока на глазах бедняги не выступили слезы.

— Явись! — в голосе мальчика было столько отчаяния, что он звенел.

И тут Варна увидела то, чего не могла объяснить: из-под земли выбралась тень, в точности повторяющая очертания фигуры Свята. Встав рядом с ним, она вынула из-за пазухи меч, сотканный из тьмы.

Свят заплакал.

— Нападай, — прорычал наставник.

— Нападай, — повторил Свят, поднял меч и кинулся на него.

Варна отползла в сторону, забыла и про меч, и про занятие, только смотрела, как черное существо размахивает оружием и пытается пробить защиту противника. Они со Святом двигались в едином порыве, их движения были похожи, но не повторялись, мальчик держал меч в правой руке, а тень — в левой.

Когда неведомая тварь опустилась на четвереньки и, разбежавшись, прыгнула на Светозарного, Варна закричала. Она орала как никогда в жизни, перед глазами сперва потемнело, потом поплыли круги, а Варна все вопила, и вопль этот, должно быть, долетел до самых небес.

ГЛАВА 7

Сейчас

Напряжение нарастало: Свят ехал впереди, но казалось, что даже его спина источает презрение. Нина пыталась убедить Свята сменить гнев на милость, но он огрызался в ответ. Ее терпение иссякло после того, как Свят рявкнул:

— Как ты могла позволить ей сделать это?!

У Нины не было ответа, как и не было выбора в тот день, когда Варна вернулась на святую землю в компании обескровленного Дария. Все свершилось без участия Нины, Горeслав взял ситуацию в свои руки и не позволил наставникам вмешиваться.

— Хватит сверлить взглядом его спину. — Дарий откинул волосы с лица. — Твои мысли не дают мне покоя.

— Если бы у меня был выбор, я бы не позволила тебе их слышать.

— Ты должна была отшутиться, но, как обычно, испортила мою попытку разрядить обстановку.

— Перед встречей с остальными нельзя расслабляться. — Варна повернулась и посмотрела в его безмятежное лицо. — Ты не волнуешься?

— Нет. — Он покачал головой. — Посмотри на меня, как я могу...

— Боже! — Она раздраженно пришпорила лошадь, Дарий остался позади.

Каждый раз, когда он напоминал о том, что умер, ей хотелось ударить его в лицо, и однажды, видит Бог, она сделает это.

— Проблемы? — осведомилась Слава.

— Никаких, — сквозь зубы ответила Варна.

— Чем вы заплатили за это гнусное колдовство?

— Не твое дело.

— Мы работаем вместе, и я должна знать. Мы все имеем на это право. Кто знает, может, вы водите дружбу со Зверем и...

Рывком поводьев Варна заставила лошадь резко уйти вправо. Конь Славы встал на дыбы.

— Дикарка! — выпалила она.

Варна похлопала свою лошадь по крупу, показывая, куда Слава может ее поцеловать.

— Что будем делать в Торжке? — Она нагнала Нину.

— То, что прикажет мальчишка, — ответила наставница. — Кто бы мог подумать, что однажды мне придется работать под его началом. От тебя несет паленой плотью.

Прежде чем отправиться в Торжок, они вернулись в город и подожгли храм. Варна долго смотрела на занимающееся пламя и пыталась сосчитать тела. Скольких людей погубила ведьма? Была ли это Рослава, или кто-то другой вернулся из Черной Пади, чтобы уничтожать верующих?

Жителей Моррея не просто убили, их заставили участвовать в ужасном ритуале. Их души теперь принадлежали Зверю, им никогда не попасть в лучший мир, если он, конечно, существует. Она давно утратила веру, однако новый Бог все еще не отвернулся от нее.

С самого детства Варна знала, что Зверю не нужны те, кто следует его пути по собственной воле. Он любит развращать тех, кто верит в нового Бога, любит портить детей и смельчаков, сопротивляющихся до последнего. Зверь играет с людьми в страшную игру, а Бог предпочитает не вмешиваться.

Торжок был грязным серым городом, в котором сходятся три большие дороги: южная ведет в Клюквенную Падь, северная — к диким землям и болотам, восточная — к границе с княжеством. Торжок называли «сквозным градом», потому что все проезжают сквозь него, лишь ненадолго останавливаясь. Бытовало мнение, что коренных горожан в Торжке нет, что каждый здесь чужак, который рано или поздно уедет.

Если охотники Мрачного Взвода легко могли затеряться среди измученных путников, то светлые плащи Светозарных привлекали внимание зевак и горожан, праздно шатающихся по улицам.

— А вы не торопились, — сказал стражник в проржавевшей кольчуге и сплюнул. — Еще и белые плащи, ну надо же...

— Рассказывай, — резко потребовал Свят.

— Дак, что рассказывать-то... Три недели как скотина дохнет, еще и хворь неведомая выкосила стариков. — Стражник почесал бороду. — Ты справишься, юнец?

Слава спрыгнула на землю и толкнула мужика в грудь. Тот зашатался, и стало ясно, что он успел приложиться к бутылке, и не один раз.

— Баба! — удивленно воскликнул мужик. — А волосы твои где?

Слава провела рукой по короткому ежику на голове и еще раз толкнула мужика. На этот раз он упал на мешки с картошкой, однако глазеть на нее не перестал. Девушка занесла руку для удара, но Добрыня свистом остановил ее.

— Кто старший в городе? — спросил он.

— Дак на вече решаем все, — пробормотал мужик. — А так, наверное, Вацлав. Он там, — он махнул рукой в сторону, — разбирается с недовольными.

Они оставили мужика сидеть на мешках и двинулись дальше. Довольно скоро Варна услышала гул недовольных голосов и только потом увидела горожан, столпившихся у входа в дом.

Добрыня растолкал зевак и ропщущих, махнул рукой, мол, путь свободен, и Светозарные спешились. Нина проводила Свята задумчивым взглядом.

— Что не так? — спросила Варна.

— Неприятно мне у него под каблуком быть, — проворчала Нина. — Я же вырастила его, а теперь он приказывает нам.

— Но Святой Полк ведет не он, — напомнил Дарий. — Кто сейчас их возглавляет?

— Если Гореслав умер, значит... — Нина задумалась.

— Радомир, — сказала Слава, проходя мимо. — Пойдемте.

— Гордыня — это грех, — напомнила Нина, но девушка лишь фыркнула.

Свят затолкал Вацлава в дом и захлопнул за ними дверь. Мужик затравленно смотрел на пришельцев, пятился и остановился, только упершись задом в стол.

Варна сложила руки на груди, Дарий привалился к косяку, Светозарные обступили беднягу и нависли над ним.

— Рассказывай, — потребовал Свят.

— А что рассказывать-то? — проблеял мужик. — Что-то завелось тут, ей-богу, скот дохнет... Видели людей? Пришли требовать от меня ответа, почему я ничего не делаю. А что я могу сделать?! С топором на тварь кинуться?!

— На какую тварь? — спросила Нина.

— Да есть тут... — Мужик испуганно огляделся, будто боялся, что их подслушивают. — Ходят слухи, что в лесу завелось что-то. Кто-то даже видел его — огромная тварь, на голове рога, ни куска мяса нет! Только кости.

Варна и Дарий переглянулись. О таком им слышать еще не приходилось, а повидали они всякого. Скорее всего, люди просто пытались объяснить природу болезни, вот и придумывали небылицы. А может, кто-то навел морок, чтобы скрыть за ним темные дела.

— Покажи охотникам дворы, в которых погиб скот, — потребовал Свят.

— А вы что делать будете? — Нина посмотрела на него исподлобья.

— Дела Святого Полка вас не касаются, — заявила Слава.

— Не нужно меня за дуру держать, — прорычала Нина. — Зачем вы прибыли сюда?

Свят спокойно выдержал ее взгляд и сказал:

— Идите. Это дело Светозарных.

Возразить Нина не могла: Святой Полк имел право приказывать Мрачному Взводу. Охотники не могли отказывать воинам в помощи.

— Как думаешь, кого они ищут? — спросил Дарий, как только они оказались на улице.

— Ведьму, — сразу ответила Нина. — Зачем еще им покидать Ясностан?

Она, как и все охотники, явно презирала Светозарных. Пока Взвод бился на передовой, каждый день сражался с нечистью, они отсиживались в столице княжества и молились. В безымянных землях редко можно было встретить людей в белых плащах, они выезжали из Ясностана только затем, чтобы нести Слово в богом забытые деревни и села, пока охотники каждый день рисковали своими жизнями.

— Мы уже трижды встречались с ведьмами. Неужели они действительно вернулись? — спросила Варна, ни к кому конкретно не обращаясь.

— Черная Падь не пе́кло, выбраться оттуда не составляет труда, — ответила ей Нина. — Святой Полк прогнал их, но не истребил. Да и как истребишь легион подручных Зверя, если он постоянно создает новых?

— Какой невыносимо тоскливый разговор, — прошептал Дарий.

— А у тебя, как я вижу, настроение хорошее? — язвительно осведомилась Варна.

— Получше, чем у некоторых, — улыбаясь, ответил он. — Наверное, порой ты жалеешь, что не оставила меня умирать.

Она отвернулась от него и зашагала прочь. Соглашаясь на сделку с ведьмой, Варна и предположить не могла, что окажется привязанной к упырю, который даст обет молчания. Иногда она и впрямь думала о том, что нужно было позволить ему умереть, но ни разу не сказала этого вслух.

Они обыскали двор, на который указал Вацлав, опросили хозяев и ушли ни с чем — скот действительно сдох, но трупы животных давно предали огню, и смотреть оказалось не на что.

Варна стряхнула солому, налипшую на штаны, выпрямилась и сказала:

— Ведьминых мешочков нет.

— Давно пора завести ярчука*, — вздохнула Нина. — Не в моем возрасте на коленях ползать.

Светозарные просто избавились от них, это и дураку ясно. Отправили проверять пустые хлева, тогда как сами явно занимались чем-то поинтереснее.

— Я найду их. — Варна уверенно зашагала прочь от дома.

— Они отправят тебя обратно! — выкрикнула Нина.

— Пусть попробуют!

Она не злилась, вовсе нет, но не собиралась позволять вытирать о себя ноги. В конце концов, они со Святом ели за одним столом десять лет; и пусть сейчас он возглавил небольшой отряд Святого Полка, Варна его не боится.

В груди заныло. Она потерла ребра и сжала зубы. О решении отправиться на поиски Светозарных без Дария она еще пожалеет: врагу не пожелаешь пережить ту муку, которую испытывает человек, когда от него отрывают душу.

Коней Светозарных Варна увидела перед маленькой церквушкой и закатила глаза — они что, помолиться решили?

---

* Ярчук — собака, способная наносить ведьмам незаживающие раны.

Она вошла внутрь и прислушалась — обманчиво тихо, но, если напрячь слух, можно услышать, как кто-то ходит внизу.

Варна припала к каменной кладке и приложила ухо к полу. Точно, сомнений нет — там кто-то был. Она встала и подошла к кафедре. Ее сдвинули в сторону, открыв проход в полу, — крышка люка была откинута, в свете факела дрожали зыбкие тени. Такие схроны были во многих церквях — в них хранили иконы и все ценное, что есть в приходе. Злые люди то и дело пытались обокрасть дома нового Бога, поэтому духовенству приходилось идти на такие меры. Настораживало только одно — запах. Он не предвещал ничего хорошего.

Варна спрыгнула вниз и пошла на свет. Под кафедрой оказался целый тоннель, ведущий прочь из церкви. Свет лился из комнатки, вход в которую можно было легко пропустить, если не искать его намеренно. Она заглянула внутрь и увидела Свята, склонившегося над кипой бумаг, разбросанных по полу.

— Как дела? — спросила Варна и хмыкнула, когда Свят вздрогнул от неожиданности.

— Что ты тут делаешь? — Он не злился, но смотрел настороженно.

— Неужели ты думал, что я буду ползать по сараям в поисках доказательств колдовского вмешательства? — Она вошла в комнату.

— Где он?

— У него все еще есть имя. — Варна повертела в руках книгу в истлевшем переплете и бросила ее обратно в общую кучу.

Свят предпочел проигнорировать ее замечание.

— Вы можете находиться далеко друг от друга? Как?

— Не можем. — Варна улыбнулась, но поняла, что это выглядело как вымученная гримаса. — Мой ответ за твой ответ, — предложила она старую игру.

— Идет, — неожиданно согласился Свят и вернулся к бумагам. — Я жду.

— Чем дальше друг от друга мы находимся, тем сильнее натягивается связь, тем больше боли она причиняет нам обоим.

— Но тем не менее ты здесь одна.

— Один вопрос, Свят. — Она выглянула в тоннель. — Что вы здесь ищете?

— Местный диакон, — нехотя начал Свят, — вызывает подозрения.

Она с любопытством уставилась на него. Ну надо же. В рядах священнослужителей завелась крыса?

— Какие подозрения?

— Один вопрос. — Он повернулся к ней. — Каково было лишиться души, Варна?

Она усмехнулась. Наверное, Свят ждал от нее иной реакции — криков, гнева, возможно, даже удара, — но она изменилась. Его колкости больше ее не ранили.

— Нестерпимо больно, Свят, — в тон ему ответила Варна. — Что за тварь ходит за тобой по пятам?

А вот он такой низости от нее не ожидал, даже щеку потер, будто она его ударила. Смотрел волком, в глазах метались искры. Поделом тебе, милый друг, поделом.

— Забудь. — Она махнула рукой. — Что вы здесь нашли?

— Ничего, кроме старых записей и книг, — его голос звучал глухо.

— Здесь воняет смертью. — Она втянула носом влажный воздух подземелья.

— Правда? Ничего не чувствую, только сырость. Ты учуяла это благодаря своим особым способностям?

Она окинула его презрительным взглядом и вышла в тоннель. Что с того, что он прав? Да, ее слух и обоняние — это результат произошедших с ней изменений, а еще это не его дело. Свят был удивительно бесстрашен для человека, который скрывает от Святого Полка живую тень, совсем не похожую на божественный дар.

Чем дальше Варна отходила от входа, тем отчетливее становилась вонь. Где-то здесь было спрятано что-то очень нехорошее, что-то...

— Проклятое пекло! — выругалась она.

Тоннель закончился тупиком — каменной стеной, на которой кого-то распяли. Тело, прикованное к кладке железными браслетами, иссохло и стало похоже на вяленую рыбу, но остатки одежды говорили сами за себя.

— Эй! — крикнула Варна, приподнимая то, во что превратился орарь*. — Кажется, я нашла вашего диакона!

Когда Свят подошел ближе, его лицо не просто исказилось — воина перекосило от отвращения. Он резко сдернул с трупа орарь и бросил его на пол.

— Уходим.

— Кто его убил? — Варна едва поспевала за ним.

— Сейчас узнаем, — его тон не предвещал ничего хорошего.

Краем глаза Варна заметила, что тень Свята отстала от них, то и дело оглядываясь, а потом и вовсе встала на четвереньки и замерла.

Десять лет в компании мертвеца — достаточный срок, чтобы перестать бояться. В детстве вид этой сущности привел Варну в такую панику, что Гореславу пришлось на руках тащить ее в церковь, орущую и брыкающуюся. Теперь же ей было интересно, чтó это за тварь и почему она привязана к Святу.

Белый плащ мелькал то тут, то там, Свят мчался сквозь толпу, расталкивая нерадивых зевак. Чем дальше они отходили от церкви, тем сильнее становилась боль в груди. Вдруг

---

* Орарь — длинная узкая лента, которую во время богослужения дьякон носит на левом плече.

Варна поняла, что теряет зрение: перед глазами плыло, картинка меркла, словно на глаза опустилась темная вуаль.

— Свят! — позвала она, но ее крик утонул в людском гомоне.

Сердце билось так медленно, будто вот-вот остановится. Варна прижала руку к груди и принялась считать его удары. Один, два... пять... Медленно, слишком медленно. Кончики пальцев ледяные, в ногах слабость, она сделала шаг назад, а за ним еще один, и еще, пока плащ Свята не скрылся из виду.

Варна бросилась бежать. Боль внутри превратилась в нестерпимое жжение, как будто кто-то приложил раскаленное клеймо к тому месту, где раньше была ее душа. Проблема заключалась в том, что Варна не знала, куда пошли Нина и Дарий, — Вацлав повел их к очередному дому, в котором умерла вся скотина.

Улицы Торжка превратились в расплывчатое пятно, ноги несли ее вперед, но легче не становилось, а это значило, что Дарий не приближался, возможно, каждый шаг разделял их еще больше.

Кто-то толкнул ее, но она даже голову не подняла. Тело совсем ослабло, разум затуманился. Ей вдруг показалось, что впереди она видит церковь, их церковь, ту самую, под крышей которой они с Дарием выросли. Постройка из грязного серого кирпича, на стенах потеки, оставшиеся после дождей, невысокая колокольня и крест, отбрасывающий тень на землю у входа.

А потом она увидела его — высокого, худощавого, совсем юного. На нем почему-то был черный подрясник*, скрывавший тело от горла до пяток, в нем он выглядел совсем как Мстислав.

* Подря́сник — нижнее облачение православного духовенства и монашества — длинная до пят одежда с длинными узкими рукавами.

— Дарий! — выкрикнула она и остановилась.

Он обернулся, увидел ее и заулыбался, махнул рукой, подзывая ближе. Сколько лет она не видела румянца на его щеках? Слезы навернулись на глаза, ноги понесли ее вперед, к нему, к дверям, за которыми пахло ладаном и свечным воском. Белый воротничок на его шее казался ошейником.

Дарий что-то говорил, но она не слышала ни слова. Варна подергала себя за мочку уха в надежде, что уши просто заложило, но ничего не изменилось. Он говорил и говорил, а она не слышала. Дарий склонил голову к правому плечу и улыбнулся странной, пугающей улыбкой. Она заметила, что его резцы длиннее, чем обычно. Внутри неприятно заныло.

«Помоги мне» — вот что она смогла прочитать по его губам.

На лбу Дария появились раны — крошечные порезы от терний.

— «...И, сплетши венец из терна, возложили Ему на голову и дали Ему в правую руку трость»*, — от этих слов на языке осталась горечь.

Раны начали кровоточить. Багровые капли стекали по лбу, катились вниз, по переносице, на брови, с них на щеки. Дарий больше не улыбался, его глаза начали блекнуть.

— Пожалуйста, — она протянула к нему руки, но не могла его коснуться, — прости меня.

Сутáна истлела, густые темные волосы поредели, глаза запали в глазницы. Его кожа превратилась в тонкий пергамент и побледнела. Мгновение назад перед ней стоял розовощекий юнец, а теперь от него осталась лишь кровожадная тень, злобный двойник с выступающими из-под верхней губы острыми зубами. Прекрасный, но мертвый, с небьющимся сердцем и поблекшими глазами, он пугал ее.

---

* Мф. 27:29.

Она сама не поняла, когда отвернулась, не в силах выносить это зрелище.

— Варна!

Сквозь морок и боль она услышала его зов и обернулась. Не было больше церкви, только узкая грязная улица, а впереди стоял Дарий, их разделяло несколько десятков шагов. Она чувствовала его боль и смятение.

Ноги были ватными и не слушались, но Варна все равно побежала к нему, а он — к ней. Она вцепилась в его плечи — и боль начала отступать, удушье прошло, зрение вновь прояснилось. Дарий сгреб ее в охапку и сжал. Их трясло так сильно, что зуб на зуб не попадал, от него пахло тленом, но все равно это было лучшим, что произошло с ней за день.

— Никогда больше, — хрипло заговорил Дарий, — не уходи так далеко.

Она мотала головой, будто ей снова десять лет, давая молчаливое обещание никогда так больше не делать.

Много лет они сражались с нечистью, что лезла из Черной Пади, смотрели в глаза смерти и чудовищам, порожденным больным воображением ведьм и Зверя, но настоящий животный страх испытывали только при расставании.

«Невозможно лишить человека души», — сказал Мстислав, но оказался неправ. Вот она — Варна, а вот он — Дарий, и только вместе они становились настоящим человеком, таким, каким задумал его Бог.

Глава 8

Тогда

Ей исполнилось одиннадцать — и все вдруг изменилось: Нина позволила ходить в лес за травами, Мстислав торжественно вручил настоящий, выкованный в городе меч. Тихомир стал разговаривать с ней по-взрослому, спокойно, без поучительного тона.

Дарий был старше на полтора года и с тех пор, как получил свое оружие, начал важничать: задирал нос, говорил с ней как с ребенком, копируя поведение старших. Ее это ужасно злило — они же друзья! Все больше времени он проводил, сражаясь с другими мальчишками, предоставив Варну самой себе.

Терпения ей было не занимать — пока она жила с родителями, которых, кстати, почти перестала вспоминать, ей доводилось сносить побои и жестокость; так что холод, исходящий от Дария, ее не пугал. Варна просто еще раз убедилась в том, что все люди одинаковые и доверять кому-то — достаточно глупо и недальновидно.

Слов таких она нахваталась у Нины и Светланы — те занимались с сиротами грамотой, учили их читать и заставляли запоминать гимны и песни. Были еще и молитвы, но этим предпочитал заниматься Мстислав. Тихомир присоединялся к занятиям редко, с каждым годом все больше сдавал, худел и только в год своего одиннадцатилетия Варна поняла, что он долго и серьезно болеет.

Два года назад от какой-то хвори умерла Власта — крошечная светловолосая девочка, с которой Варна так и не подружилась. Нина сказала, что болезнь жила в кишках и победить ее не получилось. Когда маленькое тело положили в наскоро сколоченный гроб, Варна почувствовала укол совести. Могла ли она стать для Власты подругой? Такой же, какой стала Дива.

Та, кстати, рыдала несколько недель и превратилась в тень себя прежней — передвигалась по церкви бесшумно, перестала есть и чуть не умерла от горя. Потом Варна поняла, что все чаще видит ее в компании Тихомира, такого же бледного и худого. Вместе они напоминали двух бесплотных духов, выбравшихся из Нави. Наверное, в итоге они помогли друг другу, потому что со временем обоим стало намного лучше. Дива снова вернулась к занятиям и даже начала улыбаться.

Получив заветный меч, Варна решила, что теперь-то мальчишки снова начнут звать ее играть и драться, но они, погруженные в свои дела и тайны, только задирали носы, когда она пыталась увязаться за ними. Это ранило, особенно когда ей отказывал Дарий, а не его новые друзья. Только Свят держался особняком, не примкнув к их компании, но с ним она не говорила с тех пор, как чуть не лишилась рассудка на занятии с Гореславом.

После того случая Светозарный долго сидел с ней и объяснял, что никто не должен знать о силе Свята. Говорил, что это большая тайна и если она не хочет, чтобы мальчика посадили в клетку, ей нужно помалкивать.

— Зачем тогда ты показал мне это? Он же не хотел! — Она боялась даже имя его произнести.

— Ты крепкая, — просто сказал Гореслав. — Я мог бы забрать тебя с собой.

— Куда? — Врожденное желание знать больше, чем позволено, дало о себе знать.

— Туда же, куда я увезу Свята, когда придет время, — неопределенно ответил он. — Нам нужны сильные воины: Зло грядет, и мы должны спасти людей от него.

— Какое зло? Ведьмы? — шепотом спросила Варна и подалась вперед, вглядываясь ему в лицо.

— И ведьмы тоже, — кивнул Горeслав. — В мире много зла, девочка. Пока ты даже не представляешь насколько, но это к лучшему.

— А в нем тоже зло? — она говорила о Святе.

— Разве он дымится на святой земле?

— Нет, — она покачала головой.

— Вот и ответ. Свят — хороший мальчишка, сильный, но на его долю выпало много испытаний. Не хочешь дружить с ним — не надо, но не рассказывай о его особенности остальным, им не понять.

— С чего взял, что я не разболтаю? — заупрямилась Варна.

— По лицу вижу, — сказал Гореслав. — Ты заступилась за него, попыталась защитить.

— Он мой «брат по вере» — так говорит Нина, — пробурчала Варна.

— И она права. Но разве только поэтому?

Она прищурилась и надулась. Темные брови мужчины вопросительно изогнулись, а губы тронула улыбка. Он был старше Нины и старше Мстислава. На лбу у Гореслава пролегали три глубокие морщины, он часто вскидывал брови, а в уголках его глаз собралось много складок. Он либо много улыбался, либо часто щурился, и Варна склонялась ко второму варианту. Темные волосы Гореслава тронула седина, но бороду он не носил. Почему-то все в церкви гладко брились, тогда как в деревне наоборот: каждый мальчишка отращивал волосы на подбородке, как только они начинали там расти. Иногда это выглядело очень смешно и напоминало козлиную бородку.

— А с остальными что будет? — спросила она после продолжительного молчания.

— Тоже станут охотиться, как Мстислав и Нина, — ответил Горeслав.

— И Дарий? — Его будущее волновало ее сильнее прочих.

— Это который? — Мужчина нахмурился, вспоминая. — Высокий?

— Нет, который с длинными волосами, — смущаясь, ответила она.

— Его ждет такая же судьба.

Дарий так не думал. Через год после этого разговора он вдруг сказал, что хочет остаться и служить в церкви, стать пономарем, затем, возможно, подняться до диакона, а потом — забраться еще выше. Варна тогда очень удивилась и не поняла, зачем ему это нужно, ведь в церкви скука смертная, постоянно пахнет ладаном, от которого ее тошнило, и почти ничего не происходит. Втайне она надеялась, что Дарий еще передумает.

Но он не передумал, стал уделять больше времени занятиям с Ниной и Светланой, почти забросил уроки Мстислава, а тот спускал ему это, потому что уважал его решение. А вот Варна не уважала — она то и дело спрашивала друга, зачем ему это нужно, а он только отмахивался и с каждым днем отдалялся все больше, хоть они и продолжали спать в одной комнате.

И вот, переступив порог одиннадцатилетия, Варна взглянула на их жизнь по-другому. Детство закончилось, будто его и не было, ее начали волновать другие вещи, но ускользающая дружба с Дарием — сильнее прочего.

Однажды, собрав в кулак всю свою смелость и баранье упрямство, Варна вошла в их комнату, твердо решив выяснить, что между ними происходит. Дарий стоял на коленях перед распятием и махнул рукой, услышав, как она вошла, мол, обожди. И Варна послушалась, присела на корточки и забилась в угол, дожидаясь, пока он закончит молиться.

— Помолись со мной, — вдруг сказал Дарий.

Она не отказала ему, поспешно подошла, встала на колени и сложила руки перед грудью. Настроиться на молитву не получилось — Варна то и дело смотрела на Дария, который прикрыл глаза и находился в блаженном неведении относительно того, с какой целью она пришла сюда. А шла Варна, готовясь учинить скандал, если он не откажется от своей глупой затеи.

Они почти взрослые, вдруг поняла она. Дарий вытянулся, в свои почти тринадцать лет он выглядел уменьшенной копией Мстислава. Люди в деревне жили недолго, кончина вскоре после сорока лет — обычное дело. Значит, им осталось где-то тридцать лет, прежде чем смерть придет за ними, почему-то решила она. Тридцать лет — это совсем немного, всего лишь тридцать зим. Тридцать раз зацветут и опадут деревья, тридцать раз летнее солнце обогреет их.

— Дарий, — тихо сказала она, — почему ты больше не хочешь дружить со мной?

Он так искренне удивился, что Варна тут же захотела забрать свои слова назад, но сказанного не воротишь. Пришлось краснеть и ждать ответа.

— Разве я говорил, что мы больше не друзья? — наконец спросил он.

— Не всегда нужно говорить такие вещи прямо, — заметила она, не поднимая взгляда.

— Мы все еще друзья, — твердо сказал Дарий. — Просто у меня теперь другие занятия есть. Я устал махать мечом на площадке, мне это больше не интересно. Мстислав учит меня обращаться к Богу, говорить с ним и слушать страждущих. А ты будешь воином.

— Откуда знаешь?

— Он рассказал. Вернее, — она услышала, как он усмехнулся, — я подслушал разговор Мстислава и Тихомира.

Светозарные приедут за тобой и Святом, как только вам исполнится восемнадцать лет.

Варна похолодела. Почему никто не сказал ей об этом?

— И все? — жалобно спросила она. — Ты-то здесь останешься!

Теплые руки Дария обхватили ее ладони, и от этого простого жеста ей ужасно захотелось разреветься, но она сдержалась. Разве Светозарные плачут? Вот уж вряд ли!

— Ты всегда сможешь навестить меня.

— А если тебя переведут?! Как я узнаю, где...

— Посмотри на меня.

Она замотала головой, отказываясь. Если взглянет на него, тотчас превратится в его глазах из воина в сопливую девчонку, которая не заслуживает настоящего меча.

— Варна, — произнес он совсем как взрослые, — посмотри на меня.

Она нехотя подняла лицо, а потом, обреченно вздохнув, перевела взгляд на него. Он так тепло улыбался, что все внутри сжалось и слезы подступили к глазам. Нет, нет, нет! Только не реветь!

— Мы друзья, — мягко сказал Дарий. — Прости, если мое поведение тебя обидело, но я делаю то, что должен. У тебя теперь есть меч, верно? — Она кивнула, а он улыбнулся шире. — Видишь? Ты уже взрослая. Мы все делаем то, что должны.

— Поехали со мной, — прошептала она, будто Горислав уже стоял за дверью и ждал ее. — Неужели там не найдут для тебя места?

— Пусть найдут, — упрямо сказал Дарий, — я сам не хочу. Я не такой, как ты. Мое место здесь.

Из комнаты Варна вышла в смятении. Задумавшись, она присела на корточки, положила голову на колени и просидела так довольно долго, до тех пор, пока затекшие мышцы не начали ныть.

— Пойдем, — услышала она.

Вскинув голову, Варна увидела удаляющуюся спину Свята. С того момента, как они начали совместные занятия, отношения их теплее не стали. За последние годы они едва ли перекинулись десятком фраз, Мстиславу было все равно, что между ними произошло, его задача — научить их, чтобы, когда Горeслав снова приедет сюда, они показали свое мастерство. Иногда Нина спрашивала, какая кошка между ними пробежала, но они молчали. Оба.

После изматывающего боя, во время которого Свят снова и снова укладывал ее на лопатки, Мстислав заставил их бегать кругами по площадке. По лицу было видно, как он недоволен; Варна сама хотела обругать себя гадкими словами, потому что последние несколько часов думала вовсе не о том, как отбить атаки Свята.

— Ужасно, Варна! — рявкнул Мстислав. — Где твоя голова?

Она увидела, как Свят многозначительно посмотрел на нее. Если он что-то скажет, она его убьет. Проберется ночью в его комнату и задушит подушкой. Но Свят снова смолчал.

— Почему ты не сказал, что Гореслав заберет нас? — спросила она, пробегая мимо Мстислава.

— Ты не спрашивала, — ответил он. — Быстрее!

— И когда я должна была это узнать? — не отставала она.

— Если продолжишь так заниматься, можешь забыть о Светозарных. — Наставник пожал плечами. — Зачем давать надежду, если не уверен?

— Ты во мне не уверен? — Варна так удивилась, что сбилась с шага, запнулась о собственную ногу и чуть не упала. — Почему?

— Ты себя видела сегодня? — жестко спросил Мстислав. — Будь это настоящий бой, от тебя остались бы рожки да ножки.

— Неправда! — возмутилась она. — Я просто...

— Ваш возраст называют сложным, — перебил ее наставник. — Вы уже не дети, но еще не взрослые. Мир, в котором нам довелось жить, требует от вас быстрого взросления, мне грустно смотреть на это, но такова жизнь. Пойми, Варна, если ты провалишься перед Гореславом, то станешь такой, как я и Нина, — будешь при церкви следить за беспризорными детьми, иногда выезжая на охоту. И если Светозарные охотятся на ведьм и подобных им тварей, то мы, простые охотники, довольствуемся мавками да мелкими бесами.

— Он и вас звал, — вдруг сказал Свят, останавливаясь. — Почему не говоришь этого?

Мстислав опешил, но быстро взял себя в руки. Смерив мальчишку недовольным взглядом, он нехотя произнес:

— Звал.

— Куда? — требовательно спросила Варна. — К Светозарным?

— Да. Мы заслужили эту честь своим трудом.

— Так вот оно что! — Она уперла руки в бока и стала наступать на Мстислава. — А вместо себя ты решил Дария оставить? Скинуть на его плечи свою ответственность за приход и приют, который вот-вот достроят?!

— Он сам сделал такой выбор, — холодно сказал наставник.

— Да ничего подобного! — Она отказывалась в это верить. — Что ты ему сказал? Что пообещал? Он так любил сражаться и...

— Люди меняются! — рявкнул Мстислав.

Варна замерла и пристыженно отвела взгляд. Он редко позволял себе повышать голос, поэтому, когда это все же случалось, ей становилось не по себе.

— Свободны. — Мстислав первым ушел с площадки, хотя обычно оставался и выметал ее.

Свят взял метлу и начал делать это сам. Варна долго смотрела на него, а потом спросила:

— А ты хочешь к Светозарным?

— Это мой шанс, — ответил Свят.

— Какой еще шанс? — не поняла она.

— Выжить, — он посмотрел на нее своими большими серыми глазами.

«Свят боится», — поняла Варна. Тварь, что живет в нем, — достойная причина, чтобы увезти его в тюрьму, в которой держат ведьм и колдунов, идущих по пути Зверя. Варна не могла представить Свята в клетке, он был слишком светлым, слишком... красивым. Нина говорила: «Не от мира сего» — и была права. Таких людей, как Свят, Варна никогда не видела. Медлительный и спокойный в жизни, во время занятий он превращался в смертоносный вихрь. Она уже даже не мечтала победить его.

— Я больше тебя не боюсь, — зачем-то сказала Варна.

— Хорошо, — он продолжал мести площадку.

— И эту тварь тоже.

— Ладно.

— Свят?

Он вскинул голову, светлые волосы взметнулись и снова упали на его угловатые плечи.

— Позанимаешься со мной ночью?

Он кивнул, и она ушла с площадки, оставив его одного.

Если Дарий решил, что способен только заведовать приютом, — так тому и быть. У нее тоже есть цель, и она будет добиваться ее.

Раньше травы для церкви собирала одна из прихожанок, Тамара, добродушная светлоглазая женщина средних лет. От нее всегда пахло пирогами и домом. Варна любила смотреть на нее и представлять, какая у той семья, какие дети. Такая женщина, как Тамара, не могла бить своих детей. Наверное, они были очень рады, что она их матушка.

К Тамаре липла вся ребятня, живущая в церкви. Дива не отходила от нее ни на шаг. Высокая, худая и несуразная в силу возраста, она обнимала Тамару нежно, трепетно, а та отвечала ей взаимностью, прижимала к широкой груди и долго не отпускала. Об этих объятиях мечтали все, но никто не признавался. Мальчишки фыркали, когда женщина трепала их по волосам, но Варна видела, что на самом деле они млеют под ее теплыми руками. Всем сиротам не хватает дома, но никто не хочет говорить об этом вслух.

Но однажды Тамара перестала приходить к ним, и Нина попросила Варну сходить в лес и собрать трав, необходимых для мазей и настоев.

— Я же песьей смерти принесу*, — она нехотя взяла корзинку.

— Пригодится, чтобы смазывать стрелы ее ядом, — беззаботно ответила Нина. — Иди, иди, солнце уже высоко, только вернись дотемна, а то придется тебя искать.

Ворчи не ворчи, а идти придется: просьбы Нины не обсуждались и больше походили на приказы. Так что, вооружившись ножичком для подрезания стеблей и корзинкой, Варна поплелась в лес под сочувственные вздохи товарищей.

Она прошла мимо достраивающегося здания приюта и с удовольствием отметила, что его вот-вот закончат, а это значит, что их маленькую компанию скоро разбавят новые дети. Конечно, сироты — это плохо, но каждый день видеть одни и те же лица ей порядком надоело.

Лес встретил ее тишиной и редким стрекотом насекомых. День обещал быть жарким — солнце встало совсем недавно, а от земли уже поднимался пар. Некоторые растения можно найти только ночью, если верить Нине, но за ними она

---

* Борец, или аконит, — ядовитое растение семейства лютиковых. По легенде, аконит появился после того, как на землю попала ядовитая слюна Цербера, поверженного Гераклом. На Руси растение называли «волчий корень», «козья смерть», «песья смерть», «волкобой» и т. д.

ходила сама, а Варне требовалось отыскать хотя бы мать-и-мачеху, ромашку, зверобой, если повезет. Она не очень хорошо разбиралась в растениях, так что, скорее всего, нарвет какой-нибудь ерунды.

Варна присела отдохнуть и оглядела свои немногочисленные находки — если вернуться в церковь с этим жалким пучком трав, Нина отправит ее сюда и завтра. Она сама не заметила, как уснула под деревом, разморенная теплыми лучами солнца.

Проснулась Варна от резкого птичьего крика. Села, огляделась и выдохнула — кажется, проспала она совсем немного. Подхватив корзинку, Варна кинулась в чащу, продираясь через кусты, в надежде найти то, за чем ее послали.

Нагнувшись за побегом мать-и-мачехи, боковым зрением Варна заметила какое-то движение. Она резко выпрямилась и громко спросила:

— Кто здесь?

Бояться она не любила и не умела. Мстислав часто шутил, что когда-нибудь это выйдет ей боком, потому что страх помогает людям избегать опасных ситуаций, а она сама прет на них, как таран.

Из-за деревьев вышла незнакомка в белом сарафане, расшитом красными узорами. Красивая, волосы светлые, глаза — любопытные. Она остановилась на почтительном расстоянии и спросила:

— Что делаешь тут?

— А ты? — Варна огляделась, чтобы убедиться, что незнакомка одна.

— За травами отправили? — в голосе девушки послышалось сочувствие. — Много нашла уже?

— Достаточно.

— Какая ты хмурая. Улыбнись!

— Откуда ты здесь? — Варна сжала рукоять ножа.

— Так из дома, — незнакомка смотрела на нее, склонив голову к плечу. — Меня тоже за травами отправили, брат приболел.

— Иди тогда, — Варна подбородком указала ей направление. — Тут я собрала все, что могло быть полезно.

Внутри что-то неприятно ныло, тошнота накатывала удушливыми волнами. Откуда она вообще взялась? Рядом с церковью ни деревни, ни города, прихожане приезжали к ним по воскресеньям на повозках, и никаких детей в этом лесу отродясь не было.

— Разве не знаешь, что нельзя работать, когда солнце высоко стоит? — заговорщицким тоном спросила девушка.

Варна непроизвольно вскинула голову, пытаясь разглядеть солнце за густой листвой. Полдень.

— Значит, не бу...

Не успела она договорить, как незнакомка метнулась к ней странным зигзагом, припав к земле, как змея. В одно мгновение она оказалась прямо перед Варной, и лицо ее исказилось до неузнаваемости — рот растянулся от уха до уха, глаза запали, а на груди проступили ребра.

— Солнце так высоко, — прошипело существо, — а ты траву собираешь. Пахнешь новым Богом, — оно втянуло носом воздух.

Варна не растерялась, воспользовалась моментом и ударила тварь по голове корзинкой, а ножом полоснула по щеке. Из раны полилась не кровь — незаметное облачко пара взметнулось в воздух.

— Полудница! — выдохнула Варна и отскочила в сторону. — Отец наш Небесный, дай мне сил, дай мне воли... — она запнулась. — Дай мне воли...

Слова молитвы вылетели из головы. Нечисть осклабилась и кинулась к ней. Варна могла попытаться убежать, но что может быть хуже, чем повернуться к этой твари спиной?! Заняв стойку, которой ее научил Свят, она выставила перед собой короткий серебряный ножичек и приготовилась дать полуднице бой.

Та бросалась на нее как дикий пес — хаотично, резко, но вместо лая по лесу разнесся нечеловеческий хохот. Варна металась из стороны в сторону, уклонялась от твари и молилась. Как бы полудница ни пыталась напугать ее, Варна оставалась спокойной и думала лишь о том, как бы не споткнуться о случайный корень. Отродья Зверя не внушали ей ужаса, только отвращение. Пусть хохочет, пусть преображается — наплевать, нечисть есть нечисть, Варна должна истреблять ее, а не бояться.

Полудница начинала злиться. Она перестала играть, начала нападать всерьез, и Варна поняла, что для настоящей битвы ее ножа недостаточно. Похожий на маленький серп ножичек мог подойти только для того, чтобы вонзить его полуднице в глаз.

С неба камнем рухнула птица. Она ударилась о землю и обратилась женщиной. Полудница взвизгнула, замерла и уставилась на незнакомку.

— Сгинь! — приказала та, и злобный дух оскалил зубы.

— Моя добыча! — зарычала полудница.

— Сгинь! — повторила женщина-птица, и дух полудня бросился в лес, поджав хвост.

— Не тронь меня! — Варна выставила нож перед собой.

Она вымоталась, сил почти не осталось, но без боя ведьме не сдастся! Казалось бы, самое время начать бояться, но Варна не чувствовала ничего, кроме желания вернуться в церковь, к своей семье.

— Нападать я не стану, — сказала женщина. — Я пришла познакомиться. Меня зовут Рослава. Мы уже встречались, давно это было, для тебя, наверное, прошла целая жизнь.

И тут Варна вспомнила ее, ее и многорукую Паву. Они убили одного из друзей Нины в лесу, лишили наставницу глаза и плясали в облике черных псов на речном берегу.

— Ты, — прошептала Варна.

Неизвестно, чего ожидала Рослава, но точно не того, что девчонка кинется на нее с ножом. Замешательство, отразившееся на ее лице, позабавило Варну за мгновение до того, как она всем телом врезалась в ведьму и сбила ее с ног.

ГЛАВА 9

Сейчас

Варна выпила целую флягу воды и остановилась, только почувствовав тошноту. Мало-помалу она приходила в себя. Дарий смотрел спокойно, но она чувствовала его волнение.

— Пойдем. — Варна поднялась с земли и указала в ту сторону, откуда пришла. — Местного диакона убили, и Свят пришел в ярость. Нужно...

— Ты в порядке? — перебил ее Дарий. — Выглядишь хуже, чем я.

— Выглядеть хуже, чем ты, просто невозможно, — она попыталась отшутиться, но вдруг поняла, что вот-вот разрыдается.

Нет боли хуже, чем та, которую причиняет людям собственная душа. Она болит, ноет, и ее не успокоить травами и примочками. Душа Варны обладала волей, мнением и желаниями, она ходила рядом, а не была заточена внутри и сейчас смотрела на хозяйку белесыми глазами в надежде получить правдивый ответ.

— Не в порядке, — призналась Варна.

— Не делай так больше, — Дарий приложил ладонь к груди. — Меня чуть наизнанку не вывернуло.

— Не слишком романтично. — Она пошла в сторону церкви в надежде вспомнить, где в последний раз видела Свята.

— А какая тут может быть романтика? — возмутился Дарий. — Меня будто снова бесы тащили в Навь.

«Помоги мне», — сказала иллюзия.

Варна тряхнула головой, прогоняя навязчивое видение. Где бы в этот момент ни находилась душа Дария, они ничего не могли с этим сделать. Должно быть, однажды появится способ вернуть ее, но сейчас неизвестно, возможно ли это.

— Тут я видела его в последний раз, — Варна огляделась.

— Куда он мог пойти? — Дарий поднялся на носочки, пытаясь рассмотреть в толпе хоть что-то. — Не вижу никого из Светозарных.

— А вам они зачем? — вдруг спросил чумазый мальчишка.

Варна вопросительно посмотрела на него, а он ответил на ее взгляд без страха.

— Мы из Мрачного Взвода, — сказала она. — Видел людей в белых плащах?

— Правда, что ли? — Мальчишка глупо заулыбался. — А правда, что вам подчиняются мертвецы?

Дарий хмыкнул и серьезно сказал:

— Конечно правда. Посмотри на меня. — Он откинул капюшон всего на мгновение, но этого хватило, чтобы мальчишка побледнел.

— Чур! Чур меня! — выпалил он.

— Так где, говоришь, видел их? — спросил Дарий.

— Вон там, у дома диакона, — мальчишка махнул рукой.

Варна не дослушала и бросилась вперед. Дарий нагнал ее и хотел что-то спросить, но она его опередила:

— Диакон мертв. Раз никто из местных об этом не знает...

— Значит, кто-то подменил его, — закончил Дарий.

Толкотня на улицах так сильно злила Варну, что она была готова применить оружие. Шум, грязь, запах немытых тел — все смешалось в раздражающую какофонию звуков и образов. Она скучала по пустым дорогам, по маленьким деревням и городам, жители которых предпочитают сидеть дома, пока Мрачный Взвод работает.

— Куда это вы? — Кто-то схватил ее за локоть, и она инстинктивно попыталась ударить человека в лицо. — Эй, спокойно!

Слава уклонилась от удара и вопросительно вскинула брови.

— Мы друг другу не нравимся, но Свят драку не одобрит. — Она разжала пальцы, и Варна вырвалась из ее хватки.

— Где он? — спросил Дарий.

— Мы молились. Он ждет вас.

Варна проглотила едкое замечание по поводу молитвы, потому что последние слова Славы немало ее удивили. Свят ждет их? Великий Светозарный дожидается помощи Взвода?

Слава провела их в узкий переулок между двумя высокими домами и осталась стоять на стреме. Краем глаза Варна заметила, как Дарий положил ладонь на рукоять серпа.

— Вряд ли Светозарные решили нас убить, — тихо сказала она.

— Вдруг это я решил убить их?

Добрыня нетерпеливым жестом подозвал их к себе, а Свят сделал вид, что ужасно разочарован их долгим отсутствием.

— Есть подозрение, что диакона подменили, — сказал он.

— И что? Подмены случаются часто, почему этим решил заняться Святой Полк? — Варна всмотрелась в лица Светозарных.

— Они проникли в церковь, — вдруг сказал Добрыня, за что Свят одарил его испепеляющим взглядом.

— Кто? Нечисть? — Варна нахмурилась.

— Ведьмы, невесты Зверя, — Свят поправил плащ. — То, что произошло в Моррее, — их рук дело, и мы должны узнать, что еще они замыслили.

— Город стоял на святой земле, как они...

— Знали бы как — не стояли бы сейчас здесь, — перебил Варну Добрыня. — Они людей с пути истинного сбивают, учат скверным вещам, развращают их мысли. А люди слабы, их плоть слаба, сами знаете.

— Хитро... — пробормотала Варна. — Вы думаете, что здесь должно случиться то же самое?

— Не знаю, — ответил Свят. — В книгах диакона я нашел много запрещенных записей.

— А в его доме кто-то живет, какая-то тварь, натянувшая на себя его шкуру, — сказал Добрыня. — Мы должны пойти и разобраться с ней, а потом созвать паству в церковь и освятить каждого на этой земле.

Варна кивнула. Значит, ведьмы не просто вылезли из Черной Пади, а решили взяться за старое. Одной войны с силами церкви им было мало, и они решили разжечь новую.

Они помолились и вышли из переулка. Свят шел впереди, сжимая меч в правой руке. Случайные прохожие провожали воинов удивленными взглядами, толпа расступалась — никто не хотел оказаться на их пути.

До дома диакона они не дошли, дверь сама собой распахнулась, и на крыльцо вышла статная, красивая женщина. Ее черные волосы были собраны в причудливую прическу, украшенную золотыми безделушками и перьями. Зеленое платье с высоким воротом и длинными рукавами полностью скрывало тело. Лицо бледное, кожа почти прозрачная, а глаза зеленые, яркие, как два изумруда.

— Боже...

Кровь прилила к лицу, Варна оттолкнула с дороги Славу и кинулась вперед.

Губы Рославы дрогнули и растянулись в нежной улыбке. Тонкая черная бровь приподнялась, будто вопрошая: «Ты действительно сделаешь это?» В ее глазах не было страха: Рослава не верила, что Варна сможет причинить ей вред.

Блеснул металл — ведьма обратилась в птицу. Меч задел ее когти и высек из них искры. Рослава расправила крылья, коснулась перьями лица Варны и взмыла в воздух. Небо над городом потемнело, взошла луна, а солнце исчезло, будто его и не было.

— Рослава! — выкрикнула Варна. — Вернись, трусливая тварь!

Но Рослава не вернулась. Она описала круг над их головами, расхохоталась и полетела прочь.

— Варна!

Свят схватил ее за руку и резко притянул к себе. Его глаза метали молнии.

— Что ты наделала? — прорычал он.

Поднялся шум. Люди вокруг начали громко браниться, поносить друг друга дурными словами. Пузатый мужик вдруг прыгнул на друга, с которым они мгновение назад стояли у забора и мирно беседовали, и вцепился зубами ему в шею.

— Разнимите их! — крикнул Свят.

Он еще раз взглянул на Варну, затем оттолкнул ее и скрылся в доме диакона. Она сжала кулаки и последовала за ним.

В большой комнате на обеденном столе лежало тело — руки и ноги раскинуты, грудная клетка раскрыта, ребра торчат наружу. На месте сердца — зияющая дыра, его остатки покоились в металлической посудине, от которой поднимался пар.

Свят отцепил от пояса фляжку со святой водой и вылил ее в миску. Комнату заволокло густым белым маревом. Варна подошла было ближе, но Свят строго сказал:

— Не лезь.

Подавив желание нагрубить ему, она отошла к окну и выглянула на улицу. Светозарные и Дарий пытались разнять дерущихся людей, но у них ничего не выходило. Обезумевшие жители Торжка кидались друг на друга, несколько неподвижных тел уже лежали на земле.

— Ничего не вышло, — сказал Свят.

— Что?

— Я сломал алтарь и освятил его, но люди, — он встал рядом с Варной, — продолжают сходить с ума.

— Нужно вмешаться.

— Мы ничего не можем сделать. — Свят достал из подсвечника горящую свечу и поднес ее к занавескам.

— И что ты предлагаешь? Просто бросить их? — возмущенно спросила Варна.

— Если бы ты не кинулась на ведьму...

— Тебе никогда не поймать ее, — выпалила Варна. — Ты не знаешь, кто она такая, а я знаю!

— Так расскажи мне! — потребовал Свят.

Она сжала зубы и покачала головой.

— Тогда забирай своего упыря и убирайтесь из города, — прорычал он и направился к выходу.

— Свят! Мы не можем...

Он резко обернулся и прижал ее к стене.

— Это приказ Святого Полка. Тебе ясно?

— Да чтоб он провалился вместе с тобой.

Дом заполнялся дымом, а они стояли и сверлили друг друга взглядами. Она не боялась его, если он хочет подраться — пожалуйста. Но оставить сотни людей в плену колдовства — такому в церкви их не учили!

— Презираешь меня? — прохрипела она.

— Обоих. — Он сильнее надавил на ее шею локтем.

— У нас не было выбора.

— Нужно было позволить ему умереть! — выкрикнул Свят, и ей показалось, что он ударит ее.

— Так же, как ты позволяешь умереть всем этим людям? — Она прищурилась.

— Можешь осуждать меня, только не стой на моем пути.

— Иначе что? — с вызовом спросила Варна.

Глаза слезились от дыма, им обоим стало нечем дышать. Свят еще несколько мгновений смотрел на нее, а потом отпустил и вышел.

Сплюнув на пол, Варна покинула горящий дом диакона и громко свистнула, привлекая внимание Дария. Он поспешно отошел от размахивающего палкой мужика и поспешил к ней.

— Мы уезжаем, — сказала она.

— Что значит уезжаем? Мы бросим этих людей здесь?!

Хромая, к ним подошел Добрыня. Он оттолкнул едва стоящего на ногах окровавленного человека и сказал:

— Мы ничего не можем сделать. Ведьма сотворила колдовство на крови, без нее нам не очистить это место.

— И мы просто уедем?!

Варна знала, что по своей воле он не уйдет отсюда. Будет стоять на своем до последнего, до тех пор, пока его не захлестнет море человеческих тел.

— Дух мой, — прошептала она, — следуй за мной, за телом моим, подчинись воле моей и не отринь желания моего.

Она клялась, что никогда не произнесет этих слов, но Дарий вынудил ее. Лишенный воли, он молча поплелся за ней, сверля ее спину взглядом.

Варна не оглянулась, чтобы посмотреть на Светозарных, просто пошла вперед, расталкивая рвущих друг друга людей и переступая через бездыханные тела. Горько, но Добрыня был прав: колдовство на крови они рассеять не могли. Ведьме такие заклинания тоже даются нелегко, но Зверь подарил их телам невероятную выносливость и способность исцелять себя. Рослава сама рассказывала ей об этом.

Они выехали за пределы города, Варна остановила лошадь и наконец оглянулась.

Над Торжком клубился черный дым, ветер доносил до нее людские вопли. Быть может, милосерднее было их убить, вырезать весь город. Они могли подарить этим людям хотя бы быструю смерть.

— Прости, — сказала она.

— Нет надобности извиняться перед псом, — прорычал Дарий.

— Ты не пес. — Она не могла найти в себе смелости, чтобы посмотреть на него.

— Но ты натянула мой поводок. — Варна услышала его горькую усмешку. — Ты обещала, что никогда...

— Я должна была так поступить, — твердо сказала она. — Умрешь ты, умру и я, а встречаться со Зверем я пока не собираюсь.

Варна знала, что он ждал других слов, но у нее не было на это сил, как не было иллюзий насчет того, где они окажутся, как только она издаст последний хриплый вздох. Возможно, дух Дария уже в лапах Зверя, но она собиралась оттягивать встречу с ним до последнего. Позволив Рославе вырвать ее душу из тела, она знала, что продается рогатой твари, но тогда ей казалось, что у нее нет другого выбора.

Поступила бы Варна иначе, появись вдруг такая возможность?

Ответ на этот вопрос ехал рядом, поникший, сгорбившийся, зависимый от крови и тепла чужих тел. Но он все еще оставался здесь. И если у нее появится вторая душа, она снова продаст ее ради того, чтобы вытащить его из Нави.

ГЛАВА 10

Тогда

Ночью выходить из катакомб под церковью запрещено — это одно из правил, которое нужно выполнять неукоснительно. Мстислав и Нина объясняли его каждый по-своему, но и кое-что общее в их историях было: они оба верили, что силы зла только и ждут, когда ребенок покинет святую землю, чтобы напасть на него и утащить в Навь.

В девять лет Варна впервые нарушила это правило и поняла, что опасения наставников сильно преувеличены, поэтому, когда ей снова понадобилось сбежать, она сделала это без малейших опасений.

Ночной воздух приятно холодил кожу, влажная трава щекотала ноги. Очень скоро штанины промокли насквозь, но после дневной духоты эта прохлада стала настоящим облегчением. Варна оглянулась, чтобы убедиться, что за ней никто не идет, и припустила вперед.

Если кто-то узнает о том, что она покидает постель и уходит в лес, ей придется многое объяснить, а ответов у нее не было, как и четкого понимания того, зачем она это делает. Что-то непреодолимое влекло ее туда, в чащу, где под покровом ночи Рослава учила Варну разным интересным вещам, которые помогут церкви в борьбе с чудовищами.

— Я пришла! — выкрикнула Варна, оглядываясь по сторонам.

Ведьма вышла из темноты и сотворила огонь из воздуха. Светящийся шар давал необъяснимо много света, озаряя их обеих и лес вокруг. Варна поежилась, представив, что это сияние увидят наставники и решат проверить, что здесь происходит.

— Я думала, что сегодня ты побоишься прийти. — Рослава потрепала ее по волосам. — Здравствуй, Варна.

— Они долго не ложились, я не могла уйти раньше.

— И не надоело тебе жить по их правилам? — Рослава тихо вздохнула, и от этого вздоха настроение Варны переменилось.

И правда, сколько можно бояться наставников? Она получила меч, значит, стала взрослой, а взрослые не спрашивают разрешения, когда уходят из церкви.

— Сегодня ночью жители всех окрестных деревень вышли к воде. Знаешь почему? — Рослава смотрела внимательно, но не строго.

— Сегодня ночь на Ивана Купалу, — ответила Варна.

— Тогда почему ты и твои друзья спите, а не скачете через костры?

— Церковь не одобряет эти обряды. Они же, ну, — она понизила голос, — языческие.

— А кто мы, если не язычники? — Рослава перекинула толстую косу через плечо и принялась перебирать ее тонкими пальцами. — Твой дед был язычником, твоя бабка была язычницей и ее родители, и их родители. И твои тоже, Варна.

Ведьма так часто называла ее по имени, что становилось неловко и приятно одновременно. В их первую встречу Рослава сказала, что имя имеет власть и не стоит представляться кому попало, потому что это знание может быть использовано во вред.

Тогда, в тот июньский день, Варна сбила ее с ног и попыталась вырезать глаз, потому что нож ни на что больше не годился. Рослава не сопротивлялась, смотрела с любопытством, чем и сбила Варну с толку. Одно дело, когда приходится защищаться, и совсем другое, когда нападаешь ты сама.

— Почему не используешь свою силу, ведьма? — Она нависла над Рославой и почти касалась носом ее носа.

— Я спасла тебя от полудницы не для того, чтобы убить. — Молодая женщина держалась удивительно спокойно, учитывая то, что к ее лицу было прижато лезвие, от которого поднимался пар.

— Вовсе не спасла, я бы сумела дать отпор.

— Не сомневаюсь, но зачем тратить силы, если я могу просто приказать ей? — Дыхание ведьмы пахло чем-то знакомым и приятным. — Или убей меня, или позволь встать.

Варна замешкалась. Нина наверняка высечет ее, если узнает, что она отпустила нечисть без боя, но убить человека, который сдается, Варна не могла. Хоть их и учили нападать, она умела только защищаться. Мстислав постоянно рассказывал, что ведьмы — хитрые и ушлые создания, но именно эта женщина ничего плохого ей не сделала.

Варна вскочила на ноги и заняла оборонительную стойку. Дураку ясно, что ведьма могла убить ее намного раньше, если бы хотела, но лучше перебдеть.

— Уходи, — Варна кивком указала на чащу. — Я не стану тебя преследовать.

— Почему? — Рослава явно не торопилась.

— Не знаю, — честно ответила Варна.

— Много лет назад я думала забрать тебя с собой, чтобы учить. Ты бы хотела стать сильнее?

— Знаю я, о какой силе ты говоришь, — ответила ей Варна. — Ты — ведьма, невеста Зверя, и вся твоя жизнь пройдет в служении ему.

— Это тебе сказали люди из церкви? — Рослава выглядела оскорбленной. — Они отринули своих богов. Как ты можешь слушать людей, которые предали свою веру?

— Не знаю, о чем ты говоришь, и слушать дальше не стану. Уходи, пока я не передумала.

— Были ли в твоем доме их иконы, Варна? — тон ведьмы стал строгим. — Красный угол*? Молились ли твои родители перед едой?

— К чему эти вопросы? — Она заупрямилась. — Ты ничего не знаешь о...

— Я не всегда была той, кем являюсь сейчас, — перебила ее Рослава. — Моим домом была добротная изба, мои родители оставляли молоко домовому, почитали духов рода, сжигали чучело зимы, призывая весну, прыгали через костры. Как и твои, Варна.

— Мои родители — скверные люди, которые бросили меня на растерзание диким зверям!

— Разве твой новый Бог не призывает подставить вторую щеку и возлюбить их? — вкрадчиво поинтересовалась ведьма.

— Я их простила.

— Не обманывай меня, девочка. — Рослава приложила руку к груди. — Вот здесь, в самой твоей сути, спит ненависть.

— Этому тебя Зверь научил? — не зная, что ответить, Варна решила нападать. — Что заставило тебя поклоняться Злу? Покинуть свою добротную избу, а? Это в тебе спит ненависть, а во...

— Мою мать сожгли заживо, — Рослава сказала это совершенно будничным тоном. — Мне не нужна твоя жалость, девочка, я просто рассказываю тебе о том, что произошло много лет назад.

— Она тоже ведьмой была?

Видеть в глазах женщины разочарование оказалось неприятно. Рослава посмотрела на Варну как на несмышленого ребенка, покачала головой и развернулась, чтобы уйти.

---

* У восточных славян почетное место в избе, в котором находились иконы.

— Стой! — выкрикнула Варна, прежде чем сумела себя остановить. — Ты не закончила историю.

— В другой раз, — ответила Рослава. — Если хочешь — приходи сюда после заката.

— Откуда ты узнаешь, что...

— Я узнаю, — твердо сказала ведьма.

Несколько дней Варна пребывала в растерянности и шаталась по церкви сама не своя, размышляя о новой знакомой. Она никак не могла увидеть в Рославе врага. Происшествие у реки померкло в памяти. Варна даже не была уверена в том, что среди черных псов, хохочущих на разные лады, была эта черноволосая ведьма.

На пятую ночь Варна не выдержала и сбежала в лес. Она дрожала, что было совсем на нее не похоже, оглядывалась, будто Мстислав вот-вот спустит собак и кинется в погоню, и не могла понять, чего боится больше — гнева наставников или Зверя, который явится из леса и разорвет ее.

Рославу она застала на небольшой поляне. Рядом с ведьмой в воздухе висел яркий шар, в свете которого лес перестал казаться пугающим.

— Местные дружинники решили угодить князю и сломить наконец язычников, — женщина начала рассказ с того места, на котором остановилась четыре дня назад. — Они переломали наших идолов, затоптали все ритуальные круги, всё, что смогли, стащили в одно место и сожгли на глазах деревенских жителей. В тот день нас не сломили — соседи потужили, погрустили, но продолжили жить как жили. Люди князька называли нас «многобожьими девками» и считали за скот. Доводилось ли тебе быть с мужчиной?

Сначала Варна даже не поняла, о чем спрашивает Рослава, а потом отчаянно замотала головой. О таких вещах Нина начала говорить с ними два года назад, сперва ненавязчиво, а потом провела целую беседу, в которой рассказала, что телесная чистота идет рука об руку с духовной. С мальчишками на эту тему говорил Тихомир.

— Нет ничего ужаснее, чем оказаться в лапах истово верующих, — Рославу передернуло. — Если вы охотитесь на нечисть, то и на этих тварей кто-то должен охотиться. Когда на нашу землю пришел новый Бог, нас пытались уговаривать, просили отринуть язычество, но с каждым днем их методы становились все суровее.

— Чьи? — Собственный голос показался Варне глухим и незнакомым.

— Приспешников новой религии. — Рослава села на траву и склонила голову. — Они лишили нас идолов, оставили без защиты. Почему, по-твоему, людям понадобились белые плащи?

— Ведьмы призвали нечисть, — повторила Варна слова Нины.

— Нечисть всегда была здесь, вот только ее было не так много и люди жили с ней бок о бок. Взбесилась же она, потому что старые боги покинули нас, а приспешники вашего нового Бога только множат зло. Теперь Бог борется с этим злом чужими руками. Вашими руками, девочка, — Рослава прищурила неестественно яркие глаза. — Ты умрешь, сражаясь за него. Твои друзья умрут, сражаясь за него.

— Что было потом? — требовательно спросила Варна, игнорируя мурашки, бегущие по спине.

— Сначала мы были просто язычниками, а потом стали еретиками. — Рослава горько усмехнулась. — Язычников терпели, а вот с еретиками разговор короткий — обезглавить или на костер.

— Твоих родных убили, — закончила за нее Варна.

— Можно сказать и так.

— Говори как есть.

— В моем доме нашли обережных идолов и назвали нас вероотступниками. Батюшку и матушку сожгли в бане.

Объявили, что последователи старой веры людьми больше не считаются, а значит, каждый может делать с ними что угодно. Мою сестру увели в дом зажиточного дружинника, а я сбежала.

— Ты больше не видела ее?

— Никогда, — кивнула Рослава. — Ей было девять лет, и я знаю, какая участь ее постигла. В ту ночь, когда я встретила тебя в лесу, ты напомнила мне Дарину. И я решила забрать тебя с собой.

— В моей деревне ничего такого не происходило, — заупрямилась Варна. — Ты врешь мне, чтобы сбить с пути истинного.

— Не веришь в то, чего не видела?

— Не верю.

— Значит, ты видела Бога?

Ответить Варне было нечего.

— Я просто хочу помочь тебе. Ты ведь хочешь защитить своих друзей? Можешь не верить в мою историю, но поверь в то, что мир гораздо больше, чем тебе кажется. Они придут и сюда, в эти забытые места, это дело времени. Там, где я родилась, все началось с церквей и улыбчивых священников. Сейчас я вижу, что история повторяется.

— Никто из людей, которых я встретила в церкви, не собирается заставлять других страдать. Они говорят, что все люди — братья и мы должны ценить друг друга.

— Братья по вере, — с нажимом произнесла Рослава. — Можешь уйти и не возвращаться, а можешь остаться — и я научу тебя всему, что знаю.

— Просто так? — Варна с трудом сдержала смех. — Не верю!

— Пусть я ведьма, но остаюсь человеком. Что плохого в том, чтобы стать сильнее? Разве не для этого ты учишься обращаться с мечом?

— А тебе-то что от этого?

— Хочу спасти хотя бы одну маленькую девочку, — тихо ответила Рослава. — Ты превзойдешь своего наставника и воина в белом плаще, сумеешь защитить кого угодно, если понадобится.

«Гордыня — это грех» — так говорил Тихомир. Он пытался научить подопечных смирению, но Варна так и не поняла, что плохого в том, чтобы стремиться стать сильнее. Поэтому, помолчав, она сказала:

— Ладно. Но если я пойму, что ты водишь меня за нос...

Рослава шла впереди, изредка оглядываясь, чтобы убедиться, что Варна не отстает. Огненный шар уменьшился, но света давал достаточно, чтобы не разбить голову, запнувшись о корни.

— Куда мы идем? — нетерпеливо спросила Варна.

— Ш-ш-ш! — Рослава приложила палец к губам и раздвинула густую поросль кустов.

Варна встала рядом с ней и охнула — вокруг большого озера суетились люди, разжигали костры, готовились к празднику. Родители всего один раз водили ее к воде в ночь на Ивана Купалу, разрешили сплести венок и опустить его на озерную гладь, но к костру не подпустили.

— Место силы, — прошептала Рослава. — Когда столько людей собирается вместе в такую ночь, сила земли увеличивается в тысячу раз.

— И что мы будем делать? — Варна услышала, как кто-то запел.

— Танцевать, конечно. — Рослава вышла из кустов и поманила ее за собой. — Не бойся.

— Разве этот ритуал не отпугивает нечисть?

— Я не нечисть. — Ведьма хитро улыбнулась.

Они подошли к кострам, люди приветствовали их, кивали, звали к себе. Женщины затянули песню. Варна когда-то слышала ее, но не могла вспомнить слов. Среди незнакомцев она чувствовала себя неуютно, поэтому старалась не отходить от Рославы.

— Моя одежда не подходит, — прошипела Варна, разглядывая сарафаны, в которые нарядились девушки.

— Забудь об этом, — посоветовала Рослава. — Никому нет дела. Пой, Варна! Эта ночь принадлежит нам.

Из горла ведьмы вырвался громкий крик. Люди оживились, сидевшие повскакивали с мест, кто-то достал гусли, девушки и женщины с бубнами, обвязанными лентами, окружили их.

Музыка оглушала. Варна сама не поняла, как оказалась затянутой в хоровод, босая, с распущенными волосами, неподпоясанная. Она видела только ярко горящие глаза Рославы и не могла понять, как остальные не замечают этого свечения.

Ведьма первой прыгнула через костер, подняв сноп искр, которые взметнулись до самого неба. Было в этом что-то дикое, безумное, и Варна не смогла противиться зову крови, что закипала в ее венах, — разбежалась и сиганула следом. Жар опалил спину и ноги. Как только она коснулась земли с другой стороны костра, сквозь ее тело прошла волна силы, чего-то пугающего и чужеродного.

Варна обернулась и увидела, что глаза всех вокруг сияют тем же зеленым огнем, что и Рославы. Они пели, кружились, плясали, прыгали через огонь и в воду, белые косоворотки слились с сарафанами, красные узоры — с синими, и только Рославу Варна видела отчетливо, только ее черные волосы и кружащееся вместе с ней платье.

Из воды вышли бледные женщины, длинные черные пряди липли к телу, а кожа сияла, будто посеребренная. Они присоединились к празднику, на них надели венки, никто и не думал бояться их, только Варна попятилась, быстро моргая, отчаянно пытаясь избавиться от морока.

Но это было вовсе не видение — со всех сторон к кострам шли существа, о которых она никогда прежде не слышала:

люди со звериными головами, девушки в истлевших нарядах; кто-то хромал, кто-то полз, что-то скакало на четырех ногах; большие рога, рога поменьше, копыта и сияющие глаза — все слилось в одну черную громаду, надвигающуюся на людей.

Рослава подошла к костру, развела пламя руками, соединила всполохи снова, заставила огонь плясать — причудливый вихрь взмыл в небо, искры осыпали танцующих. В круг вошли твари, пришедшие из леса, но люди не боялись их, хватались за лохматые конечности, смеялись, дергали нечисть за рога, и во всем этом безумии Варна видела широкую улыбку Рославы, которая, кажется, и сотворила это чудовищное празднество.

— Хватит! — закричала Варна, но ее голос утонул в какофонии звуков.

Она не могла покинуть круг, не могла вырваться из толпы, лохматые тела смешались с человеческими, кто-то смеялся, кто-то блеял. Одна из девушек оседлала черного козла, и тот носился вокруг костра, создавая еще больше неразберихи. Его уродливые зрачки пылали огнем.

К костру подошли женщины в белоснежных одеждах. Рослава встретила их и поцеловала каждую в лоб, словно любящая мать. Женщины почтительно склонили перед ней головы, позволили ведьме надеть на себя украшенные полевыми цветами венки и коснулись подола ее платья в знак уважения.

Варна отвернулась, попыталась вырваться из круга, но вдруг увидела его — высокая фигура, завернутая в саван, стояла на возвышенности и наблюдала за происходящим. Если бы не рога, украшавшие его голову, Варна никогда не узнала бы его. Зверь. Зверь пришел посмотреть на праздник, устроенный в его честь. Это не гулянье, это шабаш.

— Куда же ты? — кто-то поймал ее за локоть, и Варна выхватила из-за пояса нож.

— Не тронь меня! — закричала она, глядя в сияющие глаза незнакомки. — Всех перебью!

Между ними встала Рослава. Она жестом велела женщине отойти и попыталась приобнять Варну за плечи.

— Убери руки! — Варна оттолкнула ведьму. — Ты превратила праздник в черную мессу! Как бы ты ни пыталась притворяться человеком, ты — ведьма! Богомерзкая тварь и...

— Послушай! — Рослава приложила палец к губам и прикрыла глаза. — Только послушай их дивные голоса.

Какофония звуков смолкла, осталась лишь чистая, протяжная песня. Женщины пели о загубленных судьбах, о потерянных возлюбленных и горечи, что живет в их сердцах. На глаза Варны навернулись слезы, она зажмурилась, а Рослава прижала ее к себе и прошептала:

— Их тоже бросили, Варна. Эти девушки станут тебе сестрами, а я буду вам матерью. Никто больше не посмеет обидеть вас, никто не поднимет на вас руку, потому что я встану на вашу защиту, скрою вас от недобрых помыслов и злых языков. Стань нашей сестрой, Варна, примкни к нам и обрети новую семью.

От песни ведьм болело сердце. Варна вспомнила братьев, вспомнила жестокую мать и побои, вспомнила батюшку, который сбежал и ни разу не оглянулся. Никто не тосковал по ней, никто ее не искал. Все эти годы она росла в церкви, лишенная материнского тепла и заботы, запертая в четырех стенах.

— Прими наш дар, Варна. — Рослава нежно взяла ее за подбородок. — Стань же одной из нас.

Варна позволила ведьме коснуться губами своего лба и почувствовала умиротворение, будто кто-то обнял ее и закрыл собой от всех бед. Когда она отстранилась, глаза Рославы горели мягким теплым светом, а на ее лице застыла удовлетворенная улыбка.

Ведьмы подходили к Варне по очереди и обнимали ее, принимая в свой круг, шептали слова поддержки, обещали защиту и покровительство, а она кивала, заливаясь слезами благодарности.

Рослава осторожно сняла крест с ее шеи — и мир вокруг превратился в яркие всполохи, потерял очертания; Варна почувствовала, как дышит мать сыра земля, как твердь под ногами пришла в движение. Запах ночи стал ярче: она ощутила запах животных, людей и трав, запах костра, озерной воды и тины, исходящий от мавок. Как дикий зверь, Варна принюхалась и смогла уловить сводящий с ума аромат: так пахнут желания и мечты, так пахнет Зверь.

Без защиты креста Варна ощутила всю полноту ночи, кожей почувствовала силу, вырывающуюся из земли, и мощь, исходящую от Рославы. Захотелось получить больше, больше силы, больше единения с прекрасными, свободными женщинами, но вдруг над самым ухом раздался голос Рославы:

— Не все сразу, — сказала она. — Твоя сила расцветет вместе с тобой.

Обернувшись, Варна увидела черного козла, пляшущего на задних ногах, и резвящуюся вокруг него нечисть. Но страха больше не было, не было больше мучительной боли брошенного ребенка. Она обрела новую семью. Семью, которая никогда от нее не откажется.

ГЛАВА 11

Сейчас

Когда что-то случалось, Дарий замолкал. Можно было сколько угодно пытаться вывести его на разговор, но он притворялся ветошью и делал вид, что не понимает ни слов, ни языка, на котором с ним говорят. В последний раз упрямец замолчал на десять лет, и повторения этого кошмара Варна не хотела.

Торжок остался позади неделю назад. По пути им встретились три охотника из Мрачного Взвода, отправленные в город, чтобы зачистить его. «Зачистить» — значит сжечь, никак иначе. Только пламя способно очистить землю и предотвратить распространение болезней. Одного из всадников Варна узнала — Николай, мужчина средних лет с усталыми глазами и доброй улыбкой. У них было общее дело несколько лет назад, тогда он здорово выручил их с Дарием.

— Возьмите мое задание, — попросил Николай. — До того как прилетел ворон, я ехал в деревеньку, тут она, недалеко. Староста написал, что люди болеют.

— Так, может, это просто хворь. — Варна не любила браться за чужие дела.

— В лесу люди пропадают, жителям мерещится всякое.

— Деревенскому люду черти видятся каждый раз после того, как он прикладывается к бутылке, — проворчала она.

— Случилось чего? — Николай нахмурился. — Не помню, чтобы ты избегала работы.

— Дни выдались тяжелые. Ладно, куда там ехать?

Только ступив на влажную болотную землю, Варна поняла, почему деревню назвали Клюковкой, — красные ягоды росли повсюду, болото было усеяно ими.

— Возможно, люди просто тонут здесь, когда собирают клюкву. — Варна повернулась к Дарию и наткнулась на безразличный взгляд. — Ожить не собираешься?

Она имела в виду, что пора бы ему возвращаться к работе, но выбрала не те слова. Он так взглянул на нее, что стало понятно: упрямый упырь ни слова не проронит, сколько бы напарница его об этом ни просила.

— Черт с тобой, — зло прошипела Варна, слезла с лошади и повела ее вперед.

За десять лет Дарий поднаторел в пытке молчанием, он мог заниматься этим вечно, да только его метания все равно доносились до нее. Он был расстроен, подавлен, то и дело мысленно возвращался в Торжок и думал о том, что мог спасти людей, проклятых ведьмой.

— Если бы ты убила ее тогда, — вдруг сказал Дарий, — ничего этого не случилось бы.

— Ты был бы мертв.

— Я и так мертв.

И снова повисла тишина, только твари болотные стрекотали, щелкали и пели свои странные песни. Что-то булькало, где-то квакала лягушка, отсыревшие деревья нависали над дорогой.

«Неблагодарный» — это слово вертелось у Варны на языке, но она молчала. Дарий не ценил свою жизнь, никогда не ценил. В ту ночь, когда все произошло, он должен был спать, но черти его дернули пойти на ведьму, вооружившись чужим мечом!

— Это я-то неблагодарный?

Она обернулась, услышав, как он спрыгнул на землю. Болотная грязь приняла его вес с чавкающим звуком.

— Да, — ответила Варна. — Именно так.

— То есть, — его вкрадчивый голос не предвещал ничего хорошего, — я за это должен быть благодарен?

Ей пришлось смотреть, как он рывком вытащил подол рубахи из-за пояса и обнажил живот, испещренный древними рунами и шрамами.

— Хватит.

— Нет, смотри!

Он скинул плащ, бросил его на землю, стащил рубаху и швырнул туда же. Наверное, Дарий должен был напряженно и громко дышать, да только не мог. Его истерзанная шрамами грудь не вздымалась, а перекошенное от злости лицо не раскраснелось.

— Нравится то, что ты видишь? — спросил Дарий.

— Нет, — ответила Варна.

Хотелось отвернуться, но она не стала. Несмотря на все, что с ним произошло, Дарий все еще был тем, кем и прежде, и она не могла повернуться к нему спиной. Даже если сейчас он ненавидел ее.

— Мне никогда не стать мужчиной. — Дарий приблизился к ней. — Я навсегда останусь мертвым девятнадцатилетним мальчишкой.

— Что на тебя вдруг нашло? Это из-за Свята?

— Да! — неожиданно согласился он. — Я завидую ему, Варна, черной завистью! Он превратился в воина, окреп, возмужал, я тоже должен был! Ты лишила меня этой возможности.

— Что я должна была сделать? — прорычала Варна, из последних сил сдерживая злость.

— Будь ты умнее, оставила бы меня на алтаре и сбежала.

— Ты мог вообще не ходить к ней в ту ночь.

— Не мог! — взвыл Дарий. — Я сделал это ради нас, ради того, чтобы ты...

— Так ты спасать меня пошел? — насмешливо спросила она. — Тогда почему не понимаешь, что я делала то же самое?

— Это другое, — упрямо ответил он.

— Конечно, ведь тебя вело желание стать мучеником.

— Вовсе нет!

— Оденься, — Варна указала на одежду, сваленную бесформенной кучей. — Все это, — она пальцем обвела его тело с ног до головы, — я уже видела.

— Я любил тебя с самого детства.

— И дал обет безбрачия, стоя на коленях перед распятием. — Она горько рассмеялась.

— Потому что верил, потому что считал, что...

— Закрой рот, Дарий. — Она отмахнулась от него, как от назойливой мухи. — Мы двадцать лет знакомы, а ты как был глупцом, так им и остался. Только ты не догадывался, что Мстислав просто решил свалить на тебя все свои обязанности. Иногда я даже рада, что Святой Полк отверг его и Нину. Ты должен был наслаждаться детством и играть в салки с соседской ребятней, а не истово молиться и учиться сражаться на мечах. Тобой воспользовались.

— Теперь я знаю об этом. — Он застегнул плащ.

— Да только слишком поздно.

— Он внушил мне, что я должен любить всех одинаково.

— Я знаю. — Она отвернулась от него. — Слышала, как ты бьешь себя плетью по ночам. Зачем ты это делал, кстати?

— Пытался усмирить плоть.

— Удалось?

— Частично, — уклончиво ответил Дарий. Она услышала его улыбку. — Я все еще зол на тебя.

— Я зла на тебя уже десять лет. — Помолчав, она спросила: — Так какую часть грешной плоти усмирить так и не удалось?

Он расхохотался.

Клюковка оказалась неожиданно большой деревней — дворов тридцать, не меньше. Приятно удивляли чистота общей улицы, добротные избы, непонятно как сохраняющие приличный вид при такой влажности.

Их встретила толпа ребятни — все как один светлоглазые и светловолосые, в чистых рубахах, но босые. Сначала малыши шли поодаль, но потом одна из девочек осмелела и приблизилась. Она с интересом разглядывала Варну, и та, в конце концов, удостоила ребенка ответным взглядом.

— Ну? — спросила она. — Чего смотришь?

— А меч настоящий? — выпалила девчонка.

— Конечно.

— А вы приехали чертей с болот выгонять, да? — выкрикнул мальчишка, но ближе не подошел.

— Любопытной Варваре, — громко сказал Дарий, — на базаре нос оторвали.

— Они воют, — тихо сказала девочка и потянула Варну за край плаща. — Ночами воют, вот так, — она откашлялась, — у-у-у-у!

— Да что ты? — Детей она не любила, скорее терпела. — А взрослые где?

— Так на болота ушли, задобрить чертей хотят.

— А вас одних оставили?

— С нянечкой, но она сказки нам рассказывала и уснула.

— Вернитесь к ней, — Варна подтолкнула девочку. — Давай-давай, шагай.

Они нашли коновязь и оставили лошадей. Дарий приподнял капюшон и сказал:

— А ты не слишком приветлива с малышней. Завидуешь их беззаботному детству?

— Когда я сказала Нине, что в темноте кто-то есть, она не успокоила меня, а дала бутыль святой воды и нож. Этим тоже не помешает подготовиться к жизни в реальном мире, от материнской груди оторваться придется рано или поздно.

Она замолчала, но по лицу Дария поняла, что ее тирада прошла мимо его ушей. Да, он был прав: она завидовала их босоногому детству. Когда ей исполнилось пять лет, мать повесила на нее заботу о курах и младшем брате. Да и наказывать Варну по-взрослому стали рано, требуя от нее ответственности. Она даже не знала, что такое ответственность!

— Наверное, они уже тогда решили избавиться от меня, — задумчиво сказала Варна. — Сразу после меня родился Владимир, а следом за ним — Красимир.

— Вот уж кому стоило усмирить плоть, — пробормотал Дарий. — О чем они думали?

Она так многозначительно посмотрела на него, что он не сдержался и прыснул.

— В деревнях закон простой: чем двор больше, тем больше нужно помощников. Дети мрут в младенчестве, иные не доживают и до трех лет. Значит...

— То есть поэтому они так стараются? — захохотал Дарий. — Иногда я даже рад, что не помню своих родителей.

— Если продолжишь смеяться, нас всерьез не воспримут.

— Железные у них, должно быть, нервы — мертвеца не воспринимать всерьез.

Взрослые вернулись в деревню большой шумной толпой. Люди громко прощались, махали руками, но, как только кто-то заметил мрачных незнакомцев, все затихли и вытолкнули вперед невысокого мужичка с седой бородой. Тот шел, опираясь на палку, смотрел из-под шапки подозрительно, прищурив один глаз.

— Кто такие? — требовательно спросил старик.

— Мрачный Взвод, — ответила Варна. — Приехали на зов.

— Да мы сами управились уже. Оставили идолов да куколок охранных, никто больше в деревню не войдет.

— Предпочту убедиться сама, — твердо сказала Варна. — Кто вас изводит? Дети говорят, что слышат вой на болотах.

— Дак то дети, — старик пожал плечами. — Мало ли что им привидится.

— Всем сразу? — подал голос Дарий.

— О, вот с тобой и буду говорить. А то надо же, баба вперед вышла.

— А ну-ка, стой! — схватив старика за шкирку, Варна подтащила его к себе. — Ты со мной говорить будешь, понятно? И бабой будешь звать жену свою. Доходчиво объясняю?

Толпа зевак зароптала, кто-то засмеялся. Старик вывернулся из ее хватки и раздраженно одернул рубаху.

— Настоящие ведьмы на службе у нового Бога! — громко сказал он. — Где это видано, чтобы баба...

Варна молча ударила его кулаком в лицо и, когда мужик оказался на земле, подошла ближе, собираясь продолжить. Дарий предупреждающе схватил ее за локоть.

Вытирая алую юшку рукавом, старик взвыл, отполз в сторону и завопил:

— На помощь, говорит, приехали! А сами людей честных избивают!

— Нет в тебе чести, дед! — резко сказала Варна. — Ваши идолы от нечисти не спасут, тебе ли не знать!

— Игнатий, да расскажи ты им уже, — подал голос мужчина помоложе. — Убьет ведь тебя, даже глазом моргнуть не успеешь.

— И эти люди хотят, чтобы мы их Бога приняли! — заголосил старик. — Кровожадный ваш Бог, кровожадный!

— В Клюковку вашу больше ни один охотник Взвода не приедет. — Варна окинула взглядом перепуганные лица. — Зря вызвали нас, значит, где-то мы настоящую беду пропустить могли. Будете отныне сами справляться, вон, пусть дед Игнатий чертей на болотах ловит.

— Да ладно, ладно! — старик поднялся с земли. — Ну воют, воют. Кто — не знаем, да только по ягоды никто не ходит больше, люди пропадают. Без следа исчезают, будто и не было их.

— Нам нужна еда, — сказала Варна. — И одеяла, какие не жалко.

— Вы ночевать на болоте собрались? — испуганно спросила женщина.

— Работа такая, — ответил Дарий. — Быстрее справимся — быстрее уедем.

Его слова поняли правильно — люди разбежались, чтобы поскорее принести им все, о чем они попросили. Старик Игнатий хмуро посмотрел на них из-под шапки и заковылял прочь, раздраженно отмахнувшись от юноши, попытавшегося ему помочь.

— Жестоко ты с ним. — Дарий проводил старика взглядом.

— Бабой меня назвал. — Варна рыкнула.

— Ужасно опрометчиво с его стороны, но он-то с тобой не рос. Нам ты быстро дала понять, что девчонки не такие уж безнадежные, — задиристо сказал Дарий и ловко увернулся от удара в плечо.

— Не такие уж безнадежные? — Она пихнула его кулаком под ребра. — Да я была лучшей после Свята.

— У Свята было преимущество. А ведь он так и не рассказал, что за тварь к нему присосалась.

— Кем бы она ни была, в Яви делать ей нечего. Знаю точно, что что-то недоброе за ним ходит, — пробормотала Варна. — Мороз по коже.

— За тобой десять лет хожу я, а ты еще чему-то удивляешься, — хмыкнул Дарий.

Обычно детей учат тому, что темноты бояться глупо, но, когда дело касается тех, кому уготовано стать охотником

Мрачного Взвода, все резко меняется. Каждый охотник знает, что в темноте скрывается нечисть — ползучая, летающая, скребущая по ночам доски гроба, воющая и опасная. «Темноты не нужно бояться, мы должны бороться с тем, что в ней скрывается», — говорила Нина, рассказывая о тварях, что могли поджидать охотников. И Варна не боялась до тех пор, пока по ночам ей не стал чудиться Зверь, которого она повстречала на шабаше.

На болота опустилась ночь, охотница закуталась в шерстяное одеяло и прислонилась спиной к влажному стволу. Дарий не нуждался в тепле, поэтому просто сел на одеяло, чтобы не испачкать одежду. Иногда эти мелочи казались ей смешными: мертвый мальчишка заботится о том, чтобы не измазать одежду грязью. Да, это определенно самая большая из его проблем.

— Зачем тебе все это понадобилось?

— Захотелось в кои-то веки потребовать от людей чего-нибудь. Да и ночи становятся холодными, недальновидно идти на болота без теплой одежды, а у нас ее нет.

— Мне не...

— У меня. У меня нет теплой одежды. — Она раздраженно закатила глаза. — Хватит напоминать о том, что ты мертв, поверь, мне не забыть об этом, даже если я захочу.

Имелась у него отвратительная особенность: Дарий любил тревожить старые раны. В детстве ей казалось, что он пытается сделать больно ей, но потом она поняла, что на самом деле Дарий делает больно только себе. Каждый раз, когда он говорил о своей смерти, он пытался примириться с этой мыслью.

— Тихо. — Дарий прислушался.

— Тебе послышалось. Ночь только начинается. — Варна безразлично пожала плечами.

Ждать она умела. Если по болоту ходит зло, оно явит себя рано или поздно.

Так прошел час, за ним еще один, звезды засияли ярче, луна взошла над лесом. В ее бледном свете Дарий превратился в призрака, его кожа отражала лунный свет. Рядом на земле лежали его серпы — серебряное оружие, выкованное под одним из главных храмов Ясностана специально обученными кузнецами. Из этой кузницы выходило все оружие, которое использовали охотники Мрачного Взвода и Светозарные. На клинках Святого Полка были выгравированы только молитвы, Взводу же позволялось использовать и языческие обережные символы. Почему церковь терпела их — никто не знал, но мотивы стариков в белых одеяниях Варну не волновали: пока им с Дарием позволено жить, ее все устраивает.

— По-хо...

Варна вскинула голову и схватилась за меч. Дарий выставил руку, призывая ее оставаться на месте.

Они замерли, вслушиваясь в тишину ночи, и уже собирались снова вернуться к ожиданию, когда крик повторился:

— По-хо-ва-а-а-ав*... — жалобно крикнула птица.

По коже Варны побежали мурашки.

— Сова, — сказал Дарий.

— Ш-ш-ш! — Варна пихнула его в бок.

Впереди показались огоньки. Крошечные светящиеся шары, много, она насчитала восемь штук. Они хаотично перемещались между деревьями, гасли и зажигались снова. Кто-то бегал по болоту — топот ног ни с чем не спутать.

— ПО-ХО-ВАВ!

Дарий вскочил, схватил серпы и уставился в темноту. Его глаза побелели еще сильнее — он обратился к силе, что вернула его из Нави, чтобы разглядеть тех, кто скрывается за деревьями.

— Мертвые, — сказал он.

Варна скинула одеяло с плеч и встала рядом с ним.

---

* «Поховав» — в значении «похоронил».

— Они зовут меня. Ты слышишь? — спросил он.

— Ничего не слышу.

Дарий пошел вперед. Ей ничего не оставалось, кроме как идти следом. Когда дело касалось мертвецов, стоило доверять его чутью.

Босые ноги шлепали по влажной земле, Варна слышала, как существа ныряют в воду, как они бегают вокруг. Крошечные огоньки мигали и гасли, птица продолжала жалобно кричать:

— По-хо-ва-а-ав...

Они вышли к топи — обманчиво мелкому озерцу, на дне которого затаилась трясина, готовая поглотить любого неосторожного путника.

Варна всматривалась в водную гладь до тех пор, пока из-под толщи воды не показалась макушка. Следом за ней на поверхности появились светящиеся желтые глаза. Тварь смотрела на пришлых не моргая.

— Отец наш Небесный, дай мне сил, дай мне воли...

Существо поднялось над водой еще немного — и Варна увидела, что перед ними ребенок. Однозначно мертвый, но все-таки ребенок.

— Не убива-а-ай... — нараспев сказала нечисть. — Не убива-а-а-ай...

Дарий опустил серпы и присел на корточки.

— Где твои кости? — спросил он.

— Не убива-а-ай... — голос нечисти был похож на лягушачье кваканье.

— Что это за тварь такая? — спросила Варна.

— Не тварь это, — жестко ответил Дарий. — Это жертва.

— По-хо-ва-а-ав... — крик птицы начал напоминать рыдания.

— Мы вернемся сюда завтра и будем готовы. Нужно взять ткань и...

— Объясни! — потребовала Варна. — Уйти предлагаешь? Оставить нечисть на воле?

— Дети это, не нечисть! — рявкнул Дарий.

Испугавшись его крика, тварь нырнула и скрылась под водой. Дарий выпрямился и пошел прочь. Варна проводила нечисть задумчивым взглядом, убрала меч в ножны и пошла за Дарием.

Мелькающие тут и там огоньки следовали за ними до тех пор, пока за деревьями не показалась Клюковка. Там, на границе между деревней и болотом, Дарий повернулся и сказал, обращаясь к топи:

— Завтра все закончится.

Услышав его, огни погасли один за другим.

Варна не спрашивала ничего до самого утра, но, когда Дарий начал набивать дорожный мешок полотенцами, которые выпросил у деревенских женщин, не выдержала:

— Может, расскажешь, что задумал?

Он хмуро посмотрел на нее, неразборчиво что-то пробормотал, бросил мешок на землю и сказал:

— Я знаю, кто изводит местных.

— Это я уже поняла.

— Потерянные дети, умершие до крещения. Скорее всего, их прямо на болоте и хоронят, потому что на кладбище не могут. Потерчата, помнишь, Светлана рассказывала?

Варна не помнила, наверное, прогуляла это занятие, как и десятки других, пытаясь справиться с собой и теми знаниями, которые получала далеко от сводов церкви.

— Когда спасем их, нужно...

— Спасем? — Варна не смогла сдержать раздраженный вздох. — Мы должны убивать нечисть, изгонять ее, а не помогать ей!

— Они не виноваты в том, что с ними стало, — упрямо заявил Дарий. — Не хочешь — я сам все сделаю, только не мешай.

— Пойдешь в топь один — сдохнешь от боли, — напомнила Варна с напускным безразличием, как будто ей не придется харкать кровью, если Дарий решит отойти слишком далеко.

— Тогда помоги мне.

Она недоверчиво покосилась на него и замолчала. Дарий просит о помощи? С каких пор?

— Это так важно для тебя? — наконец спросила Варна. Он кивнул. — Ладно.

Когда они набили мешки полотенцами и отрезами ткани, Дарий предложил ей отдохнуть, а сам отправился поговорить с местными и объяснить, почему не стоит хоронить детей на болоте.

Некоторые традиции деревенских жителей приводили Варну в ужас. Например, умерших младенцев часто хоронили прямо под порогом дома, чтобы каждый, кто войдет, «делал ногами крест» над телом. Считали, что так душа ребенка не окажется в лапах Зверя, а духи предков присмотрят за ней.

Поспать Варне не удалось — до заката она проворочалась в постели и, только услышав шаги Дария, смогла задремать. Его отсутствие пугало, и совладать с этим страхом было невозможно.

«Такова цена», — напоминала она себе в самые черные дни, да только эти слова давно не успокаивали.

Они вернулись на болото, когда взошла луна. Дарий уверенно шел впереди, а Варна следовала сзади и держала меч наготове. Пусть он не сомневался в том, что им ничего не угрожает, но она не разделяла этой уверенности.

— По-хо-ва-а-ав...

— Они здесь. — Дарий остановился и сбросил мешок на землю.

Из-за деревьев показались сияющие детские фигурки, одетые в рваные вышиванки и косоворотки. Лиц у них не было, силуэты расплывались и дрожали в неверном свете луны. Они застыли в нерешительности, а Дарий встал на колени, достал из мешка полотенце, расшитое красным узором, и сказал:

— Нарекаю тебя Иваном.

Он бросил полотенце на землю — и одна из фигурок дрогнула, закричала филином и рассыпалась сотней голубых искр.

Варна проводила их удивленным взглядом и опустила меч. Дарий был прав: потерчата не причинят им зла. Все, чего они хотели, — быть упокоенными. Оставаясь в Яви, дети мучились и сходили с ума от страха и горя, неосознанно уводили зазевавшихся охотников и грибников в топь, где те гибли, но не от рук нечисти, а по собственной глупости.

— Нарекаю тебя Анной. — Дарий кинул на землю еще одно полотенце — и прозрачная фигурка девочки растаяла, превратившись в туман.

— По-хо-ва-а-ав... — прокричал филин.

— Прости, — Дарий поднял голову, пытаясь разглядеть птицу, — но для тебя слишком поздно.

Услышав его, филин заухал, закричал, где-то над их головами отчаянно захлопали крылья. Обратившийся в птицу дух понял, что спасения ему не видать.

— Но мавку убить придется, — сказала Варна, бросив взгляд на водную гладь. — Семилетки к Господу не попадут.

Отпустив последнего дрожащего духа, Дарий встал, взял в руку серп и жестом попросил ее уйти. В его лице она увидела нечто такое, чего не замечала прежде, поэтому кивнула и пошла прочь. В ином случае начала бы спор, но не сегодня — Дарий делал то, что должен.

ГЛАВА 12

Тогда

Сначала ее начало тошнить в церкви.

Дурманящий запах ладана всегда вызывал головокружение, но в тот раз все было иначе. Варна не могла этого объяснить: рвотные позывы сотрясали тело каждый раз, стоило ей оказаться внутри. Испугалась по-настоящему она в тот день, когда Нина оставила для нее крестик взамен того, который Варна якобы потеряла в лесу. Когда она попыталась его надеть, ладонь обожгло огнем, поднялся пар, Варна взвизгнула и отбросила его в сторону.

После ночи на Ивана Купалу она проснулась в своей постели, но не помнила, как вернулась в церковь. Все воспоминания превратились в тугой клубок, который Варна мало-помалу распутывала, доводя себя до отчаяния. Все, что творилось на берегу озера, казалось дурным сном, ужасным видением, мороком, который наслала Рослава. Но в глубине души Варна знала, что на самом деле была там и видела Зверя, видела тварей, поклоняющихся ему, видела одурманенных колдовством людей, славящих его.

На площадке Варна так глубоко задумалась, что не заметила, как уложила Свята на лопатки. Только услышав восхищенный возглас Мстислава, она встрепенулась и разглядела недоверие в глазах противника, которого так давно мечтала увидеть на земле.

— Как ты это сделала? — Свят хмурился.

— Много занималась, — пробормотала она.

Он, как пес, втянул носом воздух, пытаясь распознать ложь. И он учуял ее — вонь обмана ни с чем не спутать. Варна тоже ощущала смрад, клубившийся вокруг нее с того самого дня, как она встретила в лесу Рославу.

— Повторишь? — выкрикнул Мстислав.

Свят встал и занял оборонительную стойку. Еще ни разу Варна не доводила его до этого — он всегда нападал, она всегда защищалась. Теперь все изменилось.

Удар, удар, взмах... Удар! Прыжок, отскок, взмах!

Под кожей растекалось тепло, кровь разгорячилась. Свят двигался слишком медленно или это она стала быстрее? Его движения казались предсказуемыми — Варна легко уходила от атак и чувствовала, что способна на большее.

— Соберись, — прошептала она одними губами.

Свят осуждающе покачал головой, его рот превратился в тонкую линию, на скулах выступили желваки.

С ней что-то происходило, Свят чуял это, но молчал, как молчала она, зная о твари, что ходит за ним. Теперь у них появилось кое-что общее.

Он снова упал. Удар получился таким сильным, что меч вылетел из его рук. Свят резко сел и принялся тереть запястье.

— Долго же ты собиралась с духом, — Мстислав одобрительно покачал головой. — Отлично! Закончим на сегодня. Ты прекрасно справляешься.

Слышать незаслуженную похвалу было стыдно, но Варна послушно кивнула, мол, да, спасибо, я так старалась. К глазам подступили горькие слезы.

— Останься, — резко сказал ей Свят.

Она проводила Мстислава взглядом, убедилась, что он скрылся в церкви, и повернулась к Святу.

Тот стоял напротив, сжимая меч в руке. Свят был недоволен и не собирался сдаваться.

— В полную силу, — прорычал он.

Это было ужасно опасно, но она кивнула. Если их застукают, то, скорее всего, убьют обоих.

Тень выбралась из земли и встала рядом с ним. Варна без страха взглянула на темную тварь и перехватила меч поудобнее. Кровь побежала быстрее, разогналась и раскалилась, стоять на месте стало больно, и Варна кинулась в атаку.

Их мечи сталкивались с ошеломляюще громким звоном, от лезвий разлетались искры, казалось, что клинки вот-вот разлетятся на куски, но металл выдержал. Варна врезалась плечом в тень и ощутила ее липкую плоть. Отбивая удары, она всматривалась в непроглядную темноту, заменяющую твари лицо, и пыталась представить, что́ может скрываться за ней.

Свят попытался напасть сзади, но Варна резко присела и сделала подсечку ногой, он рухнул на землю и захрипел. Тень тут же превратилась в темное пятно под ним, быстро принявшее очертания человеческого тела.

— Что ты сделала? — Свят проигнорировал протянутую руку и сел, держась за грудь.

— Ничего. — Она убрала меч в ножны и вытерла пот тыльной стороной ладони.

— Лжешь. Светозарные убьют тебя.

— Тебя же не убили, — парировала Варна.

— Ты не такая, как я, — прорычал он. — У тебя не может быть этой силы.

— Расскажешь кому-то?

— И не подумаю. — Свят вскинул голову и, даже сидя на земле, умудрялся смотреть на нее сверху вниз.

На том и разошлись — она ушла первой, оставив его на площадке. Руки дрожали от напряжения, но внутри Варна ликовала. Стыд и гордыня слились в одно опаляющее чувство, и она не знала, что с этим делать.

На одном из уроков Светлана учила сирот новой молитве и очень удивилась, когда Варна выскочила из-за стола и выбежала из комнаты.

Пробегая мимо Свята, она увидела его тяжелый, совсем не детский взгляд. Он знал, что́ с ней, по крайней мере догадывался, но молчал, позволяя злу находиться под крышей их общего дома.

Окунув голову в бочку с дождевой водой, Варна немного пришла в себя. Она привалилась спиной к холодной стене и прикрыла глаза. Плохо, ей было плохо с того самого дня, как Рослава отвела ее на шабаш. Крест надеть так и не получилось: кожу жгло огнем, на ней оставались красные пятна, а если продержать крестик в ладони слишком долго, вскакивали волдыри, как от ожога. Запах ладана сводил с ума, по ночам она видела странные тени и никому не могла рассказать об этом. Слова молитв резали горло, словно она проглотила лезвие. Несколько дней Варна не молилась перед сном, из-за этого Дарий посматривал на нее с явным неодобрением.

Дарий! Он все глубже погружался в занятия с Мстиславом, возомнил себя мессией, избранным, которому суждено поднять приход на ноги, отстроить приют и принимать обездоленных. Он даже говорил как Мстислав, стал его тенью, а ведь когда-то мечтал совсем не об этом!

Почему-то эти мысли разозлили ее, захотелось пойти и рассказать Дарию, что с ним возятся только потому, что Горeслав посулил наставникам белые плащи. Вместо этого Варна попыталась образумиться, ударив себя по щеке, и побежала в сторону леса, петляя между церковными постройками.

Заметив впереди тонкую фигуру Рославы, Варна прибавила шаг. Они не виделись с той самой ночи, и внутри что-то заныло, когда ведьма обернулась и смерила ее оценивающим взглядом.

— Подойдешь? — спросила Рослава.

Варна подошла, но не слишком близко, замерла на расстоянии и сжала губы. Не стоило, наверное, приходить сюда, но только Рослава знала, как жить с тем даром, который она получила.

— Мне плохо, — выпалила Варна. — И с каждым днем только хуже становится.

— Кто-то знает об этом? — деловито осведомилась ведьма.

— Один мальчишка из церкви, но я ничего не рассказывала ему! Он просто что-то подозревает.

— Если проболтается — тебя убьют. Знаешь, что делают с такими, как мы?

— Я не такая, как ты, — жестко ответила Варна.

— Теперь у нас гораздо больше общего, чем ты думаешь. — Рослава села на землю и прислонилась спиной к дереву. — Где твой крест?

На ее губах играла улыбка: ведьма прекрасно знала, что Варна больше не может носить крест, и насмехалась над ней.

— Что ты со мной сделала? Зачем привела к озеру?

Рослава поманила ее к себе, и Варна, сама не понимая почему, послушно подошла, села рядом, почувствовала руки ведьмы в своих волосах и, к своему стыду, прильнула к ней, как побитая собака.

— Я полюбила тебя в ту ночь, когда ты, совсем кроха, посмотрела на меня без страха. Брошенная в лесу, ты все равно отказывалась сдаваться. — Рослава говорила тихо, ее голос успокаивал, как размеренный шум реки. — Но тебя у меня отняли. Знаешь, сколько раз я бродила вокруг церкви, надеясь увидеть тебя хоть краем глаза? Надежда — это наказание.

— Зачем ты приходила? — тихо спросила Варна.

Рослава отстранилась, и Варна заметила проблеск недоумения в зеленых глазах.

— Зачем? Чтобы увидеть тебя. Чтобы убедиться, что с тобой хорошо обращаются, что ты ни в чем не нуждаешься. Если бы эти люди посмели обидеть тебя... — Рослава вздохнула и нежно убрала челку с лица Варны. — Неужели так трудно поверить в то, что мое сердце навек отдано тебе? Ты слишком юна, чтобы быть мне сестрой, но можешь стать мне дочерью. Я так часто думала об этом, снова и снова вспоминала нашу первую встречу. Если бы я забрала тебя тогда, если бы сумела отбить у своры охотников...

Варна задумалась.

Как бы сложилась ее жизнь, пойди она с ведьмами? Чему они могли ее научить? Каково было бы жить среди сильных женщин, не подчиняющихся никому, кроме Зверя?

От воспоминаний о его увенчанной рогами фигуре по спине побежали мурашки.

— Зачем ты отвела меня к нему? — тихо спросила Варна.

— Ты ведь хотела стать сильнее. — Рослава вздохнула. — И он согласился благословить тебя. Я призвала его только для того, чтобы исполнить твое желание.

— Но теперь я не могу жить в церкви, — с горечью сказала Варна.

— Тогда пойдем со мной, — предложила Рослава. — Мы будем жить вместе, я, ты и наши сестры. Мы уйдем отсюда, уйдем как можно дальше от этих людей.

— Но эти люди моя семья.

— Теперь твоя семья — это я.

Голос ведьмы обладал необъяснимой властью — Варна слушала ее и верила каждому слову, наивно, как ребенок. Мысль покинуть церковь вдруг показалась такой заманчивой! Никаких больше молитв, никакой липкой каши по утрам, никакой зубрежки гимнов.

— Я приготовила для тебя подарок, — вдруг сказала Рослава. — Хотела отложить, но, похоже, время пришло. Прогуляемся?

Прогулка оказалась конной — ведьма оставила лошадь неподалеку от места, где они встретились. Она помогла Варне забраться в седло и села сзади, обхватив ее руками. Воздух вокруг Рославы был густым и напоминал смолу, в которой неизбежно застынет каждый, кто окажется во власти ее чар.

Они ехали довольно долго, и вскоре Варна узнала родные края.

— Зачем мы здесь? — Она втянула голову в плечи.

— Разве справедливо то, как родители поступили с тобой? — вкрадчиво спросила Рослава. — Мы здесь для того, чтобы напомнить людям: любое совершенное зло непременно вернется троицей.

Деревня на двадцать дворов с одной улицей и колодцем в центре, такая же, как сотни других деревень. Пять лет назад батюшка вывел Варну из дома и бросил в лесу, оставил на съедение ночным тварям.

— Где ты жила? — дыхание Рославы щекотало ухо.

— Там, — Варна указала на дом в конце дороги.

По пути им никто не встретился. Раньше здесь не умолкали детские крики, чумазые сорванцы бегали туда-сюда, мешая повозкам и старикам, за что получали подзатыльники и затрещины. Сейчас деревня выглядела покинутой и пустой.

— Что ты сделала? — До Варны вдруг дошло, что эта тишина неестественна. — Что ты с ними сделала?!

Она спрыгнула с лошади, рискуя переломать ноги, и побежала к знакомому дому. Варна не успела войти во двор — Рослава оказалась рядом и схватила ее за плечо. Хрупкая ведьма обладала чудовищной силой, а ее пальцы напоминали клещи.

— Они спят, — сказала она. — Просто спят, все жители деревни.

— Что ты собираешься... — Варна прищурилась.

— Мы просто накажем их. Думаешь, твои родители — единственные, кто отправлял детей в лес? Они должны поплатиться за то, что сделали. И пусть это станет примером для всех, кто собирается избавиться от лишнего рта.

— Неужели кто-то еще на такое способен? — ужаснулась Варна.

— Ты даже не представляешь, сколько растерзанных тел мы находим в лесах, — вздохнула ведьма. — Сколько замерзших заживо зимой, сколько утопленников в болотах по весне. Твой брат недавно пропал, — добавила она. — А за три месяца до этого мать родила еще одного ребенка.

Варна похолодела.

— Да что же это... — пробормотала она. — Не может быть! Что же они, звери какие-то?!

— Можешь войти и убедиться.

И она вошла. Доверившись ведьме, Варна переступила порог некогда родного до́ма и замерла, пораженная лавиной нахлынувших воспоминаний. Пахло внутри точно так же, как в детстве, только обуви у двери стало больше.

Батюшка спал за столом, мать — прямо на полу у печи, видимо, колдовство настигло их в разгар обычного суетливого дня. Рядом с матерью стояла люлька, а в ней лежал младенец, совсем крошечный, похожий на сморщенную вареную морковь. Рослава не солгала.

— Заложники собственной звериной натуры. — Варна вздрогнула, услышав холодный голос ведьмы.

— Если Бог дает детей, значит... — Горло сдавил болезненный спазм.

— Значит, старших можно убить? — Рослава ухмыльнулась. — Они не могут прокормить столько ртов, но продолжают приводить в Явь новых детей каждый год. Даже животные более дальновидны.

Разглядывая лежащую на полу мать, Варна не ощутила ничего, кроме раздражения и гнева. Кого из мальчишек они убили — Красимира или Владимира?

Она прошла в крошечную комнатку, в которой ей приходилось жить вместе с братьями, и увидела черноволосую макушку, выглядывающую из-под одеяла. Варна подошла ближе, открыла его лицо — и непрошеные слезы навернулись на глаза: Красимир дремал, усыпленный колдовством, а вот Владимир, должно быть, давно мертв.

— Что ты хочешь сделать? — Она вышла из комнаты и остановилась напротив ведьмы.

— Заберем у них младенца. — Рослава заглянула в люльку и брезгливо поморщилась. — А на них нашлем хворь, чтобы никогда больше в ее бездонном чреве не появлялось детей, а он, — ведьма кивнула на батюшку, — не мог быть с женщиной.

— Хорошо, — тут же согласилась Варна и сама испугалась своей решимости.

— Помоги мне творить колдовство. — Рослава села за стол. — Принеси седельную сумку.

Ведьма довезла ее до самого края леса, рискуя своей безопасностью. Их безопасностью.

Они вымотались, даже на безупречном лице Рославы читалась усталость. Младенец, спящий в платке на груди ведьмы, так ни разу и не проснулся. Глядя на комочек сморщенной плоти, Варна не испытывала ни жалости, ни любви. Этот ребенок был ей чужим, таким же чужим, как мужчина и женщина, спящие в доме, оставленном далеко позади.

— Я сделала что-то дурное? — Варна подняла голову, чтобы посмотреть в лицо Рославы.

— Они поступили гораздо хуже, — жестко ответила та.

— Что делать, если в церкви узнают о нас?

— Беги, — серьезно сказала Рослава. — Раз по своей воле не хочешь уйти со мной, уйдешь, когда они все поймут. Если мальчишка проговорится — тебе не жить.

— В тюрьму отправят? — холодея, спросила Варна.

— Ты стала выше, но осталась ребенком. Ведьм не сажают в тюрьму, милая. — Рослава свесилась с лошади и провела пальцами по ее щеке. — Нас сжигают заживо.

Оторопев, Варна смотрела, как лошадь исчезает между деревьями. Говоря о невестах Зверя, Нина упоминала казни, но костры — никогда.

Внутри все сжалось от страха. Что, если они поймут все прямо сейчас, как только она вернется? Какими глазами Мстислав будет смотреть на нее, когда узнает, что она помогала ведьме творить заклятие, которое причинит вред людям? Как на нее посмотрит Дарий?

Она перемахнула через забор и тут же упала на землю.

Из нее вышибло дух, легкие охватило пламя, перед глазами разлилась алая пелена. Почти потеряв сознание, Варна услышала шаги и поняла, что сейчас все будет кончено.

Кто-то подхватил ее под руки и потащил в сторону. Она сопротивлялась, уверенная в том, что рядом враг, но ее упорно волокли куда-то. Звякнул замок, Варна почувствовала под собой деревянный пол, дверь со скрипом закрылась, и она оказалась в темноте. Через мгновение загорелась лучина, Варна часто заморгала, привыкая к полумраку, и наконец смогла понять, что находится в одном из сараев.

Напротив, зажав лучину в пальцах, на корточках сидел Свят. Его длинные волосы были влажными, будто он кинулся к ней прямо из бани, а взгляд — жестким и холодным.

— На, — сказал он.

— Что там? — Варна вытянула руку, и на ее ладонь упал крестик. — Не жжет, — удивленно прошептала она. — Но как?

— Вот так, — Свят смотрел зверем, но без осуждения. — Тебе нельзя находиться на святой земле без защиты.

— Это защитит меня? — Она повертела крестик в пальцах и заметила, что на внутренней стороне что-то выгравировано, какой-то незнакомый символ.

— Да. — Свят пристально глядел на нее.

— Где взял?

Он медленно достал из-за пазухи цепочку, на которой болтался такой же крест.

— Горeслав дал.

— И второй?

— Попросил на случай, если потеряю свой.

Он ничего не спросил, но, наверное, догадался, во что она ввязалась. Варна проглотила ком, застрявший в горле, и прошептала:

— Спасибо.

— Пожалуйста.

— И не спросишь, как я...

— Нет, — перебил ее Свят. — Не спрошу.

— И я не стану, — серьезно пообещала она.

Свят кивнул, встал и выглянул во двор. Потом обернулся и сказал:

— Пойду.

Варна обменяла обещание не спрашивать, что за тварь следует за ним, на поддельный крест, призванный не защищать человека от зла, а прикрывать это самое зло, пока оно ходит по святой земле. С каждым днем она все глубже погружалась в пучину колдовского безумия и не могла остановить это грехопадение. Рослава вела ее тропой Зверя, а Варна и не думала сопротивляться, наслаждаясь приобретенной силой и ощущением власти. Впервые в жизни ей не приходилось с ужасом вспоминать о детстве, о том, как родители поступили с ней, и она не жалела о том, что произошло в деревне.

— Они заслужили, — прошептала Варна, застегивая цепочку. — Заслужили.

ГЛАВА 13

Сейчас

После Клюковки была Щира — крошечная деревня, в которой домовые посходили с ума, принялись душить детей и убивать кошек, за Щирой — городок без названия, построенный, очевидно, без ведома княжества. Там пришлось повозиться — в округе завелась манья*, которую оказалось не так-то просто выследить.

Варна завалилась на кровать, собираясь проспать как минимум два дня. В безымянном городке, расположившемся далеко от главных дорог, их встретили хорошо — выделили комнату над залом кабака, говорили уважительно, так что она решила задержаться здесь, чтобы передохнуть. После Клюковки Дарию будто вожжа под хвост попала — он гнал лошадь вперед, брался за любые дела, а Варна, не имея возможности уйти от него, плелась следом, наблюдая, как он отчаянно пытается умереть.

— Только тронь меня, — предупредила она, услышав, как открылась дверь. — Дай хотя бы ночь поспать, я...

— Не хочу тебя разочаровывать, но есть разговор.

Она резко перевернулась на спину, села и уставилась на Свята.

— Что ты здесь делаешь?

---

* В русском фольклоре уродливая старуха, которая бродит по свету, разыскивая погубленного ею сына.

— Я уже сказал. — Он привалился к косяку и смотрел на нее. — Надо поговорить.

— Дело личное или ты как воин Святого Полка прибыл?

— Второе.

Делать нечего, придется выслушать его и помочь. Отказывать Светозарным охотникам Взвода запрещалось, так же как увиливать от работы.

Варна свесила ноги с кровати и жестом пригласила Свята сесть на стул. Он закрыл дверь, прошел в комнату и остановился у окна. Какое-то время молчал, вглядываясь в темноту, а потом произнес:

— Ты знаешь ведьму, которую мы встретили в Торжке, — Свят не спрашивал, он утверждал.

— И что с того? — Она почуяла, что ничем хорошим этот разговор не закончится.

— Нам нужно ее имя.

— Рослава, — спокойно ответила Варна.

— Настоящее имя. — Свят посмотрел на нее как на дуру. — Рослава — красивая сказка для испуганного ребенка. Нам нужно знать, кто она на самом деле.

— Тогда ничем помочь не могу. Мне ничего такого не известно.

— Попробуй вспомнить. — Он сел напротив и наклонился вперед. — Что она говорила тебе? Что рассказывала?

— Я не помешаю?

В комнату вошел Дарий. Воздух сгустился, будто вот-вот начнется буря. Свят напрягся, их взгляды встретились, и Варна была готова поклясться, что между бывшими друзьями сверкнула молния.

— Рослава рассказывала, что жила далеко от тех мест, где мы росли, — торопливо заговорила она, чтобы разрядить обстановку. — Последователи нового Бога убили ее родных, разрушили деревню и...

— Очередная ведьмина сказка, — вздохнул Свят. — Так вот на что ты клюнула. Я думал, ты умнее.

— Уходи, если не собираешься меня слушать, — сказала Варна.

— Хочу, чтобы ты понимала масштаб проблемы. Ведьмы ходят по святой земле, их длинные руки добрались до служителей церкви, и те оказались беззащитны перед колдовством. Моррей, Торжок — это только начало.

— Откуда тебе знать?

— Так считает Радомир.

— Твой новый хозяин?

Свят поморщился.

— А что говорит об этом твой хозяин, Варна? — холодно осведомился он.

— Спустя столько лет ты наконец научился разговаривать. — Дарий покачал головой, не сводя взгляда с бывшего друга. — Служба в рядах Полка идет тебе на пользу.

— Я могу убить тебя, даже не...

— Не можешь, — прервал его Дарий. — Я — охотник Мрачного Взвода, и ты не имеешь права поднимать на меня меч.

— Думай, Варна, — потребовал Свят, отвернувшись от Дария.

— Я понятия не имею, как ее зовут. — Она развела руками.

— Значит, мы возвращаемся. — Он встал.

— Куда? Домой, в нашу церковь? — Варна готова была рассмеяться, но, увидев решимость, застывшую на его лице, осеклась. — Шутишь? Хрен я туда вернусь.

— Это приказ.

— Не дождешься, — прорычала она.

— Мы предадим вас анафеме.

— Кишка тонка.

Ей хотелось вцепиться в светлые волосы и оттаскать его за них, как бывало в детстве. Судя по выражению лица Дария, он прямо сейчас лелеял ту же мысль.

— Думаешь, я горю желанием снова оказаться там? — тихо спросил Свят. — Это место домом мне так и не стало. Всем будет лучше, если мы просто выполним задание.

— Мы-то тебе зачем? — с вызовом спросил Дарий. — Твоих верных псов в белых плащах уже недостаточно?

Свят ответом его так и не удостоил, только окинул тяжелым взглядом, от которого могло бы скиснуть молоко.

— Когда выезжаем? — спросила Варна.

— Утром.

Толкнув Дария плечом, Свят вышел из комнаты.

— Прошедшие годы сделали его норов только хуже.

— Он всегда таким был. — Варна легла, но от сонливости не осталось и следа.

— Тебе виднее, конечно.

Она приподнялась на локте и вопросительно уставилась на Дария. Тот ответил хмурым осуждающим взглядом.

— Не твое дело, — прорычала она.

— А я ничего и не сказал.

— Твои мысли звучат намного громче, чем слова.

— Как и твои, — парировал он.

Она услышала, как он лег на соседнюю кровать и отвернулся к стене. Дарий не нуждался во сне, так что он просто дурил, всем своим видом выказывая недовольство.

От мыслей о том, что им снова придется оказаться под сводами церкви, сводило желудок. Луна поднялась выше, потом еще и еще, а сон так и не пришел. Когда закричали первые петухи, Варна встала и вышла из комнаты.

Спустившись на первый этаж, она сразу увидела Свята, который, кажется, тоже не сомкнул глаз. Он сидел за столом, подперев голову рукой, и смотрел в большую кружку. Белый плащ висел на спинке стула.

— Садись, — сказал он.

Зевнув, Варна подошла к столу и огляделась в поисках хозяина заведения, но зал оказался пуст, за стойкой никого не было. Пожав плечами, она взяла кружку Свята и отхлебнула из нее.

— Эй! — возмутился он.

— Дрянное пиво, — пробормотала она.

— Каким бы ни было, оно мое.

— Теперь наше.

Свят усмехнулся. Она села рядом и вернула ему кружку. Это был вызов, и он принял его — допил выдохшееся пиво залпом.

— Думала, что я побрезгую? — осведомился Свят.

— Да, — призналась Варна. — Ты шарахаешься от нас, как от чумных.

— От него, а не от тебя.

— Теперь это одно и то же.

Видно было, как трудно Святу сдержаться и не высказать все, что думает. Раньше он всегда молчал и был холоден, но с возрастом изменился: за словом в карман не лез, мнение свое выражал открыто, но очень уж жестко и бескомпромиссно. А сейчас он молчал, только глядел, совсем как в детстве.

— Скажи это вслух. — Варна облокотилась о липкую столешницу и положила подбородок на ладони.

— Он мертв.

— Какая неожиданность. — Она скривилась. — Но он все еще тот человек, которого мы знали.

— Он не человек. — Свят покачал головой. — И ты даже не представляешь, что я испытываю, глядя на него.

— Страх и отвращение? — предположила она.

— Боль, Варна. — Свят поморщился. — Мне больно за вас обоих.

— Оставь это. — Она махнула рукой. — Мы давно себя оплакали, так что сделай милость, не жалей нас.

— Как ты пошла на это? Как согласилась?

— Согласилась? — Варна чуть было не расхохоталась. — Я умоляла об этом, я ползала у ведьмы в ногах, я... — Она осеклась.

— Продолжай.

— Если бы ты только знал, что она с ним сделала. Если бы ты видел... — От воспоминаний о той ночи по коже побежали мурашки. — Когда я нашла их, было слишком поздно.

— Ты продала душу, верно? — Свят помрачнел.

— Моя душа — то, что держит Дария в Яви. Когда кто-то из нас умрет, ее получит Зверь.

Ни разу за все эти годы Варна не произносила этого вслух. От слов веяло отчаянием. Неужели она еще не смирилась?

— Боже... — пробормотал Свят. — Не лучше ли было позволить ему умереть?

— Я подумала об этом позже, когда увидела, с какой ненавистью он на меня смотрит. Дарий молчал почти десять лет! Ни слова, ни взгляда, только тупое желание ввязаться в драку и умереть. Его молчание сводило меня с ума, и мне казалось, что лучше бы он умер в том ритуальном кругу.

— Любовь — беспощадный зверь, — тихо сказал Свят, — многие погибают в его окровавленной пасти.

— Ты держишься молодцом, — попыталась отшутиться Варна, но вместо улыбки получилась гримаса отчаяния.

Мимо них прошел Дарий. Он даже не взглянул в их сторону, пронесся прямо к двери, на ходу заправляя рубаху в штаны. Свят проводил его настороженным взглядом.

— Он в порядке?

— Он все слышал. — Варна встала. — Ничего нельзя скрыть от человека, с которым ты делишь душу.

— И теперь он снова замолчит?

— Не думаю. Уж слишком сильно ты выводишь его из себя.

Свят и Дарий соревновались в выдержке — полтора дня верхом они ехали с идеально ровными спинами, изредка позволяя Варне отдохнуть. Тягаться с мертвецом — плохая идея, но ее забавляло упрямство, с которым бодались эти двое. Они выглядели совсем как те мальчишки, которыми

Варна их запомнила, — десятилетние упрямцы, лупящие друг друга что есть силы деревянными мечами.

Чаще всего именно она дралась со Святом, а Дарий разнимал их, но стоило им сцепиться в словесной перепалке, как тут же разгоралась еще одна потасовка. До того как Мстислав убедил Дария в том, что церковь нуждается в нем, он был тем еще задирой.

Вот и сейчас, не желая уступать другому, два бестолковых мальчишки торчали в седлах до полного изнеможения. Вернее, уставал только Свят, а Дарий не чувствовал неудобств, и на его лице была написана мрачная решимость.

— Два мертвеца мне не нужны, — сказала Варна, заставляя лошадь преградить им путь. — Или делаем привал, или продолжайте путь без меня.

У нее затекла внутренняя поверхность бедер. Участвовать в их глупой игре она не собиралась. Спрыгнув на землю, Варна посмотрела на них и сказала:

— Слезайте.

Заметив, как Свят пошатнулся, Варна закатила глаза. Он действительно собирался ехать дальше в таком состоянии?

— Когда вы повзрослеете? — устало спросила она.

— Никогда, — процедил Дарий, проходя мимо.

Эту словесную пощечину пришлось стерпеть. Свят приподнял одну бровь: мол, так и спустишь ему это с рук? Варна отвернулась, чтобы не видеть его лица, потому что именно так и собиралась поступить.

Ночевать в поле им не впервой — развели огонь, поели, заварили чай в железных кружках. Не самый плохой вечер уходящего лета, если не считать гнетущей атмосферы.

— Я покараулю, — сказал Свят.

— Я не доверю Светозарному спину, — заявил Дарий.

— Предлагаешь доверить ее упырю?

Они смотрели на Варну, а она делала вид, что не замечает этого. Возникло ощущение, будто мир перевернулся с ног на голову, время обратилось вспять, и перед ней снова сидели дети, которых нужно вразумить. Почему именно она в любой ситуации остается взрослой?

— Дарию не нужно спать, — сказала Варна. По лицу Свята было видно, что он разочарован. — Пусть караулит, если ему так хочется.

Вообще непонятно, кто может на них напасть в этой глухомани — вокруг ни одной деревни, чистое поле, слева — подлесок, редкий, можно просмотреть его насквозь. Нечисть любит людные места, здесь ей искать нечего.

— Поощряешь его, а он самодур, — заявил Свят, укладываясь на плащ.

— Самодур, которому неведома усталость. Он не выпадет из седла под ноги лошади, если не будет спать всю ночь. — Варна повернулась на бок и увидела очертания профиля Свята через слабые всполохи догорающего костра. — Что между вами происходит?

— Понятия не имею.

Сморило ее быстро, но сон прервал резкий звук. Варна села и схватилась за меч, внимательно шаря взглядом по темноте. Костер почти угас и не давал света. Вокруг кто-то бродил, шаркал ногами, но Варна не видела, кто это.

— Свят! — позвала она, но тот не шелохнулся. — Свят!

Варна подползла к нему и положила руку на грудь — дышит. Почему тогда не просыпается?

Кто-то продолжал наматывать круги. От звука волочащихся по земле ног по спине бежали мурашки. Она попыталась мысленно обратиться к Дарию, но он не откликнулся.

— Боже милостивый... — пробормотала Варна и встала на ноги. — Дарий!

Вокруг было хоть глаз выколи, пришлось зажечь лучину, чтобы не переломать ноги в темноте. Она вышла из круга, очерченного Святом, и столкнулась с безлунной ночью, с ее непроглядной темнотой и туманом, стелющимся по земле.

Огонь почти не рассеивал тьму, чернота поглощала его свет. Кто-то играл с Варной, и игра эта — предупреждение.

Мимо, подволакивая ноги, прошел Дарий. Она сжалась, вцепилась в рукоять меча, хотела даже зажмуриться, но не смогла.

Глаза Дария были пустыми, челюсть безвольно раскачивалась при каждом шаге, изо рта свешивался язык. Он сгорбился, руки висели безвольными плетьми.

— Дарий... — прошептала она и, набравшись смелости, крикнула громче: — Дарий!

Никакой реакции, он продолжал идти и, судя по следам, ходил так уже несколько часов.

Варна подошла ближе и пристроилась рядом — он не шелохнулся. Подчинившись чьей-то злой воле, Дарий продолжал свой ход, игнорируя все вокруг.

— Отец наш Небесный, — начала она, и Дарий зашипел:

— ...дай мне сил, дай мне воли. Пусть рука моя не зна... — Он остановился и уставился в темноту пустыми глазами.

— ...не знает промаха, — продолжила Варна, — пусть сердце не знает жалости. Защити, Отец, от проклятий и ядов, от... — нутро обожгло огнем, — от ведьминых...

Пришлось согнуться и отдышаться — боль стала невыносимой.

— Помоги мне.

Дарий стоял перед ней, морщась от боли. Его тело сковала судорога, глаза наконец прояснились, но на лице отражалась невыносимая мука.

— Помоги.

— Как?

Он указал на меч, Варна затрясла головой, прогоняя наваждение.

— Нет.

— Отпусти. Отпусти. Отпусти! — выкрикнул он и, зашатавшись, едва не упал.

Варна успела подхватить его под руки. Он дрожал, будто вот-вот заплачет, но мертвецы не могут плакать. Дарий не ест, не спит и не плачет — только смеется, как дурак, над собственной болью. Вот и сейчас тишину разорвал ужасный, отвратительный хохот, вырвавшийся из его горла.

Он смеялся, запрокинув голову к небу, и Варна чувствовала, как ледяные пальцы впились в ее плечи. Дарий делал ей больно, но еще больнее было ощущать собственное бессилие.

— Тише, тише... — Она вывернулась и обняла его за плечи. — Тише... ш-ш-ш...

Варна принялась баюкать его, как больного ребенка. Его волосы спутались, лицо исказила уродливая гримаса отчаяния. Он застонал и уткнулся лбом в ее плечо.

В темноте появились две светящиеся точки — звериные глаза. Зверь смотрел на них не моргая, а затем медленно потрусил в сторону подлеска.

Здесь не обошлось без колдовства — это и дураку ясно. Темные силы усыпили Свята и свели с ума Дария, ведьмы не хотели, чтобы они продолжали свой путь. Что это было — предупреждение или угроза?

Из подлеска донеслись вой и хохот, волосы на затылке Варны зашевелились.

Ведьмы дали понять, что двигаться дальше опасно. Только вот Свят, гонимый вперед чувством долга, не остановится, как бы она его ни уговаривала.

— Больно... — прохрипел Дарий.

— Сейчас все пройдет, — пообещала Варна, вглядываясь в темноту. — Потерпи еще немного.

ГЛАВА 14

Тогда

Следующие полгода каждую ночь она уходила в лес, и никто этого не замечал до тех пор, пока в церковь не заявился Горeслав. Угрюмый Светозарный приехал, чтобы оценить уровень подготовки новобранцев, не обращая внимания на тот факт, что «новобранцам» только исполнилось по двенадцать лет.

Пасмурным февральским утром он заставил их одеться и выйти из церкви. С наступлением зимы занятия с оружием стали проходить в почти законченном здании приюта, но Горeслав решил воспользоваться старой площадкой.

Варна сонно плелась за ним по протоптанной в снегу дорожке и дрожала от холода. Свят шагал рядом, невозмутимый и спокойный, как всегда. Выражение его лица менялось редко. Даже падая от удара мечом или подсечки, он умудрялся выглядеть так, будто ничего не произошло.

— Не дерись в полную силу, — прошептал Свят, пропуская ее.

Она одарила его хмурым взглядом и вынула меч из ножен.

Горeслав не стал ничего объяснять, просто прислонился спиной к забору и взмахом руки велел начинать. И они начали — Свят кинулся в атаку, как делал всегда, только вот на этот раз Варна была готова. Она увернулась, подставила ему подножку, и он почти попался, но в последний момент перепрыгнул ее ногу и сумел удержать равновесие.

Приобретенную силу усмирить не удалось — Свят все равно двигался недостаточно быстро, и она откровенно скучала, с легкостью отбивая его атаки.

— Призови его! — потребовал Гореслав.

Тень выскочила из земли, как черт из табакерки, обнажила собственный клинок и метнулась к Варне, а та отскочила в сторону и почти рассекла плоть твари серебряным мечом. Свят врезался в нее всем телом и повалил на землю.

— Неожиданно, — заключил Гореслав и подошел ближе. — Нападайте.

Свят кинулся в атаку, а Варна какое-то время стояла и сверлила их взглядом. Снова поддаваться? Хватит с нее. Светозарный не чурался грязных приемов, использовал свое превосходство в росте и весе, а когда бил — делал это со всей силы, от души, так, что Свят катился кубарем по мерзлой земле.

Сила Зверя начала растекаться по телу как яд — от сердца по венам, наполняя мышцы мощью, разогревая окоченевшие на морозе пальцы. Варна перехватила меч и кинулась на Светозарного.

Его движения стали ужасно медленными — он был крупнее Свята, а значит, совсем неповоротливый. Пока Гореслав разворачивался, чтобы отбить атаку, Варна нырнула под его руку и рассекающим ударом разрезала плащ. Он упал на землю, Гореслав кинулся вперед, но уходить от его медленных атак стало легче легкого. Варна прыгала, играючи отбивая выпады, и только через несколько минут заметила, что Свят стоит в стороне и переводит взгляд с нее на наставника.

И тут она поняла, как это выглядит, — худощавая девчонка отбивает мощные удары здорового мужика и даже не запыхалась. Варна подняла взгляд на Гореслава, но было поздно — оплеуха сбила ее с ног. Она упала на землю, выронила меч и схватилась за горящую щеку.

«Убей! Убей! Убей!» — закричал голос в голове.

Кровь раскалилась, казалось, что от тела вот-вот повалит пар. Если она захочет, Горeслав не уйдет с площадки своими ногами. Но что потом?

— Собирайтесь. — Горeслав убрал меч. — У вас есть полчаса.

Глаз начал заплывать. Варна потрогала распухшую щеку и с шумом втянула воздух сквозь сжатые зубы.

Боль, обида и унижение — вот что она чувствовала. Свят подошел ближе, встал рядом и неожиданно для них обоих похлопал ее по плечу. Ничего подобного он никогда не делал, поэтому отпрянул, испугавшись собственного поступка.

— Я в порядке. — Варна не знала, как реагировать, поэтому сделала вид, что ничего не заметила.

Быть может, Свят понимал ее. Всего на мгновение, но она позволила себе подумать о нем не как о вечном противнике, а как о мальчишке, за которым по пятам ходит существо, сотканное из мрака. Он ни с кем так и не подружился, свободное время проводил в одиночестве, к занятиям всегда готовился, молитвы знал наизусть, выкладывался на площадке, молился истово, иногда у него на лбу даже выступали бисеринки пота. Он жалел ее? Проникся из-за того, что сам страдает от муштры Горeслава почти всю жизнь?

Они вошли в церковь, и на них тут же налетел Дарий.

— Куда вы едете?

Он обеспокоенно вглядывался в их лица, ждал ответа, но Свят в присущей ему манере только хмыкнул и прошел мимо. Варна сжалилась над Дарием и сказала:

— Горeслав дал полчаса на сборы, больше ничего не сказал. — Она потерла ушибленную руку.

— А лицо... — Дарий осекся. — Свят?

— Светозарный. — Про налившийся на скуле синяк Варна успела забыть. — Заживет.

— Хотел бы я поехать с вами.

— Но у тебя дела в церкви. — Она слышала это постоянно и не упустила возможности уколоть друга.

— Они тоже важны.

Одна из вещей, которым Мстислав учил Дария, — это смирение. Если раньше он первым ввязывался в драки и не чурался крепкого словца, то теперь весь его облик являл собою сплошное мученическое смирение. Это так раздражало Варну, что она готова была сделать что угодно, лишь бы вывести его из себя.

— Важно спасать людей от нечисти, а то, чем вы тут занимаетесь, — курам на смех, — задиристо заявила она.

Дарий не ответил, только печально посмотрел на нее, сомневаясь, что с таким поведением она попадет в Царствие Небесное.

— Святоша, — зло прошипела Варна и спустилась в катакомбы.

Щеки пылали, в животе что-то свернулось в тугой комок. Разговоры с Дарием давались ей все сложнее. Она хотела биться с ним бок о бок, грезила об этом с семи лет. А он взял и все испортил.

— Идешь? — Свят заглянул в комнату и остановился на пороге.

— Иду, — буркнула Варна.

— Оставь его в покое, — посоветовал Свят, когда они поднимались по лестнице. — Это его выбор.

— С каких пор он твой друг? — возмущенно осведомилась она.

— С раннего детства. — Он пожал плечами так, будто это что-то само собой разумеющееся.

— Да вы же постоянно грызетесь! — Варна ушам своим не поверила.

— Вовсе не постоянно. Ты ничего не видишь дальше собственного носа.

Обиженная и ошарашенная, она не нашлась с ответом. Неужели он прав? Все эти годы ей казалось, что Дарий ее друг, что он стал им в ту ночь, когда молча лег рядом, ничего не спрашивая, и засопел, а теперь, выходит, у него есть кто-то еще? Еще один близкий человек? И, судя по всему, Святу удавалось дружить куда лучше, чем ей.

«Это его выбор», — сказал он.

«Это меня раздражает», — подумала она.

Гореслав позволил им спешиться только с наступлением сумерек.

Варне было тяжело стоять на одеревеневших ногах, она сверлила Светозарного взглядом и надеялась, что вскоре сможет убивать силой мысли. Даже лошади вымотались — под седлами бока животных исходили пеной.

Впереди стояла сколоченная из досок церквушка, неприметная, с покосившимся крестом на крыше. Варна направилась к ней, ожидая, что это и есть место их ночлега, но Гореслав схватил ее за плечо и остановил.

— Что? — удивилась она.

— Привяжите лошадей и ждите, — сказал Светозарный.

Свят хромал и через каждые три шага останавливался, чтобы растереть ноги. Противное покалывание донимало и Варну, но она терпела, делая вид, что совсем не устала. Если выпустить силу хотя бы немного, то боль утихнет, даже синяк на лице заживет уже к утру, но тогда Светозарный что-то заподозрит.

— Знаешь, зачем мы здесь? — спросила она.

— Мне известно не больше, чем тебе, — ответил Свят. — Не используй силу. Даже не пытайся, понятно?

— Он ничего не...

Свят толкнул ее в грудь, от неожиданности она попятилась и уперлась спиной в ствол. Он подошел ближе, на его лицо упала тень.

— Светозарные не хуже ярчуков чуют ведьм, — прорычал Свят. — Они увезут тебя и бог знает что сделают.

— Почему ты так печешься обо мне?

Его губы сжались в упрямую линию.

Так и не дождавшись ответа, Варна кивнула. Их связывало нечто большее, чем просто общая тайна, быть может, нежные ростки дружбы, которые пытались пробиться сквозь недоверие и сомнения. Пусть Свят не признавал этого, но он заботился о ней как умел, прямо как Рослава.

Рослава.

Они не виделись уже неделю, и сердце Варны тоскливо ныло каждый раз, когда она вспоминала о ведьме. Их занятия открыли для нее неизведанный мир, наполненный силой и тайными знаниями. Рослава учила ее понимать животных, использовать травы и коренья, рассказывала удивительные истории о женщинах из ковена и никогда ни в чем не упрекала. Она, словно мать, терпеливо передавала свои знания и опыт, а Варна с жадностью слушала ее и мечтала поскорее вырасти, чтобы говорить с ней на равных. Рассказы о ковене завораживали, и каждый раз, покидая их скрытое убежище в лесу, Варна втайне надеялась однажды уйти с Рославой и присоединиться к их свободным, сильным сестрам.

Горeслав повел их к церкви в обход, по глубокому снегу. Они заняли позицию справа, под прикрытием высоких деревьев. Варна не понимала, что происходит, но молчала. Ее обостренный слух улавливал рваное дыхание Свята и размеренное сердцебиение Горeслава. Над головой проносились ночные птицы, собирающиеся на охоту. Церквушка скрипела ставнями и ссохшимися досками.

Варна успела порядочно замерзнуть, прежде чем в лесу что-то изменилось. Нечто неуловимое заклубилось вокруг, воздух стал еще холоднее. Горeслав вынул меч из ножен и пригнулся. Свят последовал его примеру и потянул

Варну за край плаща, заставляя сделать то же самое. Она припала к земле и напряженно всмотрелась в вечерний полумрак.

И вдруг она услышала шаги и голоса. Кто-то шел к церкви, несколько человек. Кажется, женщины. Внутри заныло от неприятного предчувствия, Варна взглянула на Горослава и поняла, что он не просто так увез их: они попали на охоту, настоящую охоту Светозарных.

Три женщины вышли из леса. Они брели босиком, холод и снег не могли причинить им вреда. Одна из них прижимала что-то к груди; Варна напрягла слух — и уловила еще одно сердцебиение. Ребенок! Странная процессия вошла в церковь, и все стихло. Через несколько мгновений сквозь рассохшиеся ставни начал пробиваться свет.

Горослав прошептал:

— Помолимся. Отец наш Небесный, дай нам сил, дай нам воли. Пусть...

Молитва резала изнутри, но Варна послушно повторяла слова, ибо неизвестно, что хуже — боль от произнесенного Слова или то, что с ней сделает Светозарный, если поймет, кем она стала. Крест на груди нагрелся, она чувствовала его тяжесть.

Закончив молитву, Горослав медленно пошел к церкви, жестом приказав им идти следом. Свят взволнованно взглянул на Варну и выбрался из укрытия, а она беспомощно заозиралась по сторонам, надеясь, что им удастся выбраться из этой переделки живыми.

В покосившейся церквушке ворожили ведьмы — она чуяла запах травы, которую часто использовала Рослава. Страшная догадка пронзила сознание. А что, если она среди них?! Варна попятилась, но Свят схватил ее за руку и потянул за собой. В серых глазах она увидела слепую уверенность, тогда как сама не испытывала ни малейшего желания продолжать охоту.

— Я не могу, — прошептала Варна, приблизившись к Святу.

— Мы убьем тебя.

В это самое мгновение Варна поняла, что Свят не строит иллюзий на ее счет и, если она оступится и подвергнет их опасности, без колебаний воспользуется оружием. Он следил за ней с того момента, как понял, куда она сбегает по ночам.

Горeслав прижался к стене и отцепил от пояса небольшой стеклянный шарик, в котором беспокойно клубился туман. Он не объяснил, что делать, не дал указаний, просто кинул шарик в окно.

Внутри началась суматоха, из щелей между досок повалил густой дым. Горeслав кинулся к двери, Варна — за ним, боясь, что клинок Светозарного снесет голову Рославы с плеч. Даже в такой момент она думала лишь о ведьме, молилась о том, чтобы ее здесь не оказалось.

Ведьма выскочила из церкви, и Горeслав, притаившийся у двери, одним мощным ударом отсек ей голову. Несколько мгновений Варна смотрела на идеальный срез, онемев, разглядывала белеющие позвонки и перерезанные жилы. Тело бесшумно упало в снег, голова откатилась в сторону.

— Сюда! — закричал Свят, и Светозарный кинулся на зов.

Одна из ведьм попыталась сбежать через окно, но Свят успел рассечь ей сухожилие на ноге. Теперь она валялась в снегу, за ней тянулся алый след, но на лице не было и намека на страх. Женщина откинула капюшон, чтобы видеть своих убийц и показать им себя.

— Смотрите! — выкрикнула она. — Это лицо будет являться вам в кошмарах!

— Бей! — приказал Горeслав.

Варна заметила секундное замешательство на лице Свята, но он тут же взял себя в руки, занес меч и вонзил его в грудь ведьмы. Та закричала, схватилась за лезвие, пытаясь вынуть его из плоти, но лишь ранила ладони. От клинка поднимался пар — серебро наносило нечисти незаживающие раны. У ведьмы не было ни шанса.

— Иди внутрь! — Горислав толкнул Варну в грудь. — Иди!

Она побежала, не чувствуя под собой ног. Ей еще не приходилось видеть смерть так близко, руки тряслись, оружие стало неподъемно тяжелым, крест на шее гнул к земле, но она бежала, боясь остановиться.

Внутри было пусто, только котел, висящий над огнем, бурлил и источал тошнотворный запах. Варна кинулась к нему, заглянула внутрь и увидела на дне нечто кроваво-красное и густое.

Снаружи раздался крик. Позабыв о странном вареве, она бросилась на звук. Сердце выстукивало в груди какой-то незнакомый ритм, напоминающий набат.

Горислав стоял над лежащей в снегу женщиной, Свят — рядом, занося меч. Ведьма хохотала, шипела, извивалась, словно змея. Заметив Варну, она вдруг замерла, ее губы растянулись в приветливой улыбке. Узнавание — вот что появилось на лице ведьмы. Варна тоже ее узнала. Тогда, много лет назад, с Рославой была она, Пава, многорукая ведьма.

— Детей убивать заставляете? — Ведьма расхохоталась. — Ваш Бог именно этого и желает, верно? Кто из нас поклоняется Зверю, Светозарный?

Горислав ничего не сказал, только сплюнул на землю.

— Эй, мальчик, — ухмыльнулась Пава, — понравилось тебе убивать? Знаешь, куда теперь твоя душа отправится?

Свят усмехнулся в ответ, да так жутко, что ведьма растерялась. Из глубокой раны на ее голове текла кровь. В надежде на спасение она повернулась к Варне.

— Ну, а ты! Не думала я, что увижу тебя снова, да еще и в компании Светозарных. Хорошо устроилась: и церковь защищает, и Зве...

Тело среагировало быстрее, чем разум, — не успели слова сорваться с ведьминых губ, как клинок вонзился в ее шею. Брызнула кровь, тело откинулось на землю. Варне показалось, что Пава успела несколько раз непонимающе моргнуть, прежде чем на ее лице застыло посмертное безразличие.

Варна отбросила меч, схватилась за живот и согнулась пополам. Горячая желчь обожгла рот, ее вырвало от страха и отвращения. В тишине вечернего леса были слышны только крики воронов и отвратительные булькающие звуки, с которыми выходила рвота.

Светозарный хлопнул Варну по спине, видимо, пытаясь выказать одобрение, и пошел прочь. Свят сделал несколько шагов, но вдруг остановился и обернулся.

— Она чуть было не рассказала ему. Ты поступила правильно.

— Да уйди ты уже! — выкрикнула Варна, вытирая рот рукавом.

Что теперь будет? Что скажет Рослава? Она всегда с любовью отзывалась о сестрах, рассказывала, какие они мудрые и красивые, а теперь три из них лежали в снегу обезглавленные. И одну из них убила она, Варна, собственными руками, побоявшись, что Гореслав узнает о ее дружбе с ведьмой.

— Мы их так и оставим? — спросила она, забравшись на лошадь.

— Эти твари не заслуживают погребения, пусть их склюют вороны, — жестко ответил Светозарный. — Вы держались хорошо. Для первого раза.

Ночью ей не спалось, она металась в постели в приступе бессильной злобы. Ненавистно ей стало всё: церковь, Светозарные, ведьмы — всё! Хотелось уснуть и проспать несколько дней, забыться, но бессонница стала ей наказанием за содеянное.

Выскользнув из-под одеяла, Варна вышла из комнаты в коридор и прислушалась. Где-то говорили люди, шептались, слов не разобрать. Она пошла на звук и поняла, что один из голосов принадлежит Святу.

— ...ничего не сделать.

— Пожалуйста, не оставляй ее.

Дарий! Варна прижалась спиной к прохладной стене и прислушалась.

— Я же пообещал, — ответил ему Свят. — Но Горeслав узнает рано или поздно. Что тогда?

— К тому времени мы убедим ее.

— Это называется вероотступничеством. За такое одно наказание — смерть.

— Никто не узнает. Пожалуйста! — в голосе Дария появились умоляющие нотки.

— Сам мог следить за ней.

— Ты знаешь, что я не могу.

— Мечтал ведь о белом плаще. Что с тобой стало? — раздраженно спросил Свят.

— Не всем суждено сражаться. Кто-то должен заниматься делами прихода.

— Не ты!

Свят буквально взвыл, и Варна испуганно отпрянула, побоявшись, что ее заметят, но из комнаты никто не вышел.

— Все наши планы коту под хвост, — продолжил Свят. — Тебя как дурака используют, а ты и рад.

— Не говори так.

— Буду говорить! Возвращайся к занятиям, и, быть может, Горeслав...

— Я не вернусь, — тихо сказал Дарий.

— Ну и дурак.

Варна на носочках побежала к подъему, выбралась из катакомб и притихла. За ней никто не шел, голоса затихли. Значит, Свят не соврал, он с Дарием действительно дружит. Слышать от него столько слов за один раз было непривычно, она и подумать не могла, что угрюмый мальчишка способен так много говорить.

Оставив мысли о друзьях на потом, Варна натянула обувь и вышла из церкви. Мороз щипал щеки, но она твердо решила увидеться с Рославой. Не было сомнений, что ведьма ждет объяснений, а ей и сказать-то нечего. Раскаивалась ли Варна в том, что убила Паву? Еще как! Но иначе она могла умереть сама, а за собственную жизнь страх гораздо сильнее.

Повинуясь колдовству, снег на поляне растаял. Кое-где даже трава проглянула, зеленая, свежая, будто на дворе апрель, а не злой февраль. Рослава стояла в центре, вытянутая, как струна, в черном длинном платье и накидке. Взгляд ее не предвещал ничего хорошего.

— Подойди! — приказала она.

Смиренно опустив голову, Варна подчинилась. В ту же секунду звонкая пощечина обожгла скулу. Слезы обиды покатились по щекам, но взгляд от земли оторвать она не осмелилась.

«Поделом!» — злобно подумала Варна.

— Посмотри на меня!

Рослава не говорила, она приказывала, а Варна повиновалась. Глаза ведьмы пылали потусторонним пламенем, сияли от гнева и ненависти. Этот взгляд, полный боли, был направлен прямо на Варну и пытался прожечь в ней дыру.

— Прости... — пробормотала Варна и испугалась собственного голоса — дрожащего, умоляющего.

— Замолкни! — закричала Рослава. — Не то не сдержусь и оттаскаю тебя за волосы! Как ты могла?! Позволила убить наших сестер! Сама убила одну из них! Паву! Мою Паву!

Из горла ведьмы вырвался звериный вой, она заметалась, черные волосы растрепались, лицо покраснело. Не было больше спокойной, уверенной Рославы, осталась только женщина, которую боль сводила с ума.

— Говорила она мне, что от тебя толку не будет, а я не верила! — прошипела ведьма. — Чувствовала, значит, откуда смерть к ней придет, но позволила мне играть с тобой!

— Играть? — Варна попятилась. — Что значит «играть»?

— Рот закрой, иначе получишь еще раз! — пригрозила Рослава. — Как ты могла позволить им убить сестер?! Они были не готовы к нападению, беззащитны!

— А что я сделать могла?! — выкрикнула Варна. — Светозарный и меня бы положил там же!

— Предупреди ты их, обратись мысленно — они бы услышали тебя и сбежали!

— Ты меня такому не учила!

— Я... — ведьма осеклась. — Да и черт с тобой! Я, только я виновата во всем. — Она залилась слезами. — Хотела тебя, с той самой ночи хотела, ничего не видела, отрицала, что новый Бог тебя испортил! А Пава, моя милая Пава, все эти годы она предупреждала меня, а я... — Махнув рукой, Рослава села на землю и закрыла лицо руками. — Теперь лежат мои сестры в сырой земле! И черви будут пировать их телами! И...

Варна закрыла уши руками, чтобы не слышать вой, рвущийся из груди Рославы. Страдания ведьмы отдавались в ней болью, будто они были связаны. Собственный поступок стал казаться еще ужаснее, захотелось закричать, исправить все, что произошло, убить Горeслава и сбежать в лес, к ведьмам, в их спокойную обитель. Но сделанного не воротишь.

— Я верну их, — вдруг сказала Рослава, вставая. — Я смогу, я...

— Они мертвы! — выкрикнула Варна, ужаснувшись.

— Это для вас они мертвы, для овец, идущих за новым Богом, а для нас, дочерей сырой земли, нет ничего невозможного.

— Рослава, — жалобно простонала Варна, — не нужно...

— Уходи, — приказала та. — И не возвращайся сюда до весны. Придешь, когда растает последний снег.

— Не поступай так со мной! — В приступе отчаяния Варна подбежала к Рославе, но та оттолкнула ее. — Пожалуйста!

— Убирайся! — закричала ведьма и обратилась в птицу.

Она взлетела, расправив огромные крылья, и исчезла в ночном небе, оставив на снегу лишь блестящее черное перо. Варна схватила его и разрыдалась.

Даже потеряв родителей, она не испытывала такой боли, не чувствовала себя настолько одинокой и брошенной. Нить, связывающая ее с Рославой, натянулась и лопнула с оглушительным хлопком.

ГЛАВА 15

Сейчас

Варна не рассказала Святу о том, что произошло минувшей ночью. Он и так с опаской косился на Дария, незачем было давать лишний повод сомневаться в нем.

Узнавать места, через которые они проезжали, Варна начала полтора дня назад. В одной из деревень они ловили банника — тогда, много лет назад, когда их выставили из церкви и сказали, что отныне выживать придется самостоятельно. Дарий молчал, она плакала по ночам из-за боли в медленно заживающих ранах, но утром, едва лучи солнца показывались из-за горизонта, оба залезали в седла и продолжали путь. У них не было ни плана, ни карты, ни понимания того, что делать дальше.

Варна раздраженно передернула плечами, прогоняя неприятные воспоминания.

Страх — она ненавидела это чувство, презирала каждого, кто ему поддавался. Нет смысла бояться, Варна с детства это знала, возможно, с того самого дня, когда мать заперла ее в бане, чтобы напугать банником.

Церковь, в которой они выросли, находилась рядом с бедными селами и почти заброшенными деревнями. Последние зажиточные дворы они проехали еще вчера, впереди ждали только запустение, разруха и воспоминания. Что Светозарные могут там найти? Даже если когда-то ведьмы обитали в этих краях, наверняка они давно ушли отсюда следом за Рославой.

Имя ведьмы горькой полынью осталось на языке.

Что нужно брошенному ребенку? Немного участия, любви, щепотка тепла — все это дала Варне Рослава. И этого оказалось достаточно, чтобы полюбить ведьму, чтобы впустить ее в свое сердце и позволить занять место, предназначенное для матери. Нина и Мстислав никогда не пытались стать для сирот кем-то большим, чем просто наставниками. Они держались отстраненно, словно боялись, что кто-то привяжется к ним слишком сильно. А Рослава позволяла любить себя и отвечала на эту любовь. У Варны не было ни единого шанса — она доверилась ведьме и позволила ей отвести себя к Зверю.

Иногда ломала голову, размышляя, чего Рослава хотела на самом деле. Воскресить образ сестры? Вырастить из приемыша послушную помощницу? Просто запятнать ее душу колдовством и передать Зверю? Спустя столько лет Варне наконец удалось убедить себя в том, что ведьма просто использовала ее, чтобы подобраться к церкви, но тогда, лежа на груди Рославы под шумящей листвой, она и помыслить не могла об этом. Во всем мире были только они — она и Рослава, женщина, заменившая ей мать.

Были ли чувства ведьмы искренними? Любила ли Варну Рослава, или просто притворялась? Прошло много лет, а эти вопросы все еще не давали ей покоя.

Тогда, больше десяти лет назад, весь мир Варны вертелся вокруг двух людей — Рославы и Дария. И если ведьма смогла привязать ее к себе сладкими речами и обещаниями, то Дарий получил преданность Варны просто за то, что не прогонял, позволял находиться рядом и относился к едва знакомой девчонке по-человечески. Она любила его дурацкой детской любовью и бегала за ним, как щенок.

— Твои мысли тяготят меня, — сообщил Дарий, пристроив лошадь шагать рядом. — Не могла бы ты думать потише?

— Не мог бы ты просто сделать вид, что ничего не заметил? — вяло огрызнулась она.

— Тебя невозможно игнорировать. О чем ты задумалась?

— Помнишь, — осторожно начала она, — как вы привели меня в церковь?

— Конечно. — Он кивнул и невольно заулыбался. — Мертвые ничего не забывают.

— Провались ты! — рявкнула Варна и отвернулась.

— Прости, прости. — Затянутая в перчатку ладонь легла на ее руки, сжимающие поводья.

— Шут гороховый. — Она оттолкнула его.

— Если не станешь меня слушать, я петухом начну орать на всю округу, — пригрозил Дарий. — Ты пожалеешь о том, что не позволила мне высказаться.

— Я уже жалею, что с тобой заговорила. — Варна посмотрела в виноватое лицо Дария и махнула рукой. — Рассказывай, будь ты неладен.

— В ту ночь нам обещали показать, как в кувшинке спит болотница. Потом, конечно, ее убить следовало, но об этом нам не сказали, — начал он. — Мы...

— Сказали, — вдруг вмешался Свят, нагнав их. — Ты все прослушал, потому что доедал кашу с такой скоростью, что за ушами трещало.

— Но ты, разумеется, как всегда, был сосредоточен. — Дарий закатил глаза. — С семи лет готовился стать великим Светозарным!

— С пяти, — не моргнув глазом поправил его Свят.

— Катись в пекло... — пробормотал Дарий и продолжил: — Так вот, болотница. Мы долго ехали, уже стемнело, и Нина предложила Мстиславу обождать до завтра, потому что по ночам в лесу можно найти только смерть. И он согласился сделать остановку, даже костер складывать начал, как вдруг этот, — Дарий нехотя кивнул в сторону Свята, — сказал, что слышит что-то.

— Что ты услышал? — спросила Варна.

Свят не ответил. Он выразительно посмотрел на нее, и этого взгляда оказалось достаточно, чтобы она догадалась.

— Ты не слышал, ты почуял их, — сказала Варна, а он кивнул. — Можешь говорить открыто.

Свята передернуло, но он промолчал. Дарий дал ему время передумать и заговорить, но тот вяло мотнул головой, отказавшись от возможности закончить историю.

— Мстислав и Ратмир на разведку пошли, а нам велели сидеть тихо. Дива уже рыдать начала, от страха, наверное, — продолжил Дарий. — Потом Мстислав вернулся и сказал, что видел женщин с ребенком и что надо тебя спасать.

— Почему он решил, что я в опасности? — спросила Варна, вспоминая события, произошедшие в ту ночь.

— Что ты сделаешь с женщинами, которых в лесу ночью встретишь? — тихо спросил Свят.

— Убью, — не задумываясь ответила Варна. — Простым людям в лесу по ночам делать нечего.

— Вот и Мстислав так решил, — Свят кивнул.

— Ратмир был хорошим человеком, — сказал Дарий. — Жаль, что погиб так рано и глупо.

— Могли ведь бросить меня, — заметила Варна. — Позволить ведьмам увести ребенка с собой.

— Кто ж знал, что ты все-таки уйдешь к ним? — холодно спросил Свят.

В удар она вложила все свое раздражение, но кулак лишь скользнул по его скуле — Свят успел схватить ее за запястье. Он дернул Варну на себя, она чуть не свалилась под ноги лошадям.

— Не начинай бой, в котором не сможешь победить, — прошипел он.

— Я уже побеждала тебя. — Она вырвала руку из его хватки и выровнялась в седле.

Разговор угас сам собой. Свят обогнал их и первым въехал в заброшенную деревушку на несколько дворов.

Судя по всему, люди давно покинули это место — избы покосились, бычьи пузыри в окнах были разорваны, распахнутые двери напоминали беззубые пасти. Природа брала свое: лес подступил прямо к перекошенным заборам, высокая трава проросла даже на вытоптанной сотнями ног дороге.

Беспокойство шевельнулось в груди Варны, когда краем глаза она заметила движение за одним из сараев. Варна натянула поводья — лошадь пошла медленнее, а сердце, наоборот, застучало быстрее, разгоняя горячую кровь по венам. Слух обострился, и она услышала чье-то тяжелое дыхание. Не человеческое.

Не успела она свистом предупредить Свята об опасности, как из-за угла выскочила чудовищных размеров собака. Пес разинул пасть, обнажив неестественно длинные зубы, и Варна похолодела — ярчук. Она выхватила меч и пришпорила лошадь, но та заартачилась, уперлась копытами в землю, отказываясь приближаться к лохматой твари.

— Варна! — выкрикнул Дарий, и она увидела еще двух собак, бегущих к ним из леса.

Шепот, навязчивый шепот сбивал ее с толку. Она тряхнула головой, прогоняя наваждение, но голоса не исчезли. Свят рявкнул:

— Лежать!

Поговаривали, что псы подчинялись Светозарным беспрекословно, но этот ярчук не послушался. Он кинулся под ноги лошади Свята — та вздыбилась, заржала и наконец сбросила наездника на землю.

Варна выпрыгнула из седла и кинулась к нему, но на полпути в нее врезалось большое лохматое тело. Они отлетели в сторону, в высокую траву, она чудом удержала в руке меч и ударила собаку навершием в висок. Ярчук взвыл, растерялся; воспользовавшись этим, Варна со всей силы ударила его по носу, отчего пес вовсе потерял ориентацию и грузно осел на землю. Вскинув меч, она отсекла животному голову, горячие капли брызнули в лицо. Кожу начало жечь огнем, поднялся пар. Варна прижала ладонь к щеке и принялась оттирать кровь ярчука, но слишком поздно — под пальцами появился ожог и следом за ним волдыри.

Выбравшись из травы, она побежала к Дарию, но тот прекрасно справлялся сам: серпы мелькали с невероятной скоростью, у собак не было ни единого шанса. Свят стоял за ним и прикрывал спину. Варна опустила меч, как вдруг что-то налетело сзади. Она кубарем покатилась по земле, боль пронзила бок, Варна закричала.

Над ней нависла огромная морда, слюна капала на лицо, смрадное дыхание было таким горячим, словно псина вырвалась из пекла.

Дарий налетел на ярчука, пинком отогнал его, а Свят отсек собаке передние лапы. Воздух разорвал пронзительный крик, Варна резко села и уставилась на тварь, корчащуюся у ног Свята.

На их глазах черная лохматая плоть исчезла, ярчук превратился в обнаженного мужчину, извивавшегося от боли. Он посмотрел на обрубки, оставшиеся от рук, и истошно закричал.

Варна увидела страх в глазах Свята и попробовала встать, но боль в боку оказалась настолько сильной, что она согнулась пополам.

— Проклятье! — прошипела Варна.

Дарий подхватил ее под руку и быстро ощупал рану. Он выругался и с беспокойством посмотрел на подругу. Хромая, Варна поковыляла к вопящему человеку, а Дарий попытался поддержать ее, но только мешал.

— Отойди! — рявкнула она. — Что это такое?

— Я не знаю, — пробормотал Свят. — Впервые вижу такое колдовство.

— Помоги мне! — заголосил мужчина. — Господом прошу, помоги!

— Кто ты такой? — спокойно спросил Дарий.

Он присел перед мужчиной на корточки и принялся его разглядывать.

— Рома, Роман! — выкрикнул незнакомец. — Как же больно, как больно! Руки мои, вы видели мои руки?! Помогите! Отняли руки, руки мои отняли... — его слова превратились в бессвязный бред.

— Кто обратил тебя? — спросил Дарий и встряхнул мужчину. — Отвечай!

— Пришла и сказала... — прохрипел Роман, — сказала, что пора... Пора...

Поскуливая от боли, мужик упал лицом в землю и затих. Варна посмотрела на своих спутников и увидела в их глазах тот же ужас, который чувствовала сама. Меч в руке Свята подрагивал.

— Что за чертовщина? — шепотом спросил он.

— Людей в ярчуков обратили. — Дарий встал. — Его убить нужно, это будет милосердно.

— Я все сделаю, — твердо сказал Свят. — Идите вперед, а я... Что это такое?

Он схватил Варну за руку и резко отвел ту в сторону. На землю закапала кровь, Варна зашипела от боли и оттолкнула его.

— Господи! — Свят злобно уставился на нее. — И ты молчишь?! Долго собиралась кровью истекать?!

Не успела Варна ответить, как он сорвался с места и побежал к лошади, испуганно топчущейся поодаль. Дарий обхватил подругу пониже раны и силой отвел в сторону от дороги.

— Садись. — Он снял плащ и подложил его ей под спину. — Давай, нужно осмотреть рану.

Она и без осмотра знала, что бывает с теми, кого укусил ярчук. Силы покидали тело вместе с кровью, которая продолжала сочиться сквозь пальцы.

Дарий расстегнул широкий кожаный пояс и громко охнул. Варна криво усмехнулась.

— Страшно?

— Закрой рот, — прорычал он.

Подоспевший Свят не дошел до них пары шагов и пошатнулся. Ясно, ее дела плохи, раз даже он выглядит так, будто его вот-вот вырвет.

Поборов себя, Свят приблизился и опустился возле нее на колени. Достал из седельной сумки крошечные бутылочки, расставил их на земле и вздохнул.

— Рукав оторви, — потребовал он.

Дарий молча подчинился — рывком оторвал рукав рубахи и протянул Святу. Тот слил содержимое нескольких склянок в железную миску и положил в нее ткань. Когда в его руках появилась игла, Варна привстала на локтях и сказала:

— Только прикоснись ко мне этим, и я...

— К ночи ты умрешь, — холодно сказал Свят. — Рану нужно зашить.

— Я подержу ее. — Дарий силой заставил Варну облокотиться на стену избы, у которой они расположились.

Свят задрал ее рубаху до самой груди и промыл рану водой из фляги. Над кожей поднялся пар.

— Святой водой?! — взвыла Варна. — Из ума выжил?!

Он даже взглядом ее не удостоил, насупился, достал моток посеребренной нити, заправил ту в иглу и прикрыл глаза, видимо, чтобы помолиться.

— Бог таким, как я, не помогает, — фыркнула она.

Бравировать перед лицом смерти у нее получается здорово, но внутри все сковало льдом. Она уже не чувствовала кончиков пальцев и не могла шевелить ногами. Перед глазами плыло, вокруг Свята и Дария она видела расплывчатые контуры, напоминающие нимбы.

Когда игла вошла в плоть, с губ сорвался предательский стон. Варна закусила губу, по щеке скатилась слеза, а за ней еще одна. Рану жгло сильнее, чем прежде, потому что Свят шил ее освященной нитью, которой латают себя Светозарные. Прикосновения серебра были невыносимы, но куда страшнее умереть от потери крови, бесславно, скоропостижно, не совершив в жизни ничего, чем стоило бы гордиться. Еще хуже было знать, что, как только ее глаза закроются, Дарий отправится в Навь.

— Смотри на меня, — резко сказал Свят, и она осоловело заморгала. — Не позволяй ей терять сознание!

Дарий похлопал ее по щекам, но навалившаяся дремота оказалась настолько сильной и манящей, что сопротивляться ей стало невозможно.

— Не могу... — пробормотала она. — Хочу спать.

— Варна, смотри на меня, — потребовал Свят. — Варна!

Но она почти не слышала его, как тогда, на реке, много лет назад. Над ней снова текла вода, по которой уходят люди, ей стало хорошо и спокойно. Она просто хочет отдохнуть, совсем немного поспать. Разве это так плохо?

Что-то тяжелое легло ей на грудь. Приоткрыв глаза, она увидела, что это Дарий навалился на нее. Волосы скрыли его лицо, но она ощутила, как жизнь покидает его тело, как печати, связывающие их, начинают открываться.

— Нет, — пробормотала Варна, — нет, нет, нет!

Дремота отступила, зрение прояснилось, она увидела бледного Свята, поспешно орудующего иглой, услышала, что он взывает к Богу. Наивный, светлый мальчишка все еще считает, что Бог захочет им помочь.

— Дарий! — Из последних сил она толкнула его в бок.

Он приподнялся, повернулся к ней, и Варна увидела совершенно белые глаза мертвеца.

— Видел я Господа пред собою всегда, ибо Он справа от меня, чтобы я не поколебался, — прошептал Свят.

— Потому возвеселилось сердце мое и возрадовался язык мой, а еще и плоть моя упокоится в надежде, — вторила ему Варна.

— Ибо Ты не оставишь души моей в пекле и не дашь святому Твоему увидеть тление*, — пробормотал Дарий.

Вдруг покалеченный мужик пришел в себя и завыл. Свят вздрогнул, дернул нить — и Варна скривилась.

— Я разберусь. — Покачиваясь, Дарий поднялся на ноги. — Не смей умирать.

Через несколько мгновений крики раненого резко оборвались. Свят нахмурился и сжал зубы.

— Все плохо? — хрипло спросила Варна, приподнимаясь на локтях.

— Кровь остановилась, но, Варна, это был ярчук. — Свят оглянулся, чтобы убедиться, что Дарий еще далеко. — Рана не заживет.

— Я знаю, — серьезно ответила она. — Но мне бы еще немного пожить.

Они обменялись хмурыми взглядами. Свят медленно поднялся, убрал остатки нити в сумку и отошел к лошади.

Дарий обыскал ближайшую избу и предложил заночевать в ней. Вместе со Святом они помогли Варне расположиться возле печи и накрыли ее своими плащами. Позже Свят отправился в лес, якобы на охоту, но не требовалось быть семи пядей во лбу, чтобы понять: он решил разведать местность и убедиться, что они в безопасности.

Ей почти удалось уснуть, когда вернулся Свят. Он швырнул на пол сумку и, задыхаясь от ярости и волнения, выкрикнул:

— Взвод!

---

* Пс. 15:8–10.

— Что? — Дарий уставился на него.

— Мужик был из Взвода! — сказал Свят. — Эти твари обратили охотников в ярчуков!

Комната закружилась перед глазами, Варне показалось, что она вот-вот потеряет сознание.

— Уверен? — только и смогла спросить она.

Свят схватил сумку и вывалил ее содержимое на пол. Варна увидела бутыльки с настойками, серебряный нож и, самое главное, потрепанную походную книжицу. Точно такая же лежала в ее седельной сумке.

— Господи... — Дарий взял журнал в руки и пролистал его. — Здесь заметки. Он точно был из наших.

— И остальные, выходит, тоже? — Варна попыталась сесть, но бок обожгло болью. — Четыре бойца Мрачного Взвода погибли от наших рук.

— Они уже не были членами Взвода, — отмахнулся Свят. — Кто мог... — он вдруг осекся. — Они нас предупреждают, сучье племя.

Свят злобно уставился в окно, будто надеялся увидеть затаившихся в темноте ведьм.

Дарий начал собирать вещи обратно в сумку. В наступившей тишине Варна услышала, как над крышей пролетают птицы.

ГЛАВА 16

Тогда

— Ты неправильно стоишь. Совсем разучился с оружием обращаться.

— Вовсе не разучился! Смотри, сейчас я...

Дарий упал на землю, Млад зашелся в хохоте. Остальные разочарованно покачали головами, только Свят, как всегда безразлично, смотрел на развернувшееся представление, сидя на ограждении.

— Вставай. — Варна подала другу руку, и тот с радостью схватился за нее. — Твои дела плохи.

— Ты преувеличиваешь. — Дарий отмахнулся. — Сейчас вспомню все, чему меня учили. Я ведь и тебя мог победить, помнишь?

— Это было так давно, что совсем не помню, — с вызовом ответила она. — Давай, вставай в стойку!

Чтобы повалить Дария на землю, ей не требовалась сила Зверя — он и правда ужасно отстал, потому что пропускал занятия на площадке ради месс и занятий со Светланой. Пока немногочисленные подопечные церкви учились стрелять из луков и драться на мечах, он зубрил молитвы и правила поста. Теперь, если бы на него напали, для защиты он смог бы использовать только чудо Господне.

— Что тут происходит?

На площадку ворвался Мстислав. Он редко выходил из себя, но сейчас его глаза метали молнии, а лицо покраснело от гнева.

— Брось меч, Дарий! — рявкнул он.

— Но ведь...

— Брось!

— Разве он не должен уметь постоять за себя? — с вызовом спросила Варна.

— Он готовится стать слугой Господа. Церковь — вот его защита! Оплот света и...

— И зло не может проникнуть под ее своды? — Она прищурилась.

— Не может.

— Врешь!

Все ахнули. Даже Свят спрыгнул с забора и подобрался, словно готовясь к нападению. Лицо наставника исказила гневная гримаса.

— Как ты смеешь обвинять меня во лжи?

«Я — зло, и я сплю под крышей дома Господа!» — хотелось закричать ей, но она промолчала. Выдаст себя — выдаст и Свята, а за него Светозарные ей голову оторвут.

— Я поступил неправильно, — спокойно сказал Дарий. — Этого больше не повторится.

— Приведи себя в порядок и возвращайся ко мне, — приказал Мстислав и поспешно покинул площадку.

— И чего это он? — Данияр начал собирать учебные мечи.

— Мое оружие отныне — Слово, а не меч. — Дарий вздохнул. — Но было весело!

— Меня подожди. — Варна перелезла через ограждение. — Мне тоже нужно помыться.

Снег почти сошел, март выдался непривычно теплым. Как только закончился февраль, природа буквально сошла с ума — солнце светило целыми днями, топило сугробы и льды, — а Варна смотрела на это с ужасом. Могла ли Рослава... Нет, такого точно не может быть! Не под силу же ведьмам управлять погодой? Да и зачем ей приближать их встречу, если она сама придумала это наказание? Разве что наказывала не только Варну, но и себя.

В предбаннике Дарий начал раздеваться, повернувшись к ней спиной. Раньше они всегда мылись вместе: у наставников не было времени на то, чтобы отделять мальчиков от девочек, но с недавних пор Варна начала испытывать смущение во время купания. В Святой Книге было написано, что Господь изгнал первых людей после того, как они отведали плодов древа и соорудили себе одежду из листьев, дабы прикрыть наготу. Так что же, выходит, смущение — грех? Многие вещи, написанные в главной книге прихода, приводили Варну в замешательство.

Они обмазались банной намазкой — густой жижей из кедра, ромашки и полыни — и вошли в парилку. Варна вжалась в угол, Дарий сел напротив, но тоже отвернулся, делая вид, что его ужасно интересует древесный узор на стене. В тишине слышалось только потрескивание раскаленных углей и шипение нагревающейся воды.

— Тебе правда нравится учить все эти молитвы? — спросила Варна, чтобы разрядить обстановку.

— Да, пожалуй. — Дарий не смотрел на нее, но улыбался. — Никак не смиришься с этим?

— А тебе не кажется странным, что Мстислав так разозлился? — Она проигнорировала его вопрос. — Сам-то он прекрасно владеет и Словом, и оружием.

— К чему клонишь? — прямо спросил Дарий.

— Он испугался, что ты вернешься к идее стать охотником и бросишь его дурацкие занятия, — прямо ответила Варна.

— Глупости.

— Вовсе не глупости! — Она разозлилась. — Очевидного не замечаешь.

— Кто-то должен остаться в церкви, когда вы уедете. — Он наконец посмотрел на нее. — И... и...

Варна приподняла брови, стараясь понять, что он пытается сказать, но Дарий только открывал и закрывал рот, его щеки густо покраснели.

— Тебе плохо? — Она хотела встать и помочь ему выйти, но он замахал руками, давая понять, что помощь ему не нужна. — Да что?

— Оставайся на месте, — попросил Дарий.

Пожав плечами, Варна потянулась за ведром, чтобы облиться, и не сразу услышала, как он попросил:

— Отвернись, пожалуйста.

— Чего я не видела? — Она рассмеялась, но, посмотрев в его лицо, резко замолчала.

Униженный, покрасневший Дарий не мог оторвать взгляд от пола. Его отросшие волосы прилипли к шее и лицу, ресницы подрагивали, он будто вот-вот готов был разрыдаться. Ей стало настолько неловко и стыдно, что она резко окатила себя водой и выскочила в предбанник.

В ту ночь она проснулась от странного, незнакомого звука. Прислушавшись, Варна поняла, что это звуки ударов. Она вскочила и выбежала из комнаты, на ходу пытаясь понять, откуда они доносятся. Только прокравшись к лестнице, Варна услышала голос Мстислава: он читал какую-то молитву. Встав на колени, она ползком поднялась наверх и затаилась.

То, что Варна увидела, еще долго преследовало ее в кошмарах, а объяснение этому она нашла только спустя некоторое время.

Полуобнаженный Дарий стоял на коленях перед распятием, под укоризненным взглядом нового Бога, а Мстислав бил его многоголовой плетью. Наставник монотонно читал молитву, но не отрывал взгляда от красных полос на спине мальчика. Варна не видела лица Дария, но знала, что это очень больно и на его глазах наверняка выступили слезы.

Ей хотелось выскочить из укрытия и помешать Мстиславу истязать Дария, но она опешила, замерла, превратилась в изваяние, не способное двигаться. Этот ритуал показался ей настолько ужасным, неправильным и отвратительным, что она буквально растеряла всю свою горячность, превратилась в немого наблюдателя, неспособного вмешаться.

С трудом переставляя одеревеневшие ноги, Варна вернулась в комнату, забралась под одеяло и долго лежала, вздрагивая каждый раз, когда плеть касалась спины Дария.

Он вернулся нескоро, скинул одежду и забрался в постель. Ей хотелось чем-то утешить друга, но чутье подсказывало: он не хочет, чтобы кто-то знал о произошедшем. Больше всего Варну испугало лицо Мстислава — он выглядел так же, как ее мать после того, как розгами доводила Варну до исступленного крика. Наставник получал злое удовольствие от того, что делал.

На следующий день, вернувшись с площадки, Варна увидела, что Нина и Светлана выносят из ее комнаты вещи. Она бегом кинулась к ним:

— Что вы делаете?

— Дарий переезжает, — с присущей ей мягкостью ответила Светлана. — Не переживай.

— Что случилось? Зачем ему переезжать?

— Так решил Тихомир.

— Тихомир или Мстислав? — Сила Зверя огненной волной расползалась по телу. — Отвечай!

— Ты как со мной разговариваешь? — удивилась наставница. — Нина, ты слышала?

— Она всегда была такой, смирись. — Нина покачала головой. — Лучше помоги нам.

— И не подумаю! Почему вы...

— Мальчикам негоже спать в одной комнате с девочками! — отрезала Нина.

— Шесть лет было гоже, а теперь вдруг негоже? — язвительно спросила Варна.

— Я выпорю тебя, если продолжишь, — предупредила наставница.

— Давай, — смело сказала Варна, — только на вопрос ответь!

В тот день ее выпороли как сидорову козу, до слез, до кровоподтеков, совсем как в детстве. Сидеть Варна не могла три дня, охала каждый раз, когда приходилось двигаться, а на площадке снова проигрывала Святу в скорости.

Обида душила ее, но сильнее всего она ощущала гнев: взрослые скрывают что-то, недоговаривают, а от нее пытаются избавиться!

По ночам ее мучили кошмары — липкие, горячие сны, обжигающие нутро. В них она снова и снова возвращалась на шабаш, но дела, творившиеся там, были куда чернее тех, которые Варна видела наяву, — люди совокуплялись с животными, кричали петухами и блеяли, и над всем этим стоял Зверь. Он смотрел на оргию уродливыми козлиными глазами со зрачками, пылающими огнем, и наслаждался этим зрелищем. Порой из-под маски Зверя показывалось лицо Мстислава, бормочущего молитвы.

Там была и Рослава — она то позволяла обнять себя, то исчезала, растворяясь в туманной дымке. Иногда Варна видела ее в окружении сестер, счастливую, улыбающуюся, танцующую в цветущем поле, гуляющую босиком по лесу или ворожащую над железной чашей. Варна не могла говорить в этих снах, она пыталась просить прощения, но ей не удавалось выдавить из себя ни слова.

Просыпаясь, Варна долго лежала, уставившись в потолок, пытаясь утихомирить разошедшееся сердце. Ей мучительно хотелось встретиться с Рославой, но она не знала, где искать ведьму, не знала, вернется ли та, когда сойдет снег.

В том марте произошло что-то странное — однажды Варна заметила свое отражение в зеркале и застыла, пораженная произошедшими за зиму изменениями. В отражении она увидела незнакомку — девушку, не ребенка. Куда-то подевалась угловатость, тело начало меняться, удобные штаны облегали бедра, рубаха натянулась на невесть откуда взявшейся груди. Она оказалась не готова к взрослению и теперь всячески пыталась скрыть изменившееся тело под свободной одеждой.

Но не только Варна начала меняться той весной. Наставники помрачнели, мальчишки обособились, у некоторых из них на лицах появились первые намеки на бороды, каждое утро Мстислав заставлял их бриться, ибо «негоже детям Господним зарастать, как дикарям».

Тогда же Нина пригласила Варну и Диву к себе в комнату, где провела беседу о любви и плотских отношениях. В процессе Варну чуть не вырвало, а Дива побледнела и сидела ни живая ни мертвая. Наставница упорно игнорировала воздействие, оказанное ее словами, и продолжала рассказывать о грехе, о том, откуда берутся дети и почему девушка должна хранить себя в чистоте.

— И ты тоже хранишь себя? — спросила Варна после того, как справилась с рвотными позывами.

Нина смутилась.

— Обета безбрачия я не давала.

— Значит, у тебя есть муж? Где он?

— Нет, мужа у меня нет.

— Тогда как...

— Слушай меня, Варна, а не задавай вопросы!

Еще одна ложь от наставников: Нина точно опорочила себя отношениями с мужчинами, но замуж при этом не вышла. Варна не считала себя слишком умной, но и самой глупой не была, поэтому легко сложила два и два — Нина учила их правилам, которые сама не соблюдала.

После этих бесед мальчишки старались обходить их с Дивой стороной. Дошло до того, что Данияр шарахался от девочек, прижимался к стене и бормотал нечто невнятное, будто приблизься он к ним — под его ногами тотчас разверзнется пекло. Не изменилось только поведение Свята — он продолжал избегать всех.

Дарий стал тихим, неразговорчивым, все свободное время проводил в своей комнате в одиночестве. Используя силу, дарованную Зверем, Варна слушала, как ночами он истово молится, а потом бьет себя плетью.

Волна неизвестных чувств, захлестнувшая Варну, иногда успокаивалась и исчезала, но порой вспыхивала, неожиданно и с такой силой, что буквально сбивала с ног. Слово «вожделение» было в церкви под запретом. Наставники запрещали подопечным даже думать о таких вещах, прикрываясь беспокойством об их телесной чистоте. Мстислав добавлял к этому, что разум воина должен быть ясен, когда на него нападает нечисть. Но своими запретами они только сильнее распаляли любопытство и подталкивали искать ответы самостоятельно, раз уж взрослые отказываются рассказывать им правду.

Однажды Варна увидела, как Дива и Млад выходят из сарая, в котором Свят дал ей поддельный крест. Волосы девочки растрепались, а мальчишка раскраснелся. Звериное чутье внутри обострилось, Варна втянула носом воздух и уловила аромат, исходивший от ребят, — запрещенный, сладкий, он сказал ей больше, чем глаза. Между Дивой и Младом произошло что-то, о чем не принято говорить вслух.

Дабы выбить дурь из голов подопечных, Тихомир заставлял их работать на стройке. Возведение приюта остановили зимой, а теперь решили возобновить. В церковь стекались люди из окрестных деревень, желающие помочь, вокруг стало людно, и к концу дня Варна мечтала лишь об одном — скрыться в полумраке спальни.

Интерес деревенских девушек и женщин к Святу привел Варну в ужас. Раздобревшие, пышногрудые женщины трепали его по волосам, называли ангелом, умилялись ему, но Варна чувствовала то, что они пытались скрыть за материнскими объятиями. Деревенские смотрели на него так, будто хотели съесть, и ее пробирала дрожь каждый раз, когда она угадывала эти греховные желания в их глазах. Свят делал вид, что не замечает, отмахивался, был холоден и груб, но даже на его щеках время от времени появлялись красные пятна стыда. Кого он стыдился — себя или их, осталось загадкой.

— Как ты их терпишь? — спросила Варна во время одного из боев на мечах.

— Мне на них наплевать, — заявил Свят, отбивая ее атаку.

— Лжец. — Она сделала выпад. — Я видела, как ты краснеешь.

— Тебе показалось, — сквозь сжатые зубы ответил он и так сильно отбил меч, что рука Варны задрожала, а запястье пронзила боль.

Святу исполнилось четырнадцать, он был высокий, гибкий и стройный. Его серые глаза холодом горели на бледном лице, а светлые волосы отросли до середины спины. Со стороны он походил на агнца, но, как только в его руках оказывалось оружие, он превращался в воина.

Они так часто занимались вместе, что Варна знала каждую черту лица Свята, каждое выражение, которое искажало его перед атакой. За годы, проведенные в церкви, она изучила напарника лучше, чем кого бы то ни было, потому что была одержима мечтами о победе над ним. Больше всего ей нравилось видеть легкое замешательство, которое появлялось на его лице, когда он падал на землю.

Варна засмотрелась на родинку на его щеке и получила сокрушительный удар под дых. Она согнулась, закашлялась, едва не выронила меч, но вовремя вспомнила, что потеря оружия — неизбежная смерть в бою.

— О чем ты думаешь? — резко спросил Свят.

— О тебе, — прохрипела она и с удовольствием отметила, как вытянулось его лицо. — Тебе бы в хоре петь, агнец.

— Возьми свои слова назад! — потребовал он.

— И не подумаю.

Заметив, как Свят оглядывается по сторонам, она поняла, что сейчас начнется настоящая драка. Подобравшись, Варна обратилась к силе, что дремала внутри. Та откликнулась с удовольствием, будто только и ждала, когда ее призовут.

Из-за спины Свята появилась тень, и Варна, зарычав, кинулась на них.

Первый удар высек искры из клинков. Она атаковала яростно, дико, не чураясь грязных приемов: свободной рукой пыталась наотмашь ударить его по лицу, припадала к земле, чтобы сделать подсечку; но Свят тоже знал ее не первый год и был готов к этому: перепрыгивал через ноги, вовремя отходил назад, уворачивался от ударов, пропустил лишь один — в лицо, точно такой, каким Гореслав много раз отправлял его на землю. После этого он озверел. Тень металась вокруг с такой скоростью, что Варна не могла разглядеть ее, отбивать их атаки стало почти невозможно, мышцы горели, но сдаться она не могла. Собрав последние силы, Варна отступила, чтобы разогнаться, и бросилась на него в самоубийственно глупой атаке. Она успела увидеть ухмылку на его лице и не смогла скрыть собственного оскала. Меч прошел в опасной близости от головы Свята, но тот увернулся, поставил ей подножку — и на полной скорости Варна пролетела мимо, покатилась по земле и врезалась в ограду.

Открыв глаза, она увидела склонившегося над ней Свята. В солнечном свете он выглядел как посланник Господа, да только скалился по-волчьи.

— Хорошо, — искренне сказал Свят, подавая ей руку. — Это было очень хорошо!

— Безумец. — Она встала и потерла ушибленное колено. — Я чуть шею не сломала.

— Но не сломала же.

Он стоял близко и часто дышал, она видела пот, стекающий по его лбу. Кажется, Свят впервые выглядел счастливым.

— Ты воняешь, — сказала она, толкая его в грудь.

— Кто бы говорил. — Он многозначительно приподнял бровь.

Варна отвернулась, чтобы подобрать оружие, и увидела Дария. Он стоял у церкви и смотрел прямо на них.

— Он нас видел, — испуганно прошептала она.

— Дарий никому не расскажет, — уверенно ответил Свят.

— Он не знал обо мне. — Варна побежала к нему. — Дарий!

Но тот метнулся прочь и скрылся за углом. Варна почти нагнала его в катакомбах, но он захлопнул дверь комнаты перед ее носом. Если она начнет тарабанить, то привлечет внимание, а этого делать ни в коем случае нельзя. Несколько минут Варна стояла, обдумывая, что будет дальше, затем вздохнула и пошла в баню. Свят доверял Дарию, значит, тот не проболтается, а если начнет спрашивать ее о силе, она расскажет правду.

В последний день марта, когда оставшийся снег превратился в грязные лужи, Варна решила, что час настал. Дождавшись, пока все уснут, она выскользнула из церкви и пошла в лес. Сердце ее было не на месте — колотилось, как запертая в клетке птица, — а в животе что-то мучительно ныло то ли от страха, то ли от предвкушения.

Лес встретил ее настороженным шепотом, тихим шелестом и треском. Она успела забыть эти звуки, запах прелой листвы и нагретого дерева щекотал ноздри. Варна медленно кралась к их месту — крошечной прогалине в густом лесу, на которой стоит большой плоский камень. Молодая трава цеплялась за штаны, воздух весенней ночи пьянил, лучина, которую она запалила, чтобы не заблудиться, горела куда ярче обычного. Лес был пропитан колдовством.

Она вспомнила ночи, проведенные здесь с Рославой, и прибавила шагу. На мгновение ей показалось, что она вот-вот вернется домой, к любящей семье. Зима была долгой, слишком долгой; Варна истосковалась по своей названой матери и хотела увидеть ее еще сильнее, чем прежде.

Заметив высокую фигуру на поляне, Варна кинулась к ней. Сердце заколотилось от радости, ноги сами несли ее вперед, внутри все сладко задрожало от предвкушения встречи.

Но женщина, которую она увидела, не была Рославой — перед ней стояла Пава, мертвенно-бледная, с уродливым шрамом на шее. Она улыбалась — скалила пожелтевшие зубы, шаталась, переминалась с ноги на ногу.

— Пришла, — прохрипела она. — Неужели осмелилась? Шавка нового Бога.

— Где Рослава? — Варна попятилась.

— Где? Где? — передразнила ее Пава. — Соскучилась, видимо? Нет сил у Рославы, чтобы навещать тебя.

Варна скривилась от отвращения. Вид заложной оскорблял взор. Покойникам место в земле! Твари из Нави не должны бродить по миру смертных, это противоречит всем божественным законам.

Варна пожалела, что не взяла с собой меч.

— Зачем тогда ты пришла? — спросила она, с тоской глядя на догорающую лучину.

— Мне поручили передать, что Рослава дает тебе шесть лет. — Пава подняла руки и показала шесть растопыренных пальцев. — В ночь, когда тебе исполнится восемнадцать, она явится сюда, чтобы требовать ответ.

— Какой еще ответ?

Она задала вопрос, чтобы потянуть время, чтобы отдышаться. Шесть лет! Ее словно ударили в грудь и вышибли весь воздух из легких.

Пава смотрела презрительно, взгляд ее мертвых глаз скользил по лицу Варны.

— И что она нашла в такой дурочке? — Пава раздраженно щелкнула зубами. — Ты либо покинешь церковь, либо станешь нашим врагом! Хотя, — вкрадчиво добавила она, — для меня ты уже враг.

— Рослава не позволит тебе причинить мне вред, — прошептала Варна.

— Ты так веришь в нее. — Пава развеселилась. — Думаешь, нет никого сильнее ее? Думаешь, она — правая рука Зверя? Как бы не так! Она сильна, безусловно. Смогла даже трех покойниц к жизни вернуть, но не думай, что я страшусь ее гнева. Захочу — разорву тебя в клочья прямо сейчас, вымажусь в твоей крови и явлюсь к ней. Мы — ковен, мы — сестры, а ты — заблудшая овца, которая пытается усидеть на двух стульях!

С каждым словом голос Павы становился все громче, пока не разнесся над лесом, подобно грозе. Варна отступила, сжалась, порыв ветра затушил лучину — и они оказались в полной темноте. Она услышала, как ведьма кинулась к ней, и отскочила в сторону. Судя по звуку, Пава передвигалась на четвереньках. Представив это, Варна похолодела.

— Молись! — закричала ведьма. — Молись!

Ей вторил ветер, взвывший как раненый зверь. Варна побежала прочь, стараясь не поддаваться страху: заблудившись в лесу, она рисковала остаться в нем навсегда. Пава неслась следом скачками, как огромный паук, хохотала, визжала, улюлюкала, будто ее забавляла охота на беззащитную жертву.

Но Варна не была пугливой овцой. Пава обманула сама себя, поверив, что перед ней боязливая девчонка. Ведьма забыла, что именно Варна отсекла ей голову и что ее рука не дрогнула.

Достав из-за пояса тот самый серебряный ножичек, которым она когда-то защищалась от полудницы, Варна резко развернулась и приготовилась к удару, но звук ведьминых шагов исчез, растворился в прохладном воздухе.

Как только Варна опустила оружие, откуда-то сверху раздался смех и через мгновение перед ней появилась Пава — зацепившись ногами за одну из ветвей, она висела вниз головой и хохотала, выпучив белесые глаза.

От неожиданности Варна неудачно попятилась и упала на спину. Ведьма спрыгнула на землю, ее изломанное тело двигалось неестественно, как будто все мышцы застыли, а суставы не желали сгибаться. Она подходила все ближе, сверкая звериными глазами с козлиными зрачками, рычала, ее голова дергалась из стороны в сторону. Ведьма прыгнула вперед, Варна успела откатиться, но не побежала, а кинулась на тварь, обратившись к силе, дарованной Зверем.

Лезвие вонзилось в твердую плоть, Пава взвыла, оттолкнула ее и побежала к деревьям. Теперь Варна стала охотником, азарт подстегивал ее, но она смогла остановить себя и не бросилась за раненой ведьмой.

Хромая, Варна вышла из леса и побрела к церкви. Шесть лет. Нужно пережить шесть лет и встретиться с Рославой. За это время Варна должна стать сильнее, должна понять, чего хочет. Она была предана Рославе — и предана ею.

Звериное зрение помогло ей увидеть одинокую фигуру, застывшую у входа в церковь. Она почувствовала запах разочарования и обиды раньше, чем смогла разглядеть Дария. Он не стал скрываться, убегать и делать вид, что ничего не понял, — стоял и держал масляную лампу до тех пор, пока Варна не подошла совсем близко. Окинув ее тяжелым взглядом, Дарий жестом пригласил войти.

ГЛАВА 17

Сейчас

— Убери руки, — прорычала Варна. — Клянусь, если ты еще раз попытаешься...

— Ты похожа на дикую собаку, — раздраженно сказал Свят. — Мне нужно промыть рану.

— Она все равно не заживет. Так что оставь!

— Сдохнуть от заражения крови решила?

— Я не...

— Ты не бессмертная, Варна. — Он толкнул ее в грудь и задрал рубаху. — Боже.

Она закатила глаза. Что он надеется увидеть на теле ведьмы после укуса ярчука? Только и может, что причитать, святоша.

— Господь, смилуйся над нами... — пробормотал Свят, снимая повязку. — Все пропиталось гноем.

— Можно без подробностей?

Солнце только что взошло, Дарий отправился проверить лошадей, впереди был еще день пути, а сил у нее уже не осталось. На Свята она рычала скорее по привычке, он не делал ничего плохого, просто пытался помочь. А ей было страшно. Много лет не было, и вот сейчас, в заброшенной избушке у черта на рогах, она лежала на плаще Дария и боялась за свою жизнь. За их жизнь.

Палец Свята обвел круглый шрам на ее животе — и Варна вздрогнула.

— Руки! — резко приказала она, испугавшись, что колдовская метка может рассеяться от одного прикосновения Светозарного.

— Это осталось с той ночи? — тихо спросил он.

— С тех ночей, — сухо поправила она.

— И много их?

— Шесть.

— Я делал ставку на тринадцать.

— Не думаю, что я бы выжила, вырежи она на мне тринадцать печатей.

Никто не знал, что происходило в те ночи, когда Рослава воскрешала Дария. Иногда Варне казалось, что даже звезды отвернулись от них в ужасе, а луна скрыла свой лик за облаками, чтобы не видеть творящееся зло. Три дня ночь не сменялась днем, а Варна смотрела в пустые глазницы людей, приведших ее в этот мир, пока душу разрывали на части.

— Сделал все, что мог. — Свят наложил тугую повязку на ее бок и встал. — Ехать сможешь?

— Смогу. — Она села и поморщилась от резкой боли.

— В церкви я сумею провести службу, Слово замедлит распространение заразы. — Он подал ей руку. — Но не навсегда.

— Говоришь, что я умру, да так спокойно. — Варна даже усмехнулась. — Кем ты стал, Святослав?

Он не ответил, открыл дверь и помог ей выйти из избы.

Идти она могла, даже верхом проедет какое-то время без помощи. Только вот чтó делать потом? Волчьи клыки в пасти ярчука оставляли на ведьмах раны, которые никогда не заживут, будут гнить, а потом вызовут заражение крови. Свят мог попросить о помощи Бога, а они с Дарием — лишь обратиться к Зверю и старым богам. Да только так давно не делали этого, что они могут не услышать их зов.

Надежда еще теплилась в ней, в голове не укладывалось, что она может умереть до того, как доберется до Рославы. И от чего? От укуса собаки!

— Лес вокруг будто мертв, — оглядевшись по сторонам, сказал Дарий. — Если вы собирались отправиться на охоту, то вряд ли найдете даже жалкого зайца. Придется вам ехать голодными.

— Не может быть, чтобы до самого дома не было живых деревень.

— А говорил, церковь домом тебе так и не стала, — напомнила Варна.

— За твой язык тебя стоило бы предать анафеме, — беззлобно сказал Свят.

— Не только за него, — согласилась она.

Передав ее в руки Дария, Свят отошел к лошадям, чтобы приготовить их к долгой дороге. Варна наблюдала за его неторопливыми движениями и невольно возвращалась мыслями к беззаботным дням на крошечной площадке, где они учились владеть оружием. Тогда она и представить не могла, что из длинного, несуразного ангела когда-то вырастет настоящий воин, несущий Слово Господне.

— Он так же красив, как в детстве, — вдруг сказал Дарий. Его голос звучал хрипло и напряженно.

— Не помню, чтобы ты восхищался им. — Варна с любопытством взглянула на него.

— Я должен признаться, облегчить, — он запнулся, — душу.

Она ободряюще сжала его плечо.

— Меня сжирает зависть, — выдохнул Дарий. — Он стал мужчиной, а я заперт в этой никчемной плоти.

Боль от его слов легко могла сравниться с огнем, разливающимся по телу вокруг укуса ярчука. Варна не знала, что ему сказать, не знала, как облегчить его страдания. Хотел он того или нет, но отныне и впредь ему вечно будет почти двадцать лет. Навеки юный, ясколицый и бледный, как луна. Ему суждено смотреть, как Варна стареет, дряхлеет и умирает, если, конечно, раньше ее не убьет болезнь или нечисть.

— Не отвечай ничего, — попросил он. — Считай это исповедью и сохрани ее в тайне.

Село, в котором они решили остановиться, чтобы поесть, Варна узнала — Тихомир привозил их сюда на Святки, однажды они сжигали здесь чучело зимы, призывая весну с местной ребятней. Он единственный продолжал видеть в них детей, которых нужно вывозить за пределы церкви, хотя бы иногда.

Раздобревший от сытой жизни мужичок согласился впустить их во двор и накормить. Варна с удивлением заметила, что вся семья хозяина почтительно склоняет головы и смотрит в пол в их присутствии.

— Чего это с ними? — с набитым ртом спросила она, кивнув в сторону застывших женщин.

— Дак это, не каждый день Взвод на пороге появляется, — пробормотал мужик. — Мы вас дю-юже уважаем, — протянул он.

— За что? — раздалось из-под капюшона Дария.

— Дак кто ж еще в пасть к чертям полезет, если не вы? Мы, сельские, знаем о тварях, что по земле ходят. Как скотина хворать начинает, пишет староста вашему брату, они приезжают — и все: тишь да гладь, снова красота и из дома выходить не страшно.

Его простодушное «дак» заставило Варну улыбнуться. Мужичок был бесхитростный, обычный деревенский простак. Во многих местах, в которые их приводила охота, таких уже не осталось. Каждый мало-мальски оперившийся дурачок считал, что жизнь познал, да с советами лез. Еще и платить не хотели: мол, да подумаешь, черта лысого из болота вынули и обезглавили, велика заслуга!

— Что слышно? — спросил Свят, отставив тарелку.

— Ну, что слышно... — пробормотал мужичок, задумавшись. — Спокойно у нас в последнее время, никто не изводит. А ты-то что, ранена?

Варна кивнула и непроизвольно прикрыла бок рукой. Пальцы наткнулись на что-то влажное, она опустила глаза и увидела, что рубаха насквозь пропиталась сукровицей.

— Вам, может, это, помочь чем? — участливо спросил хозяин.

— Тряпки чистые есть? — холодно спросил Свят, буравя Варну взглядом. — И вода кипяченая.

Она героически вытерпела перевязку и очередной сдавленный вздох Свята. Жена хозяина даже мазь какую-то предлагала, да так настойчиво, что пришлось взять. Вряд ли поможет, но кожу охладила приятно.

— Вы, это, приезжайте, если что! — крикнул мужичок, стоя на пороге. — Спать уложим, накормим! Девчонку-то не потеряйте!

Видимо, «девчонкой» он назвал ее, Варну. Она хмыкнула и залезла в седло. Бок налился болью, ей стало жарко.

— Гнилью пахнет, — сказал Дарий. — Это от тебя.

— Уверен? — огрызнулась она.

— Плохо, Варна, очень плохо. — Он нахмурился так, что темные брови почти сошлись на переносице.

— Пошевеливайтесь! — крикнул им Свят. — Иначе умрешь прямо в дороге!

Судя по его тону, ему в целом было плевать, доживет ли она до утра. Но возможно, это лишь искусная попытка скрыть истинные чувства, свой страх и панику от того, что он ничего не может сделать. Каждый раз, когда Свят снимал повязку, его глаза широко распахивались, всего на секунду, но Варна видела застывший в них ужас. Если Дарий почувствовал гнилостный запах, значит, ее дела плохи: зараза распространялась слишком быстро, рана постоянно сочилась и, скорее всего, кровь уже заражена.

К церкви они добрались с закатом. Последний час Варна ехала, привалившись спиной к груди Дария. Холодная плоть снимала жар, прохладные пальцы сжимали ее вспотевшие ладони. Всю дорогу он тяжело вздыхал и то и дело аккуратно касался повязок, проверяя, не открылась ли рана.

Свят спешился и подошел к ним. Он протянул руки, чтобы помочь спуститься на землю, и Варна поняла, что без него не справится. Сдержав стон боли, она мешком упала на Свята и едва не повалила его на землю.

— Помнится, когда-то ты была легче, — пробормотал он, подхватывая ее под руку.

— Это мышцы! — возмутилась она.

— Огрызается — значит жить пока будет. — Дарий с опаской уставился на ворота. — Пройду?

— Возьми.

Варна точно знала, что Свят передал ему. Символ веры, оскверненный языческими рунами, крест, отлитый не из серебра, а из металла, искусно его имитирующего.

— Вы в каких количествах их производите? — ухмыльнувшись, спросила она.

— С каждым годом про́клятых все больше, — серьезно ответил Свят.

— Про́клятых? Вы называете нас про́клятыми?

— Глядя на вас, я все больше убеждаюсь в правильности этого определения, — фыркнул он и потащил ее вперед. — Давай, не упирайся, пойдем.

Работать на освященной земле им доводилось множество раз, и Дария приходилось защищать с помощью колдовства. Поддельный крест облегчит им жизнь.

— Не думала, что вернусь сюда. — С замиранием сердца Варна переступила невидимую глазу границу и оказалась на святой земле.

— Давай сделаем так, чтобы ты не осталась здесь навсегда.

— Хочу могилку в лесу, можно?

Свят так посмотрел на нее, что желание шутить мигом улетучилось. Варна вздохнула и обвела замутненным взглядом знакомые места.

Церковь выглядела точно так же, как в тот день, когда они с Дарием покинули ее, — каменная кладка в потеках, но башенку на крыше отстроили заново, крест тоже новый, сиял в лучах закатного солнца, как отполированный медяк. В окнах приюта виднелись темные фигуры, значит, детей по-прежнему подбрасывали на порог дома Господа.

— Я могу помочь? — раздался знакомый голос.

Варна уставилась на пухлощекое, смутно знакомое лицо. Свят дернул ее и потащил дальше, не позволяя задерживаться.

— Нам нужно провести службу, — заявил он.

— Млад! — выкрикнула Варна. — Ты ли это?!

— Господи боже мой! — завопил он и кинулся навстречу, путаясь в полах подрясника. — Варна! Богом клянусь, Варна! И...

Он врезался в них объемным животом и всплеснул руками от переизбытка чувств.

— Свят! Посмотри на себя, белый плащ! Ты...

— Срочно, Млад, — жестко прервал его Свят. — Подготовься к службе, она ранена.

Растерявшись на миг, Млад кивнул и бросился обратно. Он неуклюже бежал, а Варна тряслась от сдерживаемого хохота.

— Ты посмотри, что с ним стало! — прошептала она.

— Сытая жизнь, — пожал плечами Свят.

— Как он ловко игнорирует меня. — Дарий открыл перед ними дверь.

После воскрешения Дария Тихомир решил передать дела прихода Младу, лишив того права покинуть церковь и отправиться на охоту. С тех пор мальчишка затаил обиду на Дария, но ни разу не высказал ее вслух.

— Ну, ты еще напомнишь ему о своем существовании, я не сомневаюсь. — Проходя мимо, Варна прикоснулась к его щеке.

— Да ты горишь! — Дарий схватил ее ладонь. — Как ты вообще стоишь на ногах?!

Он оттолкнул Свята и поднял ее на руки. Варна возмущенно зашипела, когда его пальцы неаккуратно сжали бок.

— Поставь! — велела она. — Или я...

Голова закружилась, лицо Дария превратилось в размазанное пятно, голоса вокруг слились в монотонный гул. Она выдохнула, попыталась выровнять дыхание, но оно вырывалось из горла хрипами, рваное, поверхностное, болезненное.

— О, Премилосердый Боже, Отче, Сыне и Святый Душе, в Нераздельней Троице поклоняемый и славимый, призри благоутробно... — заголосил Млад.

— ...в святом служении Твоем укрепи и сохрани нас, молим Тебя, услышь нас...

— ...Господь, воскресший из мертвых, помилуй нас...

— Все святые мученики, молитесь о нас...

«Аминь» разнеслось под сводами церкви, и все стихло. Что-то теплое прижималось к боку — Варна приоткрыла глаза и увидела Свята, приложившего ладони к ее ране. Из-под дрожащих ресниц пробивался свет, белый, чистый, словно его глазами смотрел сам новый Бог. Сердце забилось медленнее, руки перестали дрожать, боль почти прошла. Она хотела сказать ему что-то, поблагодарить, но застыла, пригвожденная к полу сияющими глазами. В этом мягком свете Варна увидела сонмы ангелов, покровительство и защиту — все то, что обещает церковь. Ей показалось, что она наконец готова уверовать, но видение рассеялось; Свят моргнул — и глаза его стали привычными, серыми, полными непролитых слез.

— Лучше? — обеспокоенно спросил он.

— Намного, — удивленно ответила Варна, пытаясь избавиться от наваждения. — Боль утихла.

— Но рана не затянулась, — разочарованно сказал Дарий и уставился на Свята с таким осуждением, будто это он был Господом и решал, спасти Варну или нет.

— Бог не ярмарочная ведунья, исцеляющая раны плевком и грязью, — раздраженно сказал Свят. — Если кровь очистилась, то у нее появилось время.

— А что толку? — не унимался Дарий. — Сегодня или завтра, но смерть придет за ней.

— За нами, — влезла в разговор Варна. — Дайте мне хоть мгновение передышки! Оставьте свои споры, надоели.

— Ничего не меняется, — усмехнулся Млад и протянул ей руку, помогая встать. — Я рад вас видеть.

— Ты изменился. — Варна обняла его и похлопала по спине. — Округлел.

— Это правда, — рассмеялся он. — Оказывается, живот идет в придачу к сану.

Варна позволила себе улыбнуться. Дарий скованно повел плечом и пристально посмотрел на Млада.

— Я на тебя зла не держу, — сказал Млад. — Когда гнев прошел, я понял, как мне повезло: живу на святой земле, буквально у Бога за пазухой, пока вы каждый день встречаетесь с нечистью лицом к лицу. Ты, можно сказать, спас меня, и я тебе благодарен.

— Вот так раз, — пробормотал Дарий. — Я-то думал, что от твоей ярости мне на голову упадет колокольня.

— Не сегодня, друг, не сегодня.

Млад сгреб Дария в охапку и не отпускал до тех пор, пока тот не обнял его в ответ. На лице Дария читались испуг и замешательство, но Варна чувствовала щемящую тоску, разрывающую его нутро. Он был рад этой встрече, рад снова оказаться дома.

Млад посвящал Свята в дела церкви, а тот притворялся, что внимательно слушает, но Варна видела, как время от времени мутнеет его взгляд. Свят уходил в себя, обдумывал что-то, продолжая рассеянно кивать.

Млад рассказал им, что в катакомбах давно никто не живет: сироты теперь в приюте, а служителей в церкви осталось так мало, что им хватало трех келий, расположенных за общим залом.

— Займем нашу комнату? — Дарий остановился перед дверью.

Она посмотрела на него и вздрогнула — вот он, девятнадцатилетний, в их доме, будто и не было последних десяти лет. Он застыл во времени, как и весь приход. Вот только ее юность осталась в прошлом, руки огрубели от рукояти меча, на теле появились новые шрамы, а Свят и вовсе превратился в отмеченного Богом воина. Время проходило мимо Дария, но их оно не пощадило.

— Воняет сыростью. — Она заглянула в комнату и не смогла сдержать улыбки. — Все так же, как я помню.

— Просто удивительно... — Дарий провел пальцем по полке и оставил след в пыли. — Здесь ничего не изменилось.

— Зато изменились мы. — Варна села на кровать и пощупала бок.

— Тебе правда лучше? — Дарий опустился перед ней на корточки.

— Правда. Лежа под распятием, я думала, что мы вот-вот умрем, — призналась она.

— Я чувствовал. Даже молился, кстати.

— Очень мило с твоей стороны. — Она не сдержалась и потрепала его по волосам. — Вдруг молитва поможет, нужно попытаться поверить в это.

— Иногда божественная помощь запаздывает, — проворчал он. — У меня есть еще одна скверная новость.

— Давай выкладывай, — с готовностью потребовала Варна.

— Время пришло. — Дарий похлопал себя по груди. — Я снова высыхаю.

— Нам придется найти кого-нибудь ночью.

— До ближайшей деревни мы доберемся в лучшем случае к утру, — хмуро напомнил Дарий. — Да и наш друг Светозарный хватится нас и отправится в погоню.

— Лучше ему ничего не знать, — серьезно сказала Варна. — Насколько проще бы нам жилось, если бы ты мог пить мою кровь.

Дарий поднял на нее влажно поблескивающие глаза и громко сглотнул. В его взгляде она прочла голод — первобытное, животное желание получить то, что ему причитается.

После того как Дарий воскрес, Рослава рассказала, чем отныне он будет питаться. Она научила их ритуалу, с помощью которого они смогут поддерживать жизнь в его новом холодном теле. Дарию подходила только кровь от некрещеного человека, не принявшего нового Бога, но по-настоящему утолить его голод могла только Варна. Но если он когда-нибудь попробует ее кровь, то потеряет разум, превратится в чудовище и навсегда останется им. Рослава обрекла его на вечную борьбу с самим собой.

Варна непроизвольно приложила руку к ране.

— Не беспокойся, — хрипло сказал Дарий, — от тебя пахнет болезнью, а не кровью.

Она кивнула и вымученно улыбнулась.

— Спроси Млада, есть ли в церкви кто-то, не принявший крещение.

— Хорошо. — Он поднялся на ноги. — А ты пока отдохни.

Дарий клюнул ее в лоб холодными губами и вышел. Комната сразу же опустела, без него все воспоминания потеряли четкость. Как они прожили в этой клетушке столько лет?

В полудреме ей показалось, что она слышит удары плети, которой Дарий наказывал себя, пытаясь побороть желания плоти. Напуганный грехом мальчишка, истязающий себя каждую ночь, он стал последней каплей, переполнившей чашу ее терпения. Она разочаровалась в Боге, в учениях церкви — во всем, чему учили ее наставники, настолько, что едва не примкнула к ковену. Но сложилось так, что ей пришлось вернуться, ведя за собой мертвеца.

Млад нехотя рассказал им, что одна из нянечек в приюте так и не приняла нового Бога. Он силился что-то спросить, но в конце концов просто махнул рукой и произнес:

— Не хочу знать подробностей, сами понимаете, я божий человек, такие дела, — он замялся, — меня запачкать не должны.

Они быстро нашли молодую женщину — она спала в маленькой комнате вместе с несколькими младенцами. Дарий разбудил ее и, не успела она и рта раскрыть, приказал:

— Следуй за мной.

Повинуясь ему, она выскользнула из постели и, легко ступая босыми ногами по деревянному полу, вышла на улицу. Варна передала Дарию нож, и он сделал аккуратный надрез на руке женщины, чуть ниже локтя. Он всегда был очень осторожен, боясь причинить вред человеку.

А ведь когда-то, в самом начале их пути, они пытались охотиться на людей. Их первой жертвой стал едва оперившийся мальчишка, которого пришлось оглушить ударом по затылку и оттащить в лес. Там Дарий долго кружил вокруг него, не зная, как подступиться, но потом голод взял верх над разумом — и он припал к шее юнца, разорвав его кожу зубами. В это время Варна стояла неподалеку и рыдала, видя, во что превратился друг. Потом ее долго рвало в кустах.

— Готово. — Дарий передал ей флягу. — Что с тобой?

— Так, кое-что вспомнила. — Варна огляделась и спросила: — В лес?

— В лес, — согласился он.

Ноги сами привели ее в то место, о котором она пыталась забыть все эти годы. Здесь, на небольшой прогалине в лесу, Варна встречалась с Рославой. Ведьма не просто так выбрала поляну — именно здесь находилось место силы, место, отмеченное старыми богами.

— Символично. — Дарий ухмыльнулся.

Варна расстелила плащ на плоском камне и сказала:

— Садись.

С каждым мгновением ей становилось все хуже: кожа вокруг раны пульсировала в такт биению сердца.

Дарий стянул с себя рубаху и послушно уселся на камень. Он с интересом наблюдал за тем, как Варна добавляет в котелок прах задушенного и волосы блудницы.

— Пока горит в небе солнце ясное, пока под ногами моими мать сыра земля, пока кипит в жилах моих кровь, — горячо зашептала она, — именами павших, именами восставших, именами неспящих, именами проклятых, именами святых, именами своих, именами чужих заклинаю чужую плоть, заклинаю... Заклинаю...

Сердце сжала невидимая рука, Варна закашлялась, упала на колени и захрипела. Огонь, настоящее пламя разлилось по венам, оно сжигало ее изнутри и тянулось к сердцу. Она услышала стон Дария и поняла, что им конец.

— Я слепну... — прохрипел он.

— Господи, — Варна почувствовала, как из раны потекло теплое, — смилуйся над нами. Прими грешников, прости грешников, да помолятся за нас мученики, да услышат архангелы зов наш, да...

— ...примет тело его душу твою, да оставит ее здесь навек, пока смерть не настигнет нас!

Ее голос был похож на гром, он эхом отразился от деревьев, от ночного неба и вернулся, усиленный троекратно.

Варна перевернулась на спину и увидела, как с неба к ней спускается ангел, да только крылья его черны как ночь, тело птичье, а лицо женское, прекрасное в своей суровости. С легким шелестом ведьма опустилась на землю, задрала на Варне рубаху и припала ртом к пульсирующей ране, попутно обращаясь в человека.

От боли тело Варны выгнуло дугой, жар стал нестерпимым, он сосредоточился в месте укуса — и вдруг исчез, будто Рослава выпила заразу одним большим глотком.

Ведьма обмякла, навалилась на Варну всем телом и затихла. Над головой шумел лес, где-то трещали ночные твари. Боль прошла, исчезла совсем: Рослава забрала ее себе.

— Дарий! — позвала Варна, боясь шелохнуться.

— Жив, — ответил он.

— Возьми котел и выпей кровь!

Он медленно сполз с камня и послушно стал пить варево, от которого валил густой белый дым.

Осторожно, без резких движений Варна приподнялась и села, придерживая Рославу за плечи. Лицо ведьмы побледнело, глаза закатились, дыхание стало тяжелым, но сердце билось ровно, сильно. Через мгновение ее веки затрепетали, рот приоткрылся, из него вырвался стон.

— Кто же на месте силы к Богу взывает? — прошептала Рослава. — Совсем не помнишь, чему учила тебя...

— Зачем ты заразу забрала? Не лучше ли было дать мне умереть? — почти жалобно спросила Варна.

— Я так долго за тебя боролась, — губы ведьмы дрогнули, — чтобы так легко отпустить?

Рослава медленно села, но не отстранилась, а Варна не могла разжать руки, потому что боялась увидеть, что сделал с ведьмой яд ярчука. Ситуацию хуже придумать сложно — они снова у ритуального камня, Дарий допивает кровавое варево, а она не может оттолкнуть от себя Рославу, которая обрекла его на жизнь упыря.

— Яд ярчука я выпила, — сказала Рослава. — А ты впредь будь умнее и осторожнее.

— Кто наслал их на нас? — спросила Варна.

— Пава. — Рослава вздохнула. — Она не прощает обид, злопамятная, как кошка.

— Однажды я убью ее снова. — Придя в себя, Варна разжала руки и попыталась отползти от ведьмы, но та не позволила, вцепилась в ее рубаху длинными ломкими пальцами. — Пусти, Рослава, ради бога, и я позволю тебе уйти.

— Дай посмотреть на тебя.

Ведьмины руки сжали ее щеки, а глаза, пронзительные зеленые глаза, зашарили по лицу, пытаясь запомнить каждую его черту.

— Изменилась, выросла... — прошептала Рослава. — Сила крепнет в тебе, и ты вместе с ней. Как давно мы...

— Оставь! — Варна вырвалась из ее рук и встала, пошатываясь. — Уходи.

— Разве вы не искали меня? — Ведьма склонила голову к плечу. — Вот я здесь, а ты гонишь прочь.

— Я должна тебя убить! — выкрикнула Варна. — И убила бы, будь меч под рукой.

— Ты убиваешь меня каждым своим словом.

Рослава тоже встала на ноги, и оказалось, что ведьма, являвшаяся Варне в кошмарах последние десять лет, ниже ее на полголовы. Крошечная, хрупкая, вечная. Варна запомнила ее другой — высокой, властной и сильной. Наверное, Рослава казалась ей такой из-за того, что сама она была слаба и юна, а теперь, спустя столько лет, они сравнялись, но не по силе. От Рославы исходил жар, волны звериной мощи — Варна чувствовала их против своей воли.

Дарий открыл рот, чтобы что-то сказать, но его прервал свист стрелы. Рослава упала на землю, схватилась за плечо и закричала. По рукаву ее желтого платья заструилась темная кровь. Варна хотела кинуться ей на помощь, но вовремя опомнилась — отступила к камню, закрыв собой Дария.

Из-за деревьев появился Свят. Он отбросил лук в сторону, подошел к ведьме и защелкнул на ее шее серебряный обруч, испещренный рунами. Защитные письмена вспыхнули синим и погасли.

— Чем ты стрелы смазал, мальчик? — спросила Рослаза, корчась от боли.

— Кровью мертвеца, — ответил Свят и резко поставил ее на ноги.

Варна вдруг поняла, что он следил за ними с той самой минуты, как они покинули церковь.

— Ты использовал нас. — Она сделала шаг к Святу, но тот выставил вперед руку, предостерегая ее. — Знал, что она явится!

— Возвращаемся в церковь. — Он проигнорировал ее слова. — Вы закончили свои богомерзкие дела?

— Фанатик, — прорычал Дарий.

Свят даже не взглянул на него, отвернулся и пошел прочь, волоча за собой упирающуюся Рославу. Ведьма шипела, проклинала его, но, пока на ее шее остается ошейник, Зверь будет глух к мольбам.

— Оскотинился все же, — заключил Дарий.

— Она спасла нас. — Варна пошла было за Святом, но остановилась, мучимая противоречивыми чувствами.

— Она меня убила. — Лицо Дария ожесточилось. — Ты в своем уме? Жалеть ее вздумала?

Он так разъярился, что забыл плащ на камне, вихрем пронесся мимо и скрылся в темноте. Конечно, покойникам свет не нужен, они в темноте ориентируются не хуже зверей.

Варна закрыла лицо руками и несколько раз глубоко вздохнула. Под крышей церкви оказались она, оживший покойник, его убийца и человек, презирающий всех собравшихся. На месте Млада она сожгла бы их во сне.

ГЛАВА 18

Тогда

Светозарные будто с цепи сорвались — Гореслав повадился приезжать в церковь так часто, что стал наставником для всех сирот. Он не мог игнорировать любопытство детей, поэтому начал обучать и их. Такого великодушия Варна от него никак не ожидала, даже поверила, что под белым плащом есть душа.

После того как Дарий увидел ее во время боя, они долго не разговаривали, но в одну из ночей он пришел к ней в комнату. Он озирался, словно за ним могли следить, выглядел измученным и уставшим. Масляная лампа отбрасывала тени на его лицо, из-за чего он казался умудренным опытом мужчиной, а не мальчишкой, у которого только недавно начал пробиваться юношеский пушок.

— Не могу больше! — заявил Дарий, захлопнув дверь. — Пытаюсь не думать об этом, но не выходит!

Варна подобрала под себя ноги и посмотрела на него, сохраняя напускное спокойствие. На самом деле сердце готово было выскочить из груди: ей стало так страшно, что даже пальцы похолодели.

— Про Свята ты тоже думаешь постоянно? — нарочито холодно осведомилась она.

— Только про тебя! — Дарий старался не кричать, но голос то и дело подводил его. — Куда ты ходишь? Чем вы там занимаетесь? Откуда в тебе взялась сила, которую я видел?

Ты хороший боец, но не настолько. Я думаю об этом ежедневно, каждую минуту, не могу сосредоточиться, я...

— Мог просто спросить, — перебила его Варна, — ты ведь мой друг.

— И все? — Он опешил. — И ты рассказала бы?

— Тебе — да, — ответила она.

— Я не уверен, — шепотом сказал Дарий, — что хочу знать правду.

Их взгляды пересеклись — его карие глаза потемнели, стали почти черными, в них отражался свет лампы.

Она часто разглядывала его, пока он спал, и теперь знала каждую черточку лица: у него была очаровательная родинка под левым глазом, полупрозрачные голубые жилки проступали под тонкой кожей, кончик носа был округлым и аккуратным. Каштановые непослушные волосы, как всегда, в беспорядке, а ресницы отбрасывали длинные тени на щеки.

Она опомнилась, только когда почувствовала, как Дарий сел рядом. Он взял ее руки в свои и сказал:

— Ладно, я готов.

— Свят ничего тебе не говорил? — уточнила Варна.

— Ничего, ни слова. Он вообще не слишком разговорчивый. — Дарий мягко улыбнулся. — Расскажи мне, а я обещаю сохранить это в тайне.

Оказалось, она только думала, что рассказать обо всем будет легко. На деле же вышло, что слова застревали в горле, не хотели быть произнесенными.

— Помнишь день, когда мы встретились? — осторожно начала Варна.

Он кивнул.

— В ту ночь меня действительно нашли ведьмы, они хотели увести меня с собой. Одна из них...

— Ведьмы! — выдохнул Дарий. — Варна...

По лицу стало видно, что он все понял. Дарий помрачнел, его лицо исказилось, он хмурился и одновременно силился не показать своего разочарования. Сжал зубы, втянул носом воздух и отвернулся.

— Я знала, что ты осудишь меня.

— А что я сделать должен?! — Он выпустил ее руки и закрыл лицо ладонями. — Ведьмы, Варна! Невесты Зверя! Самые хитрые и опасные из его приспешников. И ты с одной из них якшаешься?!

— Мы не якшаемся! — оскорбилась она. — И вообще, они просто поклоняются старым богам. Это церковь решила захватить...

— Хватит! — резко перебил Дарий. — Эту чушь они тебе нашептали?!

— Еще скажи, что твои родители... — она осеклась.

— Я не знаю, кто мои родители, — жестко произнес он. — Вся моя жизнь прошла здесь. Нина, Тихомир и Мстислав — они моя семья. И Нина, кстати, глаз потеряла из-за твоих подруг!

— Зачем пришел, если слушать не хочешь? — обиженно спросила Варна.

— Надеялся, что ошибаюсь. До последнего надеялся.

Его плечи поникли, словно на них опустился непосильный груз. Злость, исходящая от Дария, казалась почти осязаемой, но он не торопился уходить. Видеть разочарование было больно, лучше бы он кричал и грозился рассказать все наставникам.

— Иди сюда, — вдруг произнес Дарий, раскрыл объятия и сжал в них Варну.

От неожиданности она растерялась, не смогла ничего сказать и вдруг почувствовала нестерпимое жжение. Варна оттолкнула друга и увидела, что крест, висящий на его груди, исходит паром.

— Боже... — пробормотал он. — Как ты в церкви находишься?

— Так же, как Свят, — неопределенно ответила она.

— И никто не знает?

— Никто.

— Откажись от этой силы, — потребовал Дарий. — Откажись от встреч с ведьмами, и Господь простит тебя.

— Откуда тебе знать, простит он меня или нет? — Она хмыкнула.

— Он прощает всех, кто сошел с пути, если они раскаиваются.

— Мне не в чем раскаиваться. — Варна гордо вскинула голову. — Я не сделала ничего дурного.

— Упрямая. — Дарий покачал головой.

— А ты — уменьшенная копия Мстислава! — раздраженно выкрикнула она. — Думал, придешь, обниматься полезешь — и я сразу вернусь под крылышко церкви? Решил, что наставишь меня на путь истинный? Что же ты так за Свята не борешься?

— Свят — это другое, — устало сказал Дарий. — И нет, я не думал, что моих объятий будет достаточно. Хотя хотел бы, чего уж.

— Ты чего это? — пробормотала она, хмурясь.

— У меня к тебе что-то вот тут, — Дарий приложил ладонь к груди, — и оно болит, каждый день болит. Мстислав говорит, что любить я должен всех одинаково, но пока у меня не выходит.

— Из-за этого он бил тебя плетью? — тихо спросила она.

Дарий вздрогнул, даже в полумраке было видно, как он покраснел. Сцепив пальцы в замок, Дарий сложил руки на коленях и просидел так довольно долго, собираясь с духом. Она не хотела его задеть — только понять, почему он позволил наставнику истязать себя.

— Когда мне исполнится девятнадцать, — глухо сказал Дарий, — я обязан буду дать обет безбрачия и...

— Что?! — резко воскликнула Варна. — И ты пойдешь на это?!

— Иначе сан мне не получить.

— Зачем он тебе нужен?! — Варна схватила его за плечи, развернула к себе и встряхнула. — Всю жизнь избивать себя плетью хочешь?

— Когда ты уедешь, станет легче. — Он отвернулся, пряча взгляд.

— Ты от меня отрекаешься!

— Вовсе нет! — Он наконец посмотрел на нее. — Вовсе не отрекаюсь! Любить и не обладая можно, так...

— Мстислав говорит, да? — Она прищурилась. — А своя голова тебе на что дана?!

— Как долго ты меня мучить будешь? — простонал Дарий и вырвался из ее рук. — Я признался тебе, открыл сердце, а ты бьешь прямо в него, в самое уязвимое место!

Ничего лучше ей в голову не пришло — она подалась вперед, прижалась губами к его изогнутому в муке рту, замерла, не понимая, что делать дальше. А он вдруг заплакал, из огромных глаз покатились слезы, они дрожали на кончиках ресниц, прежде чем сорваться и градом покатиться по щекам.

Дарий оттолкнул ее, вскочил, отбежал к двери, затем сделал несколько робких шагов обратно, будто так и не решил, как поступить. А она сидела и смотрела на его мучения, на слезы, стекающие по подбородку, и надеялась, что этот отчаянный жест скажет ему больше, чем слова.

Не сказал.

Он рывком распахнул дверь и вылетел вон с такой скоростью, словно за ним гонятся черти.

Ночью, слушая, как Дарий исступленно хлещет себя плетью, Варна проклинала нового Бога за то, что он с ними сделал. Дети должны сражаться во имя Господа, должны истязать себя, наказывать за грехи, которых даже не совершали, за помыслы, которые кому-то кажутся греховными. Что есть грех в мире, где двенадцатилетние дети рубят головы ведьмам? Почему за убийства прощают, а за любовь — нет?

Почему наставники могут нарушать обет безбрачия, а их, учеников, стращают сказками о чистоте плоти?

— Обман, — прошептала Варна и крепко зажмурилась, услышав очередной удар.

Она не выдержала — вскочила с постели, босиком по ледяному каменному полу кинулась к самой отдаленной комнате, распахнула дверь и выкрикнула:

— А что, если никакого Бога нет?!

Перепуганный Дарий обернулся. Слезы застилали его глаза, на спине проступили алые полосы и кровоподтеки. Варна кинулась к нему, вырвала из пальцев плеть и, потрясая ей перед его лицом, продолжила:

— А если всё, что у нас есть, — это наша короткая жизнь? Нет ни райских кущ, ни пе́кла; мы пытаемся жить по выдуманным законам, проводим жизнь в лишениях, надеясь на блага после смерти, и я спрашиваю тебя: а что, если их нет?! Что, если существует только Навь и забвение?!

Дыхание вырывалось изо рта хрипами, глаза горели от сдерживаемого гнева, пальцы с такой силой впились в рукоять плети, что Варна почти перестала их чувствовать. Дарий сидел на полу у ее ног, полуобнаженный, с прилипшими к лицу волосами, хлопал своими жалостливыми глазами и молчал.

В приступе бессильной злобы Варна схватила крест, висящий на его шее, и сорвала. Ладонь обожгло, поднялся пар, она с отвращением отбросила прочь серебряный символ веры и с вызовом уставилась на Дария. Он не шевелился.

— Ну! — потребовала она. — Скажи что-нибудь!

— Ты видела ведьм и Зверя, — медленно произнес он, — и не веришь в то, что пе́кло существует?

— Пе́кло — быть может, но райские кущи — сказка для дураков!

— Господь обжигает тебя — этого недостаточно, чтобы поверить, что он есть?

— Твой Бог, — каждое слово давалось с трудом, — вынуждает тебя калечить себя.

— Просто смирись с моим выбором.

— Никогда не смирюсь.

— Тогда забудь обо мне и уходи. Делай вид, что не знаешь меня, переживи эти годы и уезжай с Гореславом, — с горечью сказал он.

Она хотела выкрикнуть ему в лицо все, что думает, но здравый смысл подсказал, что пора остановиться. Дарий — чистая душа, попавшая в сети церкви, — истово верил, что грешен, что должен делать все, о чем просит наставник. В душе Варны еще теплилась надежда, что Дарий одумается, решит, что все это ни к чему. И потом, когда они станут старше, кто знает, может, ей удастся переубедить его.

Она ушла, даже не посмотрела на него, вернулась к себе, выплакала злые слезы и решила, что во что бы то ни стало вернет прежнего Дария. Может, не сегодня, не завтра, но обязательно.

Едва она уснула, как дверь открылась и в комнату проскользнула темная фигура. Варна заворочалась, открыла сонные глаза и почувствовала что-то холодное у ног. С замирающим сердцем она приподняла одеяло и, собравшись с духом, заглянула под него. Ужасное, мертвенно-бледное лицо резко приблизилось к ней, от твари несло могильным смрадом и разложением. Варна заорала, мертвец схватил ее за сорочку и захохотал. Она начала отбиваться ногами, судорожно вспоминая, где оставила меч.

В комнату ворвался Мстислав, он стащил покойника на пол, облил святой водой. Тварь завизжала, извиваясь и крича:

— Помни! Помни меня! Шесть! Шесть! Ше-есть!

Мстислав отсек мертвецу голову, упал на колени возле продолжающего извиваться тела и пронзил его грудь тонким деревянным колом, навалившись на него всем своим весом.

Трупная вонь наполнила комнату, Варна закашлялась и выбежала в коридор, налетев на Свята. Он отпрянул от нее, как от чумной, выразительно посмотрел на обездвиженное тело и вопрошающе приподнял бровь.

«Это не я», — произнесла Варна одними губами.

Он пожал плечами и прислонился к стене. Из комнат выглядывали всклокоченные головы и сонные лица. Мстислав вышел в коридор и объявил:

— Берите одеяла и поднимайтесь наверх: сегодня спим все вместе.

Варна с опаской оглянулась, будто добитый покойник мог подняться. Это было послание, и она знала от кого. Шесть лет. У нее есть шесть лет.

Третий раз Горослав попросил ее не клевать носом, Варна кивнула и чуть не выпала из седла. Свят успел придержать ее.

— Чем ты ночью занималась? — спросил он.

Посвящать его в свои личные дела Варна не собиралась, поэтому хмыкнула и отвернулась, всем видом показывая, что обсуждать это не намерена.

На самом деле они с Дивой до рассвета сидели в комнате и обсуждали разные вещи. Те самые, о которых говорить в присутствии наставников не следует. Диве уже исполнилось пятнадцать, Варне — почти столько же; помимо мечей и молитв, в их маленьком мирке появились и другие интересы.

Недавно их вывозили в Каракульчу — село к северу от церкви. Там они познакомились с местными, и Дива утверждала, что целовалась с одним из мальчишек, спрятавшись за баней. Варна не верила и требовала доказательств, на что подружка только плечами пожимала, мол, не хочешь — не верь.

— Ты слишком злая на вид, — сообщила Дива, — поэтому мальчишки на тебя и не смотрят.

Никогда еще Варне не приходилось думать о том, как она выглядит в глазах других людей; и, как только Дива ушла к себе, она взяла осколок украденного зеркала и уставилась в него.

«Ну, — рассудила она, — глаза два, нос не кривой, значит, жить можно».

В ее мире не было места красоте, девчачьим разговорчикам и украшениям: каждое утро начиналось с молитвы, затем шли занятия с Гореславом, после обеда — общие уроки с Мстиславом, потом — Светлана и Нина, а после, если денек погожий, ее и Свята снова забирал Гореслав и обучал разным премудростям, боевым молитвам и верховой езде. К этому моменту день уже клонился к закату и времени оставалось только на молитву и сон — вот и все, из чего состояла ее жизнь. Не было в ней места шитью, украшению одежды монетами и плетению кос. Хотя косы, конечно, они заплетали — и она, и Свят, — потому что заросли ужасно, и если Варне позволяли носить длинные волосы, то с ним беспощадно боролись, требуя остричь их. Свят смотрел на наставников с высоты своих шестнадцати лет и демонстративно откидывал сияющую копну за спину — так заканчивалась бóльшая часть разговоров.

Они перестали быть детьми, просто заставить их что-то делать наставники уже не могли, с некоторыми вещами взрослым приходилось мириться. Свят изводил Нину, отращивая по-девичьи длинные волосы, Дива начала вдруг жеманничать и кривляться, Млад располнел и постоянно ошивался рядом с кухней, Данияр постоянно дрался и сбегал в Каракульчу или Подлесное. Только Дарий оставался их «светилом и надеждой», как говорил Тихомир. Ходил тоже заросший, но не до такой степени, чтобы спутать его с девушкой, вытянулся за прошедшее лето, превратился в печального юношу, богобоязненного и смиренного.

От этих мыслей во рту стало приторно сладко, и Варна сплюнула на землю.

— Варна! — осуждающе бросил Гореслав.

— У тебя и на затылке глаза? — Она лукаво улыбнулась.

— Нет, но твой оскал я прекрасно слышу, — в тон ей ответил наставник. — Хватит скалить зубы! Будь серьезнее.

Свят ухмыльнулся и даже не попытался скрыть этого. Варна ткнула его в голень носком сапога и, когда он возмущенно повернулся к ней, пихнула в плечо.

— Вы в детстве были сосредоточеннее, чем сейчас, — проворчал Горeслав. — Если с лошади свалишься и сломаешь что-нибудь, оставлю тебя умирать на дороге.

— От тебя другого я и не ждала. — Варна пожала плечами.

— Она никак не успокоится после ночных посиделок с Дивой, — сообщил Свят с самодовольной ухмылкой.

Варна вспыхнула. Подлец! Ябеда! Сдавала!

— Подслушиваешь? — прошипела она.

— Ваш хохот слышала вся округа, я даже не напрягался.

— И все же слушал!

— Надо больно, — притворно оскорбился он. — Но если честно, от тебя я такого не ожидал. Ладно Дива, вряд ли она станет охотницей, вскоре после восемнадцатилетия выскочит замуж да начнет детей рожать, но ты... — Ангелоподобный Свят окинул ее взглядом, которым можно убить.

— Заткнись, — потребовала Варна. — Ты ее недооцениваешь!

— А тебя переоценивал, но больше не стану.

Хотела сказать что-нибудь язвительное, но не смогла ничего придумать. Голова у Свята работала быстрее, да и язык у него был острый, как лезвие.

Свят отличался и от воспитанников церкви, и от всех мальчишек, которых Варне доводилось видеть в деревнях и селах. Бо́льшая часть из них были чумазыми, неопрятными дикарями, которые отпускали глупые шутки, соревновались в громкости отрыжки и хлопали проходящих мимо девчонок пониже спины. Свят на их фоне выглядел как второе пришествие Господа. Она привыкла к нему, хотя нет, не так — она с ним смирилась. Наверное, они даже сдружились в какой-то степени. По крайней мере, теперь он говорил с ней чаще, чем раньше.

Лошадей оставили в первом же дворе — Гореслав договорился с хозяином. Он сказал, что дальше придется идти пешком, чтобы не привлекать внимания, а Варна подумала, что лучше бы наставник снял свой белоснежный плащ, если уж решил войти в деревню незамеченным.

Цель поездки Светозарный не назвал — он никогда ничего не рассказывал, — часто они со Святом понимали, на кого охотятся, только когда нечесаное лохматое тело выпрыгивало на них из темноты. Этот раз не стал исключением: Гореслав молча шел впереди, а они — за ним.

— Может, расскажешь, что мы тут делаем? — Варна вертела головой и всматривалась в румяные лица местных жителей.

— Нет, — коротко ответил Светозарный.

— Переживаешь, что после ночных разговорчиков отупела настолько, что забыла, как меч в руках держать? — Свят оскалился, и ей захотелось ударить его в лицо.

— Знаешь, — притворно ласково начала Варна, — я коечто знаю о том, чем мальчишки по ночам занимаются, так что на твоем месте я бы заткнулась.

— Грязно. — Светозарный коротко рассмеялся.

— Долго думала? — мрачно осведомился Свят.

— Всю дорогу, мозгов-то у меня почти нет.

Гореслав остановился напротив одной из изб, оттуда сразу же выскочила раскрасневшаяся женщина и кинулась отпирать калитку. Она причитала, бормотала что-то бессвязное; Светозарный терпеливо ждал, пока словесный поток иссякнет.

— Слава богу, прибыли! — Женщина разве что в ноги Гореславу не упала. — Заждались. Думали, затерялось письмо, остался зов неуслышанным.

— Не остался, — ответил ей наставник. — Веди.

Варна прошла в дом следом за ними и с завистью посмотрела на упитанных, розовощеких детей, сидящих на печи. Судя по всему, погодки — выглядели как близнецы, но один мальчик точно был старше другого. Старушка, сидевшая за столом, вдруг вскочила и заслонила детей собой.

— Чур, чур, чур! — прошипела она. — Сглазишь!

Закатив глаза, Варна вошла в крошечную комнатку, Свят толкнул ее в спину, но проходить дальше было некуда — путь преградил Горeслав.

— ...И не плачет, только хохочет, — горячо шептала хозяйка. — Двое детей у меня, не ведут себя так младенцы, не ведут! Чует мое сердце: привел муж с болота нечисть, ох, привел...

— Орать будет голосами птиц и животных, как ребенок будет орать, но вы не должны заходить сюда, — спокойно сказал Светозарный. — Войдешь — не видать тебе родного ребенка, понятно?

Варна отступила, пропуская побледневшую женщину. Все семейство поспешно собиралось и выходило из дома.

Горeслав сказал:

— Не уверен, но у нас подменыш. С ними вы дел еще не имели, так что слушайте внимательно. — Он вздохнул и затараторил: — Нечисть какая-то забрала настоящего ребенка, а на его место свое чадо подбросила. Если заставим его мать позвать, то будет шанс найти пропавшего, а если долго упираться станет — просто в печь его кинем.

— В печь? — пробормотала Варна. — Ребенка? А что, если это не подменыш?

— Тогда Господь примет его душу.

— И все?! — возмутилась она. — Но...

Свят больно ущипнул ее за бок, и она сжала зубы.

Горeслав отступил, позволяя им пройти. Они окружили колыбель, в которой лежал карапуз, на вид ему было не больше года. Варна еще помнила своих братьев в таком возрасте, и взгляд у них был совсем другой. Этот ребенок смотрел серьезно, не плакал, на личике застыло настороженное выражение.

Светозарный достал из-под плаща прут, одной рукой вынул ребенка из колыбели, перекинул через колено и задрал на нем одежку. Варна сжала кулаки.

— Бить собрался?

— Нет иного способа заставить подменыша мать позвать, — холодно ответил Гореслав и хлестко ударил ребенка по ягодицам.

Удивительно, но малыш не заплакал. Висел вниз головой, молчал, ни звука не издавал. На его месте Варна зашлась бы плачем, как и любой другой человеческий отпрыск. Свят подался вперед, с интересом глядя на истязание.

Прут свистел, рассекая воздух, и касался покрасневшей кожи, но ребенок продолжал молчать. Варне стало дурно — подменыш или нет, но видеть, как огромный мужчина такую кроху избивает, было выше ее сил.

— Смотри! — рявкнул Гореслав. — Придет время, и тебе самой придется делать это. Что тогда будет? Тоже отвернешься, от работы откажешься?

— Светозарные не имеют права отказываться. — Она пересилила себя и повернулась к нему.

— Второй закон Кодекса! — потребовал наставник.

— Нечисть не заслуживает жалости, — отчеканил Свят. — Не жалей тварь, а после помолись за ее бессмертную душу.

— Да только нет у них души. — Удар. — Любое существо, ставшее нечистью, навсегда рассталось с душой, и нет ей пути в Царствие Небесное. Лешие, колдуны, ведьмы — вся свора прислужников Зверя, все лишены души.

От этих слов Варну покоробило. Полтора года назад она в последний раз видела Рославу, и та не выглядела как человек, внутри которого нет божьей искры. Ведьма была испорчена, опорочена Зверем, но бездушна? Вряд ли.

Ребенок наконец заплакал. Даже не так — он зарыдал, заорал нечеловеческим голосом, начал извиваться. Горeслав жестом потребовал, чтобы Свят держал подменыша, пока сам он продолжает лупить его. На нежной коже выступила кровь, выносить это зрелище стало невозможно, но Варна стояла на месте, чувствуя, как ноги наливаются тяжестью.

Удар, удар, удар — хлесткий прут бил все сильнее. Горeслав морщился, дикий крик существа оглушал, но Светозарный не отступал. Даже Свят побледнел, увидев кровь. Он всего на мгновение разжал руки — и существо, проворно скатившись с колена Горeслава, уползло под лавку, забилось в угол и заголосило:

— Пошто обижаете, пошто-о-о?!

Варна похолодела от ужаса, перекошенное лицо Горeслава вызывало отвращение и тошноту. Он попытался достать подменыша, но тот, встав на четвереньки, быстро перебежал к другому углу.

— Пошто обижаете?! — снова выкрикнул он.

— Зови мать, тварь богомерзкая! — рявкнул Светозарный.

— Ма-а-тушку? — Существо хихикнуло. — Моя матушка вам не по зубам, ох, не по зубам!

Горeслав снял плащ, кивнул Святу, и они медленно двинулись к лавке. Варна сжала рукоять меча и, не отрывая взгляда от темного угла, приготовилась к бою. Когда наставник подал знак, она бездумно кинулась в лобовую атаку, подменыш захохотал, выскочил из укрытия и попытался сбежать, но Горeслав прыгнул на него и накрыл плащом. Поднялся пар, тварь заорала, забилась под освященной тканью, Светозарный подхватил ее и кинулся в большую комнату.

— Печь! — рявкнул он.

Свят открыл заслонку, в комнату рвануло пламя, Горeслав кинул подменыша в огонь вместе со своим плащом и, оттолкнув Свята, запер существо внутри. Какое-то время маленькие кулачки бились в заслонку, но вскоре все стихло. В избе запахло паленой плотью.

Они вышли из дома все вместе, бледная хозяйка кинулась к ним, но Светозарный жестом остановил ее, не позволив приблизиться. В ответ на вопрошающий взгляд он покачал головой. Женщина заплакала и кинулась к матери; старуха обняла ее, прижала к груди, начала причитать и гладить дочь по волосам.

Горeслав вышел за калитку и пошел прочь, в сторону двора, в котором они оставили лошадей. Неприятное чувство одолело Варну, она с содроганием вспоминала обмякшее тельце ребенка, перекинутое через колено наставника.

— А с настоящим ребенком что? — спросила она.

— Или мавкой стал, или сожрали его, — ответил Горeслав.

— Зачем они это делают?

— Нравится им людей за нос водить. Разве нужна нечисти причина, чтобы творить зло? Все эти твари созданы Зверем, чтобы портить жизнь богобоязненному люду, другой цели они не знают.

— И ведьмы? — тихо спросила Варна.

— Ведьмы — другая история, — жестко сказал Светозарный. — Если мелкая дрянь в большинстве своем бездумна и ведóма, то невесты Зверя хитры, изворотливы, в них сочетается дух нечисти и человеческий разум.

Свят настороженно прислушивался к разговору.

— И на них охотиться будем? — спросила Варна.

— И на них, — уверенно ответил Горeслав.

ГЛАВА 19

Сейчас

Вернувшись в церковь, Свят долго стоял на коленях перед распятием и молился. Рославу он запер в одной из комнат под землей.

— Я пойду с тобой. — Варна встала за его спиной и сложила руки на груди.

— Нет, — коротко ответил он.

— Ты не смеешь мне запрещать.

— Смею. Полк стоит над Взводом, смирись и умерь праздное любопытство.

— Здесь ты мне не хозяин. В этом месте я...

— Предала веру, Варна. — Свят встал, отряхнул штаны и обернулся. — Вздумаешь мешать — я сообщу о тебе.

— Тогда и о себе не забудь упомянуть. Расскажи, что за тварь бегает за тобой по пятам.

— А ты не упускаешь случая напомнить мне об этом, — хмыкнул он.

— Я иду с тобой, — с нажимом повторила она.

— И я.

В зал вошел Дарий. Он вертел в руках маленький ножик и не отрывал взгляда от застывшего лица Свята.

— Вы будете мешать проводить допрос.

— Пытать ее, — поправила Варна. — Разве Светозарные допрашивают ведьм?

— Пытать, — легко согласился Свят.

— По-твоему, я стану жалеть ведьму, убившую меня? — возмутился Дарий. — Ты за кого меня держишь?

— За мягкосердного мальчишку, — не моргнув глазом ответил Светозарный. — Останетесь за дверью.

Когда они спустились в катакомбы, Варна услышала пение. Не было сомнений, что поет Рослава — ее голос разносился по опустевшим коридорам, отражался от каменных стен и расходился звонким эхом. Песня о природе, о весне; кажется, Рослава уже пела ее тогда, лежа под раскидистым дубом, глядя в синее летнее небо. Варна приложила ладонь к щеке, отчетливо вспомнив, как под ней билось сердце ведьмы.

— Ждите здесь, раз вам так хочется.

— Вот и подождем. — Дарий прислонился спиной к стене.

Когда Свят скрылся за дверью, он скривился. На его лице застыло выражение крайней неприязни и раздражения.

Время тянулось мучительно. Варна сама не знала, зачем пришла сюда, — логичнее было отдохнуть, выспаться, а перед этим плотно поужинать в приюте. Но что-то влекло ее сюда, под землю, к женщине, которая спасла Варну от неминуемой смерти.

Тогда, в детстве, ей казалось, что ближе Рославы у нее никого нет. Варна любила ее сильнее, чем родных батюшку и матушку, чем наставников, заменивших их. Доверяла ведьме все свои тайны, рассказывала о чувствах к Дарию, о том, что происходило на площадке между ней и Святом. Рослава знала о Варне все. Проведя вдали от ведьмы десять лет, Варна решила, что излечилась, что ее привязанность пропала, но сегодня, там, в лесу, Рослава спасла ей жизнь — и что-то в душе оттаяло, будто после долгой зимы наступила весна и чувства к женщине, заменившей мать, расцвели вновь.

Варна прогнала эти мысли. Хватит, довольно! Рослава безжалостно убила Дария и обрекла его на существование немертвого, это из-за нее он вынужден пить людскую кровь и медленно превращаться в чудовище!

Раздался крик, Варна дернулась, но заставила себя остаться на месте. Дарий внимательно посмотрел на нее.

Годы службы в рядах Святого Полка превратили Свята в длань Господа — карающую, беспощадную. Горослав увез его из церкви, как только основал Мрачный Взвод, и Варна даже скучала по острому языку и язвительным замечаниям Свята, особенно в первые годы, когда Дарий делал все, чтобы погибнуть, и молчал. Кто знал, что однажды они встретятся снова, да еще и при таких обстоятельствах?

Рослава вскрикнула — мурашки побежали по коже Варны, прозрачный пух на руках встал дыбом.

— Что он с ней делает? — Она поежилась.

— Что бы ни было, этого недостаточно, — жестко сказал Дарий.

— Когда ты стал таким жестоким?

— Полагаю, в тот день, когда мое сердце остановилось.

— Разве Господь не против ненависти?

— Он на меня не смотрит. — Дарий усмехнулся. — А зря, кстати, я все еще удивительно хорош собой.

Даже шутки его жалили, как осы. Он никогда не говорил о том, что чувствует на самом деле, отмалчивался, а свою смерть вообще запретил обсуждать, делая вид, что те дни исчезли из его памяти. Но Варна слишком хорошо их помнила — и не забудет до самой смерти.

— Зачем ты пошел в лес в ту ночь? — спросила она.

— Не помню.

Не успела Варна задать еще один вопрос, как дверь распахнулась и в коридор вышел Свят. Он окинул их взглядом и сказал:

— Она зовет тебя.

— И ты позволишь? — удивилась Варна.

— Заходи или убирайся, — жестко сказал он.

— А мне что, тут стоять? Когда меня заставляют ждать, у меня отрастают когти и я превращаюсь в настоящего упыря, — сообщил Дарий.

Варна раздраженно цыкнула на него и вошла в комнату следом за Святом.

Прикованная к стулу серебряными цепями, с кровоподтеком на скуле и разметавшимися по плечам волосами, Рослава все равно смотрела на них свысока. Ошейник поблескивал в тусклом свете свечей. В зеленых глазах клубилось колдовство. Варна знала: стоит хотя бы на миг потерять контроль над собой — и ей захочется освободить Рославу.

Видеть ее в таком положении было мучительно, будто гордое, свободолюбивое, дикое животное заперли в клетке.

— Зачем ты меня звала? — как можно спокойнее спросила Варна.

— Хочу узнать, как ты. Как твои дела? Что ты делала последние десять лет?

Варна недоверчиво взглянула на Свята, тот пожал плечами.

— Время тянешь. Если решила, что я тебя жалеть буду, то ты ошиблась.

— Жалость твоя мне не нужна, — рассмеялась ведьма. — Как поживает наш мальчик? Вижу, ты поднаторела в исполнении ритуала.

— Чего ты хочешь, Рослава? — сквозь сжатые зубы спросила Варна.

— Немного твоего внимания. Мы так долго не виделись, и я...

— Продолжай, Свят.

Ведьма играла с ними, тянула время. Хитрая, изворотливая, смотрела, а в глазах плясало зеленое пламя.

— Держи. — Светозарный протянул ей нож. — А я помолюсь.

Нож Варна взяла без страха и без страха приблизилась к Рославе. Ее дыхание участилось, ведьма не верила, что

Варна сможет причинить ей боль. Ошибка Рославы заключалась в том, что она все еще видела перед собой несмышленую девчонку, но ее не стало, как не стало любви и благоговейного трепета.

— Отец наш Небесный... — начал Свят.

— Не посмеешь, — усмехнулась Рослава.

Отвечать Варна не стала — зачем терять время? Серебряное лезвие оставило на нежной шее тонкий порез, кровь ведьмы почернела, коснувшись клинка. Рослава охнула и попыталась отодвинуться, но цепи держали крепко. Теперь она стала дичью, а Варна — охотницей, и прежняя ученица была готова ко всему, что может выкинуть ведьма.

— Имя! — потребовал Свят.

— Гореть тебе в пекле! — Рослава запрокинула голову и расхохоталась.

Варна плашмя прижала лезвие к ее щеке — и ведьма закричала, под металлом появился ожог. В ее глазах мелькнуло что-то незнакомое — отчаяние? Страх?

— Неси воду, — приказала Варна. — Много. И лохань захвати.

Свят ничего не спросил, отложил молитвенник и вышел из темницы. Рослава проводила его взглядом и открыла было рот, чтобы заговорить, но Варна прижала ладонь к ее губам.

— Нет. Никаких больше сказок, никакой больше лжи. Сегодня ты скажешь все, что ему нужно, а потом...

Острые зубы впились в плоть, но руку Варна не отняла, терпела, глаза в глаза глядя на Рославу. Было больно, но не больнее, чем в ту ночь, когда на ритуальном камне она нашла растерзанного Дария. Его кишки блестели в свете луны, а руки ведьмы, по локоть испачканные кровью, она отчетливо помнила даже много лет спустя.

— Кусай, — прорычала Варна.

Рослава разжала зубы, уставилась с яростью, по ее подбородку стекала кровь. Как можно было верить подстилке Зверя? Любить ее, мечтать о будущем в ковене под ее крылом?

Свят вернулся, поставил на пол ведро с водой и лохань. Варна отняла руку, стряхнула кровь и сказала:

— Переливай.

Пока Свят возился со святой водой, она присела и начала снимать с ведьмы обувь. Рослава молчала, дергала ногами, но помешать ей не могла. Отбросив кожаные сапожки в сторону, Варна подтянула лохань к себе и, не удержавшись, подняла взгляд на ведьму — на лице той застыл ужас.

— Имя, Рослава, — тихо потребовала Варна.

Пленница замотала головой.

Когда ступни ведьмы коснулись воды, она закричала птицей. Крик оглушил их, пар над лоханью поднялся такой густой, что на мгновение все пропало из виду. Варна замахала руками, разгоняя белесую пелену, Свят начал читать молитву.

— Я спасла тебя! — закричала Рослава, извиваясь на стуле. — А ты чем мне отплатила?!

Внутри что-то дрожало, как натянутая струна, но Варна смотрела на мучения ведьмы бесстрастно. Все, что было между ними хорошего, строилось на лжи. Доверившись ей, Варна поступила как последняя дура, жаль, что поняла это слишком поздно.

— Из-за мальчишки?! Ты из-за него все это, да?! — Рослава визжала, ее ноги покраснели, покрылись волдырями, плоть корчилась как под огнем. — Он мешал! Мешал! Пустите меня! Не могу терпеть, жжет, как жжет! Обратись к своему сердцу, Варна! Оно...

— Имя! — рявкнула она.

— Нет! — нечеловеческим голосом взвыла Рослава. Ее ноги почернели. — Мы ведь вместе в пекле сгорим!

Да только меня там встретят с почестями, а с вас шкуры спустят! Прокляты вы оба, будьте вы прокляты!

— Имя! — Свят подошел ближе.

— Ах, мальчишка со смертью на хвосте! — захохотала Рослава. — А ведь я исправить все могу! Попроси, попроси меня!

Глаза ведьмы закатились, изо рта пошла алая пена. Свят пинком отодвинул лохань и схватил Рославу за подбородок. Та не шелохнулась, обмякла, потеряла сознание от боли.

— Все на сегодня, — сказал он. — Не думал, что ты сумеешь.

— А что ты думал? — жестко спросила Варна. — Что я, поджав хвост, начну скулить и умолять оставить ее в покое? Такого ты обо мне мнения?

— Я... Нет! — Свят растерялся. — Ваше прошлое...

— Не только ты окреп за эти годы. — Она толкнула его плечом и подошла к двери. — Мне плевать, что Полку от нее нужно; главное, чтобы потом ее сожгли.

Она вышла в коридор, хотела промчаться мимо Дария, остаться наедине с собой, но вместо этого подошла к нему, обняла, почувствовала сладкий запах холодной плоти и успокоилась. Когда он был рядом, ощущение целостности возвращалось, дыра внутри затягивалась и жить становилось чуточку легче.

— Мы поступаем правильно.

Его «мы» означало, что он берет ее грехи на себя, делит пополам самые скверные поступки и не осуждает. Они вместе поднялись в церковь, оттуда вышли на улицу и долго стояли, вглядываясь в светлеющее небо. Варна распустила тугую косу и почувствовала вонь горелой плоти, впитавшуюся в волосы.

— Пойдем. — Дарий потянул ее к бане. — Я нагрею тебе воды.

После смерти Дарий перестал любить тепло. В жару его холодная кожа становилась сухой и трескалась. В летние дни ему приходилось закутываться в плащ и прятать лицо под капюшоном. О мытье в бане пришлось забыть.

Вылив на себя ведро воды, Варна вдохнула хвойный запах намазки и села на скамейку. Дарий ждал ее на улице, она нутром чувствовала его беспокойство. Она предлагала ему пойти к реке, чтобы искупаться, но он отмахнулся — наверное, решил, что ей нужна помощь. И оказался прав.

Кинувшись на Рославу в Торжке, Варна действительно была готова убить ее, рассечь голову надвое, но, только увидев ведьму в ошейнике, Варна поняла, насколько сильная ненависть кипит внутри. Ей не требовалась причина, чтобы пытать обманщицу; пусть Свят дальше хранит свои тайны, у нее с Рославой личные счеты.

Сколько раз ведьма обманывала ее? Первый раз, когда сказала, что они просто посмотрят на праздник у озера, верно? Хотя, быть может, полотно лжи начало сплетаться еще в тот день, когда Варна сцепилась с полудницей. Все ответы остались в руках Рославы, сидящей сейчас под замко́м.

Варна готовилась к охоте на ведьм с самого детства, потому что ведьмы — первая, главная цель Светозарных. Она должна была надеть белый плащ, с гордостью носить на груди крест, распространить свет и Слово в самые темные уголки земли. Вместо этого едва не примкнула к ковену и потом, корчась в муках у ног ведьмы, заключила с ней сделку, пожертвовав душой. Но ради чего сама Рослава ввязалась в это? Она могла заполучить десятки душ для Зверя: от дурачков, желающих обменять Божью искру на золото, отбоя нет. Тогда зачем?

Вряд ли Рослава станет говорить с ней после того, что произошло. Такая жестокость Варне была не свойственна — она просто делала свою работу, уничтожала нечисть так, как написано в Кодексе, едином для Взвода и Святого Полка. Некоторые охотники любили мучить нечисть, она слышала эти рассказы. Члены Взвода привязывали русалок к крестам и смотрели, как водная тварь задыхается на сухом воздухе. Некоторые ловили упырей, чаще всего юных, едва окрепших, и выводили на солнце. Наслаждались паникой, болью — брали от работы лучшее, так сказать. Варна ненавидела все это, думала, что ненавидит. Обгоревшие ступни Рославы свидетельствовали об обратном. В Варне крылся тот же мрак, что окутал души других охотников, но на свет божий он показывался, только когда дело касалось ведьм.

— Долго ты. — Дарий тряхнул волосами. — Все смыла?

— Весь этот проклятый день, — подтвердила Варна.

У входа в церковь их поджидал Свят. Он снял плащ, переоделся в обычную одежду, но все равно выглядел как Светозарный — ореол длани Господней просто так с себя не снять.

— С рассветом мы поедем в место, откуда ведьма родом, — сообщил он. — Будьте готовы.

— Откуда ты знаешь, куда нужно ехать? — Варна прищурилась.

— Твое дело — исполнять мои приказы. — Уважения, которое промелькнуло в их общении после пытки, как не бывало.

— А ведьму оставишь на попечение Млада? — Дарий хмыкнул. — Мы вернемся, а тут камня на камне не будет.

— Брать ее с собой куда опаснее. Пока на ней ошейник, ведьма не...

— Закопаем ее, — спокойно предложила Варна. Дарий взглянул на нее с интересом. — Она не может умереть, мы все знаем об этом. Сделаем, как заведено: выроем могилу на святой земле, положим ее в гроб, крест воткнем в изножье, чтобы, если она все-таки вырвется, ее тут же осенило крестным знамением.

— Кол в грудь — самое надежное решение, — заговорщицки прошептал Дарий.

— Убивать ее нельзя, — вмешался Свят.

— Почему, кстати?

Свят оценивающе посмотрел на них — видимо, пытался понять, стоит ли им доверять. Наконец, передернув плечами, он ответил:

— Рослава — верховная ведьма ковена, который первым вернулся из Черной Пади. Они собирают под своими знаменами других ведьм и нападают на города, построенные людьми веры. До Моррея был еще один город, а до него — пара крупных сел.

— Они сначала будто силы свои проверяли, — задумчиво сказал Дарий.

— Да, — согласился Свят. — Мы не знаем, сколько еще городов ведьмы планируют уничтожить. Нам нужно имя верховной, чтобы святые сестры смогли истребить все колдовство, сотворенное ей и ее подручными.

— Потом вы убьете ее? — уточнила Варна.

— Если не провести ритуал на имени и крови ведьмы, ее смерть ничего нам не даст, но после, да, мы без промедления убьем ее.

— Отлично, раз мы всё решили, остался только один вопрос, — сказал Дарий.

— Ну? — Свят сложил руки на груди.

— Кто будет рыть могилу?

Комья земли перестали лететь из ямы, раздался усталый вздох, Дарий распрямился и выбрался на поверхность. Варна ободряюще подмигнула ему, а он прищурился и заявил:

— Я понимаю, что мертвецы не знают усталости, но всему есть предел.

— Мы только что провели ритуал, не нагнетай, — отмахнулась Варна.

Она протянула руку, смахнула с волос Дария земляную пыль и, не удержавшись, прижала ладонь к его прохладной щеке. Он улыбнулся, белесые глаза озорно заблестели, и всего на мгновение, но Дарий показался таким прекрасным, таким... живым.

Свят принес Рославу на руках — ноги ведьмы еще не зажили. Ее черные брови были насуплены, губы поджаты, а руки связаны веревкой с серебряной нитью. Светозарный буквально сбросил свою ношу в открытый гроб, и ведьма зашипела.

— Я мог тащить тебя за волосы, — напомнил Свят.

— Если я устану, меня ты тоже понесешь? — спросил Дарий.

Варна не могла оторвать взгляда от Рославы. Ведьма казалась обессилевшей, сломленной, но в потемневших глазах еще плескалось пламя неповиновения. Ничто не могло заставить ее подчиниться — слишком много лет она прожила на свете, слишком много видела, чтобы так просто сдаться.

— Спроси его, — тихо сказала Рослава, — откуда ему известно место, в котором мать родила меня.

— Я думал, ты из-под земли вылезла, а не из материнского чрева. — Дарий пнул гроб.

— Спроси его, — не унималась ведьма. — Я жила задолго до вас. Кто мог поведать ему о месте?..

Она не договорила — Дарий накрыл гроб крышкой и принялся его заколачивать.

— Мудрое решение, — выдохнул Свят.

— И все же, — Варна посмотрела на него, — откуда ты знаешь?

— У Светозарных свои источники. Я не обязан ничего тебе объяснять.

— Да ты вообще можешь делать все что угодно! — вспылила она. — Ходишь петухом, только приказы раздаешь, а на любой вопрос отвечаешь: «Не должен, не обязан!» Кто мы, по-твоему, мясо подневольное, которое можно в расход пускать?!

Эта вспышка гнева удивила даже Дария — он перестал стучать молотком и посмотрел на нее. Судя по тому, что она почувствовала, Дарий был согласен с ней.

— Мы нашли человека, который знал ее много лет назад, — нехотя произнес Свят. — Светозарные не уверены, что его рассказ правдив, так что едем мы, по сути, на разведку.

— Что это за человек, ты, конечно же, не скажешь. — Варна закатила глаза. — Не думала я, что твой нрав может стать хуже.

— Помнится, это не слишком волновало тебя, когда ты пришла ко мне ночью.

Пару лет назад эти слова заставили бы ее покраснеть и стушеваться, но не теперь. Уверенно выдержав его взгляд, Варна медленно произнесла:

— Ты просто попался под руку.

Своим выпадом Свят ранил не ее, а Дария. В груди Варны растекся горячий металл — чужая боль, чужое мучительное воспоминание. Она с жалостью взглянула на темную макушку, а затем — прямо в холодные серые глаза Свята, немало удивленного ее ответом.

— Надеюсь, ты не считал себя избранным все эти годы? — насмешливо спросила она.

— Скорее, запятнанным, — сквозь зубы ответил Свят.

— Если мне не изменяет память, спать с ведьмами запрещено Святой Книгой, или я что-то путаю?

Не дожидаясь ответа, Варна наклонилась, кивнула Дарию, и вместе они понесли гроб к выкопанной могиле. Изнутри доносился голос Рославы, но разобрать слова было почти невозможно. Кое-как опустив ее временное пристанище с помощью веревок, Варна взяла лопату и кинула Святу. Тот и не думал ловить ее — лопата упала к его ногам.

— Мы, конечно, мясо подневольное, но закопай-ка ты ее сам, — ядовито сказала она, взяла Дария под руку и потащила прочь, подальше от этого места и Свята, безжалостно бередящего старые раны.

ГЛАВА 20

Тогда

— ...Захворали все. — Старуха развела руками и натужно закашлялась.

Не раздумывая, Варна прикрыла рот и нос рукой, глупо надеясь, что ладонь сможет защитить ее от болезни. Выглядела старуха ужасно: череп обтянула пожелтевшая кожа, редкие волосы облепили голову, руки дрожали, на потрескавшихся губах запеклась кровь. Все бы ничего — она и так прожила дольше, чем многие, но почти так же выглядела вся ее семья — дочь, ее муж и их дети.

— И давно это началось? — Горeслав с опаской разглядывал больных.

— Ну как, с месяц назад... — задумчиво пробормотала старуха.

— Другие заболевшие есть?

— В селе-то? Откуда же мне знать!

— Из дома не выходите, ни с кем не разговаривайте, никого не впускайте. — Светозарный встал. — Как узнаем, что происходит, вернемся.

Они вышли на улицу. Варну передернуло — тело непроизвольно попыталось сбросить с себя липкий воздух зачумленного дома. Скверное предчувствие собралось в тугой ком, поднялось к горлу и застряло там.

— Что думаете? — спросил Горeслав.

— С каких пор наше мнение тебя интересует? — Она удивленно уставилась на наставника.

— Здоровая кобыла вымахала, а в голове пусто, как у ребенка, — вздохнул Горeслав. — Всю жизнь собираешься за моим плащом прятаться? Скоро отправитесь в вольное плавание, должны сами соображать, что делать.

— Мне кажется, они просто больны, — вмешался Свят. — Возможно, это заразно.

— И что делать будешь?

— Пойду к старосте. Спрошу, болен ли кто-то еще. Если да — наведаюсь к заболевшим, если нет — предупрежу о том, что лучше к этому дому не приближаться, — медленно ответил он.

— Почему нечисть исключаешь? — спросила Варна.

— Потому что никто не пугает их, не воет, не приходит, не...

— Откуда знаешь, что не приходит? Например, ночью, когда все спят. Пролезает в окно или через дымоход, пьет их силу, а потом уходит. Люди об этих набегах могут не догадываться.

— Если будете в паре работать, выйдет отлично, — усмехнулся Горeслав. — Так по-разному на проблему смотрите, в этом споре может и истина родиться.

— Что значит в паре? — не поняла Варна. — Мне его терпеть и дальше придется?

— Кто кого терпит еще, — фыркнул Свят.

— Светозарные работают парами или тройками, — напомнил наставник. — Кто-то должен прикрывать спину — это правило, почти такое же нерушимое, как законы Кодекса.

— И что, для меня не найдется другого напарника? — ворчливо осведомилась Варна.

— Ну, это уж как решит Совет.

— А кто там главный? — полюбопытствовала она.

— Я.

Свят прыснул, Горeслав улыбнулся краем рта и пошел вперед. Варна насупилась и поплелась следом.

Ей уже восемнадцать, скоро их увезут в столицу княжества — Ясностан, чтобы они продолжили обучение. Если все пройдет хорошо, их примут в Святой Полк. Святу девятнадцать, но из-за того, что их двое, ему пришлось дожидаться ее.

Скоро истечет срок, названный Рославой. Варна старалась не думать об этом, гнала мысли прочь, сосредоточивалась на уроках и занятиях с мечом. Сейчас она с ужасом вспоминала о том, что собиралась примкнуть к ковену.

За шесть лет они с Гореславом поймали нескольких ведьм, и то, что те делали, приводило в ужас. Одна из них, Любава, попалась почти случайно — не убрала алтарь после того, как забила на нем младенца. В тех краях будущие воины охотились на очередного заложного покойника, о ведьмах не было даже разговора, но, увидев оставшееся от ребенка месиво, Гореслав все понял. Молодую ведьму поймали быстро; оказалось, что она недавно примкнула к кругу более опытных колдушек, как называли их деревенские. Варна с ужасом смотрела на то, как Любава извивается у ног Светозарного, прибитая к земле серебряными пулями, — он подстрелил ее прямо в небе, когда ведьма летела на ясеневом суку, смазанном останками невинно убиенного малыша.

Гореслав сжег ее заживо и заставил Варну и Свята смотреть на это. Любава кричала до тех пор, пока не лишилась голоса, но никак не умирала. Кажется, она чувствовала боль, пока с нее не сползла вся кожа.

— Святое пламя не позволяет им терять сознание, — пояснил тогда наставник. — Они должны очиститься болью, иначе вернутся на этот свет в образе злобного духа и продолжат изводить народ.

После этого Варна наконец поняла, с кем связалась. Каждую ночь она просыпалась в слезах: ей снилось, что Светозарные топят ее, сжигают заживо, обезглавливают. Впервые за много лет Варна начала неистово молиться, по три раза в день, яростно, искренне, стояла перед распятием до тех пор, пока колени не начинали гореть. Варна мечтала о том, чтобы яд Зверя вышел из нее, чтобы кровь вновь стала чистой, и плевать, если после этого она снова станет слабой и никчемной, лишь бы не думать о том, что однажды Святой Полк приедет за ней.

После долгого поста Варна решила проверить, простил ли ее Господь, — сняла нательный крест, который дал ей Свят. В ту же секунду тело свело, ноги подкосились, внутренности словно объяло пламя. Лежа на полу в крошечной комнате, Варна поняла, что Бог от нее отвернулся и, сколько бы она ни молилась, толку не будет.

Однажды ночью она прокралась в комнату Дария и заставила его выслушать себя. Пусть ее все еще раздражало желание Дария остаться в этом захолустье, но только ему можно было рассказать все честно, ничего не утаивая. Конечно, он еще не принял сан и имел право выложить правду кому угодно, но она знала, что друг не предаст ее.

— Искупление за несколько месяцев не заслужить, — печально сказал Дарий. — Грешить легко, а вот замаливать грехи — дело не быстрое.

— У меня есть шанс? — с отчаянием спросила она тогда. — Я ведь ничего дурного не сделала! То есть сделала, но ничего совсем ужасного там не было!

— Я не знаю, — честно ответил он.

— Я не могу поехать в княжество, пока не буду уверена, что Светозарные не увидят во мне силу Зверя. — Ее трясло от страха. — Они убьют меня.

— Как бы я хотел тебе помочь. — Дарий взял ее руки в свои и сжал их. — Но это не в моих силах.

— Давай сбежим! — Варна была в отчаянии. — Бросим все и...

— Я бы хотел. — По глазам было видно, что он говорит искренне. — Но всю жизнь в бегах жить тоже нелегко.

Скажи мне, что ты готова постоянно оглядываться и спать с ножом под подушкой, — и я уйду с тобой.

Тогда ей показалось, что земля из-под ног ушла, что в небе запели ангелы. Дарий готов уйти с ней! Неужели этот день настал и он понял, что ему вовсе не обязательно жить так, как того требует Мстислав?

— От веры я не отрекусь, — будто подслушав ее мысли, сказал Дарий. — Но и от тебя отрекаться не стану.

В своей любви она была уверена уже много лет, да и в его тоже, но самое близкое, что между ними произошло, — это детский поцелуй, после которого Дарий едва не покалечил себя плетью.

Время шло, они взрослели, но по-прежнему относились друг к другу как к родным. Иногда он приходил к ней ночью, они спали в обнимку, как в детстве, но Варна научилась уважать его решение и больше не пыталась сблизиться. В конце концов, любить можно издалека. Наверное.

Она не сбежала из церкви ни тогда, ни потом. Решила, что если уж Святу позволено вступить в Полк, то и ее примут, даже если что-то заподозрят. Эти мысли не успокоили ее полностью, но подарили надежду.

— В облаках витаешь. — Свят толкнул ее плечом.

— Вовсе нет.

— Лучше бы вы думали, что с людьми происходит, — подал голос Гореслав. — Считайте это дело своей первой самостоятельной охотой.

— Ты просто сам не знаешь, что это, вот и спихнул все на нас, — проворчала Варна.

— Не знаю, — согласился наставник, — но вы очень скоро окажетесь с такими делами один на один, без моего совета и помощи. Учитесь работать самостоятельно.

Со старостой пришлось говорить самим — Гореслав принципиально остался на улице. От крошечного мужичка с редкой бородой удалось узнать, что в городке было еще несколько больных, но спросить их не выйдет — померли. Семей у них не было, как заболели, очень сильно исхудали, пожелтели, кашляли кровью. Описание полностью совпало с тем, что они видели в доме старухи.

— Проклятие, — предположила Варна, когда они присоединились к Гореславу на улице.

— Просто болезнь, — настаивал Свят.

— В этом мире ничего не бывает «просто», — проворчала она.

— Спорим, что семья той старухи как-то связана с умершими и они просто заразились? — запальчиво предложил Свят.

— Спорим! — с готовностью согласилась Варна. — На что?

— Проигравший целый день будет выполнять команды победителя, — предложил он.

— Готовься выполнять всю работу, которую на меня сбросит Нина. — Варна плюнула на ладонь, и они пожали руки. — Пойдем спросим у старухи.

— Конечно, Ванюшка с моим зятем дружен был.

Свят просиял, лицо Варны вытянулось. Понятно, Ванюшка захворал, болячку передал другу, а тот заразил всю свою семью — вот и вся беда. Но выполнять приказы Свята она не собирается!

— Не согласна с ним, — заявила Варна, когда Свят изложил Гореславу, что́ они выведали. — Мы не знаем, как заразился сам Иван.

— Он один жил, как ты собралась...

— Поведем лошадь на кладбище! — решила она.

— Трата времени, — проворчал Свят.

— А я тебе говорю: встает их Ванюшка по ночам да пьет силы из друзей.

— Упырем стал? — уточнил Гореслав.

— Думаю, да.

На самом деле она была согласна со Святом и считала, что люди просто заболели — так бывает, без причины, от плохой воды или еды, а может, по воздуху зараза летает. Но спор проигрывать — нет уж, нрав не позволял, будет копать до последнего.

— Ну, лошадь так лошадь, — согласился Горeслав. — Пойдем.

Лошадь могла почуять, если под землей нечисть ожила: не станет через могилу переступать, заартачится — так и находят упырей да заложных. К радости Свята, лошадь послушно переступила и через могилу Ивана, и через могилу второго померщего, Павла.

— Значит, не упырь, — заключила Варна. — Тогда, может...

— Просто признай, что ты проиграла, — потребовал Свят.

— Дайте мне три дня! — Она повернулась к Горeславу. — И я найду причину.

К ее огромному удивлению, наставник кивнул, оседлал лошадь и сказал:

— На постоялый двор возвращаться с наступлением темноты, никаких задержек, в неприятности попадете — выкручиваетесь сами.

— Ты никогда не сдашься, да? — раздраженно спросил Свят.

— Тебе — никогда, — прошипела Варна.

Горeслав дал ей свою походную книжицу, в который записывал все сведения об известной ему нечисти. Варна корпела над ней два дня, перебрала с десяток возможных чудовищ, но тщетно — ни один не подходил. Тем временем старуха, с которой они говорили, померла. Свят утверждал, что это чума и если они останутся в городе, то и сами заразятся. Горeслав молчал.

На третий день, незадолго до заката, Варна решила пройтись по соседям Ивана и Павла, которые погибли первыми.

Надежда найти объяснение их смертям таяла, как дым, она уже смирилась с тем, что придется терпеть ликование Свята, но у нее оставалось еще немного времени, и потратить его следовало с пользой.

Дом Ивана заколотили, так что пробираться в него пришлось через окно. Об оконную раму Варна порвала штанину и ободрала колено. Хромая, она принялась исследовать жилище. Ничего странного, дом как дом, и только в спальне, в сундуке, обнаружила красивый, расшитый сарафан. Прихватив его с собой, она выбралась из дома и побежала к ближайшему двору.

— С кем он жил?! — выкрикнула Варна, перегнувшись через забор. Работавшая во дворе женщина вздрогнула от неожиданности. — С кем жил Иван?

— Так с женой, понятное дело, — ответила та. — А что?

— Где она?

— Померла недавно. — Женщина заинтересованно прищурилась.

— От хвори?

— От нее, да только болела долго, много лет ее точила болезнь какая-то. Чумка потом пришла.

— А звали ее как? — От нетерпения ноги сами собой подрагивают, готовые сорваться с места.

— Так Нежа. А что...

Но Варна уже неслась прочь, размахивая сарафаном, как победным знаменем. Сейчас-то она расскажет все Гореславу, сейчас-то... Варна замедлила шаг и задумалась: «А что, если она снова ошиблась? Придется терпеть насмешки Свята, его едкие замечания и ухмылку. Нет, лучше самой все проверить, а потом позвать их и рассказать, что́ происходит в селе».

Пока она добралась до кладбища, начало темнеть. Темноты Варна не боялась, да и лучина с огнивом всегда с собой, так что заблудиться будет сложно. А уж как лицо Свята вытянется, когда она расскажет ему, что он ошибался!

Могилу Нежи нашла быстро и сразу поняла, что была права: все вокруг было выжжено, трава пожухла, даже стволы деревьев почернели. Варна пригнулась, набрала в руку земли и почувствовала, что не земля это вовсе, а песок, безжизненная пыль, из которой ничто не может расти. Над головой пролетел филин, заухал, заунывно закричал. По спине поползли мурашки.

Показалось, будто что-то хлюпает. Варна напрягла слух, пытаясь понять, откуда доносится звук, но человеческих возможностей оказалось мало. Обратившись к силе Зверя, она припала к земле и отчетливо услышала, как кто-то что-то жует и чавкает. Кажется, подземный житель ее заметил — звук прекратился, раздался скрежет, затем какое-то шуршание. Варна вскочила и попятилась, когда из могилы показалась истлевшая рука.

— Господи, помилуй... — пробормотала она, впопыхах доставая меч из ножен.

Обнаженная женщина восстала из могилы, зашипела, потянулась. Руки ее были изглоданы почти до костей, глаза запали, изо рта текла черная жижа.

— Лови! — Варна кинула покойнице сарафан.

Пока нечисть пыталась сорвать с головы ткань, Варна кинулась на нее в отчаянной попытке снести заложной голову, но тварь оказалась удивительно проворной: отскочила в сторону, припала к земле, прыгнула, изъеденные пальцы чудом не задели Варну. Заложная металась вокруг с нечеловеческой скоростью. Там, куда ступала ее нога, трава становилась черной.

— Отец наш Небесный, дай мне сил, дай мне воли, — крест на груди Варны нагрелся, — пусть рука моя не знает промаха, пусть сердце не знает жалости...

Покойница сбила ее с ног и навалилась сверху. Варна поджала ноги и со всей силы ударила ее в живот. Из мертвого рта хлынула зловонная жидкость, ледяная жижа залила грудь и живот, нежить закричала, и Варна, плохо соображая от сводящей с ума вони, воткнула меч ей в бок. Оттуда тоже что-то полилось, но покойница словно не заметила ранения, желтые зубы щелкали у самого лица, сдерживать ее становилось все сложнее. Пальцы Варны погружались в тлеющую плоть, под ногтями оставалась слезающая кожа. Она попыталась схватить тварь за волосы, но клок оторвался вместе со скальпом.

Ногами Варна уперлась в мертвое тело, и только благодаря этому заложная еще не добралась до ее горла. Рискуя погибнуть, Варна разжала пальцы, державшие меч, и полезла в карман. Пальцы нащупали крошечную монетку, она зажала ее в кулаке, размахнулась и ударила покойницу прямо в зубы. Та раскрыла рот, собираясь откусить ей руку, но Варна успела разжать кулак, и монетка упала на черный язык.

Все прекратилось мгновенно — мертвое тело окоченело, Варна оттолкнула его и села. Костяшки были ободраны о зубы покойницы, вся одежда залита отвратительной жижей. От нее воняло так, что даже падальщики на такую добычу не позарятся. Варна закашлялась, но рвоту сдержать сумела, встала, взяла меч, приблизилась к трупу и замахнулась.

— Аминь.

В город вернулась поздно, у постоялого двора увидела Горeслава и Свята — кажется, они собирались искать ее.

— Где тебя но... — Светозарный осекся, у него даже рот от удивления открылся.

Варна бросила истлевшую голову к его ногам и с вызовом уставилась на Свята. Тот выглядел не менее удивленным, чем их наставник.

— Она сначала одежду свою сожрала, потом — собственные руки, а как поняла...

— Нахцерер, — выдохнул Горeслав. — В этих краях? Кто бы мог подумать.

Варна выпятила грудь, дожидаясь заслуженной похвалы. Свят помрачнел.

— Молодец. — Светозарный взял голову покойницы и принялся ее разглядывать. — Хорошо с монетой придумала.

— Я об этом в твоей книге прочитала. И о том, что как только нахцерер пожирать себя начинает, его семья начинает болеть.

— Пойдем, — Светозарный кивнул Святу, — эту красавицу засыпать камнями следует да похоронить лицом в землю. А ты — вымойся. Хорошая работа, Варна.

В церковь они вернулись через пару дней, Варна всю дорогу обдумывала наказание для Свята, а тот был мрачнее тучи. Ну, поделом, будет знать, как нос задирать. Вовсе он не лучший новобранец года, она еще поборется с ним за это звание! Хотя остальных они даже не видели, быть может, там найдется тот, кто утрет нос им обоим.

К ним выбежал Дарий. Он крепко обнял Варну, явно довольный тем, что она вернулась невредимой.

— Ты не поверишь! — Варна отстранилась, но продолжила обнимать его за шею. — Я такое сделала!

Ей следовало заметить, что он взволнован, но, поглощенная своими мыслями и радостью, она не видела ничего дальше собственного носа. Дарий смиренно выслушал ее восторги, искренне похвалил, снова прижал к себе и погладил по волосам. Только потом Варна заметила странный блеск его глаз и несвойственный ему румянец.

— Что-то случилось? — осторожно спросила она.

— Сегодня, — с придыханием сообщил Дарий. — Сегодня все состоится.

— Не понимаю. — Она замотала головой.

— Тихомир прервал молчание, вышел к нам и сказал, что сегодня я смогу дать первый обет Господу.

Варна поморщилась. Тихомир несколько лет хранил молчание, почти не выходил из своей каморки; и по церкви ползли слухи, что болезнь вернулась и он умирает. Как выяснилось, Тихомир оказался живее всех живых.

— Ну, и что еще церковь от тебя требует?

— Мы же говорили об этом... — смущенно пробормотал Дарий. — Я должен дать обет безбрачия.

Ее будто окатили ледяной водой. Об этом разговоре она давно позабыла, наверное, так сильно не хотела верить, что этот день придет, и просто вычеркнула слова Дария из памяти. Но вот этот миг настал, и Варна оказалась к нему совершенно не готова.

— Сегодня? — ее голос задрожал. — Но... ты не можешь, — с отчаянием сказала она. — Мы... Дарий, мы же...

Слова застряли в горле.

— Женись на мне, — выпалила она. Глаза Дария округлились. — Я знаю эти дурацкие законы, до получения сана ты можешь вступить в брак!

— Варна... — Он весь сжался. — Ты не должна спасать меня от этого.

— От чего?! — Не сдержавшись, она толкнула его в грудь. — От одинокой жизни? От...

— Я очень сильно люблю тебя. — Дарий попытался взять ее за руки, но она яростно вырвалась. — Но «неженатый заботится о Господнем, как угодить Господу; а женатый заботится о мирском, как угодить жене»*.

— Кто из твоих проклятых святош сказал эту чушь? — прорычала она.

— Я не смогу отдавать всего себя приходу, если буду знать, что дома меня ждешь ты. Мы не...

— «Мы не», «мы не» — заладил! Катись к черту, Дарий, ты и твои дурацкие решения! Хочешь так — пускай! Отдавайся

* 1 Кор. 7:32.

Господу, быть может, он согреет тебя, прижмет к своей бессердечной груди!

Как вихрь, она промчалась мимо, нарочно задев его плечом. Внутри кипела такая ярость, что впору было встать на четвереньки и выть нечеловеческим голосом. Решил за них обоих, что будет дальше! Знал ведь, что Варна ради него готова на что угодно, что она, как щенок неразумный, с самого детства за ним бегает, но нет! Обет безбрачия, ну надо же!

Все, кроме нее, были рады за Дария. Когда Тихомир созвал всех к распятию, Нина даже прослезилась. Мстислав приобнял ее, что-то шепнул, а Варна едва сдержалась, чтобы не обвинить их в двуличии и лицемерии — все знали, что между ними происходит, и ведь это не мешало обоим считать себя достойными белых плащей!

Когда Дарий вышел вперед и встал перед Тихомиром и раскрытой Святой Книгой, Варна поднялась со скамейки и сбежала вниз по ступеням, скрывшись в катакомбах. Потом ей сделают выговор, может, накажут за такое пренебрежение, но перед этим она все им выскажет! Лжецы, лицемеры, только и могут, что читать свои нравоучения, а Дарий во все это верит, как последний дурак!

Никогда еще она не думала об этом, но ноги сами принесли ее к комнате Свята. Варна без стука вошла, закрыла дверь и уставилась на него глазами, полными ярости.

— Ты проиграл мне, — жестко сказала она.

— Я знаю. — Он нахмурился. — Это не повод...

— Помнишь, о чем мы договорились? — Сердце билось в ребра раскаленным молотом.

— Помню.

— Будь со мной сегодня. — Она стащила рубаху через голову и бросила ее на пол. — Как мужчина.

Бесстрастное лицо Свята никогда еще не выдавало такой смеси чувств — от недоверия к желанию и обратно. Он не отвел взгляда, беззастенчиво рассматривал ее, а она и не думала прикрываться руками или делать вид, что ей неловко, стояла как есть, полуобнаженная и уверенная.

— Это мое требование, — четко сказала Варна. — Ты мне должен.

Ничего больше Свят не говорил. Подошел ближе, пальцами сжал ее подбородок и поднял голову, посмотрел в глаза Варны, а потом прикоснулся к ее крепко сжатым губам.

— Могу не целовать, — спокойно сказал он.

— Не можешь.

Она сама стащила с него рубаху, сама повела его к постели, повалила на спину и залезла сверху. Дрожа от гнева и нетерпения, стянула веревку, которой он подвязал косу, растрепала длинные волосы и прижалась к его шее, чтобы почувствовать запах хвои и разгоряченного тела.

Ее слух обострился, она слышала, как Тихомир читает молитву, как Дарий вторит ему, как дрожит его голос.

Водопад светлых волос упал на лицо, она зарычала от боли, но только крепче прижалась к Святу, обхватила его бедра ногами, не позволяя отстраняться и мешкать.

— ...во имя Господа нашего?

— Да.

Свят глухо застонал, она выгнулась ему навстречу, вцепилась пальцами в волосы. Его дыхание жгло шею. Краем глаза Варна видела, что тень отделилась от его тела и замерла у противоположной стены, наблюдая.

— ...нести свет страждущим, возлюбить ближнего?

— Да.

Тело Варны охватила истома, с губ сорвался стон удовольствия, такой греховный — и такой сладкий, но в душе что-то обрывалось, нестерпимо болело.

«Боль за боль, кровь за кровь, предательство за предательство», — нашептывал мягкий голос.

— ...от всего мирского, греховного, низменного?

— Отрекаюсь.

Зубами она вцепилась в плечо Свята, зажмурилась, с ног до головы по телу пробежала горячая волна, тело напряглось, а затем расслабилось. Свят выдохнул, всхлипнул, на мгновение его мышцы стали каменными, он навалился на нее всем весом, но уже в следующий миг откатился в сторону.

Разгоряченная, обновленная, Варна села и вспомнила: нечто подобное она испытала ночью, когда перепрыгнула через колдовское пламя на берегу озера. Заноза в сердце исчезла, боли как не бывало, в голове воцарились кристальная чистота и покой. Пока одевалась, она смотрела на Свята, а он без стеснения отвечал на ее взгляд. Обнаженный, блестящий от пота, он выглядел как человек, готовый снова заключить Варну в объятия, и что-то внутри — какая-то темная часть ее души — рвалось к нему, хотело, чтобы их застукали, наказали за это.

Но она надела рубаху и молча вышла в коридор. На губах еще горели грубые поцелуи Свята, кожа, где он сжимал ее руками, саднила.

Мимо прошла Дива, за ней — Данияр, последним был Дарий. Он поднял виноватый взгляд и вдруг отшатнулся, прижался спиной к стене. Дарий понял, что произошло, не мог не заметить ее растрепанных волос и опухших губ. А может, разглядел следы на шее. Окинув его холодным взглядом, Варна прошла мимо. Она не чувствовала ни тоски, ни печали — только злое желание сделать ему еще больнее.

ГЛАВА 21

Сейчас

В южных землях не было ничего, кроме густых лесов. Все дороги проложили так, чтобы провести путешественников мимо непролазной чащи, но спешиваться время от времени все равно приходилось, ибо продираться сквозь лес верхом — очень скверная идея. Чуть замешкаешься — и все: низко нависшие ветви снесут голову с плеч.

Направляющий небольшой отряд Свят повел их на юго-восток и за сутки пути не сказал ни слова. После перепалки на кладбище говорить с ним у Варны желания не было, но и обиды она не держала. Слишком хорошо она его знала, слишком долго они бежали в одной упряжке. Зато Дарий никак не мог усидеть в седле: ерзал, нетерпеливо сжимал бока лошади.

— Рано или поздно ты изойдешь желчью, — не выдержала Варна.

— Надеюсь, забрызгаю ей его самодовольную рожу. — Дарий тряхнул волосами.

— Мы можем это обсудить.

— Хватит с меня этих разговоров. Если бы ты знала, сколько ночей я провел, размышляя об этом. — Он махнул рукой.

— Ты ведь даже не спросил, зачем я это сделала.

— Я что, совсем глупец, по-твоему? — оскорбился Дарий. — Я был наивен и слеп в отношении веры, но на твой счет никогда не очаровывался. Знал, что стоит мне принять сан — ты что-нибудь выкинешь. Ну, ты и выкинула, оправдала ожидания, как и всегда.

— Сколько желчи. — К своему стыду, Варна поняла, что до сих пор не считает себя виноватой.

— Это предательство.

— А то, что сделал ты, — это другое, да? — Она усмехнулась. — Ты до сих пор пытаешься верить в то, что я предала тебя, тогда как сам выбрал...

— Господа! — взвыл Дарий. Свят на мгновение обернулся, но тут же выпрямился в седле. — У меня выбор был между тобой и Господом, Варна, — уже спокойнее закончил Дарий.

— А как ты себе это представлял? Что я буду жить в сиянии твоего святейшества?

— Ты лишила меня вас обоих. После этого я Свята даже на порог не пускал.

— Я знаю, — честно ответила она.

— Можешь хотя бы вид сделать, что тебе не все равно? — Он вздохнул. — Что ты чувствовала? Болела ли твоя душа?

— Нет. Я не чувствовала ничего, Дарий. Ты сделал свой выбор, а я — свой. Все по справедливости.

Правда больно ударила по нему, но Варна хотя бы умолчала о том, что упивалась содеянным. Ночью, после того как Дарий дал обет, она кружилась по комнате, наполненная незнакомым чувством торжества. Варна нарушила правила церкви, заставила Свята сделать то же самое, разлучила их с Дарием и наслаждалась этим. Подобное она испытывала лишь однажды: в тот день, когда помогала Рославе творить колдовство в родной деревне. Сила Зверя внутри мурлыкала, как котенок, согревала, дышала, отчего по телу разливалась приятная дрожь. Поступила бы она так снова? Да. Потому что этот яд горел в ее крови, потому что такой уж она выросла.

Долгие годы Рослава лелеяла побеги зла, которые дало оброненное ею семя. Темная поросль поднялась в душе Варны и, когда ее тело окрепло, окрепла вместе с ним. Ведьма никогда не убеждала ученицу в том, что церковь — это плохо, но показывала резню, которую устраивали посланники Господа, если люди не отрекались от своих богов. Рослава учила нарушать правила, учила жить для себя, а не для Бога. Варна сама не заметила, как оказалась во власти Рославы, впитала все, о чем та рассказывала, и выросла достаточно скверным человеком — по меркам церкви, конечно.

Входя в комнату Свята, она считала, что восстанавливает справедливость. Этим поступком Варна кричала: «Я люблю тебя, но поступать так с собой не позволю!» Ей следовало принять решение Дария, смириться с ним и радоваться его успехам на выбранном пути. Вместо этого Варна думала лишь о себе, о своей боли и до сих пор искренне не понимала, почему должно было быть иначе, почему он отрекся от нее, а она не имела на это права. Рослава рассказала, что Варна может делать все, что пожелает, и та с удовольствием воспользовалась этой возможностью.

Она ни разу не пожалела об этом, даже думала повторить подвиг, да только Свят все испортил.

В тот вечер, когда Варна снова пришла к нему, он сел на край табурета, сложил руки на груди и серьезно сказал:

— Если ты понесешь от меня, я женюсь на тебе.

Спустя мгновение ее уже рвало в коридоре. От одной только мысли об этом ей стало так дурно, что больше они к этому разговору не возвращались.

Лунные кровотечения Варну миновали: то ли из-за полуголодного детства, то ли из-за тяжелых занятий, но иметь детей она не могла. Иногда она думала, что это благословение — собственное детство до сих пор снилось ей в кошмарах. Порой казалось, что Варна сама велела телу позабыть об этом с помощью ведьмовства, ибо здоровье у нее было завидное: за всю жизнь она ни разу даже не простужалась. Так или иначе, понести от Свята Варна никак не могла, но в восемнадцать лет ни сном ни духом об этом не догадывалась.

По церкви в то время поползли слухи о том, что новобранцев Светозарных связывает нечто большее, чем общие занятия. Только вот сплетники шептались о чувствах, которых не существовало. Варна со Святом были кем угодно, но не возлюбленными. Каждый бой заканчивался полным изнеможением, желание обскакать другого затмевало разум. Они постоянно боролись за первенство, кусали друг друга злыми словами, и не было в этом никакой любви. Поэтому он ей и нравился — равнодушный, отстраненный, не принимающий на свой счет ничего, ни хорошего, ни плохого. Со Святом всегда можно было договориться, размышлял он свободно, без груза чувств и эмоций, как и она сама. Горeслав оказался прав: доведись им работать в паре — они превратились бы в смертоносный вихрь, устоять под натиском которого не смог бы никто.

— Зачем мы здесь?

Варна нагнала Свята, как только поняла, где они находятся. Он скользнул по ней взглядом и сказал:

— В ту сторону ведет только одна дорога.

— Это просто совпадение, хочешь сказать?

— Уже сказал.

Покосившийся указатель с давно стертой надписью, заросшая травой дорога, которую медленно поглощала природа, осевшие дома впереди — пейзаж был настолько знакомым, что сердце сжалось. Сколько еще раз ей придется возвращаться сюда?

По всем землям западнее княжества были разбросаны покинутые жителями деревни и села. Причин для переезда хватало всегда: воды не осталось, лес подступил слишком близко, нечисть одолевает, неподалеку построили город. Иногда люди бросали дома из-за болезней, боясь заразиться неведомой хворью.

Эта деревня опустела мгновенно — вот все были живы, а в следующий миг уже померли. Здесь родилась Варна, здесь переродился Дарий, здесь Рослава обманом заставила глупую девчонку участвовать в страшном колдовстве.

— Есть ли место, которое я ненавижу сильнее? — пробормотал Дарий.

— Аминь. — Варна спешилась, увидев крышу родного дома. — Как думаешь, они...

— Думаю, да. — Он все понял без слов.

— Привал! — выкрикнула она.

Время беспощадно, природа берет свое — сквозь дома и заборы проросли кусты и молодые деревья. Колдовство не тронуло землю, только людей, но вряд ли здесь скоро появятся новые жители: еще была жива молва о том, что случилось.

В доме пахло лесом и травой, из-под пола проглядывали сочные ростки. На полу под полусгнившим столом валялись кости — останки ее батюшки. У печи примостился еще один скелет, сохранившийся почти полностью, — упавшая навзничь женщина. Люлька была полна пыли, пожухших листьев и прутиков, какая-то птица пыталась свить в ней гнездо.

Медленно ступая по отсыревшим доскам, Варна прошла в комнату и остановилась на пороге — на кровати, все еще укрытый, лежал Красимир, вернее, то, что от него осталось. Она откинула край одеяла и поморщилась — под скелетом темнело зловонное пятно.

— Ты мне...

— Да.

Дарий положил одеяло на пол и начал бережно перекладывать останки мальчика. Варна несколько минут наблюдала за его размеренными движениями, затем встряхнулась и вернулась в большую комнату. К своему удивлению, она обнаружила там Свята — он складывал кости ее матери в свой плащ.

Она почти дособирала останки батюшки, когда Свят спросил:

— Они были хорошими людьми?

— Нет, — ответила Варна. — Она била меня, а он никогда не заступался.

— И отвел тебя в лес.

— И отвел меня в лес. — Ее слова прозвучали как эхо.

— А братья?

— Обычные мальчишки. Дрались, вопили целыми днями. — Она невольно улыбнулась воспоминаниям. — Они бы выросли и стали такими же, как родители. И я тоже.

— Не стала бы, — твердо сказал Свят и выпрямился, прижимая к груди сверток с костями.

— Откуда такая уверенность?

— Тебя привели из леса, обреченную на смерть, сироту при живых родителях. Вместо того чтобы плакать и искать утешения, ты протаранила меня головой.

— Все еще держишь обиду? — лукаво спросила Варна.

— Конечно. Ночами спать не могу.

К ним присоединился Дарий, они вместе вышли из дома, обогнули его и углубились в лес. Варна приметила старое дерево с потемневшим стволом, вооружилась лопатой и попросила спутников не мешать ей. Они отнеслись к ее просьбе с уважением — отошли в сторону, но не оставили ее совсем одну. Спиной она ощущала их немую поддержку.

Размеренно откидывая в сторону комья земли, Варна прощалась с воспоминаниями и обидой. Родителями эти люди оказались скверными, но смерти не заслуживали. Никто не имеет права отнимать жизнь, только Господь, вера в которого почти покинула ее однажды. Жаль, что костей второго брата уже не найти, он заслужил быть упокоенным.

— Скажешь что-нибудь? — Она утерла пот ладонью и повернулась к Дарию.

— Как служитель церкви? — уточнил он.

— Ну, можешь и пару шуток отпустить, я не против. — Варна усмехнулась.

Встав на краю неглубокой ямы, Дарий достал четки, прикрыл глаза и начал по памяти читать молитву об усопших. Столько лет прошло, а он все еще помнил каждое слово.

— Помяни, Господи Боже наш...

Ей не стало легче, но в сердце появилась надежда, что их души нашли наконец успокоение. Так же следовало поступить со всеми останками, которыми кишмя кишела деревня, но у них не осталось времени — солнце клонилось к закату.

— Можем сжечь все, — предложил Свят.

— Потом. — Варна села в седло. — Нельзя оставлять Рославу одну надолго: кто знает, до чего она может додуматься?

Дальше они двинулись в молчании, но напряжение исчезло. Кажется, им снова удалось смириться друг с другом.

К вечеру они добрались до обнесенного грубым забором двора. Когда Свят принялся тарабанить в ворота, Варна подумала, что он зря тратит время: никто в здравом уме не станет отгораживаться от мира такой стеной и при этом открывать первому встречному.

Однако, к ее изумлению, из-за ворот показалась сначала овечья шапка, а за ней скрюченный болезнью костей дед с опухшим носом. Он окинул их хитрым, плутоватым взглядом, кривыми пальцами прикоснулся к полам плаща Свята, кивнул и отошел, пропуская Светозарного.

Поводья дед отобрал и тут же передал их мальчишке лет тринадцати. Тот, обтерев грязные руки о не менее грязные штанины, повел лошадей к перекошенным стойлам. Дед тем временем жестами звал их за собой, увлекал к приветственно распахнутой двери большого дома. Обостренный нюх Варны уловил запах лукового супа, которым их постоянно кормили в церкви.

Внутри дома царило раздолье: комната была огромной, большая печь пыхала жаром, на ней за полупрозрачной занавеской притаился мальчишка лет пяти — глаза выпучил, но из укрытия не вылезал. Варна показала ему язык — и мальчишка скрылся за тканью. Вокруг худощавой, высокой хозяйки терлись коты — белый и трехцветный, — мурчали, попрошайничали. Та раздраженно отпихивала их ногой.

— Да сколько можно! — выкрикнула женщина, обернулась и застыла, уставившись на гостей. — Здрасьте, — пробормотала она.

— Тут это, белые. — Дед кивнул на Свята, будто хозяйка сама не видела перепачканный землей плащ. — Это, накормить бы, да?

— Да... — неуверенно кивнула женщина. — Вы садитесь, садитесь. Я — Марта, а это дед мой, Никон.

Варна почувствовала ее неловкость, и мысль остановиться здесь стала казаться все менее привлекательной. Зачем беспокоить добрую семью? Живут обособленно, значит, есть на то причины, а они вломились, еще и с закатом, а это, кстати, дурной приметой считается.

— Так, это, — дед оперся локтями на стол и принялся внимательно разглядывать Свята осоловевшими глазами, — вы чего пришли-то? Беда?

— Пока нет, — сдержанно ответил Свят. — И надеюсь, ее не случится. Так, по делам едем, ваш двор — последний перед местом, в которое мы направляемся.

— Ночлег значит?

— Он самый.

— А чего это вот он-то капюшона не снимает? Не дело это, ну, в доме-то. — Дед тыкал пальцем в Дария.

— Уродства у него, — вмешалась Варна.

— А, нечисть покусала поди, да? — Дед закивал собственным словам. — Жаль, жаль, вижу же, это, молодой совсем, да?

Дарий кивнул и надвинул капюшон еще глубже. Есть ему было нельзя категорически, поэтому Варна добавила:

— Хватит двух тарелок.

— А мальчишка? — Марта бросила на него взгляд через плечо. — Уверен?

Он закивал, хозяйка пожала плечами и продолжила хлопотать с едой. Варна заметила, что кошки забились в угол. Животные не любили мертвецов, поиск лошади для Дария был настоящим испытанием.

— Так, это, куда путь-то держите? — не унимался дед.

— Тебе поговорить не с кем? — прикрикнула на него Марта. — Иди вон, позови Славку, есть пора.

Старик послушно сполз с табурета и заковылял к выходу. Свят неодобрительно уставился на женщину.

— Сурово ты с ним.

— Сурово? — Она рассмеялась. — Это на вид он безобидный, а в сарае знаешь что? Настойку делает!

— И давно? — Свят не сдержался и хмыкнул.

— Да я трезвым его никогда в жизни не видела! — Марта поставила перед ними исходящие паром тарелки. — Сколько себя помню, а мне, прости Господи, уже тридцать три, дед Никон вечно синий, как... гхм. — Марта смущенно отвела глаза. — В общем, постоянно пьяный, лыка не вяжет. Наверное, и батю моего зачал по пьяни.

— И где батюшка-то? — Варна нехотя взялась за ложку.

— Помер. — Марта посерьезнела. — Тоже пил беспробудно, семейный грех. Только вот деда никак эта отрава не возьмет, а батю быстро скосила. Ему и тридцати не было, когда скончался во сне.

— А живете на отшибе почему?

Варна посмотрела на Свята и не смогла сдержать улыбку. Когда он был мальчишкой лет десяти, то на обедах сидел особняком, вечно ковырялся в супе, вылавливая кольца противного вареного лука. Сейчас тоже пытался, но воспитание не позволяло развесить всю эту красоту по краям тарелки, поэтому он брезгливо отталкивал лук от ложки, прежде чем зачерпнуть бульон.

— Опять суп, — заныл мальчик, переступив порог дома.

— Цыц! — Марта пригрозила ему ложкой. — Дам по лбу, и голодный спать пойдешь!

То, как хозяйка ушла от ответа на вопрос, не ускользнуло от Варны. Она незаметно огляделась, увидела красный угол, немного успокоилась и продолжила есть.

— Так, это, — Никон уселся и потянул Свята за рукав, — куда едете? Дальше-то, ну, ничего нет.

— Туда-то нам и нужно, — кивнул Свят. — Сколько лет тебе, дед?

— Ну, — старик закатил глаза, считая, — девяносто точно есть, десять лет туда, десять сюда.

— Да за сотню уже перевалило. — Марта наконец села и устало обвела взглядом собравшихся. — Старшему брату моего бати не было сорока, когда он родился. Нагулял он его, не удивляйтесь. Но бабка приняла как родного. Говорила всегда, выхода два было — принять подкидыша или в лес унести. Да кто ж так с детьми поступает?

Варна поперхнулась супом и закивала.

— Все умерли, а Никону хоть бы что. — Женщина вздохнула.

— Говорил же, ну, колдовство! — Дед вскинул кверху палец с почерневшим ногтем.

— Дед! — испуганно выкрикнул мальчик. — Плащи тут, а ты... Врет он все, сам не понимает, что говорит!

Кажется, мальчишку порядочно напугали сказками про Святой Полк: он с таким ужасом смотрел на Свята, словно тот вот-вот встанет и разрубит деда пополам.

— Мы не за Никоном пришли, — попыталась успокоить его Варна.

— А ты тоже из этих? — Славка недоверчиво посмотрел на нее. — Девчонка!

— Они из Мрачного Взвода, — пояснил Свят. — А что тебя так удивляет?

— Ну, охотники же сильные должны быть, иначе как им...

Откинув плащ, Варна продемонстрировала мальчишке мышцы на руке и с удовольствием увидела, как тот изумленно открыл рот. Опомнившись, он быстро заработал ложкой.

— Так что там с колдовством? — Дарий наконец подал голос.

— Скверные времена были, — заголосил Никон, — вы такого не видали, наверное. Никакого этого, ну, Полка, никакой защиты от нечисти, кроме оберегов. Черти лезли, ух, из всех щелей! На ночь оставил закваску, утром — бах! В бочке сидит черт проклятый, сожрал всю да улыбается, паскуда, ну так я его...

— Дед! — возмутилась Марта. — А сколько той закваски сам выжрал, прежде чем черта увидеть?

Варна расхохоталась. Мало того, что Никон сам по себе был очень смешной и похож на исхудавшего карлика, так еще и гримасничал. После замечания Марты его аж перекосило.

— Молчи, девка! — наконец выкрикнул он. — Тебя тогда и в думках не было, а все это, ну, лезет, поправляет меня!

— Вообще-то, — задумчиво сказал Свят, — нечисть, пожирающая закваску, действительно существует. Еще молоко пьет, иногда прямо из вымени высасывает коровьего, отчего животное худеет, а потом умирает.

— Вот! Послушай святого человека! — Никон опрокинул в себя содержимое кружки. — Я вам скажу: время было темное.

— Ты уже говорил это, — влезла Марта, и дед, не вынеся такой наглости, хлопнул ладонью по столу.

— Цыц! Ведьмы были везде, клянусь. Вот крест! — Старик вытащил из-за пазухи деревянный крестик и поцеловал его. — Мать мою совращали, обещали силу, а я подслушал, да возьми и расскажи все старосте!

Как ни странно, чем больше настойки Никон в себя вливал, тем разборчивее становилась его речь. После второй кружки глаза старика прояснились, заблестели, лицо раскраснелось.

— И что он? — с интересом спросил Дарий.

— Ну, собрали мужиков, вломились в дом к бабе одной, а она возьми и птицей обратись!

Варна и Свят переглянулись. Она сама не заметила, как наклонилась к старику и начала вслушиваться в каждое его слово.

— Их там полно было. Двух сожгли, одну закопали для пробы. Оказалось, тварь в земле не подыхает, пришлось откапывать. — Никон снова наполнил рюмку. — Такие дела, такие дела.

— А где это было? — спросил Свят.

— А, да там жили, рядом с Подлесным.

От Подлесного до места, в которое вел их Свят, было несколько дней пути. Вряд ли старик говорил о Рославе, но ведьм он, кажется, и вправду видел.

— А там, впереди, что было раньше? — спросила она.

— Село богатое, зажиточное. Да только пропало, одним днем не стало ни людей, ни дворов, как бабки пошептали, — ответил Никон. — Помню, батя пришел домой и сказал, мол, вести дурные слышал: село у реки теперь проклято, божьему человеку туда ходу нет. Ну, и не стали туда ездить.

— Вот так просто? — удивился Свят.

— А что? Мы люди простые. Зачем беду на свою голову искать?

Из-за стола вышли поздно, сытые скорее рассказами деда Никона, чем супом. Спать решили в сеннике, прямо на соломе, чтобы не теснить хозяев. Марта, конечно, уговаривала остаться в доме, но сильно не настаивала. Под одной крышей со Светозарными спать обычно желающих не находилось: простой люд и уважал их, и боялся.

Глаза Варна открыла резко, будто кто-то ее разбудил. Сев, прислушалась и уловила едва заметный шорох.

Схватив меч, она вышла на улицу.

Стояла тишина, ни звука. Темно было, хоть глаз выколи, но звериное зрение не обмануть — темная фигура двигалась к дому. Не разобрать, кто это или что, но сияющие глаза виднелись отлично: во тьме они горели, как крошечные факелы.

Варна собралась было кинуться за ночным гостем, но почувствовала, что не одна. Медленно обернувшись, она похолодела — в метре от нее стояло нечто. Глаза сияли адовым огнем, бледное лицо, улыбка от уха до уха. От осознания того, что существо передвигается быстро и бесшумно, по коже побежали мурашки.

Всего секунда понадобилась твари, чтобы прыгнуть вперед и повалить Варну на землю. От существа несло сладковатым запахом разложения, Варна ударила его локтем в лицо, откатилась и встала.

— Пава! — выкрикнула она.

Ведьма расхохоталась, морок рассеялся, и Варна увидела, что от девичьего лика не осталось ничего — кожа истончилась, местами проглядывала потемневшая плоть. Способностей не хватило, чтобы рассмотреть Паву лучше, но и увиденного оказалось достаточно.

— Узнала! — загоготала ведьма. — Узнала!

Из сенника вылетел Свят — он плечом врезался в Паву и сбил ее с ног. Варна размахнулась, но меч цели не достиг — упав на четвереньки, Пава уже бежала прочь, злобно хихикая.

Слаженно, ведь прежде им приходилось делать это множество раз, они бросились следом за ведьмой. За ними помчался Дарий — Варна слышала, как звенит цепь на его косе.

Что-то промелькнуло на фоне темного неба, и большая птица камнем упала вниз. Дарий замахнулся, но что-то сбило его с ног. Обратившаяся в огромную собаку ведьма кинулась на него, но Свят успел встать между ними — блеснул металл, зверь отскочил в сторону и, по-человечески хохоча, растворился в темноте.

— В дом! — Дарий поднялся на ноги. — Быстрее!

Варна сделала всего пару шагов, как вдруг все вокруг затянул густой туман. Появившийся из ниоткуда, он разделил их. Точно такую же завесу оставили ведьмы в Моррее; не было сомнений, что все это — дело рук ковена Рославы.

— Выходи! — выкрикнула Варна.

Кто-то ударил ее в плечо, затем еще раз и еще — удары посыпались градом. Она закрыла лицо руками, пытаясь не выронить ни факел, ни меч, но натиск усиливался: ее толкали, тянули за косу, щипали, словно все это игра.

— Довольно!

Сила Зверя лениво откликнулась на ее зов — Варна увидела припавшую к земле Паву. Теперь можно было ее рассмотреть: неестественно вывернутые конечности, волос нет, рот не просто открыт — разорван. Варну передернуло от отвращения.

— Это она нас прислала. — Язык ведьмы пробежал по потрескавшимся губам. — Пришлось долго копать, очень долго...

Вместо ответа Варна кинулась в бой.

Меч просвистел над головой Павы — прыжком та ушла от атаки. Варна резко развернулась, ища ее в тумане, и тут же получила удар в спину. Чудом устояв на ногах, она обернулась, собираясь рассечь нападавшего, но там никого не оказалось. Растерявшись на мгновение, Варна не заметила, как Пава выскочила из тумана и прыгнула на нее сбоку. Ведьма вцепилась в плечи, ее смердящее дыхание вызывало тошноту. Варна согнулась, пытаясь сбросить ее, но тварь никак не желала разжимать пальцы.

— Отец наш Небесный, дай мне...

— Кого ты зовешь?! — захохотала ведьма. — Батю? Батя, батюшка! Ты убила его!

Со всей силы всадив локоть в бок Павы, Варна дернулась и скинула ее с себя. Та покатилась по земле, пытаясь зацепиться за что-нибудь неестественно длинными пальцами, но один взмах меча отделил их тела.

— Су-у-ука! — завопила ведьма, прижимая обезображенную конечность к груди. — Именем Зверя, не сойти тебе с этого места, будь ты проклята, лживая девка, будь ты...

Сквозь туман прорвался Свят — его меч объяло Святое Пламя. Он бросился к ведьме так быстро, что на секунду Варна потеряла его из виду. Но Пава была готова — она отскочила в сторону, загоготала, приплясывая, как вдруг черная тень выступила из-за ее спины и пронзила ведьму теневым клинком.

Птичий крик поднялся к небу, откуда-то сверху донеслось скорбное карканье. Звук нарастал, становился громче; Варна почувствовала, как из уха течет кровь. Свят подошел к ведьме, занес над ней меч, и, едва клинок коснулся ее кожи, все изменилось.

Морок мгновенно рассеялся — ни тумана, ни непроглядной темноты, ни ведьмы. В черных руках тени висело сотрясающееся в предсмертных судорогах тело мальчишки. Варна сделала шаг к ним, но тут же отступила. Свят выронил меч, его темный двойник исчез, и он подхватил мальчика. На губах Славки выступила кровавая пена.

— Как же... — Свят поднял лицо, и Варна первый раз в жизни увидела, что он беспомощен.

— Попробуй исцелить. — Она кинулась к ним и помогла уложить Славку на землю. — Давай, Свят.

Дарий опустился на колени рядом с ними. Вставало солнце — край неба окрасило алым, но предрассветная серость еще не исчезла. Варна опустила взгляд и увидела изувеченную руку мальчишки — это ее меч отрубил ему пальцы. Они сражались с иллюзией, ей даже в голову не пришло, что ведьма не станет ввязываться в ближний бой. Если подумать, невесты Зверя беззащитны, если схватить их, не позволить произнести заклинание — тогда справиться с ними достаточно просто. Ведьма должна заранее подготовиться и вряд ли станет делать грязную работу своими руками. Жаль, что все это вспомнилось Варне только сейчас.

— Давай же... — голос Свята дрожал.

— Хватит. — Дарий положил руку на его ладони. — Он мертв.

— Нет! Я...

— Он не дышит, Свят, — тихо сказала Варна. — Его не исцелить. Вставай.

— Нет, я... — Он упрямо сидел на коленях, пытаясь сделать хоть что-нибудь. Но этим утром Свет оставил его.

— А что это тут? А? А?!

Дед Никон бежал к ним, но, не дойдя нескольких шагов, остановился, вскрикнул, схватился за голову.

— Что же это... Что же это?! Что творится?! Славка! Славик!

Разрыдался, как ребенок, осел на землю, худые плечи тряслись. Дарий подошел к нему, собираясь утешить, но дед шарахнулся в сторону, перекрестился и завопил:

— Упырь! Богом клянусь, упырь!

Варна поморщилась. Они испортили все, что могли, позволили себя одурачить, мечами размахивать стали раньше, чем обдумали ситуацию. За их беспечность заплатил мальчишка, которому еще жить да жить.

Они не сумели успокоить деда, а Марта, увидев, что произошло, лишилась чувств. Варна пыталась объяснить, что виной всему колдовство, но Никон не слушал — голосил, завывал, а потом во всю мощь своих легких заорал:

— Забери меня, тварь! Меня! Сколько можно терзать моих детей?! — Он перевел дух и тихо продолжил: — Всех увела, проклятая.

— Кто? — Дарий предпринял еще одну попытку поговорить.

— Ведьма, — всхлипнул Никон. — Я сдал ее колдушек, дурак малолетний. Ну и, это, она отнимает у меня всех, а меня не трогает! Сто лет живу, сто лет, а все никак не помру.

— Как ее звали? — Варна знала ответ, но ждала его, затаив дыхание.

— Рослава. — Никон с трудом поднялся на ноги, но от помощи отказался. — Нет от нее покоя, нет и не будет. Знал бы, что так выйдет, не приводил бы детей в этот мир. Всех перебила, всех.

Он припал к телу внука. Свят наконец встал и, шатаясь, пошел к стойлам. Дарий проводил его взглядом.

— Мы убили ребенка, — тихо сказала Варна. — А ведьмы и нас подставили, и деду отомстили. — Она сокрушенно покачала головой. — Даже в землю закопанная, Рослава смогла заставить их упасть нам на хвост.

— Значит, мы на верном пути. — Свят жестом приказал им седлать лошадей. Его лицо стало еще жестче, чем прежде.

— Просто уедем? — возмутился Дарий.

— А что ты предлагаешь? Позавтракать? — прорычал Свят. — Садись на лошадь.

Варна первой вскочила в седло. Оцепенение прошло, но осознание произошедшего пока не наступило. Чувство вины всколыхнулось в груди: если бы они задумались, хотя бы на мгновение, то могли бы избежать трагедии. Но «если бы» не произошло. Бездумно взявшись за мечи, они забыли о главном правиле Горeслава: сначала думать и только потом доставать оружие.

ГЛАВА 22

Тогда

— Я тебе говорю: сработает.

— В последний раз, когда ты это говорила...

— Всю жизнь припоминать будешь?!

Они застыли, лежа траве. Время тянулось медленно, ветер гонял пожухшую листву. Мало-помалу холод, идущий от земли, проник под одежду.

— Не дергайся, — прошипел Свят.

— Холодно, — буркнула Варна.

Он заерзал, вытащил из-под себя плащ и накрыл ее.

— Не помрешь.

К наскоро собранному чучелу приближалась темная фигура. Варна подобрала ноги и присела.

«Давай, давай!»

Существо кругом обошло приманку, дышало громко, но нападать не торопилось. Свят прошептал:

— Крупновато для меши.

— Ш-ш-ш! — Варна пихнула его локтем.

Получив ворона с посланием, Горeслав пробежался взглядом по строчкам в письме и передал его новобранцам. Этот простой жест означал, что дело плевое и они сами справятся. Пихая локтями друг друга, Варна и Свят прочитали текст, в котором говорилось, что неподалеку рыскает меша — беззлобный дух, пугающий детей и взрослых, но, как правило, редко нападающий. Неудивительно, что Светозарный предпочел отмахнуться — дело не для него, зато учеников погонять можно.

Прибыв на место, Варна выдала потрясающую, на ее взгляд, мысль: устроить засаду в лесу, неподалеку от деревни, мешу приманить дурман-травой, а как только дух потеряет бдительность — изгнать в Навь.

— Дух мелкий, но не глупый, — заявил Свят.

— Набьем дурманом чучело.

— Тебя, что ли?

Варна со всей силы ударила его в плечо — и он скривился. Так как ничего другого Свят не предложил, пришлось согласиться с Варной. Пу́гало они нашли в первом же дворе: сказав хозяину, что их прислал Полк, Варна указала на плетеного человечка и произнесла:

— Оно нам нужно для дела.

— У вас молоко-то на губах не обсохло еще. — Мужик покачал головой.

— Можешь продолжать слушать завывания меши по ночам, мне все равно, — холодно сообщил Свят.

— Я же не отказываюсь. Что ты начал? — забубнил хозяин.

Он снял пугало и вручил его Варне. Та, с трудом обхватив жесткое тело, кивнула и вышла за калитку. Свят из вредности не пытался помочь и просто шел рядом, наблюдая, как она мучается.

— Ну ты и скотина, — выдохнула Варна.

— У каждого свои заботы.

— Вот и иди тогда собери дурмана, раз такой умный!

— Задумка твоя, значит...

— Только попробуй! — Она изловчилась и толкнула его бедром. — У меня с травничеством плохо, прояви свои недюжинные способности.

Поворчав для виду, Свят ушел. Вот-вот наступит осень, если дурман найдет — считай, повезло. Варна усмехнулась, глядя на удаляющуюся спину, — в ее седельной сумке лежала банка с вытяжкой из дурман-травы, которой можно было облить пугало. Но Свят узнает об этом потом, после того как по земле поползает в поисках растения.

Выбрав место, она приладила пугало к наскоро собранным подпоркам. В темноте его легко можно будет спутать с человеком, меша обязательно придет на запах, а как только границу круга переступит — сразу же в плену святой печати окажется. А там дело быстрое: молитва, крест — и дух отправится восвояси.

И вот они сидели и наблюдали, как темная фигура рыщет вокруг. Странно, но дурман-траву существо не замечало, хотя во всех книгах и записях, которые ей удалось найти, Варна видела одни и те же строчки: «Противиться запаху дурмана не в состоянии».

— Что-то не так, — прошептала она.

— Явись! — Свят выпрямился. — Я приказываю тебе!

Фигура застыла, сияющие глаза обратились к ним. Варна сжала рукоять меча и, мысленно обругав Свята, встала рядом с ним. Подчиняться требованию новобранца Светозарных существо не торопилось — стояло, вытянувшись в струну, в темноте были едва различимы очертания собачьего тела. И вдруг тварь развернулась к ним всем корпусом и... поднялась на задние лапы.

— Свят! — Варна попятилась. — Это не меша!

— Прикрой! — рявкнул он, обнажив оружие.

Зверь присел, оттолкнулся могучими лапами от земли и прыгнул на них. Зазвенела сталь — меч Свята скользнул по длинный когтям, но удар оказался таким сильным, что почти повалил на землю. Варна плечом подтолкнула напарника в спину, не позволив упасть.

Тень материализовалась рядом мгновенно — непроницаемо черная, с мечом наизготовку. Взвыв, «меша» махнул могучей лапой, но та прошла сквозь бестелесное существо. Тень ответила яростным выпадом, разя зверя в самое сердце, но тот пригнулся, подобрался, встал на четыре лапы и снова кинулся в бой.

Казалось, что с каждым мгновением существо увеличивается в размерах: плечи стали шире, лапы — мощнее, будто что-то подпитывало его, будто...

— Луна! — крикнула Варна, отпрыгивая в сторону.

Зверь удивленно вскинул голову, и, воспользовавшись его замешательством, тень Свята пронзила бок твари мечом. Существо завыло, схватилось за рану, совсем как человек, наотмашь ударило Свята и кинулось прочь.

— Не преследуй его! — выкрикнул он, поднимаясь на ноги. — Мы не готовы.

— Шутишь?! — Варна уставилась на него. — Мы можем его одолеть!

— Нужно сообщить Гореславу.

— Мы привезем ему голову перевертыша и заслужим признание, — заупрямилась Варна.

— Если полезешь на него сама, я привезу в церковь только одну голову — твою. — Свят ногой повалил чучело на землю. — Пойдем, пора возвращаться.

— И не подумаю! — Она сложила руки на груди. — Можешь ехать, а я вас тут подожду, может, узнаю, кто это был.

— Бог свидетель, если меня заставят с тобой в паре работать, я откажусь от плаща! — взвыл Свят. — Терпеть тебя невозможно, говоришь слово, а ты — десять в ответ! Здравого смысла в тебе ни на грош!

— Взаимно. — Варна оскорбленно поджала губы. — Трус.

— Что ты сказала? — Свят выпрямился. — Повтори!

— Ты трус! — смело выкрикнула она. — Тебе давно девятнадцать лет, а все за плащ Гореслава прячешься, когда все идет не так, как ты хотел.

— На «слабо» меня не возьмешь, — спокойно сказал он.

— Ну и катись, сама справлюсь.

— С кем? С перевертышем? Очень смешно.

— Ха-ха-ха, — членораздельно произнесла Варна и пошла прочь.

Нет больше сил находиться с ним рядом! Все эти годы он только и делал, что оскорблял ее, насмехался, ставил под сомнение все, что она говорила. А ведь ее задумки часто срабатывали, да, осечки случались, но с кем не бывает?!

— Я сказал: стой! — Свят схватил ее за локоть и развернул к себе. — Мы уезжаем, это...

— Что? Приказ? Кто дал тебе право? — Она вырвалась и злобно уставилась на него. — За что ты меня ненавидишь?!

Благодаря силе Зверя Варна даже в темноте увидела, как исказилось его лицо. Казалось, он опешил и растерялся.

— Если бы ты постоянно не огрызался, мы бы давно сработались, понятно? Но ты вечно показываешь, насколько превосходишь меня во всем! Так вот, я знаю, Свят! Ты — единственный и неповторимый, особенный новобранец, которого Горeслав воспитывает с самого детства, я даже не смею мечтать о месте его любимчика, так что...

— Особенный. — Свят хмыкнул. — Мозгов у тебя как у козы.

Варна сжала кулаки.

— Катись к черту. — Она быстро зашагала прочь.

— Варна!

— Отстань!

Она вернулась в конюшню, закуталась в плащ и залезла в стог сена. Они думали, что справятся быстро, поэтому ночлег искать не стали. Теперь, видя, как дыхание превращается в пар, Варна пожалела об этом.

Уснуть не удалось. Вскоре вернулся Свят, но ложиться он не торопился — она чувствовала, что напарник неподвижно стоит рядом.

— Спишь? — хрипло спросил Свят.

— Нет, — ответила она.

— Что делаем?

Варна села, скрестила руки на груди и с подозрением посмотрела на него. Опять издеваться собрался?

— Тебе не понравится, — наконец сказала она.

— Мне не нравится ничего из того, что ты делаешь. — Он пожал плечами. — Выкладывай.

Они собрали всех жителей у колодца, сказав, что хотят помолиться за них. Кто ж откажется от такого? Святая вода и молитвы перевертышу не страшны, ставка была на то, что, зная об этом, он тоже явится.

Свят обвел взглядом собравшихся и, откашлявшись, сказал:

— Дабы защитить вас, я прочитаю молитву. Присоединяйтесь, если слова вам знакомы.

Пока жители самозабвенно осеняли себя крестным знамением, Варна всматривалась в их лица. Никто не вызывал подозрений, все истово молились, повторяя слова за Святом. Да только они и не рассчитывали вычислить перевертыша с помощью Слова.

Достав из кармана склянку с клубящимся внутри дымом, Варна бросила ее на землю — и колдовство вырвалось на свободу: день сменился ночью, солнце обратилось в луну. Этому трюку ее научила Рослава — магию лучше творить в темноте, поэтому ведьмы часто сами создавали ночь, удерживая ее над местом, в котором проходит ритуал.

Как только лунный свет достиг земли, юноша, стоявший в толпе, закричал, забился, но, едва Свят достал меч, испуганно вскрикнул и побежал прочь.

Колдовство не подвело — природа перевертыша не могла сопротивляться влиянию луны. Варна бросилась в погоню и пожалела, что пищали им еще не выдали, — подстрелить его на ходу было бы куда легче, чем пытаться догнать.

Из-за угла вылетел Свят — он почти сбил мальчишку с ног, но тот, частично обратившись, отбился от него и, хромая, продолжил бежать к лесу. Встав на четыре лапы, перевертыш ускорился.

Варна увидела коня, мирно жующего траву во дворе. Она перемахнула через забор, отвязала самодельные поводья от колышка, похлопала животное по лощеной шкуре и прошептала:

— Не откажи в услуге, ибо Зверь скор на расправу.

Конь покорно склонил голову, позволил ей залезть на себя и понесся к лесу, повинуясь приказу наездницы.

— Свят! — выкрикнула она.

Он понял без слов — замедлился, протянул руку, она схватила его за предплечье, напарник вцепился в нее, оттолкнулся и на ходу вскочил на коня. От этого закружилась голова: смогли! Ни разу не делали так, но сумели!

Перевертыш петлял впереди, метался, пытался прорваться к спасительной кромке леса.

— Нельзя позволить ему скрыться! — крикнул Свят.

— Есть идея, но тебе не понравится! — ответила Варна, улыбаясь ему через плечо.

Он ничего не спросил, впервые доверился ей и кивнул. Окрыленная, Варна сосредоточилась, нащупала внутри крошечную искру, раздула из нее пламя и ощутила небывалый прилив сил. Зверь все еще позволял использовать свою мощь, и сегодня Варна хотела воспользоваться ей во благо.

— Держись!

Она резко дернула узду — и конь повернул вправо и помчался к перевертышу. Почти поравнявшись с ним, Варна подобрала ноги и села на корточки. Опираясь на лошадиную спину, убедилась, что Свят взял поводья, и оттолкнулась от мягкой шкуры. Она почувствовала, как лишается опоры, — коня повело в сторону, — но прыжок получился по-настоящему звериным: толчка хватило, чтобы настигнуть бегущего рядом перевертыша. Варна упала на него, и они вместе покатились по земле.

Не мешкая, она достала нож из сапога и попыталась всадить его в бок твари, но пришлось защищаться — длинные зубы щелкали у самого лица, Варна засунула клинок между челюстями и отвернулась, морщась от смрадного дыхания.

Вдруг перевертыш обмяк, горячая кровь хлынула на нее, голова твари упала на грудь.

— Фу! — Она поспешила выбраться из-под тела.

Свят протянул руку и помог ей. Оглядев себя, Варна скривилась: вся залита кровью, вкус железа во рту, похоже, попало даже внутрь. Она перевела взгляд на перевертыша и охнула — совсем мальчишка. Быть может, младше их. До конца обратиться не сумел: тело обросло шерстью, прорезались когти, а на мертвом лице застыло удивление — он не успел понять, чтó случилось.

— Даже жаль его, — тихо сказала она.

— Жаль, — подтвердил Свят. — Нужно проверить его семью.

— Думаешь, целая стая?

— Кто знает.

Покопавшись в карманах, Свят достал платок и принялся деловито стирать кровь с ее лица. Варна прищурилась, пытаясь понять, с чего вдруг такая забота.

— Выходка с конем была просто великолепная.

Первый раз в жизни она видела, что Свят искренне восхищен. Пытаясь скрыть удовольствие от похвалы, Варна буркнула:

— Да и ты не растерялся. Кстати, — она замялась, — не скажешь никому, что я использовала колдовство?

— Нет. — Он бросил испачканный платок на землю.

— Почему ты покрываешь меня?

— Я проклят, как и ты. — Свят стряхнул кровь с меча и убрал его в ножны.

— И мы должны держаться вместе? — попыталась пошутить она.

— У нас нет выбора. Если тебя поставят в пару с кем-то другим — он убьет тебя, как только заподозрит неладное. Но Горeслав не позволит разделить нас.

— Почему?

— Потому что он выбрал меня. У него, — Свят замешкался, — есть идея.

— Идея? — Варна поспешила вперед, чтобы не отстать от него. — Какая еще идея?

— Создать целый отряд таких, как я.

— Отряд про́клятых, — хмыкнула она. — Хорошо звучит.

— И мы будем стоять в первых рядах, — кивнул Свят.

— А если ему запретят? — вдруг спохватилась Варна.

— Нас убьют, — спокойно ответил он. — Нас всех.

В деревне разделились: Свят пошел к родным убитого, Варна — на поиски добродушного хозяина, который позволит воспользоваться баней и, если повезет, пожертвует одежду. Пока она шла вдоль заборов, заглядывая во дворы, люди испуганно опускали глаза и делали вид, что донельзя заняты. Беспокоить простой народ Варна не любила, но и в церковь ехать в пропитавшейся кровью одежде не могла: во-первых, все это благополучно завоняется; во-вторых, лошадь может даже не подпустить ее к себе. Настоящих, боевых коней, приученных к запаху крови и смерти, им не видать еще долго, а выучки у ее смирной лошадки пока не хватает.

— Эй, вижу, баня натоплена? — Варна облокотилась на забор и указала на дым, поднимающийся к небу.

— Затоплена, а то как же, — подтвердила женщина, румянец которой, к слову, несколько поблек, когда она увидела окровавленную девчонку.

— Мы тут перевертыша у вас ловили. Мне бы помыться.

— Ну заходи, — неохотно согласилась хозяйка.

— Одежду не пожертвуешь? — Варна многозначительно посмотрела на кровавые разводы на рубахе.

— Сарафан тебе дать? — усмехнулась женщина.

— Сын есть у тебя? — Получив утвердительный кивок, Варна продолжила: — Вот его одежду мне и дай. Если он не младенец, конечно.

Еще до того, как она вошла в баню, что-то случилось: закружилась голова, в ушах зазвенело.

Тряхнув волосами, Варна закрыла дверь и принялась снимать прилипшую к телу одежду. Наверное, она устала. Дни выдались тяжелыми, да и сражаться с перевертышем они были не готовы.

«Беги».

Шепот был такой тихий, что мог бы сойти за галлюцинацию, да только Варна привыкла прислушиваться к себе. Так и замерла с поднятым над головой ведром, прислушалась — тихо, только вода шипит, испаряясь.

Ополоснув себя, она села на лавку, но расслабиться не сумела — тело напряглось, скверное предчувствие не унималось.

«Беги».

Чьи-то слова, как настойчивый зуд в голове, не давали покоя, беспокойство росло.

Из предбанника донесся шум, Варна вскочила.

— Какого...

— Уходим! — Свят швырнул ей одежду. — Быстрее!

— Что случилось? — Варна надела рубаху на мокрое тело и принялась натягивать штаны.

— Их тут целая стая. Скорее, Варна, что ты копаешься?!

Но выйти они не смогли: дверь подперли снаружи. Свят принялся выбивать ее плечом, но безрезультатно — кто-то кричал, гоготал, в какофонии голосов Варна разобрала только «Заживо сожжем их!». Она принялась шарить глазами по парилке и с ужасом поняла, что печь находится в предбаннике, а значит...

— Мы сваримся здесь, — пробормотала Варна и, собравшись, попыталась выбить дверь ногой. — Выпустите нас! Зачем ты вообще вошел?! Не мог на улице остаться?!

Свят не ответил, кинулся к крошечному окошку, но попытки открыть его успехом не увенчались — закрыто наглухо.

— Какого беса?! — в ярости выкрикнул Свят.

Выбившиеся из косы волосы уже прилипли к его лбу, по лицу катился пот. В бане становилось все жарче, Варна попыталась глубоко вдохнуть и не смогла: влажный воздух застревал в горле. Ее охватил страх.

— Что нам делать?

— Если ведьмы научили тебя обращаться в пар, то самое время воспользоваться этой способностью, — раздраженно ответил Свят.

Варна села и попыталась успокоиться. Выбить дверь не выйдет — ее либо забаррикадировали, либо держат снаружи. Окно закрыто и слишком маленькое, чтобы в него пролезть. Местные вряд ли попытаются им помочь — перевертыши или убили их, или напугали до полусмерти.

— Выхода нет, — пробормотала она.

Свят метался между окошком и дверью, а Варна медленно сползала с лавки. Сознание помутилось, зрение поплыло.

«Господи, — подумала она, — неужели это всё? От нас останутся раздутые трупы, обезображенные до неузнаваемости. Кто нас найдет? Гореслав?»

— Нет, нет, смотри на меня!

Оказывается, она упала на пол, и теперь Свят тряс ее, как тряпичную куклу. Ей с трудом удалось открыть глаза, но оставаться в сознании было мучительно тяжело, хотелось спать.

— Явись!

Тень возникла мгновенно, но даже она выглядела странно — зыбкая, расплывчатая. Несколько долгих мгновений Свят молчал, а затем приказал:

— Убей всех.

Молчаливый спутник упругим шагом направился к двери и прошел сквозь нее. Варна затаила дыхание, но ничего не услышала — ни звуков боя, ни криков. Она вопросительно посмотрела на Свята, тот вскочил и кинулся следом за тенью. Как ни странно, дверь он открыл без труда. Прохладный воздух ворвался внутрь, Варна жадно вдохнула его и чуть не расплакалась от облегчения. Она встала и хотела выйти, но вдруг краем глаза заметила нечто странное: нестройная процессия перевертышей двигалась в сторону леса. Прильнув к окошку, Варна напрягла зрение и отшатнулась, разглядев высокую фигуру в черном, стоящую поодаль.

Зверь.

Рядом с ним маячили три фигуры поменьше, они смотрели на то, как перевертыши исчезают между деревьями. Немного подождав, фигуры двинулись следом. Зверь остался один. Увенчанная рогами голова повернулась к Варне — и она почувствовала грубое вторжение в свое сознание.

Мое.

Мое.

Мое.

Слова слились в неразборчивое блеяние, Варна зажала уши и выбежала из бани, но голос не замолкал до тех пор, пока Свят не коснулся ее плеча, пытаясь привести в чувство.

— Тебе лучше? — Он присел рядом.

— Он увел их, — прошептала она. — Это Зверь увел их.

Свят подобрался, повернулся и прищурился, всматриваясь в лес, но там никого не было, все исчезли: и ведьмы, и Зверь, и перевертыши. Он рукавом стер пот со лба и сказал:

— Не каждый день меня спасает отец зла. Нужно проверить.

— Что? Ты за ними пойдешь?! — Варна схватила его за руку. — С ума сошел?!

— Горослав потребует отчет, а узнав, что мы упустили целую стаю, поедет сюда сам, прихватив еще нескольких

Светозарных. Нужно узнать все, что сможем, чтобы передать ему сведения.

— Упустили стаю? Да мы вообще не должны были столкнуться с ней!

— Тебе уже восемнадцать. Мы вот-вот окажемся один на один с этими тварями. У кого ты будешь искать защиту?

Ее будто молнией ударило — послезавтра выйдет срок, назначенный Рославой. Ведьмы придут за ней и потребуют ответа, а Варна давно разуверилась в правильности их пути. Отказать Рославе, заявить, что все эти годы она зря старалась склонить ученицу на их сторону... Варна поежилась, вспомнив ярость, с которой Рослава металась по поляне в день, когда были убиты ее сестры.

Они вошли в лес и обнажили мечи, но в засаде их никто не ждал. Варна изо всех сил вслушивалась в трескотню насекомых и шелест сминаемых обувью растений, пытаясь уловить тяжелое дыхание Зверя, но он просто испарился.

— Господи! — От неожиданности Свят попятился и налетел на нее.

На деревьях висели тела перевертышей. Некоторые успели обратиться, другие — нет, но всех повесили, казнили за то, что они позарились на душу, принадлежащую Зверю.

«Мое», — сказал он, ворвавшись в сознание Варны.

Она похолодела и отвернулась, но дело было вовсе не в телах, покачивающихся под порывами ветра. Это показательное выступление было не чем иным, как уроком для нее, Варны. Она принадлежала ковену, как вещь. Зверю нельзя сказать «нет», нельзя не подчиниться его зову. Он пришел не спасти ее, а напомнить, что в его руках не только ее жизнь, но и нечто куда более ценное — душа.

— Так или иначе, но ведьмы упростили нам работу. — Свят огляделся. — Что с тобой?

— Ничего, — глухо ответила она. — Пора возвращаться.

ГЛАВА 23

Сейчас

Следующую ночь они провели в лесу, а с первыми лучами солнца отправились дальше, чтобы прибыть на место задолго до заката. Напряжение Свята выдавала неестественно прямая спина и то, как он оглядывается по сторонам.

В траве Варна увидела поваленный указатель — полуистлевший, почти поглощенный землей. Разобрать надпись она не смогла: буквы стерлись и превратились в черные кляксы. Она хотела поговорить с кем-нибудь, обсудить все, что произошло, но ни Свят, ни Дарий не выглядели как люди, готовые к диалогу.

— Там что, кто-то есть? — вдруг спросил Дарий, приложив к глазам ладонь козырьком.

Нет сомнений: впереди их ждал всадник; и чем ближе они подъезжали, тем отчетливее Варна могла рассмотреть развевающийся белый плащ.

— Это ко мне! — выкрикнул Свят, и его конь сорвался с места, пустившись галопом.

— За ним поедем? — спросил Дарий.

— Нет, — отмахнулась Варна. — Зачем совать нос в дела Полка?

— Это правда ты? Тебя не подменили? Мне казалось, что цель нашей жизни — совать нос в их дела.

— После всего, что случилось, ты еще способен шутить, — притворно восхитилась Варна.

— «Всего, что случилось» — это ты про смерть мальчишки или мою?

— Иногда я тебя ненавижу.

— Я ненавижу себя гораздо чаще.

Свят и всадница горячо что-то обсуждали. Варне достаточно было напрячь слух — и она узнала бы, что так сильно вывело из себя непоколебимого Светозарного, но она решила не вмешиваться. Покрытое алыми пятнами лицо Славы Варна узнала издалека. Та отчаянно жестикулировала, а движения Свята походили на удары топора — четкие, короткие, уверенные.

— Подождите там! — выкрикнул он, выставив руку перед собой.

— Да бога ради... — пробормотал Дарий. — О чем там речь?

— Я не стану подслушивать, — отрезала Варна.

— Да что на тебя нашло? Неужели не интересно, что́ ей здесь нужно и как она нас нашла в этой дыре?

— Ты слишком любопытный для покойника, — прошипела она и спрыгнула на землю. — Лучше найди место, где можно оставить лошадей.

Спор Светозарных становился все злее: Слава наступала, Свят агрессивно защищался. По движениям тел было видно, что стычка становилась только острее, их голоса звучали все громче, Варна улавливала обрывки фраз, хотя изо всех сил старалась не вслушиваться в долетающие до нее слова.

— ...думал!

— ...всегда ошибаешься!

— Мои... прямо здесь... к твоему статусу...

— ...не твое дело.

— ...требую объяснений!

Слава напирала, оборона Свята рушилась, его голос становился тише. Вскоре они приблизились друг к другу и зашептались. Вот теперь Варне стало по-настоящему интересно, о чем говорят Светозарные, но она твердо решила не подслушивать.

— Сама от любопытства сгоришь, — сказал Дарий.

— Переживу.

Чтобы отвлечься, Варна пошла вперед — пусть спорят, а она пока осмотрится. Лезть в отношения между Светозарными — себе дороже, тем более неизвестно, чт́о именно их связывало. То, как Свят пытался донести что-то до Славы, задело самолюбие — с Варной он никогда не был таким словоохотливым. Они с Дарием достойны только коротких приказов, тогда как бритая наголо девушка заслужила целую тираду. Столько слов единовременно Свят не произнес, наверное, ни разу за все годы, проведенные в церкви.

Дед Никон утверждал, что впереди ничего нет, но ошибся — деревня стояла, где и прежде. Удивительно было то, что ни одна изба не покосилась, бычьи пузыри в окнах до сих пор целые, лес обступал покинутое селение, но что-то сдерживало его, не позволяло пересечь невидимую границу. Варна подошла к деревьям и обнаружила, что трава растет вдоль невидимой глазу линии.

— Колдовство.

— Ты не можешь не подкрадываться? — проворчала она.

— А ты разве не чувствуешь меня? — Дарий виновато улыбнулся. — Прости.

— Что думаешь? — Варна указала на лес.

— Я уже сказал: это колдовство. Кто-то оградил это место от влияния времени. Избы будто только час назад жильцы покинули.

Чудилось что-то жуткое в темных провалах окон, в идеально сохранившихся домах — колдовство витало в воздухе; ведьма, сотворившая это, не пыталась скрыть своей работы. Ее дух остался здесь, чтобы охранять деревню от посторонних.

Варна ощутила знакомую дрожь внутри — те же чувства охватывали ее перед каждой встречей с Рославой.

— Смотри в оба, — сказала она и вошла в дом.

Здесь обитали пусть не богатые люди, но точно зажиточные — ковры на полу и на стенах, выбеленная печь, на печи место для сна. Подушка и одеяло дорогие, набитые пухом, все еще мягкие и совсем не пахли тленом. На столе кувшин, в кувшине — вода. Варна понюхала ее и покачала головой — свежая. На столешнице нет и намека на пыль, кто-то заботливой рукой прикрыл дом от всех невзгод. Но куда делись жители?

Заходить в каждый двор было бессмысленно: вряд ли внутри картина будет иной. Дарий заглядывал в окна, внутрь не совался, периодически свистел и ждал ответа, чтобы убедиться, что она в порядке. Варна отвечала, но все больше удалялась от него. Что бы ни искал Свят, тут только пустые дома и тишина. Людей, способных ответить на вопросы, здесь не осталось.

Налетел ветер, Варна прикрыла глаза, защищая их от пыли. Тень скользнула к одному из домов, а она, выхватив меч, метнулась следом. Живых в этом заколдованном месте быть не может, значит, настало время охоты.

Порог переступила без страха, держа оружие наготове, однако вместо нечисти на нее смотрели обычные человеческие глаза. Женщина прошла мимо, не замечая ее. Варна присмотрелась и поняла, что перед ней нечто бесплотное, вроде призрака, да только озлобленные гости из Нави домашними делами не занимаются, а эта спокойно села сбивать масло. Из другой комнаты вышел статный мужчина, красивый, с густой черной бородой. На его шее вместо креста висел деревянный символ, смутно знакомый, напоминающий...

Она вытащила из-за пазухи крест и перевернула — да, так и есть, такая же руна была вырезана на обратной стороне ее поддельного креста.

В дверь постучали. Варна отпрянула, когда мужчина прошел мимо, но все же ощутила холод, исходящий от него.

Открыв дверь, хозяин остановился на пороге, лицо его стало непроницаемым.

— Хватит ходить сюда, отец, — громогласно произнес он, обращаясь к застывшему на пороге худощавому человеку.

— Я должен нести Слово в каждый дом, твой не исключение.

Было в лице старика что-то отталкивающее, лисье: глаза хитрые, глубоко посаженные, нос острый, скрюченные пальцы перебирают четки. Смотрел он заискивающе, но в то же время свысока.

— Никто в деревне не примет твою веру. Смирись и уходи с добром.

— Зря противишься, Всеслав. Ты ведь глава, умный человек, сам знаешь, кто придет после меня. — В голосе старика появилась угроза.

— Наши земли защищают волхвы, и я в первую очередь один из них и только потом староста, — пророкотал мужчина. — Как смеешь ты просить, чтобы я отказался от богов и духов и надел крест?

— Упрямство — это грех.

— Грех — это выдумки, — твердо сказал хозяин. — Выдумки безумцев, написавших вашу книгу. Насколько слабой была ваша вера в предков, если вы так легко сменили старых богов на нового?

— Не оскорбляй меня, Всеслав, я всего лишь Его вестник.

— Ты — жалкий червь. Человек рожден, чтобы, расправив плечи, стоять на страже природы и жизни, быть частью Великого круга, а не падать ниц перед распятым телом, взирающим на него сверху вниз.

— Всеслав... — выдохнула женщина, все это время внимательно слушавшая разговор. Судя по ее лицу, она не на шутку испугалась.

— За тобой стоит целая деревня, — прошипел старик, — я бы на твоем месте...

— Не бывать тебе на моем месте, отец! — взревел мужчина. — Дайте нам жить как жили, обойдите нас стороной.

— Иначе что?

— Иначе нам придется встать плечом к плечу и дать вам отпор, — резко ответил Всеслав.

Он закрыл дверь, жена бросилась к нему, схватила за край рубахи и горячо зашептала:

— Зря ты с ним так! Он ведь приведет сюда воинов, ты же знаешь!

— Сама земля восстанет, чтобы изгнать их. У нового Бога нет власти в наших краях, — уверенно сказал ей муж.

— Кто это был?

Обернувшись, Варна опешила, опустила меч и уставилась в детское лицо, не в силах поверить тому, что видит.

Чернобровая темноволосая девчонка лет шести — глаза зеленые, на шее руна, такая же, как у батюшки. Губы сжаты, руки сложены на груди, во взгляде решимость и понимание. Будто не ребенок вовсе, а взрослая женщина. Варну поразило их внешнее сходство, она словно смотрела на саму себя сквозь года. Но это были не ее воспоминания, не ее детство и не ее семья — все это принадлежало Рославе.

Фигуры растворились в воздухе, чтобы появиться снова спустя мгновение. Все изменилось: женщина нервная, похудевшая, ходила из угла в угол, заламывая пальцы; дочь сидела на стуле как статуя — с идеально ровной спиной, смотрела в окно, почти не моргая. Повзрослела совсем немного, стала похожа на батюшку еще больше. Варна подошла ближе и коснулась пальцами полупрозрачной щеки — та пошла рябью, призрак ничего не заметил.

— Идет! — воскликнула девчонка и вскочила.

В дом вошел Всеслав — измученный, с тенями под глазами. Корявый посох сжимал так, что побелели пальцы. Он обвел взглядом замерших женщин и сказал:

— Нам дали время на то, чтобы избавиться от идолов. Несколько домов заняли их люди, будут наблюдать за тем, как проходит «очищение».

— И ты позволишь?! — Девочка прижала руки к груди. — Батюшка!

— Нам придется склонить головы, Дарина. — Произнеся эти слова, мужчина сдулся, уменьшился в размерах и потух. — У них десятки воинов, одержимых верой. Они сровняют деревню с землей и сожгут наши трупы.

— Давай уедем! — взмолилась женщина. — Прошу тебя, давай...

— И бросим остальных?! — взревел Всеслав. — Нет, этому не бывать!

— Твое упрямство погубит нас!

— Куда бы мы ни уехали, они найдут нас. Думаешь, наша деревня — это последнее место, куда их принесло? Впереди десятки городов и сел, и все они будут преданы огню, если кто-то откажется принимать новую веру.

— Ты больше не будешь волхвом? — тихо спросила девочка.

— Я всегда буду им, — твердо ответил мужчина. — Но сейчас куда важнее защитить вас.

Мгновение — и картинка поменялась. Рославе лет девять на вид, на ее груди крест. Подхватив ведро, девочка вышла из дома, Варна отправилась следом. Деревня ожила — в легкой дымке клубились воспоминания и призраки. Люди суетились, болтали и обменивались новостями. Рослава прошла вперед, протиснулась сквозь толпу и встала в конец длинной очереди. У колодца дежурили воины: кого-то пропускали вперед, кого-то грубо отталкивали.

— Проклятые язычники, — пробормотал один из них. — Вам было сказано: одно ведро в день!

— Да на что его хватит-то?! — выкрикнул кто-то.

— Почему ваши люди могут брать сколько угодно?!

И тут Варна заметила яркие метки на рукавах людей в очереди — желтые платки, повязанные над локтем. Похоже, таким образом воины отличали «своих» от язычников.

— Веришь ли ты в Господа? — насмешливо спросил один, толкая Рославу в плечо.

— Верю, — ответила та, не поднимая взгляда.

— Врешь. — Мужик осклабился. — Знаю я способ один, после него точно уверуешь.

Он принялся закатывать рукава, явно намереваясь поколотить Рославу. Четким движением Варна рассекла бесплотную шею клинком. Призраку, конечно же, ничего не было, но злость, закипевшая внутри, немного улеглась. Смотреть, как уродливый потный олух собирается избить ребенка, — нет, это выше ее сил.

— Пойдем со мной. — Воин потянул Рославу в сторону. — Давай-давай, шевели ногами.

— Нет! — Варна встала между ними, словно могла защитить ребенка, но видения прошли сквозь нее.

— Нет! — эхом ответил ей мужской голос.

В точности повторив ее движение, между Рославой и воином встал Всеслав. Он толкнул мужчину в грудь — тот оступился и упал на спину. Его напарник выхватил нож и приставил его к горлу волхва.

— Проклятый еретик! — заорал воин. — Как смеешь прикасаться к слугам Господа?!

— Вы — твари дрожащие, — прорычал Всеслав, развернулся и ударил солдата в лицо. — Осквернили мою землю, ночами вламываетесь в дома! Думаете, никто не знает об этом?! — Он пнул пытающегося встать мужика под ребра. — Доколе терпеть будем?!

Толпа пришла в движение — мужчины вскинули кулаки, поддерживая старосту. Они окружили воинов, Варна отступила, но взгляда не отвела — измученные жители забили «слуг Господа» насмерть. Молотили их ногами и руками, рвали на них одежду и плевали на распростертые тела. Всеслав сорвал с шеи крест, поднял его над головой и громко сказал:

— Хватит пресмыкаться! Здесь нет места новому Богу!

Видения рассеялись, Варна побежала обратно в дом. Не может быть, чтобы все так просто закончилось! Было что-то еще, было...

Темно, на столе горит свеча, вокруг сидят люди. На шее Всеслава нет ни креста, ни рун, он склонился над металлической чашей и что-то бормочет, сыпет в нее измельченные травы, помешивает и вслушивается в шепот, поднимающийся от исходящего ароматным паром варева.

— Так тому и быть, — тихо сказал он. — Пойдемте, братья, сегодня мы дадим им бой.

Небольшая толпа покинула дом и двинулась к лесу. Варна шла рядом с Рославой, та жалась к руке матери и испуганно оглядывалась, будто боялась, что воины нападут на них прямо сейчас. Женщина приобняла ее и пошла быстрее, но все равно не поспевала за мужем.

— Нет... — пробормотала Варна. — Зачем?! Господи...

Людей ждал Зверь. Лунный свет будто притягивался к его фигуре, но лица было не разглядеть, как ни старайся. Он не двигался, ждал, пока Всеслав приблизится. Тот не упал на колени, не стал умолять, посмотрел прямо в темноту, в звериные глаза.

— Помоги изгнать чужаков.

Зверь промолчал.

— Я сделаю то, о чем мы договорились. Дай нам сил противостоять их мечам! Разве новый Бог тебе не враг? Помоги нам — и бери то, что просил.

Всеслав развернулся, схватил Рославу за руку и подтолкнул к Зверю. Девчонка начала хныкать, попятилась, но батюшка не позволил ей отойти. Рогатая голова качнулась, соглашаясь, и люди, один за другим, начали падать на землю, истошно вопя.

Их тела выгибались, дергались в судорогах, кожа лопалась с противным треском. Несколько мгновений назад перед Зверем стояли люди, а теперь — животные, способные ходить на двух ногах. Лица превратились в морды, руки — в лапы, кто-то завыл, и от этого воя Варна похолодела. Язычники, доведенные до отчаяния, обратились за помощью к Зверю, к самому отцу зла, получили силу, но потеряли души.

Стая кинулась назад, в деревню, а вел ее могучий волк. Варна хотела пойти за ними, но видение пропало, остались лишь Зверь и Рослава. Он не дал девочке посмотреть на то, что будет твориться дома, обнял за плечи и силой заставил отвернуться.

— Потом он увел меня.

Варна вздрогнула и уставилась на настоящую, реальную Рославу. Она стояла под деревом, привалившись к стволу. Ее ступни покраснели, но, похоже, уже зажили, платье было в пятнах, волосы — в беспорядке. Ведьма выглядела плохо, но глаза ее сияли ярче прежнего.

— И что было дальше?

— Я вернулась, когда мне исполнилось восемнадцать. Деревня жила как ни в чем не бывало. А я, — Рослава усмехнулась, — изменилась.

— Ты убила их, Дарина?

Ведьма тихо рассмеялась.

— Все это время я знала твое имя. — Варна не смогла скрыть досады. — Не было никакой сестры, ты спрятала правду среди лжи, на поверхности, у меня под носом, а я даже представить не могла, что все так просто. Ты дала мне шесть лет, мы встретились снова, когда мне исполнилось восемнадцать, потому что в этом возрасте ты совершила свое первое убийство, верно? А в лесу подобрать меня хотела, потому что я напомнила тебя саму в детстве?

— Хватит, хватит. — Рослава махнула рукой. — Обо всем догадалась, умница, я в тебе не ошиблась. Что теперь делать будешь, Варна? Откроешь мое имя мальчишке в белом плаще? А знаешь ли ты, зачем оно ему?

— Чтобы развеять твое колдовство.

— Такая большая, а в сказки все еще веришь. — Ведьма пригладила волосы и начала плести косу. — Почему ты никогда не пыталась узнать, что за тварь за ним хвостом бегает?

— Это не мое дело, — твердо ответила Варна.

— Неподалеку от княжества живет ведьма, старая тварь, моя наставница. Твой безгрешный спутник ведет с ней дела, — загадочно сказала Рослава.

— Быть не может, — тут же отрезала Варна. — Кто угодно, но не Свят. Могла бы придумать что-нибудь поубедительнее.

— Ведьму зовут Ульяна, ей, как мне кажется, лет триста. Если сладкий церковный мальчик принесет ей мое имя, она убьет меня и присвоит себе ковен, — как ни в чем не бывало продолжила Рослава. — А по ее воле ведьмы будут пожинать десятки тысяч душ.

— Ты видела, что осталось от Моррея?! — прорычала Варна. — О каких «десятках тысяч» речь?

— Моррей — капля в море. Я делаю ровно столько, сколько он требует. Ульяна любит увлекаться.

Кто такой «он», Варна поняла и без уточнений. Она с недоверием уставилась на Рославу, пытаясь понять, к чему та ведет.

— Чего ты хочешь? — спросила она.

— Чтобы ты убила ее, — спокойно ответила Рослава. — Убила Ульяну и сохранила мое имя в тайне от златовласки.

— Я не верю, что Свят имеет отношение к ведьме. Ты лжешь.

— Загляни в его душу, Варна. Всю свою жизнь он таскает за собой проклятую тень, не знает даже ее имени, ненавидит и себя, и ее, отчаянно ищет способ избавиться от этой ноши. И Ульяна способ пообещала. В обмен на услугу, конечно же.

— Ложь, — повторила Варна. — Ты снова пытаешься меня использовать.

— Глаза два, но ты совершенно слепа, — разочарованно вздохнула ведьма. — Мальчишка ведь не просто проклят. Хочешь, я расскажу тебе его историю?

— Откуда ты можешь знать о нем хоть что-то? — фыркнула Варна.

— Когда я бродила вокруг церкви в надежде встретить тебя, я увидела, как он занимается с мечом. Какая грация, какое упорство... А потом явилась тень, и я увидела ее истинным зрением, дарованным Зверем. Твой Светозарный знать не знает, что́ с ним происходит, а я спустилась в Навь и нашла ниточки, ведущие к месту его рождения. Непростой мальчишка, ох, непростой... Впрочем, ты и сама к этому руку приложила. — В ее глазах зажглось пламя. — Осквернить плоть будущего воина Святого Полка — так грязно не играю даже я.

— Заткнись. — Варну передернуло.

— Я ведь хвалю тебя. К чему такая грубость? Знаешь, почему некоторые мужчины теряют себя после близости с нами? Потому что ведьмы могут поглотить душу прямо во время соития.

— Я не ведьма. — Варна сжала рукоять меча и сделала несколько шагов вперед. — И то, что он не лишился души, тому подтв...

— А была ли она у него?

Мир покрылся рябью и поплыл. Варна схватилась за голову, на ногах устоять смогла, хоть и с трудом. Перед внутренним взором замелькали образы, воспоминания — все, что связано со Святом. Особенно ярко она вспомнила вечер, когда, впившись в его плечо зубами, слушала молитвы Тихомира и тихий голос Дария. Тень немым наблюдателем застыла у стены, следила за ними, бесстыдно глазела на совершаемый грех.

— Что за бред... — Варна попятилась. — Что за чушь ты несешь! Как Горослав мог не знать об этом?! Почему позволил ему вступить в ряды Светозарных?!

— Мир вокруг тебя не вертится. У каждого человека свои мысли и планы, нужно с этим смириться, — насмешливо заявила ведьма. — Помоги мне, Варна, иначе твой мир захлебнется в крови. В благодарность я расскажу мальчишке, кто он, прекращу его мучения.

— Катись к черту.

— Другого я и не ожидала, — вздохнула Рослава.

— Что ты сделала с деревней?

— Это мое личное пекло, — холодно бросила ведьма. — Я прихожу сюда, когда начинаю верить в людей, чтобы вспомнить, на что они способны. Я скрыла часть пейзажа, чтобы не пугать вас, но... Теперь скрывать ни к чему. — Рослава щелкнула пальцами. — Наслаждайся зрелищем, Варна, и помни о моем предложении.

— Почему сама не убьешь ее?

— Зверь запретил убивать своих невест. Ульяна собирается ослабить меня, а вот голову отсечет твой друг. За это Зверь ее не покарает. Спроси его о ней, посмотри, как он постарается придумать что-нибудь, похожее на правду.

Рослава обратилась в птицу и взмыла в воздух. Варне даже в голову не пришло попытаться остановить ее — ведьма выбралась из серебряных оков и гроба, закопанного в святой земле, меч против нее бесполезен. К тому же неподалеку наверняка притаились ее верные сестры.

Так или иначе, Рославе снова удалось заронить зерна сомнения. Ведьмы — лживые существа, изворотливые и хитрые, но она даже не пыталась поквитаться за пытку, которую они ей устроили, а ведь могла. Здесь, под колдовским колпаком, они — легкие мишени.

— Что с тобой не так, Свят? — пробормотала Варна и спрятала меч в ножны. — Неужели она права?

ГЛАВА 24

Тогда

Назначенный Рославой день застал Варну врасплох — столько лет она бежала от этого дня, старалась не думать о том, что случится, когда, как этот рубеж останется позади. Раздираемая на две части ведьмами и церковью, она мечтала сбежать и от тех, и от других, сделать вид, что у нее есть выбор, но время неумолимо неслось вперед, детство осталось позади.

Варна сослалась на занятия на площадке и поспешила покинуть церковь. У выхода она столкнулась с Дарием: он налетел на нее, и гора свитков, которые он нес, упала на пол.

— Извини, — буркнула она.

— Сам виноват. — Он присел и начал собирать свитки.

— Помочь? — Оставаться внутри не хотелось, сам воздух вдруг стал удушливым и сухим.

— Иди куда шла. — Он поднял на нее взгляд.

В этот момент она могла бы встать на колени рядом с ним, обнять Дария и попросить прощения за то, что сделала, но вместо этого только кивнула, переступила через разбросанные свитки и вышла на улицу. Его темные глаза смотрели без осуждения, он давно простил ее, но она сама не могла смириться с тем, что совершила. Жалела ли она, что была со Святом? Нет. Жаль было светлых чувств, которые росли между ней и Дарием, и дружбы, которая связывала мальчишек всю жизнь.

Несколько раз оббежав церковь, Варна остановилась, чтобы перевести дух. В приюте горел огонь — там жило двенадцать сирот, туда же перебралась Светлана, чтобы учить их и помогать нянечкам. Самому младшему воспитаннику едва исполнилось три месяца. Она не любила ходить туда: запах безысходности и отчаяния бередил старые раны. Дети смотрели большими глазами и, наверное, все еще верили, что родители за ними вернутся. Намного человечнее оставлять на пороге дома Господнего младенцев, но люди настолько очерствели, что за руку приводили пятилетних ребятишек и просто бросали их. А ведь те уже все понимали.

Каждый вечер к церкви приходили три женщины в накидках, закрывающих лица. Они стояли у забора и ждали. Варна знала, кто они и зачем пришли, — ковен требовал ее возвращения. Никто, кроме нее, их не видел, от этого становилось совсем жутко, и, возвращаясь вечером к себе, она старалась как можно быстрее пройти мимо, не поднимая головы.

Сегодня они снова стояли здесь — три безмолвные фигуры, подрагивающие в вечерней дымке. Откладывать больше нельзя, нужно пойти и сказать Рославе, что встреч больше не будет, что она примкнет к Святому Полку и забудет все, чему ведьма ее учила.

Но это было не так просто. Яд Зверя не выйдет из тела, сила, подаренная им, никуда не денется. Нельзя пользоваться благами, которыми одарил царь лжи, и не платить за это. Рано или поздно час расплаты настанет, Варна знала об этом. Но честно ли требовать уплаты долга от человека, который силу принял случайно, будучи обманутым ребенком? Вряд ли такие мелочи волновали Зверя.

Она подошла к мерцающим фигурам и попыталась заглянуть под капюшон одной из них — ничего, сплошной клубящийся мрак. Эти видения — только послания, напоминающие, что время пришло. Шесть лет миновали, Рослава ждала ответа, и горе тому, кто откажет ей.

К церкви приближался всадник, Варна узнала его по белоснежному плащу. Горeслав вернулся с вестями из княжества. Последнюю неделю наставники ждали его с особенным нетерпением, ведь им обещали место в рядах Светозарных, если они справятся с воспитанием новых воинов и найдут, на кого оставить приход.

Горько. Варна сплюнула на землю. Ехать в княжество они должны были втроем — она, Свят и Дарий, — но Мстислав, будь он неладен...

— Пора, — прошептала фигура, и Варна вздрогнула.

— Пора, — повторила вторая.

— Я приду, — пообещала она. — Но не сегодня.

— Пора. — Третья фигура первой растворилась в воздухе.

Какой же удивительной может оказаться жизнь! Вот ты всего лишь ребенок, а вот уже молодая женщина, готовая к тому, чтобы вступить в Святой Полк. Верила ли Варна в Бога достаточно, чтобы называть себя Светозарной и нести Слово?

С Гореславом они столкнулись у входа в церковь, его руки были заняты какими-то свертками. Он сдержанно кивнул ей и жестом попросил придержать для него дверь. Пропустив его, Варна пошла следом.

— Вернулся! — заулыбалась Нина. — Как княжество, как князь?

— Здравствует, — неопределенно ответил Светозарный. — Я привез вести и хочу, чтобы все собрались и выслушали меня. Грядут перемены, и у нас не так много времени, чтобы подготовиться.

Варна разволновалась, села на лавку, тут же вскочила и принялась расхаживать вокруг Гореслава. Тот несколько минут терпел, затем сказал:

— Я чувствую твое напряжение и разделяю его. Час, ради которого ты занималась, вот-вот настанет, но, прошу тебя, перестань бегать туда-сюда, это раздражает.

Из катакомб поднялся Свят, за ним — Дарий. Остальных, похоже, не пригласили. Варна встала напротив бывших друзей и принялась беззастенчиво рассматривать их. Видно было, что между ними кошка пробежала, — стоят поодаль друг от друга, даже взглядами не обменялись, спины выпрямлены и напряжены, и это продолжается целый год. Если у Дария имелся повод ненавидеть Свята, то у последнего его не было, и, скорее всего, он тяжело переносил утрату друга, хоть и не показывал этого. За прошедшие годы Варна поняла одно: сердце у Свята есть, но заковано оно в такую броню, что пробиться к нему почти невозможно.

Вдруг вышло так, что они одновременно подняли взгляд и уставились на нее, и Варна почувствовала себя новым Богом, распятым на кресте, только вместо гвоздей были две пары сверкающих глаз. Серые глаза спрашивали: «Готова ли ты?» — карие же молили: «Будь готова».

— Итак, — начал Горeслав, — говорить я много не люблю, так что покончим с этим быстро. С Тихомира снимаются обязанности главы прихода, ибо здоровье его подорвано и вряд ли он сможет заведовать всем в одиночку. Исполнять обязанности главы прихода станет Дарий. — Светозарный кивнул ему. — Тебя готовили к этому, да и бывший наставник, насколько ему хватит сил, будет тебе помогать.

— Поздравляю. — Варна не смогла промолчать. Ей казалось, изо рта у нее вот-вот польется яд.

— Спасибо, — искренне ответил Дарий, который не мог не заметить ее насмешки, но предпочел не отвечать на нее. Ей стало противно от самой себя.

— Нина и Мстислав, за верную службу церкви вас примут в ряды Светозарных, как только вы доберетесь до княжества.

Наставники радость попытались скрыть, но стоило Гореславу отвернуться, как Нина сжала пальцы любовника, выражая поддержку. Варна заметила этот жест и скривилась: лицемеры пытались научить их жить по законам Господа.

Как они спят по ночам? Как спит Мстислав после того, как заставил Дария каяться в грехе, которого тот даже не совершал? Молчать становилось все сложнее.

— Ну, а вас, — Горeслав усмехнулся, — поздравляю. С этой минуты вы — новобранцы Святого Полка, теперь по-настоящему.

Он извлек из свертков плащи, не белоснежные, как у Светозарных, но светлые, с золочеными символами. Свят подошел ближе, и наставник протянул ему плащ.

— Надень, — попросила Нина.

Вопреки своему обычному поведению, Свят согласился и накинул плащ на плечи. Присутствующие не смогли сдержать восхищенного вздоха — ангел, не меньше, снизошел с Небес, дабы нести правосудие. Даже Дарий охнул, а Варна вдруг поняла, что Свят почти догнал ростом Гореслава и стоит с ним рядом как равный. Неужели она тоже так изменилась? Стала сильной и выносливой, уверенной и... взрослой.

— Давай. — Наставник поманил ее к себе. — Прими дар.

Стоило ей прикоснуться к ткани, как она поняла: что-то не так. Кожу жгло, ладони чесались, зуд становился сильнее с каждой секундой. Гореслав накинул плащ ей на плечи — и зуд превратился в боль, разом заныли все кости. Ткань ощущалась неподъемно тяжелой, плечи опустились сами собой. Показалось, что от нее вот-вот повалит пар и все поймут, что за отрава в ее крови.

Чьи-то пальцы сомкнулись чуть выше локтя, Варна обернулась и встретилась взглядом с Дарием. Он успокаивающе произнес:

— Ты заслужила его, я тебя поздравляю.

Казалось, Дарий светился, а его голову окружало золотистое сияние. Зуд стал ослабевать, яд Зверя сопротивлялся, но отступил, повинуясь силе мальчишки, которого Варна все эти годы считала слабаком. Он не отказался от своей мечты, нашел истинный путь, а она чуть не сбила его с верной дороги. В носу защипало, слезы навернулись на глаза, но мягкий свет успокоил ее, коснулся своим теплом измученной души. Видел ли кто-то еще то, что видит она? Или это зрелище открылось лишь ей, заплутавшей впотьмах грешнице?

Глядя в светящиеся глаза Дария, она поняла, что верит. Есть в мире зло, и его звериный лик являлся ей по ночам, но есть и добро — непостижимое, всепрощающее. В карих глазах сияла безусловная любовь. Так любит мать свое дитя, так любит Господь все свои создания, так ее любил Дарий.

Прошло всего мгновение, гордая улыбка еще не померкла на лице Горeслава, но для Варны минула целая вечность. Она положила руку поверх пальцев Дария и не смогла ничего сказать, побоявшись расплакаться.

— Я горжусь вами. — Светозарный нарушил очарование момента. — Уверен, что вы оба получите белые плащи и я буду гордиться вами еще больше!

Их поздравляли, искренне, громко, но было в этом нечто ужасное: ей всю жизнь придется носить плащ, причиняющий боль. Если Рослава не сжалится и не отпустит Варну, если не поможет избавиться от силы, то служба в Святом Полку превратится в кошмар, а стоит только оступиться — братья по вере разорвут ее в клочья.

Никогда прежде она не боялась леса и темноты, но в эту ночь каждый шорох заставлял ее вздрагивать и озираться. Не идет ли за ней Гореслав? Вдруг он заметил что-то, когда передал ей плащ? Пора разорвать порочный круг, она твердо решила отказаться от предложения Рославы.

Прежде чем выйти на поляну, Варна спряталась за деревом и прикрыла глаза, прижавшись лбом к шершавой коре. Неужели она действительно пришла сюда и собирается просить ведьму о свободе? Не ей ли много лет подряд рассказывали об ужасном вероломстве невест Зверя? На что она надеется? На то, что за прошедшие годы Рослава разочаровалась в ней и согласится отпустить ее?

— Выходи.

Тон был не приказной — просьба. Голос показался сладким, текучим, все внутри затрепетало, ноги сами понесли ее вперед. Варна вышла из укрытия и в два шага преодолела расстояние, отделяющее ее от места силы. Рослава сидела на камне, высокая, тонкая, надменная, но стоило их взглядам столкнуться, как зеленые глаза потемнели, а губы приоткрылись от удивления.

— Как ты повзрослела, — прошептала ведьма, но Варне показалось, что ее голос заполнил все пространство вокруг. — Подойди ко мне.

Раньше Рослава смотрела на нее снисходительно, сверху вниз. Теперь же оказалось, что макушка ведьмы едва достает Варне до подбородка. Зеленые глаза завораживали, вокруг черных провалов зрачков плясало пламя.

Рослава хотела коснуться ее, но передумала. Тонкие пальцы замерли в воздухе, так и не дотронувшись до щеки Варны.

— Сильная... — прошептала Рослава. — Твое тело изменилось, ты... — Ведьма лукаво посмотрела на нее.

Варна покраснела еще сильнее. «Тебе доводилось ложиться с мужчиной?» — однажды спросила ведьма и сейчас точно поняла, что это уже произошло. В мерцающих глазах не было осуждения, только любопытство и интерес.

— Надеюсь, твой выбор был достойным, — промурлыкала Рослава.

— Ты... — выдохнула Варна, почувствовав, как кровь прилила к щекам.

— Не смущайся, я пришла не для того, чтобы осуждать тебя. Я скучала, Варна. Мои дни были пустыми без тебя, без наших встреч и уроков. Я столько раз представляла, какой ты выросла, но даже подумать не могла, что ты станешь такой сильной. Сила расцвела вместе с тобой, как я и предсказывала.

Вдруг ведьма отпрянула, прижала руки к груди и прищурилась. Она втянула носом воздух и скривилась, словно ощутила зловоние.

— Пахнет Словом. От тебя!

— Я надевала плащ новобранца, — хрипло сказала Варна.

— Плащ? — прошипела Рослава. — Он может сжечь тебя заживо. Какая беспечность! Пора прекратить эти игры. — Она выпрямилась. — Время пришло, мне нужен ответ.

Варна внутренне сжалась и непроизвольно сложила руки на груди, пытаясь защититься. Момент, которого она ждала и страшилась шесть лет, наконец наступил.

— Уйдешь ли ты со мной?

Никогда еще голос Рославы не был таким жестким, а взгляд — холодным. Уговоры закончились, осталось лишь одно слово, способное полностью изменить жизнь. За прошедшие годы следовало подготовиться к этому моменту, хотя бы принять решение, но время пролетело так быстро, почти незаметно, колдовство рассеялось и сама мысль о том, чтобы примкнуть к ковену, стала казаться безумием. Иногда Варна думала, что все их встречи были мороком. Но теперь Рослава стояла здесь, перед ней, и требовала ответа, которого у нее нет.

— Почему ты сопротивляешься? Я думала, что тоска по нашей дружбе сделает свое дело и мы воссоединимся с радостью. Но ты не рада мне, — горько сказала Рослава.

— Рада! — искренне выдохнула Варна. — Но неужели все не может сложиться по-другому?

— По-другому? — Ведьма растерялась. — О чем ты говоришь? Хотя неважно! — Она резко взмахнула рукой. — Ответь на мой вопрос — и все решится!

Хотела бы Варна знать, что будет, если отказаться. Странный холодок пробежал по коже. Лучше бы им не встречаться, лучше бы она не приходила сюда! Нужно было дождаться отъезда и уехать с Гореславом, а там, в княжестве, под защитой верующих, ведьмам до нее было не добраться. Но уже поздно.

— Я не пойду с тобой, — ее голос прозвучал глухо.

— Что? — С красивого лица сползла высокомерная улыбка. — Повтори!

— Я не пойду с тобой, — послушно повторила Варна. — У меня другой путь.

— Твой путь неотделим от моего! — выкрикнула Рослава. — Что произошло за эти годы? Ты ведь любила меня как дочь!

— Что такое любовь? — Во рту появилась горечь. — Ты принудила меня к ней, разве нет? Я изучала вас, Рослава, ведьм, невест Зверя. Во всех трудах охотники рассказывают, что самый надежный способ сбить с пути светлую душу — заставить ее полюбить. Мне не хотелось в это верить, но шла я сюда со спокойным сердцем, а увидев тебя, вновь потеряла голову!

— Потому что мы связаны клятвой. — Рослава хмурилась, но стояла на своем. — Я полюбила тебя еще...

— Да, да, в ту ночь, в лесу, — перебила ее Варна. — Пава сказала тогда, что я «слишком взрослая». И теперь я знаю, что значили те слова.

— Ты понятия...

— Варево из плоти и костей! — выкрикнула Варна, не позволяя ведьме говорить. — На моей первой охоте, той самой, я впервые увидела варево из младенца. Я никак не могла понять, куда делся ребенок, которого Пава несла на руках. А потом поняла! Не все из вас способны обращаться в птиц, как ты, не правда ли? Вы летаете по небу, натирая ясеневые суки остатками живой плоти!

— К чему этот разговор? — раздраженно спросила Рослава.

— К тому, что ведьмы — слуги Зверя. И деяния ваши ужасны и отвратительны. А день моего крещения? — Она прищурилась. — Ты была там! Ты, обратившись в страшную тварь с собачьей мордой, плясала на задних лапах, хохотала нечеловеческим голосом, возможно, это ты лишила Нину глаза! — Обвинения слетали с губ сами собой, огонь в груди разгорался, разгоняя чары, наложенные ведьмой. — И ты готовила меня стать такой же, хотела продать мою душу Зверю! Какая же это любовь?!

— Иной я не знаю! — выкрикнула Рослава.

— Зато знаю я.

Колдовское пламя потемнело, из пронзительно-зеленых ее глаза превратились в черные — два пылающих уголька на прекрасном бледном лице. Улыбка стала гримасой, изломанная линия рта растянулась, вся ее фигура выражала презрение.

— То, чем ты занималась с тем мальчишкой, — это не любовь!

— А я и не о нем, — спокойно ответила Варна, хотя внутри все кипело от стыда и гнева.

— Надо же, — вдруг замурлыкала Рослава, — какое у тебя большое сердце. Разве слугам Господа такое позволено?

— С пути ты меня больше не собьешь.

— Нет у тебя пути. Уедешь в княжество — получишь серебряное лезвие в бок, не успев переступить границу святой земли. — Ведьма перестала издеваться и разочарованно покачала головой.

— Так забери эту силу, она не нужна мне! Хочу снова быть обычным человеком, пусть слабым, пусть... Что?

Рослава хохотала так, будто ничего веселее в жизни не слышала. Отсмеявшись, она сложила руки на груди и сказала:

— Для тебя пути назад нет. Он был когда-то давно, но тогда ты не хотела отказываться от полученной силы.

— Что это значит? Я не сотворила ничего дурного, а Господь прощает грешников!

— Ничего дурного? — Ведьма прикусила нижнюю губу и внимательно всмотрелась в ее лицо. — Уверена? Варна, ты заставила друзей отвернуться друг от друга, едва не осквернила истинно верующего, танцевала на шабаше и, что самое важное, помогала мне творить колдовство.

— Какое еще колдовство?

С быстротой, не свойственной человеку, Рослава метнулась к ней, оказалась за спиной, бледные руки обвили тело Варны. Ведьма зашептала:

— Деревню постигло горе. В один момент все жители погибли от неизвестной хвори, попадали...

— Нет!

— ...попадали замертво. И дети, и женщины — болезнь не пощадила никого.

— Не может быть! — Из цепких лап ведьмы не вырваться. — Ты врешь!

— Ты делала это с удовольствием, Варна, — шептала Рослава, и ее слова, как иглы, впивались в кожу. — Ты позволила мне унести ребенка.

— Ты... — Она задохнулась от горя. — Убийца!

— Мы убийцы, — поправила ведьма. — Ты хотела наказать их, и я помогла тебе. Не говори, что это не так! Ты горела этим желанием, презирала тех, кто бросил тебя. Они заслуживали всего, что с ними произошло.

— Ты заставила меня убить их! И не только их... — Варна похолодела. — Всю деревню!

— Людей на свете много, а плодятся они быстро и бездумно. Не убудет, — безразлично сказала Рослава.

— Ты — настоящее зло!

— Избавься от надежд, Варна, Полк не примет тебя, сожжет заживо на потеху зевакам. У тебя только одна дорога — в ковен, под мое крыло. А я, можешь поверить, не позволю никому причинить тебе боль.

— Ты сама причиняешь мне боль, — прошептала Варна. — Ты обманом заставила участвовать в ритуале! Как ты могла, как...

Тупое отчаяние завладело ей. Может ли Господь простить грешника? Может. Но примет ли он убийцу, который не пощадил даже детей? Она проклята уже много лет, чудо, что освященная земля выносила ее присутствие все эти годы.

— Пойдем, милая, — шептала Рослава. — Не нужно бояться. Разве я, — она обошла Варну и встала перед ней, — могу обидеть тебя? Ты моя дочь, моя сестра. Пойдем же со мной.

Варна подняла взгляд и увидела лучистые зеленые глаза, обращенные к ней. Лицо Рославы смягчилось, весь ее лик обещал покой. Если Варна проклята, не лучше ли будет уйти, чтобы не подвергать никого опасности? Лишь один вопрос не позволял ей согласиться: чтó им придется делать ради Зверя?

— Соглашайся, Варна, — голос Рославы завораживал. — Уйди со мной.

— Она сказала нет!

Остальные слова заглушил собачий лай. Рослава отпрянула, ощетинилась, ее глаза стали злыми, в них заплясали зеленые черти.

Дарий подошел ближе и встал рядом с Варной. Огромный черный ярчук рвался с поводка — казалось, что хрупкий юноша вот-вот отпустит цепь и зверь накинется на ведьму. Этих псов привез Горeслав, с ними он ходил на охоту, а щенков держал в осиновых будках, чтобы защитить от нечисти.

— Дай повод — и я спущу его, — спокойно сказал Дарий.

— Сам не знаешь, во что ввязываешься, — прошипела Рослава, но сделала еще несколько шагов назад. — Она обещана нам!

— Звериной речи я не понимаю, — жестко ответил он, — не трудись. Покинь это место, забудь сюда дорогу, и я не сообщу о тебе Светозарным.

— Свою голубку подставишь под удар? — насмешливо спросила ведьма.

— Я повторяю еще раз: твоего богомерзкого языка я не понимаю.

От его смелости захватило дух. Вдохновленная, Варна достала меч — лезвие блестело, отражая всполохи огня. Таким она видела их будущее — плечом к плечу против нечисти. Если это не знак, то что? Он пришел, чтобы спасти ее бессмертную душу, и она не отступится, будет сражаться, если потребуется, но колдовству больше не поддастся!

— Готова поднять оружие? — воскликнула Рослава. — Ради чего?! Чему вы поклоняетесь?! Трупу на кресте?!

Первое, чему научили их наставники, — не говорить с ведьмами. Вступишь в разговор — и пропадешь тут же: их речи обладали сильным влиянием на людей. Поэтому друзья молчали, смотрели на жалкие попытки разговорить их. Дарий — спокойно, Варна — с замирающим от волнения сердцем.

— Тебе некуда идти! — закричала Рослава. — Они убьют тебя, как бешеную собаку! Прошу тебя, — она сложила руки в мольбе, — не поступай так со мной.

— Взять!

Раскидывая комья земли мощными лапами, ярчук кинулся к ведьме. Мощные челюсти сомкнулись, но она успела обратиться в птицу и взлететь. Кружа над ними, ведьма захохотала, небо пронзили яркие молнии, поднялся ветер.

— Наша! — завопила Рослава. — Ты — наша! Беги, Варна! Но мы настигнем тебя! Куда бы ты ни шла, мы будем там! Будем, ибо мы — легион Зверя!

Дарий схватил ее за руку и потащил прочь, они побежали, подстегиваемые ветром. Вот-вот разразится буря, призванная Рославой, — в воздухе запахло грозой. Исполинские деревья качались, листья, сорванные с ветвей, кружились вокруг. Ярчук лаял, не позволяя ведьме спуститься на землю, а они бежали к церкви, быстрее и быстрее, чтобы очутиться под защитой Господа.

— Я должна уйти. — Варна остановилась у калитки. — Так или иначе, но мне придется. Я совершила ужасную вещь, меня не простят.

— Они приняли Свята, — напомнил Дарий. — Хорошо, — вдруг выпалил он. — Давай уйдем!

— Дарий...

— Уйдем вместе! Я обещал тебе, и я верен своему слову. Мир большой, им нас не найти, да и зачем? Сбежавший священник и девчонка — кому мы нужны?

— Это не твоя судьба. — Она замотала головой. — Ты избран, сам знаешь, Господь любит тебя.

— Значит, примет мой выбор, как любящий отец, — спокойно сказал Дарий. — Я могу служить ему в другом месте, в любом! Потому что вера здесь. — Он приложил руку к груди.

— Во мне сила Зверя, за нее придется заплатить, — с содроганием напомнила Варна. — Тебе лучше остаться.

— Уходи сама, а я пойду следом.

Он смотрел так ласково. Это было просто невыносимо! Ей показалось, что сквозь его зрачки пробивается свет. Может ли Господь взирать на мир глазами своих детей?

— Вместе мы заслужим для тебя прощение. — Дарий приблизился. — Отныне я — твой страж, твой брат по вере, я буду кем угодно, только не прогоняй меня, позволь быть рядом.

— Я столько всего натворила!

Его доброта ранила ее, Варна не заслуживала ее. Он должен был ненавидеть ее, сдать Светозарным, из-за нее Дарий лишился друга — но все равно смотрит преданно, как пес!

— Можешь бить меня, колоть, можешь встречаться ночами с ведьмами, можешь снова пойти к Святу — это ничего не изменит. Кем я буду, если предам тебя?

В этом был весь Дарий — святая невинность, светлая душа, человек, способный любить весь мир. Он верил в искупление. И кто она такая, чтобы противиться этой вере? Можно было сбежать из церкви, но он все равно пошел бы следом и рано или поздно нашел ее. Решимость, застывшая в его глазах, была непоколебима.

— Хорошо. — Она кивнула. — Но если ты пожалеешь...

— Не пожалею. Хватит разговоров, вы должны уехать со дня на день, нужно успеть удрать отсюда.

— Ведьмы будут преследовать нас.

— Увидим, — сказал он. — Пойдем домой.

Пролежав без сна до рассвета, она думала о том, что жертвенность когда-нибудь сыграет с ним злую шутку.

«Господи, — мысленно прошептала Варна, — пусть ангелы пристально наблюдают за ним. Не оставляй его, следи за ним неустанно, ведь в его теле заключен самый чистый дух. Клянусь, души красивее ты еще не видел».

Но там, во тьме ее засыпающего сознания, был кое-кто еще. Тот, кто падок на светлые души, тот, кто легко одаривает своей милостью, но всегда приходит за расплатой. Сегодня он остался голодным, но завтра добыча так легко не уйдет.

ГЛАВА 25

Сейчас

Подавленность Свята было видно невооруженным глазом: взгляд потух, плечи опустились. Стоило ему понять, что ничего о Рославе им не найти, как его настроение ухудшилось, он стал резким, а на вопросы отвечать вовсе перестал.

Слава тенью следовала за ним, бросая настороженные взгляды на Дария. Она напоминала сторожевого пса, готового в любой момент броситься на защиту хозяина. Очень странное изменение, учитывая то, что некоторое время назад девушка горячо спорила со Святом, и, судя по всему, именно ему приходилось отбиваться от нападок.

Из-за Светозарной Варна не смогла найти минуты, чтобы поговорить со Святом наедине, — делиться новостями в присутствии посторонних не хотелось, а отделаться от Славы не представлялось возможным. Имя Рославы горело на губах, но Варна никак не могла решить, открывать его воинам Полка или нет.

Терзаемая сомнениями, она сама не заметила, как последние дома остались позади, только сдавленный окрик Дария заставил ее поднять голову и замереть.

— Боже! — выдохнула она.

Железные колья торчали повсюду, насколько хватало глаз, а на них, нанизанные, словно мясо на вертел, висели люди — то, что от них осталось. Тела еще не истлели, не было похоже, что они торчат здесь сотню лет, — какое-то колдовство поддерживало их в узнаваемом состоянии.

— Господь милосердный...

Лицо Дария исказила гримаса отчаяния и боли. Он застыл, превратился в камень, только шептал что-то, но слов Варна не разобрала. Его смятение и ужас передались ей. Чужая боль острее собственной. Может, всему виной ритуал, проведенный над ними, но уже много лет чувства Дария походили на раскаленное добела клеймо, а ее собственные напоминали скорее отзвук былых страстей.

Среди истлевших тел она нашла то, что искала, — исполинскую фигуру некогда широкоплечего мужчины, застывшую с открытыми глазами и ртом, из которого выходило металлическое острие. Зеленые глаза выклевали вороны, на их месте остались зияющие провалы. Варна сорвала с его шеи деревянный символ и спрятала в карман.

— И как это понимать? — голос Свята нарушил тишину надвигающихся сумерек. — Что это?

— Кладбище, не видишь? — Варна повернулась к нему.

— Здесь даже дети! — голос Славы дрожал. — У твари, сотворившей это, нет сердца!

В целом сердце у «твари» точно было — Варна сама слышала его размеренный стук, но сообщать об этом девчонке из Полка не собиралась. Однако отрицать, что открывшееся им зрелище ужасает, она не могла.

В каком состоянии должно находиться человеческое существо, в каком отчаянии, чтобы сотворить такое? Ведьма или нет, но Рослава не родилась Звериным отродьем; что-то заставило ее впасть в безумие и насадить на колья всех, до кого она сумела добраться. Быть может, приказ? Проверка, чтобы убедиться, что она всецело принадлежит Зверю?

Рядом с Всеславом висела его жена — истлевшее тело, ссохшееся, как у мумии, прикрывали длинные волосы.

Острие выходило из ее груди, голова безвольно откинулась назад, на лице так и застыл отпечаток пережитого ужаса. История Рославы, нет, Дарины так сильно напоминала ее собственную, что Варна почувствовала тошноту и отступила от трупа.

— Сожжем их? — спросила Слава.

— Я осмотрю тела, а потом предадим всё огню, — кивнул Свят. — Варна! Подойди.

Приказной тон ей не понравился, но, похоже, за годы службы в Полку друг детства позабыл, как общаться с людьми.

— Нашла что-нибудь? — он пристально всматривался в ее лицо, будто надеялся поймать на лжи.

— Нет, — отвечая на его взгляд со всей честностью, соврала она.

— Мы зря проделали весь этот путь. — Его разочарование было видно невооруженным глазом. — Вернемся — вытрясу из нее всю душу.

Умолчав о том, что вернутся они к пустому гробу, Варна кивнула. Как теперь подступиться к нему с вопросами? Собственная ложь завела ее в тупик.

— Кто отдал тебе этот приказ? — осторожно спросила она.

— Что? — он растерялся. — Радомир.

— Вот как. Отправил тебя одного? Не слишком-то он хочет добиться успеха в этом деле.

— Я могу взять с собой любого члена Взвода.

— И ты выбрал нас? Мы польщены.

Вытащив из кармана руну, Варна кинула ее к ногам Свята и прошипела:

— Говори со мной честно или не говори вообще. — Она повернулась, чтобы уйти.

— Варна! — Он схватил ее за рукав. — Если ты что-то знаешь — скажи мне!

Говорил Свят тихо, явно не хотел, чтобы их слышали. От кого он скрывал истинные мотивы? От Светозарных?

— Правду, Свят, — потребовала Варна. — Девчонка гнала лошадь, словно ее преследовали черти, — она кивком указала на Славу, — а потом орала на тебя, растеряв всякий страх перед старшим. Никто тебе приказа не отдавал, верно? Зачем тебе Рослава?

— Не могу сказать, — после минутного молчания ответил он.

— До свидания.

Телами занялись в молчании, да только колдовство не позволило им упокоить мертвых — пламя гасло, даже не занявшись. Варна знала: повинуясь желанию ведьмы, это место будет существовать долгие годы, пока чей-нибудь меч не снесет ей голову. Памятник горю и боли, напоминание о человеческом вероломстве — вот что это такое. У них действительно было кое-что общее, но родители Рославы отдали ее Зверю, чтобы получить силу. Она стоила в их глазах хоть чего-то, тогда как семья Варны просто попыталась избавиться от лишнего рта.

Даже не отдохнув после изматывающего путешествия, Свят пошел откапывать Рославу. Варна проводила его насмешливым взглядом, предвкушая воздействие, которое произведет на него пустой гроб. Через некоторое время до ее чуткого уха донеслись громкие ругательства, и, удовлетворенно хмыкнув, она вошла в церковь.

Весь вечер Свят огрызался и требовал у Млада объяснить, как вышло, что его пленница сбежала. Еще немного — и из его глаз полетели бы искры, но в допрос вмешался Дарий.

— Ты просишь слишком много от человека, который давно забыл, как держать в руках меч.

— А стоило бы вспомнить! — рявкнул Свят.

— Священнослужители должны оказывать помощь Полку, а не быть тюремщиками для нечисти, — напомнила Варна, даже не пытаясь скрыть мрачного удовлетворения.

— Вы будто не понимаете... — Свят осекся.

— Именно, мы не понимаем. — Варна села на скамью. — Так просвети нас.

Полы белого плаща взметнулись, и Свят скрылся в катакомбах. Ну, другого ответа Варна и не ждала. Хочет хранить свои тайны — пусть, но и она ему ничего не скажет. Если дело не касается Святого Полка, Варна не обязана ничего рассказывать Святу, пусть он хоть все волосы себе повырывает от злости.

Натопив баню, Варна с удовольствием разделась и вошла в парилку. Мышцы, превратившиеся в камень после долгой поездки, благодарно заныли. Она села и, прикрыв глаза, задумалась о том, в каком странном и лживом мире им приходится жить.

После большого сражения охоту на ведьм ни разу не объявляли, позволив колдушкам ходить по свету и творить зло. Для многих членов Полка и Взвода появление ведьмы было нежеланной работой. Не секрет, что многие старались уезжать подальше, услышав о том, что где-то рядом объявилась невеста Зверя. Рубить нечисть — это одно, а вот биться против хитрых и изворотливых женщин — совсем другое. Многие воины пали в таких сражениях, даже не приблизившись к цели, а ведь ведьма уязвима именно вблизи: только подобравшись к смертному телу, ее можно убить. Наивная мысль о том, чтобы извести всю нечисть, давно исчезла из умов церковников, потому что на месте одного упыря появляются два, убитая ведьма оставляет после себя двух учениц и вся жизнь превращается в бесконечную борьбу против воинов Зверя, имя которым легион. Люди просто пытались жить в мире бок о бок с темными тварями, даже не надеясь, что кто-нибудь их спасет или что это когда-нибудь прекратится.

Полк и Взвод просто оттягивали неизбежное, прореживали ряды врага, но против зла устоять невозможно, оно было и будет, Зверь вечен, как и Господь.

В парилку вошла Слава, и Варна невольно попыталась прикрыться. Девушка бросила на нее насмешливый взгляд и села напротив.

— Выглядишь напряженной, — сказала она.

На шее самой Светозарной красовался кровоподтек, происхождение которого очевидно было греховным. Бровь Варны непроизвольно вопросительно изогнулась, Слава расхохоталась — ее громкий смех заполнил все пространство крошечной парилки, захотелось закрыть уши.

— Тело и дух воина должны находиться в гармонии и покое, — сообщила девушка. — Разве ты не знала, что именно поэтому Светозарные работают в парах?

— Нет, не довелось узнать, — проворчала Варна.

— Точно, ты ведь так и не прошла обучение.

— Приятно, что вы говорили обо мне.

— Не говорили, — резко ответила Слава. — Я сама узнала о тебе все, что смогла, прежде чем приехать.

— Было ли это полезно? — От девушки исходила ощутимая угроза, но Варна пыталась ее не замечать.

— Ничуть. Ты заурядная личность, пусть и имела шанс попасть в ряды Полка. А вот твой спутник, — Слава недобро усмехнулась, — его существование буквально попирает все наши законы.

— Это тебя не касается.

— Богомерзкая тварь, оскорбляющая взгляд Божий, не касается Светозарного? Не смеши.

— Его взгляд оскорбляет вовсе не Дарий.

Ее намек оказался таким толстым, что Слава скривилась. Казалось бы, разговор окончен, но девчонка никак не желала успокаиваться.

— Ты ведь могла быть на моем месте.

— Где? В отряде или в постели Свята? — Варна усмехнулась. — Ни то ни другое меня не интересует.

— А я слышала иное, — загадочно произнесла Слава. — В тереме старших сохранились книги Горeслава. Там много всего интересного.

— Приятно, что я так тебя волную. Может, сядешь поближе?

— Это мерзко, — скривилась девушка.

— Правда? Просто я так напряжена, — издевательски промурлыкала Варна, — а ты проповедуешь баланс и гармонию души и тела. Хотя, может, мне к Святу обратиться за помощью? По старой дружбе, так сказать.

Лицо Светозарной вспыхнуло, в глазах появилась ненависть. Давай, девчонка, продолжай, но в этой битве тебе не победить. По лицу было видно, что она давно и безнадежно влюблена в Свята, а сюда пришла только за тем, чтобы удовлетворить свое женское самолюбие, показать, как выбранный ею мужчина давно позабыл о том, что произошло много лет назад. Ревность — вот ее мотив. Бедняжка пала жертвой ангельской красоты Свята и думала, что за него придется бороться. Однако, к ее радости, соперниц у нее нет, но ей об этом Варна говорить не собиралась. Пусть знает свое место.

— Только попробуй, и я...

— И что, девочка? — жестко спросила Варна. — Начнешь рыдать и что-то доказывать?

На самом деле Слава была младше всего лет на пять, но как же ее задевало, когда к ней обращались как к ребенку! Ее перекосило от злости. Очень скоро это станет проблемой — проблемой Свята. Варна подумала об этом не без удовольствия.

— Не стоит заводить врагов в рядах Святого Полка, — прошипела Слава. — Вдруг кто-то примет твоего покойника за безмозглую нежить и убьет его.

— О, ему придется постараться. — Варна встала. — Мой покойник прекрасно управляется с серпами и косой. Побереги голову.

Подмигнув покрасневшей от жара и злости Славе, она вышла из парилки и даже не хлопнула дверью, хотя внутри все горело от раздражения. Так или иначе, скоро белые плащи уедут отсюда, и пройдет много лет, прежде чем они встретятся снова.

Приют, достроенный уже после смерти Тихомира, рос с каждым годом. Сначала это был длинный одноэтажный терем, затем пришлось сделать надстройку, потом «плюнули и добавили целый этаж», как сказал Млад.

Разговор состоялся за ужином, который перенесли в столовую приюта. Млада дети любили — это сразу было видно. Варна отметила, что общаются они с ним без страха, буквально в рот ему заглядывают. Он смеялся, обнимая их, говорил, что стал многодетным отцом, а они таяли от радости. Но, оставшись наедине со старыми товарищами, Млад помрачнел.

— Казалось бы, не нужно дите — приведи сюда, подкинь, оставь у калитки. Но нет! До сих пор находим в лесу...

— Детей? — спросил Дарий, когда молчание затянулось.

— И останки.

— Люди не меняются, — сказала Варна. — А ведь приют и без того полон, верно?

— Верно. Пара коек осталась, больше не потянем. В последнее время пришлось пояса затянуть, старших отправляем в деревню работать, чтобы хоть как-то существовать. Тяжело, но справляемся с Божьей помощью.

За последние дни вопросов у Варны накопилось больше, чем за минувшие десять лет. Взгляд сам собой метнулся к Дарию, который немного сдвинул капюшон, чтобы видеть Млада. Друг явно задумался о чем-то, наверное, их волновало одно и то же: согласился бы он жить так, как сейчас живет их старый товарищ? Воспитывать чужих детей, отрастить живот, осесть, позабыть о холоде металла, прижимающегося к бедру. Дарий ответил на ее взгляд, долго смотрел глаза в глаза, потом покачал головой.

— Своими комнатами можете пользоваться сколько вам угодно. — Млад встал. — Нам пора помолиться на сон грядущий, если захотите — присоединяйтесь.

Он ушел, никто не двинулся с места. Светозарные подождали несколько минут и, словно повинуясь приказу, одновременно встали и вышли. Дарий снял капюшон, устало потер глаза, скорее по привычке, и спросил:

— Что будем делать дальше?

— Уедем, вернемся к работе, продолжим истреблять нечисть. — Варна пожала плечами.

— Не кажется ли тебе, что все это бессмысленно? — Дарий обвел взглядом опустевшую комнату. — Подручных Зверя становится только больше, они прут из Черной Пади, будто там открылись двери в Навь. Мы всю жизнь будем охотиться, чтобы умереть либо от чьих-то зубов, либо от старческой хвори.

— У нас хотя бы есть цель. — Она не стала напоминать, что ему такая судьба точно не грозит. — Многие просто коптят небо, бесцельно проживают свои дни.

— Наша ли это цель? Теперь я вижу, что мы просто не имели возможности подумать об этом. Если бы сбежали тогда, где бы мы оказались?

— Кто знает. — Варна встала.

— Уходишь?

— Ненавижу слова «если бы...», — фыркнула она. — Думай о настоящем, Дарий. Все возможности уже упущены, и нам их не вернуть.

— У меня остались только воспоминания. — Он ухмыльнулся. — Мысли о времени, когда я был способен на что угодно, но предпочитал прятать голову в песок.

— О, однажды ты вынул ее оттуда — и что произошло? Хватит, Дарий.

— Ты жестока со мной. Я ведь ни с кем больше не могу это обсудить.

— Обратись к Богу. Помнится, у вас были очень теплые отношения.

То ли так на нее влияло возвращение в родные края, то ли вывел из себя разговор с выскочкой в белом плаще, но внутри бушевала буря из раздражения и гнева. Еще и Дарий решил расковырять старые раны! Она неосознанно потянулась к уродливому шраму на плече. Помнит ли он дни, проведенные в доме ее родителей? И если помнит, то как может говорить о них?

В любой другой день Варна бы с удовольствием выслушала друга, попыталась понять, что его терзает, но не сегодня. Становилось страшно от того, что внутри теплится огонек мрачного удовлетворения, — отказавшись слушать Дария, она совершила свою маленькую месть за те годы, которые ей пришлось путешествовать с молчаливым покойником. Когда слова рвались наружу, ей хотелось кричать о том ужасе, на который обрекла ее Рослава. Но Дарий молчал, не отвечал, иногда просто уходил так далеко, как мог, причиняя боль и себе, и ей.

Сейчас ее отравленный грехом дух торжествовал: она чувствовала нездоровое удовлетворение, видя, как мука искажает все еще любимые черты. Ей нравилось причинять ему боль, и, признавшись себе в этом, Варна ощутила, как от стыда жжет нутро. После стольких обид и пережитых горестей им лучше бы разойтись в разные стороны, да только они не могут. Он всегда будет рядом — вечный и юный, — и однажды ему придется таскать за собой немощную старуху.

В комнату Дарий не вернулся — видимо, предпочел остаться наедине с распятием. Что ж, может, хотя бы Господь его выслушает.

Удивительно то, что даже после воскрешения Бог не отвернулся от него. Насколько велика его любовь к этому мальчишке, если после всех ужасов, которые сотворила с ним ведьма, Свет не оставил его?

Для Светозарных Свет — это оружие, божественный щит, помогающий бороться с нечистью. Существуют твари, которых не упокоить без вмешательства высших сил. Вступая в ряды Святого Полка, юноши и девушки проходили через особый ритуал. Во время него священнослужители молили Господа о том, чтобы Он благословил новобранцев, даровал им способность обращаться к Его силе. Дарию же все досталось просто так, без посредников. Сейчас Свет обжигал их обоих, но все равно помогал, что странно, ибо ни один из них не просил о благосклонности.

В отличие от воинов Полка, члены Взвода чаще использовали языческие ритуалы, но Господь отвечал и им. Не всем, не всегда, но часто. Наверное, Ему было виднее, кому нужна помощь, кто заслужил ее своими делами, ведь в Его глазах — высшая справедливость. По крайней мере, в это верили наставники, обучавшие их.

В дверь постучали, Варна нехотя встала с постели и приготовилась отчитывать Дария за то, что мешает ей отдыхать, но на пороге оказался вовсе не он. Толкнув ее в грудь, Свят вошел, осторожно прикрыл за собой дверь и щелкнул замком. С губ Варны была готова сорваться неуместная грубая шутка — мол, ей не нужны его услуги и ее разум и так находится в покое, но Свят выглядел слишком мрачно, чтобы шутить.

— Нам нужно поговорить.

— До утра подождать не мог? — Она сложила руки на груди, всем своим видом показывая, что не рада ему.

— Не мог. — Он приблизился к ней, наклонился — его нос почти коснулся кончика ее носа. — Это я убил Горeслава.

ГЛАВА 26

Тогда

Жизнь способна измениться в одно мгновение, порой повинуясь чужой злой воле. Еще вчера ты, полный надежд, смотрел в будущее без страха, утвердившись, наконец, в своих желаниях, а завтра от тебя останется лишь оболочка, подобие человека, мясо на костях, безвольно бредущее на заклание, как тупое животное.

На утренней молитве Варна кивнула Дарию, он ответил ей тем же. Обычное приветствие старых друзей, но для них — тайный знак. Под ее кроватью лежал мешок со всеми вещами, которые она собиралась взять с собой. Кивок дал понять, что и Дарий не передумал. В груди стало тепло — так отзывались любовь, благодарность; Варна оттаяла, греясь в лучах его доброты и поддержки.

Сражалась она с особым рвением, дважды уложила Свята на лопатки, с сожалением думала о том, что это их последние совместные занятия. Он дрался спокойно, а Варна — отчаянно, вкладывая в удары чувства, бушующие внутри. В какой-то момент Горeслав подал голос:

— Варна! — Она остановилась. — Соберись! Двигаешься наобум, что с тобой?

«Завтра ночью я стану свободной!» — хотелось закричать ей, но она лишь безразлично пожала плечами.

Замешкавшись, получила удар навершием меча. Собралась, вернулась в стойку и прислушалась к потоку силы, разливающейся внутри. Благодаря ей Варна предугадывала движения Свята, потому что чувствовала их раньше, чем он делал выпад. Его ритм был знаком ей так же хорошо, как свой собственный. Свят был резким, напористым и точным, его тело — гибким и текучим, как вода. Удары он наносил колющие, а она — размашистые. Ей нравились свободные движения, а ему — скупые. Да, ей будет его не хватать, пусть друзьями они так и не стали, пусть между ними случилось нечто, о чем она предпочитала не думать, но он стал ей опорой и учителем. Свят до сих пор хранил молчание, и она была благодарна ему за это. Ни словом, ни взглядом он не выдал их, ни разу не спросил о природе ее силы, не требовал объяснений и не заводил долгих разговоров. Работать с ним в паре, как Светозарные, было бы удовольствием, теперь-то она могла признаться себе в этом. Они — прекрасная пара, их мастерство отточили сотни совместных боев, и разделять их — глупость, которую Горeслав никогда не совершил бы. Но этому не суждено было сбыться. Выбирая между отшельнической жизнью с Дарием и сражениями бок о бок со Святом, она предпочла первое, и собранный мешок подтверждал ее решение.

— Отличный бой, — искренне сказала Варна, когда восстановила дыхание.

— Ты чего? — Свят подозрительно прищурился.

Показалось, что он все понял, как только она открыла рот, поэтому, поспешно отшутившись, Варна побежала в церковь закончить все свои дела, которых оказалось не так много, чтобы занять ее на целый день. Пришлось бесцельно шататься по территории, выполнять поручения Нины. Время тянулось невыносимо долго. Завтра. Завтра Варна покинет это место и никогда не вернется.

После отбоя, перебирая вещи, сложенные в дорогу, она услышала стук. Надеясь, что это Дарий, Варна распахнула дверь, и ее улыбка померкла — Свят мрачнее тучи, светлые брови сошлись над переносицей.

— Меч мой не видела?

— Чего? — С перепугу она не сразу поняла, о чем он говорит. — Деревянный?

— Настоящий.

— Как ты умудрился его потерять? — хмыкнула Варна, не упустив возможности подколоть друга, но ее веселья он не разделял.

— Я не мог его потерять. Мой меч кто-то взял, и я думаю, ты знаешь кто.

На лбу выступил пот, страх пронзил насквозь, ее затрясло. Она метнулась в комнату, сгребла оружие и попыталась выскочить в коридор, но Свят успел перехватить ее.

— Знаешь, куда он пошел?

— Пусти! Пусти, иначе я порежу тебя! — она вырывалась изо всех сил, как дикий зверь, но он не отпускал.

— Ответь мне! Он и мой друг тоже! — рявкнул Свят. — Я иду с тобой.

— Нет! Собери наших, Нину, Мстислава — всех! А я побегу за ним. Там, в лесу, есть поляна, на ней — большой камень. Я уверена, что мы будем там. — Она заглянула в его глаза. — Прошу тебя, нам самим не справиться, но, может, я смогу его догнать.

Сила Зверя позволяла ей бежать невероятно быстро, Свят знал об этом. Одна до леса она доберется быстрее. Нехотя отпустив ее, он кивнул, они вместе выскочили из катакомб и разделились у выхода.

Перемахнув через забор, Варна пустилась бежать. Волна жара разошлась от сердца, мышцы разогрелись, ей показалось, что еще немного — и она оторвется от земли. Как Варна могла не понять, что Дарий обязательно вернется к ведьме?! «Увидим»! Он прямым текстом сказал, что попытается убить Рославу, а она пропустила все мимо ушей!

«Господи, — мысленно молилась Варна, — защити его! Дай ему сил, ибо он всю жизнь готов посвятить служению.

Пусть он заблудится, пусть не найдет дороги к камню, пусть сломает ногу, оступившись, но не дай ему найти ее!»

В церкви зазвонил тревожный колокол. Кто-то трезвонил неистово, как безумец, рискуя разбудить не только наставников, но и все деревни в окрестностях. И правильно! Чем больше людей, тем больше шансов, что их вытащат. Кто способен противостоять Рославе? Только Горeслав, им повезло, что он приехал.

Что-то было не так — она нутром чувствовала, что лес изменился. Он больше не приветствовал ее, а возвышался темной громадой, внушая страх. Листья угрожающе шумели, ветер выл высоко над головой, а луна, какая взошла луна! Полная, подсвеченная алым, ее мрачный свет питал колдовство — не было лучшей ночи для ворожбы, чем ночь полнолуния.

«Господи! — мысленно закричала она. — Господи!»

Всю жизнь Варна наивно полагала, что вынесет любой удар, но вот задрожали руки, непослушные пальцы с трудом обхватили рукоять меча. Над головой сомкнулся купол густой листвы, весь мир за границей леса исчез, даже звон колокола доносился будто бы издалека. Все живое замерло: воздух стоял, как в жаркий день, ветер свистел где-то над головой, но ни одна ветка не шевелилась. Ее шаги скрадывала трава, земля влажно чавкала, хотя дождя давно не было. Пахло грозой, которая прекратилась, едва Варна пересекла невидимый рубеж, отделяющий мир смертных от мира ведьм.

Идти приходилось в темноте. Света луны хватало, чтобы не спотыкаться о вздымающиеся корни, но не больше. Она различила впереди нечто, напоминающее фигуру человека, прибавила шагу, но настигла лишь одинокую тень. Раздался шорох, похожий на шаги, — Варна напряглась, прислушалась, пошла на звук и ничего не нашла. В неестественной тишине было слышно, как бьется ее сердце, и больше ничего — звери и ночные птицы будто оставили это проклятое место.

Если позвать Дария, тогда она выдаст себя, укажет Рославе место, хотя глупо полагать, что ведьма не знает, где ее искать.

Тишина давила, собственное дыхание казалось слишком громким. Она набрала в грудь побольше воздуха, чтобы успокоиться, и услышала пение. Знакомая мелодия переливалась, как ручей, песня про урожай, про весну и работу; ее пела мать. Дрожащий силуэт вышел из-за деревьев, женщина протянула руку. Варна отпрянула, шумно выдохнула и выкрикнула:

— Изыди!

Призрак не ушел, замерцал, покрылся рябью, но остался на месте, не пропуская ее вперед. Материнские глаза впервые смотрели с нежностью, она не была такой при жизни, так с чего ей добреть после смерти?!

— Отец наш Небесный, — Варна подняла меч, совершенно бесполезный в схватке с духом, — дай мне сил, дай мне воли, пусть... Ай!

Слово обожгло ее. Шею сдавило невидимой рукой. Она начала задыхаться, попятилась, уперлась спиной в дерево, отчаянно вцепилась в горло, но не смогла побороть колдовство. Каждый вдох давался сложнее предыдущего, воздух резал, как нож, раздирая все — от гортани до легких.

«Никаких молитв» — вот в чем послание, доходчивое и простое, не просьба, а приказ главы ковена. Рослава ей больше не друг, Варна сделала свой выбор и вывела ее из себя. Ведьма ждала ученицу, но почему-то тянула время.

— Дарий! — выкрикнула Варна. — Дарий!

Она ничего не видела, но чувствовала зло, что творилось где-то рядом. Искра Зверя в ней торжествовала, плясала, как пламя в глазах Рославы. Нечистая сила бесновалась вокруг, и эта пляска не предвещала ничего хорошего.

— Дарий!

Слезы сами собой покатились из глаз, Варна смахнула их рукой. В следующее мгновение тело свело судорогой, она свалилась на землю, боль сковала мышцы. Крик поднялся к небу и исчез в вое ветра. Мать смотрела на ее страдания с той же нежностью в глазах — или не понимала, что происходит, или наслаждалась этим.

— Оставь меня! — взревела Варна. — Убирайся!

Когда боль все же отступила, она встала. Одежда прилипла к телу, земля под ногами превратилась в жидкую грязь. Подняв меч и переведя взгляд на видение, Варна сказала:

— Я убью тебя снова, если потребуется.

Из-за деревьев начали выходить люди — кого-то она знала, кого-то видела впервые. К матери присоединились батюшка и Красимир, безымянного младенца и Влада с ними не было. Ее окружили те, кого она убила; пусть обманом, но Рослава заставила Варну запятнать душу этим страшным грехом, и теперь ей было не отмыться. Духи окружили ее. Они стонали и плакали, их голоса сливались и превращались в громкий вой. И вдруг в толкотне бледных лиц она увидела высокого юношу, неприлично лохматого, худого и потерянного. Его пустые глаза нашли ее, замерли, его рот скривился, он запрокинул голову и закричал так громко, что она оглохла, ослепла от этого крика, зажала уши руками и зажмурилась.

Когда крик затих, они остались вдвоем. Сколько бы шагов к нему Варна ни делала, Дарий отдалялся, до него можно было достать рукой, но, делая шаг, она натыкалась на пустоту.

— Наваждение... — прошептала Варна. — Где ты, Дарий?!

Дух вдруг затрепетал, обернулся и вспыхнул так ярко, что на мгновение осветил все вокруг, в том числе и черную фигуру, появившуюся прямо из воздуха. Зверь властно протянул руку и замер.

— Нет, нет! — Варна побежала к ним, но они снова и снова удалялись, оставаясь недосягаемыми.

Зверь обнял его, привлек к себе, лицо духа исказил животный ужас, он беззвучно закричал и исчез, вспыхнув сотнями искр. Закричала и Варна, но стоило увенчанной рогами голове повернуться к ней, как звук застрял в горле и оборвался.

Деревья расступились. Варна медленно вышла на знакомую поляну, жалобно всхлипнула, выронила меч и рассмеялась чужим надломленным голосом. Рассудок помутился, она снова и снова переводила взгляд с ведьмы на разорванное тело, распростертое на камне, и смеялась, смеялась, пока не охрипла.

Его грудь рвали когтями, плоть клочьями свисала с белеющих костей, куски мяса были разбросаны вокруг. Выпущенные кишки блестели, отражая лунный свет, часть вывалилась из брюшины и теперь свисала с алтаря. Ребра разведены в стороны, обнажая сердце. Руки раскинуты в стороны, будто Дария распяли, и была в этом насмешка, плевок в лицо Господа.

Три больших пса лежали на траве у камня, один из них что-то жевал, кровавая пена пузырилась в его пасти. Смех превратился в завывание, неразборчивое бормотание, жалкий лепет и мольбы.

Варна сделала несколько шагов к алтарю, псы вскинули головы, но Рослава властным жестом заставила их лежать смирно. Увидев вблизи обезображенное тело, Варна пошатнулась, но не посмела отойти. Не помня себя, она пыталась собрать развороченное нутро, что-то шептала, успокаивала его, говорила, что все будет хорошо, что они уедут, нужно только немного подождать. Отчаянный вой, рвущийся из груди, было не заглушить. Она заскулила как животное, но продолжала собирать ошметки плоти, чтобы положить их на место. Потрясенный рассудок мнил, что, собрав все-все кусочки, она заставит его ожить, и тогда они...

— Ожить! — заикаясь, воскликнула Варна и резко повернулась к ведьме. — О-оживи его!

Ответом ей стала усмешка. Сложив окровавленные руки на груди, Рослава улыбалась. Ее дьявольская красота больше не манила, она пугала, отравляла воздух вокруг. Варна знала, что ведьма может оживлять людей, она уже делала это. Что ей стоит повторить ритуал?!

— Прошу тебя, — Варна сложила руки в молитвенном жесте, — Рослава, умоляю...

— Жалкая.

— Я буду какой угодно. — Сломленная, она опустилась на колени. — Умоляю, верни его. Делай со мной все, что хочешь, только верни его!

— Зверь получил то, что принадлежит ему по праву. Не унижайся, Варна. — Рослава брезгливо поморщилась. — Душа за силу — таков закон.

— Почему его?! — закричала она. — Почему?!

— Потому что я так захотела. — Ведьма улыбалась. — Месть сладка.

— Ты могла забрать меня!

— Тебя бы я не убила! — рявкнула Рослава. — Дура! Ты должна была стать моей, должна была служить Зверю долгие годы, прежде чем с почестями спуститься в Навь! Это ты все испортила, ты!

— Верни его и забери мою душу, — взмолилась Варна. — Прошу тебя. Забери все, что у меня есть, но верни его. Рослава, я... — Голова склонилась сама собой, горячие слезы обжигали лицо. — Какая разница, живы мы будем или умрем?

— Его душа у Зверя, — безразлично ответила ведьма. — Что есть человек, в котором нет души? Кусок гниющего мяса, годный лишь на то, чтобы им поживились падальщики!

Псы зарычали, один из них потянулся к трупу. Варна вскочила и бросилась на него. Удивленная тварь попятилась, Рослава шикнула — и животные отпрянули от камня. Ведьма подошла ближе, холодные пальцы взяли Варну за подбородок.

— В тебе есть ростки зла, но ты не дала им зацвести. И что теперь, милая? Отдашь душу за плоть, которая уже начала разлагаться?

— Отдам, — выдохнула она.

— Я хотела для тебя другой участи. — Рослава окинула взглядом растерзанное тело. — Помогать тебе я не стану. То, что я сделаю для вас, будет наказанием для обоих.

— Но он будет жить?

— Ты пожалеешь о своем решении, как только начнется ритуал. И это будет сладостно, я буду торжествовать, глядя на твои мучения. — Ведьма не ответила на вопрос. — Соберите его!

Псы обратились в ведьм, они склонили головы и принялись собирать останки Дария. Перенеся тело на плащ, соорудили подобие носилок и потащили все это в лес.

— Твоя душа достанется Зверю, как только ты испустишь последний вздох. — Рослава вглядывалась в лицо Варны, а та не видела ничего, кроме вывернутого наизнанку тела.

— Пусть, — прошептала Варна. — Я согласна.

Рослава покачала головой. Свет ее глаз потускнел, плечи поникли, словно на них опустился неподъемный груз. Она вдруг нежно провела рукой по волосам Варны и тихо сказала:

— Я всегда хотела детей, но Зверь лишил меня этой возможности. Встреча с тобой — единственное светлое пятно в моей долгой, тяжелой жизни. Я любила тебя, как умела, давала то, что могла дать. И мне казалось, что этого достаточно. Я просто хотела прижать тебя к сердцу и...

— У тебя нет сердца, — дрожащим голосом сказала Варна.

Лицо Рославы исказила гримаса боли, на ресницах задрожали соленые капли слез. Она смахнула их и кивнула.

— Думаю, ты права.

Лба Варны коснулись холодные губы, по телу пробежала неприятная дрожь. Вот и все, договор скреплен.

— Какая же ты дура, — с горечью сказала Рослава.

Как будто случившегося кошмара было мало, ведьма привезла ее в родную деревню. Могильный смрад висел над избами белесым туманом, жужжание тысяч мух заставляло воздух дрожать. Десятки трупов все еще лежали в домах и догнивали, от вони свело нутро — и Варну стошнило, когда она сползла с лошади.

— Твои страдания еще впереди, — холодно сообщила Рослава. — Я учила тебя ворожбе, но сегодня ты увидишь настоящее черное колдовство.

Она разбила о землю какую-то склянку — и начавшее было светлеть небо вновь сделалось черным, луна остановила свой бег и замерла. Даже дом Рослава выбрала именно тот, в котором Варна росла. Обещание сполна насладиться ее муками не было пустым звуком.

От батюшки и матушки остались ссохшиеся тела, прикрытые истлевшей одеждой. Уловив удушливый запах смерти, снова захотелось опустошить желудок, но Варна сдержалась. Шатаясь, она отошла к печи и стала смотреть, как ведьмы затаскивают тело Дария внутрь, кладут его на большой обеденный стол, достают что-то из кожаных сумок и сверяются с ветхой книгой, появившейся из складок плаща одной из них.

Рослава собрала волосы в хвост, достала из-за пояса изогнутый кинжал и поманила Варну к себе. Та послушно подошла, остановилась напротив и молча терпела, пока ведьма резала на ней одежду. Движения Рославы были медленными и неспешными, процесс доставлял ей явное удовольствие, а запах разложения ничуть не смущал.

— Какая ты крепкая, — глухо сказала Рослава. — Мы могли творить новый мир по своему усмотрению, еще не поздно передумать. — В зеленых глазах заплясало пламя. — Откажись от этой дурной идеи и пойдем со мной. Я прощу тебя и возьму под крыло. Оставь мальчишку червям.

— Нет, — голос Варны дрожал, но ее намерения были тверды.

Оставшись обнаженной, она не испытывала стыда, вообще ничего не чувствовала. Внутри стало пусто, ужас поглотил все ощущения и мысли. Как тупой болванчик, Варна выполняла все, что говорила ведьма: вертелась на месте, собирала волосы, старалась не двигаться, когда острое лезвие вонзалось в кожу.

— Ох... — выдохнула она и сжала зубы.

— Больно? То ли еще будет. — Рослава горько усмехнулась. — Эти печати свяжут вас в единое целое, он станет твоей тенью, носителем твоей души. Можешь представить себе душу, живущую отдельно от хозяина? Нет-нет, никаких обмороков! — Звонкие пощечины привели Варну в чувство. — Ты должна слушать, потому что я учу тебя, как жить без души.

Две печати на плечах, одна в центре груди, две на животе, еще одна — над лобковой костью. Замысловатые узоры, заключенные в круг, пекли огнем. Кровь стекала вниз, у ног образовалась лужа.

Обнаженную и дрожащую, Рослава подвела ее к столу, и Варна отшатнулась, заскулила, но ведьма заставила ее смотреть.

Одежду с Дария тоже сняли, его нагота была уродлива — на животе красовался неровный шрам: ведьмы наскоро заштопали его, как куклу. На мертвом теле сделали такие же печати, в тех же местах, только кровь из них уже не текла — выступила бурыми каплями, тягучая, неживая.

— А ведь он даже не самый красивый мальчишка в твоей церкви, — презрительно фыркнула Рослава. — Посмотри на это тело... И на него ты решила променять своих сестер?

Варна не могла смотреть на него: он дал обет, и ни одна женщина не имела права видеть его наготу. Ей стало противно от самой себя, стыд жег раны.

— Ложись, — приказала ведьма.

— К-куда? — испуганно спросила Варна.

— Сверху, — глухо приказала Рослава. — Ваши печати должны сомкнуться. Давай, лицом к лицу с возлюбленным — разве это не то, о чем ты мечтала?

Отвращение, стыд, страх — все смешалось. Никогда ей не приходилось делать ничего более постыдного, но отступать было некуда. Дарий должен жить, он не заслужил такого конца.

Его кожа была холодной и твердой; коснувшись ее, Варна отвернулась и исторгла из себя поток желчи. Сцепив зубы, она залезла на стол, перекинула ногу через бездыханное тело и заплакала от унижения.

— Не так ты себе это представляла, верно? — насмешливо прошептала Пава из-под капюшона.

Прижавшись к окоченевшей плоти, Варна замерла. Рослава подвинула ее, чтобы печати сомкнулись, и наклонилась к ним.

— Ты пожалеешь, если не уйдешь отсюда. Слышишь? Через мгновение пути назад не будет.

— И пусть, — ответила она. — Он заслуживает жизни больше, чем мы все.

— Паренек-то совсем окоченел, скверно, — сказала одна из ведьм. — Начать бы.

Взгляд Рославы скользнул по лицу Варны в последний раз, в нем читались сожаление и... жалость? Ведьма жалела ученицу, хоть и обещала торжествовать. Значит, есть все-таки сердце в ее груди и не все слова были обманом.

Ведьмы обступили стол, воздели руки и запели. Над их голосами возвышался голос Рославы — высокий, сильный, он вел остальных за собой, указывал путь.

Песня менялась, становилась то веселой, то мрачной. Языка, на котором они пели, Варна никогда прежде не слышала. Время шло, а женщины продолжали возносить мольбы к Зверю. Рассвет не наступил, деревню поглотила бесконечная ночь.

Тело свело от напряжения, Варна не могла расслабиться ни на секунду. Она отвернулась, чтобы не видеть распахнутых глаз Дария, спрятала лицо на его плече и постаралась представить, что все это — дурной сон. От него смердело кровью.

В какой-то момент Варна испугалась, страх затуманил разум, захотелось подняться и сбежать, но властная рука Рославы легла на спину и прижала ее к Дарию.

— Встанешь — умрешь, — громко сказала ведьма. — Ритуал нельзя прерывать.

О, как же Варна жалела о том, что согласилась на это!

Она нащупала ладонь Дария и взяла его за руку, переплела их пальцы и зажмурилась, пытаясь прогнать горькие слезы. Будет ли он таким же, как до смерти? Как он станет смотреть на нее, когда узнает, на что она отважилась ради него? Дарий этого не хотел, наверняка не хотел. Знай он, чем все закончится, никогда бы не пошел к Рославе с мечом!

Пение прекратилось. С наивной надеждой она повернула голову, чтобы увидеть Рославу и узнать, что ритуал завершен, но та лишь покачала головой.

— Все только началось. Ты будешь лежать здесь три дня и три ночи. Ваши раны затянутся вместе. — Рослава присела и ласково провела рукой по волосам Варны. — Не нужно плакать, моя милая, я ведь предупреждала тебя.

Слезы катились по лицу ведьмы, будто Рославе было невыносимо видеть Варну в таком состоянии, будто она страдала от собственной слабости. Будто...

— Ты ведь любила меня? — хрипло спросила Варна. — Хоть что-нибудь из того, что ты говорила, было правдой?

— Моя девочка, — прошептала Рослава и прислонилась лбом к ее лбу, — если бы ты знала, как я тебя люблю. Но ты сделала свой выбор. Приходит время, когда мать должна отпустить свое дитя и позволить ему совершать ошибки. Ни еды, ни воды, — ее голос стал жестким. — Мы вернемся через три дня и завершим ритуал. Если встанешь — умрете оба, — напомнила Рослава на прощание и вышла из избы.

«Боже, — подумала Варна, — что же я делаю?»

Она попыталась приподняться, но раны уже схватились. Печати на плечах откликнулись болью, в голове промелькнуло шальное желание разорвать связь и умереть, но даже в этот час она боялась смерти, выбирая любую, даже самую ужасную жизнь.

Каждое проклятое мгновение Варна размышляла о том, как оказалась здесь, когда она выбрала неверную дорогу. Можно было рассказать наставникам о ведьме, которая приходит к месту силы, сдать ее и продолжить жить в церкви, сражаться и, возможно, когда-нибудь получить шанс стать новобранцем Святого Полка. Пусть Гореслав обратил на нее внимание только из-за силы Зверя, и без нее Варна бы сумела доказать ему, что достойна носить белый плащ.

Что теперь будет со Святом? Где он сейчас?

Думать об этом особенно горько. Они буквально родились для того, чтобы сражаться вместе. Их сражения напоминали безумный танец, они были молоды, сильны и достаточно самоуверенны, чтобы рассчитывать на белые плащи. Вместе они могли бы стать настоящей легендой среди Светозарных, но этому не суждено было сбыться.

В бреду ей начало мерещиться, что из дальней комнаты кто-то пытается выйти. Настойчивый стук, шарканье ног, неразборчивое мычание — Варна похолодела. Там лежал ее брат, Красимир, тоже погибший от колдовства — того, которое они с Рославой творили, сидя за этим самым столом. Уже тогда Варна отрезала себе путь к искуплению, запятнала дух и разум, уверилась в безнаказанности своих деяний. Все остальное — расплата, но платить должна она, а не Дарий!

После долгих часов слез уставшая от напряжения и страха Варна уснула. Сны ее были кошмарными, липкими и тягучими. В них Дарий просыпался под ней и кричал, а его дух, терзаемый болью, стонал над ними, исходя кровавой пеной.

Пробуждение стало продолжением кошмара — ночь не заканчивалась, свечи, оставленные ведьмами, догорали. Совсем скоро она останется в кромешной темноте, наедине с мертвецами.

Его лицо никогда не было так близко, их любви не суждено было обрести физическое выражение, и Варна смирилась с этим, но слишком поздно. Черные ростки себялюбия заставляли ее ненавидеть его, презирать за выбор. Она хотела обладать им, как вещью, а он посмел не согласиться с этим и отдал себя Господу. Тогда это выглядело страшным предательством, ведь все должно быть так, как пожелает она, Варна, — эту мысль ей внушала Рослава и добилась успеха. Связь со Святом подарила временное удовлетворение; ужас, смешанный с горечью, отразившийся в глазах Дария, лишь распалил желание сделать ему еще больнее. Отвратительные мысли. Разве настоящая любовь способна на такое? Они со Святом, словно животные, наслаждались своей звериной натурой. Что напарник видел в ней? Такую же пр́оклятую душу, как он сам?

И без того отвратительное положение осложнялось тем, что ночь не сменялась днем. Варна не знала, сколько прошло времени — три часа, пять или целый день. Время исчезло, все походило на пытку, и эта пытка казалась бесконечной.

Как Бог может допускать все это? Неужели Его всевидящие глаза не замечают происходящего или Он просто не смотрит на людей, отвернув свой светлый лик от греховного детища? Человечество исходит пороком, и истинно верующих не становится больше.

— Здесь некого спасать, Господи, — прошептала она потрескавшимися губами.

В бреду ей начало казаться, что Дарий дышит. Она шептала ему успокаивающие слова, обещала, что все будет хорошо, умоляла открыть глаза.

Он поклялся любить всех людей одинаково, но в конце концов все равно выбрал ее.

Есть не хотелось, Варну постоянно тошнило, а вот о воде она начала думать довольно скоро. В горле пересохло, губы потрескались и кровоточили. Проваливаясь в бредовые сновидения, Варна возвращалась к реальности и не могла понять, удалось ли ей проснуться.

Она не услышала, как вернулись ведьмы, очнулась, когда темные фигуры уже окружили их. Облегчение — вот что Варна испытала. Значит, ее не бросили, не обманули!

Почти обезумевшая от страха и одиночества, Варна рассмеялась.

— Умом тронулась? — спросила Пава.

— Начинайте ритуал, — потребовала Рослава.

Ее нежные руки гладили Варну по волосам, по спине, ведьма что-то шептала, и от ее голоса согревалось сердце. Хотелось расплакаться, рассказать, как страшно ей было, как отвратительна ей она сама и все то, что происходит, но слова не шли, они исчезли, слов больше не существовало.

— Последнее испытание, Варна, — прошептала Рослава. — Потерпи.

Ведьмы принялись поднимать ее — и Варна почувствовала, как натянулась невидимая связь между ней и Дарием. Через мгновение она оказалась в крепких руках Рославы и прижалась к ее груди, словно испуганный ребенок.

— Фатум! — рявкнула ведьма.

Варна никогда не испытывала такой боли — каждую частичку пронзила раскаленная игла. В агонии и ужасе она кричала до тех пор, пока не увидела, как тело Дария выгнулось дугой, принимая ее душу.

Он моргнул, резко сел и уставился прямо перед собой. Медленно повернув голову, Дарий взглядом нашел Варну, обнаженную, залитую слезами и пóтом, и в его глазах не было ничего, кроме ненависти.

Как и обещала Рослава, Варна в ту же секунду пожалела о своем решении.

Сил хватило только на то, чтобы открыть дверь церкви и переступить порог. Варна упала на пол, сильно ударилась головой, сквозь звон услышала крики. Кто-то перевернул ее на спину, затем резкий крик возвестил о том, что они заметили Дария. Превозмогая себя, Варна открыла глаза и прошептала:

— На нас напали.

Такой была легенда: ведьмы напали на них в лесу и забрали, чтобы совершить свой богомерзкий ритуал. Рослава придумала все на ходу, по пути в церковь. Если Свят рассказал наставникам больше, чем им нужно знать, то никто не поверит этим сказкам и к закату они оба будут мертвы. Однако никто не торопился тащить ее на костер, значит, шанс еще остался.

— Господи! Господи! — причитала Нина.

Громко переговариваясь, Варну потащили к лестнице. В груди заныло, она подняла голову и позвала:

— Дарий!

Он одарил ее безразличным взглядом и послушно пошел за ними, но Горeслав преградил ему путь, приставив меч к горлу.

— Нет! — жалобно выкрикнула она. — Он должен идти со мной!

Чудо, но Светозарный убрал оружие и позволил Дарию пройти. Бледная Нина одарила его непонимающим взглядом, но наставник не обратил на нее внимания и спустился в катакомбы следом за всеми.

Свернувшись клубком под одеялом, Варна хотела лишь одного — поспать. Казалось, жизнь вот-вот покинет тело, сил не оставалось даже на то, чтобы моргать, но Горислав подвинул табурет к кровати и начал допрос. Он спрашивал о ведьмах, о том, куда их отвели, а в ответ слышал неразборчивое бормотание. Узнав, что сотворили с Дарием, Светозарный резко встал и принялся ходить из угла в угол.

Три дня Варна спала беспробудным сном, а когда проснулась, увидела Дария, забившегося в угол. Он сидел на полу, опустив голову, грязные волосы растрепались, одежды на нем по-прежнему не было — только плащ, который дала ведьма. Он не выглядел живым, его существование противоречило всем законам природы. Из-за Варны он превратился в чудовище — бледное, худое, с резко очерченными скулами и острыми клыками, выступающими из-под верхней губы.

Варна приблизилась к нему, хотела заговорить, но Дарий дернулся, вжался в стену и снова обжег ее взглядом, в котором не было ничего, кроме отвращения.

— Поговори со мной, — попросила Варна. — Пожалуйста, скажи хоть что-нибудь!

Но он молчал, даже глаза закрыл, чтобы не видеть ее.

Из комнаты их не выпускали, Нина приносила еду, но старалась не задерживаться. Никто из друзей не навестил их, даже Свят. Много дней они провели наедине друг с другом, и Дарий ни разу не сдвинулся с места. Он не ел, не спал, иногда забывал моргать. Варна наблюдала за ним, пытаясь различить черты того человека, который взял чужое оружие, чтобы защитить ее от ведьмы, и не находила их.

Через несколько недель вернулся Горeслав. Его тяжелые шаги Варна услышала задолго до того, как Светозарный спустился в катакомбы. Распахнув дверь, наставник с порога кинул ей черный плащ и сказал:

— Добро пожаловать в ряды Мрачного Взвода. Выходи.

ГЛАВА 27

Сейчас

— Я должна обезоружить тебя и отвезти в Ясностан, чтобы передать в руки суда.

Стоило ей договорить, как Свят принялся расстегивать пояс. Он бросил ножны на пол, меч глухо ударился о камень. Встал, выжидающе уставился, его грудь резко вздымалась и опадала. Волнуется? После такого признания это неудивительно.

— Кто еще знает об этом?

— Слава догадалась.

— С ней будут проблемы.

Несколько минут Свят молчал, напряженно вглядываясь в ее лицо, потом удивленно хмыкнул и покачал головой.

— Ты даже не спросила, зачем я это сделал.

— Были причины, видимо, — Варна пожала плечами.

Ей стало любопытно, очень, но беспокойство вызывала вовсе не новость об убийстве, а то, что Слава знает об этом. Короткого разговора хватило, чтобы увидеть в ней непомерную гордыню и ревность, алой пеленой застилающую глаза, — если что-то пойдет не так, девчонка обязательно начнет давить на Свята.

— Во время охоты Горeслав нашел ведьму, которая выложила ему все, что знала о Рославе, в обмен на защиту.

— Все?

— Совершенно, — подтвердил он. — Из жертвы ты превратилась в соучастницу.

— И что дальше? — Скверные новости, очень скверные.

— Он собирался объявить охоту на ведьм. Попутно хотел избавиться от вас с Дарием. Как я понял из его дневника, он корил себя за то, что ведьма обвела его вокруг пальца и заставила плясать под свою дудку.

— Его никто не использовал, — возмутилась Варна.

— Можешь прочитать все сама. — Свят вытащил из кармана небольшую книжечку в кожаном переплете. — Здесь его последние записи, я забрал их после того, как... — он замолчал.

— Ты убил его и вернулся к Ульяне, — спокойно сказала Варна. — Зачем, Свят?

— Откуда ты знаешь?

— Можем задавать вопросы друг другу хоть до утра, но отвечать придется. — Она села на кровать, но дневник так и не взяла. — Правда за правду?

— Хорошо. — Он продолжал стоять, напряженный, угрюмый. — Я признался в убийстве. Теперь ты.

— Я видела Рославу, она рассказала мне о том, что ты якшаешься с ведьмой из другого ковена.

— Они одним миром мазаны. — Свят скривился. — Ты отпустила ее по старой дружбе?

— Что я могла сделать? Деревня полностью принадлежит ей.

— Признайся мне, — он подошел ближе, — ты все еще имеешь с ними какие-то дела?

— Сейчас твоя очередь отвечать, но нет, я не видела ее ни разу после той ночи. Что пообещала тебе Ульяна?

— Сведения о том, откуда пришла моя тень. И о моем рождении. — Он неосознанно потеребил конец косы. — Мне нужно было найти имя Рославы и отсрочить охоту.

— Ульяна убьет Рославу только для того, чтобы стать главой ковена. Может, она сдержала бы обещание, но потом...

— Я бы убил ее, — отмахнулся Свят. — Неужели ты думаешь, что я оставлю ее в покое?

— Одним ударом двух зайцев — в твоем духе.

Значит, Горeслав решил избавиться от них, когда узнал, что вся история — вранье от начала и до конца. Варна никогда не обольщалась на его счет и знала, что наставник первым вонзит в нее меч, и все равно расстроилась. Но Свят избавился от него. Осталась лишь одна проблема — Слава. Она ясно дала понять, что легко подставит Дария под удар, а этого допустить никак нельзя.

— Что будем делать? — Свят посмотрел на нее.

— Рослава сказала, что поможет тебе, если мы не откроем ее истинное имя Ульяне, — сообщила Варна.

— И ты веришь ей? — усмехнулся он.

— Конечно нет. Мы убьем ее, как только ты все узнаешь. И Ульяну убьем. Всех, кто представляет опасность.

— Если объявят охоту, кто-нибудь обязательно проговорится, чтобы сберечь собственную шкуру.

— Значит, нужно сделать так, чтобы их рты закрылись навсегда, — решительно сказала Варна. — Только что делать с твоей напарницей?

— Она будет молчать, — угрюмо ответил Свят.

— Слава — влюбленная женщина. Ты уверен, что она...

— Что? — Он едва не рассмеялся, а это случалось с ним очень редко. — Ты что-то путаешь.

— А ты — дурак, если не видишь очевидного. Она молчит только потому, что ты с ней спишь, и как только она поймет, что ничего больше ей не светит, ее язык может развязаться.

— Любовь между Светозарными невозможна. Если это так, нас должны разделить.

— Не допусти этого. — Варна вскочила. — Она может подставить нас всех.

— Мы много лет работаем вместе, она...

— Ты сам вонзил меч в спину наставника, — перебила она, — тебе ли не знать, что возможно все.

Свят озадаченно смотрел на нее и, судя по всему, не мог поверить ее словам. Что ж, пусть, но он увидит рано или поздно, что Слава не просто так ходит за ним хвостом. Задетые чувства — одна из самых распространенных причин, по которым люди обращаются к ведьмам. Скольких мужей, пораженных мужским бессилием, они встречали за годы работы во Взводе? Деревенским колдушкам всегда есть чем заняться: то муж загулял, то жена изменила, то девица на чувства не отвечает. Да, платить приходится бессмертной душой, но кого это волнует?

— Найди Рославу, пусть озвучит свои требования, — сказал Свят. — Мы должны убить обеих ведьм до того, как Полк объявит общий сбор.

— Свят! — Варна схватила его за рубашку. — Спасибо.

— Я сделал это не только ради вас, — холодно ответил он. — Я хочу жить, и мне нужны ответы.

Похоже, собственная история волновала его сильнее, чем безопасность, — Гореслав был единственным человеком, который знал о скрытой способности Свята. Без наставника он лишился покровительства, остался один на один с толпой матерых воинов, способных убить его. Слава может перерезать ему горло во сне, а трибуналу предоставить поддельный крест как доказательство его отступничества.

Теперь предстояло объяснить все Дарию.

Варна не смогла сдержать раздосадованный вздох. Он придет в ярость: работать с Рославой, пусть и ради общего блага, — это выше его сил. Интересно, кого Дарий ненавидит больше: ведьму, убившую его, или ее — человека, который обрек его на жизнь упыря?

Если ей еще хотя бы раз придется сюда прийти, она сойдет с ума. Тропинка, протоптанная от церкви к месту силы, напоминала дорогу в пекло. Каждый шаг приближал Варну к печальному итогу. Но могла ли она знать об этом, будучи ребенком? Ответом стали птичья трель и раздраженное ворчание мертвеца, плетущегося следом.

— Я говорила: не хочешь — не иди.

— В прошлый раз все закончилось славно, правда? Нужно было снова отпустить тебя одну.

— Не язви.

— Это все, что мне остается, не отнимай последнюю радость посмертия.

Как Рославе удается узнать, когда ученица собирается прийти к ней, оставалось загадкой уже много лет. Можно было спросить, да только в юности на это никогда не находилось времени, а сейчас разговор предстоял и без того тяжелый.

Отодвинув низко нависшие ветви, Варна увидела знакомый плоский камень и тонкую фигуру, склонившуюся над ним. Услышав их шаги, Рослава выпрямилась, сняла глубокий капюшон и повернулась к гостям. Выглядела она лучше, чем в их последнюю встречу, — красивая, свежая, с гордо поднятой головой, совсем такая же, как прежде, только смотрела с опаской.

— Не ожидала, что вас будет двое, — сказала она.

— Я-то думала, что ты всегда обо всем знаешь, — насмешливо ответила Варна. — Перейдем к делу. — Ведьма кивнула. — Объясни еще раз, зачем нам убивать Ульяну и какая польза от того, что в живых останешься ты, а не она.

— Я не делаю зло из одного только желания, а она делает, — коротко ответила Рослава, но увидев, что слушатели не удовлетворены ответом, продолжила: — Когда Зверю нужны жертвы, мы должны их приносить. Но кто-то делает ровно столько, сколько просит Хозяин, а кто-то, — она задумчиво потеребила ткань платья, — увлекается. Ульяне нравится обагрять землю кровью независимо от того, просил об этом Зверь или нет, она убивает и околдовывает людей из собственной прихоти. В Торжке работала я, в Моррее — она. Чувствуете разницу?

Краем глаза Варна заметила, как Дарий пожал плечами — мол, разницы никакой нет, а вот она видела разительные отличия в колдовстве. То, что сделала Ульяна, — смерть в неистовом совокуплении, оргии, в которую втянули даже калек, — было богомерзко и отвратительно, дико даже для ведьм. Рослава же заставила людей просто перебить друг друга в неистовой ярости. И то и другое — плевок в лицо церкви, но Ульяна перешла все возможные границы.

— Твоя подруга любит работу больше, чем ты, — сказал Дарий, за что Рослава одарила его ледяным взглядом.

— Если оставите ее в живых, — сказала она, — земли вокруг княжества опустеют. Не останется ни одного дома, который не затронула бы порча, сглаз или иное колдовство. Животные станут умирать, посевы не будут всходить, люд озвереет от зла и голода, пойдет штурмом на дом князя, и освященные стены его не спасут.

— Людскими руками решили разрушить дом государя? — задумчиво спросила Варна.

— Истинная цель Ульяны — оплот Светозарных.

— Там множество сильных воинов, вам они не по зубам, — заявил Дарий.

— Надо же, он все еще верит в божественную защиту, — умилилась ведьма. — Мальчик, едва стены падут, в город войдет армия Зверя, и никто не сможет остановить ее, даже ребятня в белых плащах.

— Но ведь это ваша общая цель, — вмешалась Варна, не позволив Дарию вступить в спор. — Какая разница, кто начнет восстание озверевших людей — ты или Ульяна? Исход будет один.

— Меня устраивает мир таким, каков он есть, — тихо ответила Рослава. — Есть добро, есть зло, мы пытаемся выжить между молотом и наковальней. Люди, несущие благо, не менее беспощадны, чем слуги Зверя, тебе ли не знать.

Ее глаза не пылали пламенем, они потемнели, и там, за яркой радужкой, множилась боль. Люди, верящие, что несут Слово, действительно пролили много крови. Церковь признавала это, пусть и со скрипом. Сейчас новый архиепископ пытался искоренить старые способы насаждения религии, но выходило плохо: Светозарные и те, кто был до них, привыкли выбивать язычество грубой силой. Язычник — это еретик, а ересь — страшный грех. Сюда, в отдаленные земли, еще не пришли пытки и казни, правила, господствующие в княжестве, пока остаются там, за стенами, но настанет день, когда армия восседающих на белых лошадях людей хлынет сюда, чтобы втоптать идолов прошлого в грязь.

А ведь там, к востоку от княжества, простирались иные земли, в которых Варна никогда не бывала, более того, там не бывал никто из ее знакомых. Во что верят там? Строят ли там города?

— О чем ты задумалась? — мягко спросила Рослава.

Как только ведьма сделала шаг к ней, Дарий выхватил серп и встал между ними. Варна крепко схватила его за запястье и заставила опустить руку.

— Прекрати.

Его неприязнь можно было ощутить физически, но Рослава проигнорировала ее. В ведьмином взгляде, как показалось Варне, появилось что-то вроде сочувствия.

— Что будет, если мы убьем Ульяну? — Разговор требовалось вернуть в прежнее русло.

— Все будет так же, как сейчас. — Ведьма вздохнула. — Вы выполняете свою работу, мы — свою. Схватки неизбежны, как и смерти, но...

— А если Зверь потребует от тебя принудить людей к восстанию? — спросил Дарий. — Говоришь ты красиво, но в твоих словах только ядовитая ложь.

— У каждого в этом мире свои заботы и предназначение. Если Хозяин потребует, я стану вашим врагом, но пока этого не произошло, я даю вам шанс избежать такого исхода, — в голосе Рославы появились знакомые повелительные нотки. — Убьете меня, если сможете, но...

— Что мешает нам сделать это прямо сейчас?

Дарий нарывался на неприятности, лаял, как пустобрех, а ведьма лишь с сочувствием смотрела на него. В ее взгляде появлялось все больше жалости, что, несомненно, только сильнее его распаляло.

— Нам нужны сведения о семье Свята, — сказала Варна. — И о том, что за тварь ходит за ним.

Рослава усмехнулась.

— Я думаю, мальчик в плаще давно догадывается, что с ним случилось.

— Мы здесь не догадываться собрались. Сведения в обмен на смерть Ульяны.

— Как мы ее убьем, кстати? — спросил Дарий. — Ее истинное имя тебе неизвестно, я полагаю?

— В живых нет никого, кто знает ее имя, она об этом позаботилась. — Рослава села на камень. — Вы знаете, что ведьмы уязвимы, если не позволять им творить колдовство. Вашему другу она не доверяет, но приблизиться к ней он сумеет. Я научу вас защитным чарам, а еще заклинаниям, чтобы вызывать временную немоту.

— Светозарный не может использовать их, — напомнила Варна.

— *Он* сможет, — заверила ее ведьма.

— Но как? Господь отвернется от него.

— Господь тяготеет к сирым и убогим. — Губы ведьмы растянулись в усмешке. — Зная, что стоит за его спиной, ты не задаешься вопросом: как он вообще попал в ряды Святого Полка? Как любят говорить святоши, пути Господни неисповедимы. Я догадываюсь, почему мальчишку не оставил Свет, но пусть это останется тайной. Пока.

Слышать, как Рослава называет Свята «мальчишкой», было немного смешно, Варна не смогла сдержать усмешку. Дарий одарил ее ледяным взглядом и крайне недовольно нахмурился.

— Чтобы было честно, — ведьма смахнула волосы с лица, — я кое-что расскажу вам. Правда за правду, да? — Она подмигнула Варне. — Вы удивитесь, но ваш Светозарный родился недалеко от этих мест, в бедной деревеньке на болотах.

— Продолжай, — потребовала Варна.

— В тех краях колдушка почти каждая женщина. Роды у его матери принимала одна из них. Я знаю ее имя, и, как ни странно, старуха все еще жива. Ответы в ее руках, а сведения о ней — в моих.

— И ты не врешь нам? — усмехнулся Дарий.

— Не врет, — заверила его Варна.

Если бы Рослава захотела, уже убила бы их. Значит, они нужны ей не меньше, чем она им. Возможно, ведьма собирается покончить с ними после того, как умрет Ульяна, но и они думают убить ее, как только выяснят, что случилось со Святом. Эта странная игра будет продолжаться, пока кто-нибудь не умрет.

— Приходите завтра все. — Рослава встала. — Я научу вас всему, чему успею. И да...

Она вдруг оказалась прямо перед Дарием. Ее пальцы коснулись бледной кожи его щек, волос. Дарий отпрянул было, но Рослава обняла его, словно мать, погладила по волосам, и не было на ее лице ни следа отвращения к упырю.

— Я все понимаю, — тихо сказала она. — Я чувствую твою боль.

Всего несколько мгновений длилась эта странная сцена, затем Рослава отступила. Дарий потянулся за ней! Опомнившись, он отшатнулся и с ужасом уставился на нее.

— В твоем сердце нет жалости, — сказала ведьма, с осуждением глядя на Варну, — а он нуждается в ней.

Взмыв в небо, Рослава исчезла, громко каркнув на прощание. Дарий развернулся и почти бегом кинулся прочь, с шумом продираясь сквозь заросли. Варна не пыталась догнать друга — почувствовала охвативший его стыд. Ему требовалось побыть одному. В кои-то веки она решила не лезть на рожон и дать ему время. Рослава права, в последнее время Варна поступала с ним слишком жестоко. Может, однажды она сумеет простить его за годы молчания. Вряд ли это случится сегодня, но, быть может, завтра станет немного легче.

Картину хуже придумать было сложно: Светозарный, склонившийся над исходящей паром чашей, упырь, разглядывающий что-то в крошечной стеклянной баночке, и ведьма, внимательно наблюдающая за ними. Чем это было чревато для них? Анафемой, а потом — костром, но перед этим их еще требовалось поймать, а эта работа не для слабаков: как-никак в их отряде два члена Взвода и Светозарный, не говоря уже о Рославе, способной воскрешать мертвых и еще бог знает что.

— Дурман, ромашка... — Свят прикрыл глаза, сосредоточившись. — Змеиный яд?

— А ты умнее, чем кажешься, — снисходительно кивнула ведьма. — Вам не нужно знать много, достаточно умело сотворить простую волшбу. Ульяна никогда не оставляет себя без защиты, поэтому...

— Прежде чем вломиться, стоит осмотреться и сжечь идолов, — перебила ее Варна. — Потом лишить ее возможности говорить и...

— И ты забыла о том, что она вряд ли одна. — Дарий перестал наконец крутить в пальцах склянку. — С помощью заклинания поиска найти остальных, обезвредить их, и только потом можно вламываться.

— Ты всегда была слишком резкой, — вздохнула Рослава. — Колдовство требует мягкости и хитрости. Ведьма текучая, как вода.

— Скорее, как отрава, — небрежно бросил Свят.

Со стороны казалось, что они нашли общий язык, да только этот хрупкий мир был достигнут часами споров минувшей ночью. Свят терпеливо объяснял свою позицию, они отчаянно спорили, обсуждая общую задумку, порой от крика их сдерживало только присутствие Славы в соседней комнате. Чему они так и не научились, так это договариваться.

Дарий подозрительно долго молчал, а ближе к рассвету произнес:

— Сделаем все и убьем обеих.

— И все? Это твой ответ? — возмутился Свят.

— Да, — коротко кивнул Дарий.

— Как легко ты согласился находиться рядом с ней. Она убила тебя!

— Настоящим преступлением было мое воскрешение, а не убийство.

Эти слова ранили Варну, но ни словом, ни жестом она не показала этого, стерпела. Что тут скажешь? Не будь скотиной? Не смей так говорить? Все это звучало уже десятки раз. Какими только словами она не обзывала друга в минуты отчаяния, но все они разбивались о стену безмолвия.

— Хватит корчить из себя мученика! — вдруг рявкнул Свят. — Тебя черти понесли в лес, а теперь виноваты все, но не ты?

Обстановка накалялась, Варна кашлянула, чтобы привлечь внимание, но ее проигнорировали. Свят сверлил Дария взглядом, а тот неосознанно потянулся к рукояти серпа.

— Долго же ты молчал, — в голосе Дария прозвучала угроза.

— Слишком долго, — согласился Свят, спокойствию которого в этот момент можно было только позавидовать. — Не представилось возможности высказать тебе все сразу, уж прости, я был занят служением твоему Богу.

— Моему Богу?!

— Так ведь это ты у нас великомученик, погибший за наши грехи. Кем ты себя возомнил?

— Да что ты знаешь обо мне!

— Больше, чем тебе кажется!

— Хватит! — Варна толкнула Дария в грудь. Его гнев передался ей. — Все это — дела минувшие. Если продолжите жить прошлым, мы никуда не сдвинемся, так и будем тянуть повозку в разные стороны. Нужно решить, что делать, а потом закончить работу и разойтись, чтобы никогда больше не встречаться.

— Легко сказать. — Дарий многозначительно уставился на нее.

— Будь моя воля — отпустила бы тебя на все четыре стороны, гуляй, ищи ветра в поле! Но я не могу, — успокаиваясь, закончила она и повернулась к Святу. — Если есть хоть крошечный шанс на то, что Рослава не солгала, очень скоро наши земли заполонят легионы Зверя.

— Они и так плодятся быстрее, чем мы их ловим. — Он нехотя кивнул. — Хорошо, я согласен с вашей идеей, но нужно обезвредить Славу. Сможешь помочь?

Она кивнула, вспоминая, есть ли у нее ингредиенты для сонного порошка. На том и порешили.

— Очнись. — Свят толкнул ее бедром. — Где ты находишься?

— В лучшем месте, — буркнула она, отмахнувшись от воспоминаний о прошедшей ночи. — Что еще нам нужно знать?

— Ульяна — мастерица морочить голову. — Рославу передернуло. — Она зла, безжалостна и скора на расправу.

Встретившись с ней, вспоминайте все, чему вас учили в церкви: не говорите с ней, не смотрите ей в глаза и не позволяйте себя касаться. Даже связанная по рукам и ногам, она способна убить кого-нибудь.

— Отлично, ты нас на верную смерть отправляешь? — Дарий прищурился.

— Я не могу помочь вам больше, чем уже помогла. Разве что... — ведьма задумалась.

— Плохой знак. — Варна знала этот блуждающий взгляд слишком хорошо.

— Я могу доставить вас к ее дому, — сказала Рослава.

— И на чем мы поедем? — Свят недоверчиво уставился на нее.

— Мы полетим.

— Нет! — одновременно выкрикнули Варна и Свят.

Все знали, благодаря чему ведьмы способны летать, — это страшное колдовство на плоти младенцев. Никто из людей, приближенных к церкви, не должен касаться такой темной вещи, как ведьмовская метла или сук.

— Вы потратите на дорогу много дней. — Рослава обвела их задумчивым взглядом. — Я могу это устроить.

— Это отвратительно. — Свят покачал головой. — Мы не...

— Да вы и так прокляты! — Ведьма нетерпеливо топнула ногой. — Девчонка с ядом Зверя в крови, мертвец и Светозарный с хвостом из Нави — думаете, что-то способно запятнать ваши души еще больше?

Они переглянулись. В словах Рославы был смысл, да только представить себя, несущейся на ясеневом суку, Варна не могла.

— А если нас увидят? — спросила она.

— Кто? Черти? — Ведьма расхохоталась. — Милая, если бы люди видели все, что скрыто от их глаз, вы бы предпочли повеситься.

Отсмеявшись, Рослава обвела их озорным взглядом, никак не вяжущимся с положением, в которое они попали. Ведьма не походила на жертву судьбы — наоборот, казалось, что она наслаждается происходящим.

— Мы довезем вас до ближайшего города, чтобы Ульяна не учуяла смрада других ведьм. Нюх у нее как у хорошего ярчука, так что нужно соблюдать осторожность.

— Я не сяду на метлу, — заупрямился Дарий. — Что вам пришлось сделать, чтобы они взлетели?

— Всего лишь продать душу. — Рослава пожала плечами. — Я бы обратила вас в птиц, да не знаю, все ли это перенесут. Выглядит просто, но на самом деле эта магия требует долгой подготовки и сил. Можно лишиться разума и остаться птицей навсегда.

— Вот бы ты осталась ей навсегда. — Дарий недобро усмехнулся.

— Я тоже мечтала об этом когда-то, — серьезно ответила ведьма. — Но Господь не был ко мне так благосклонен.

— Еще бы Он... — начал было Дарий, но замолчал.

— Что, мальчик? Он любит всех своих детей, тебе ли не знать. И да, меня тоже. Может, не сейчас, но когда-то.

— Разве твоя семья не отринула единого Бога? — спросила Варна.

— Когда проводишь сотню лет в служении злу, понимаешь, что людям свойственно ошибаться.

— Значит ли это, что Бог все же един? — уточнил Свят.

— Есть Он, есть остальные, — терпеливо пояснила Рослава. — Все наши боги были созданы Им. Понимаете? Узреть эту истину не так-то просто.

— Его существование не отрицает существования остальных. — Варна кивнула. — Я понимаю.

— Тогда за что проливалась кровь? — Дарий сложил руки на груди.

— А вот об этом, — ведьма посерьезнела, — лучше спросить тех, кто отправлял людей войной на своих братьев.

Было в ней что-то бесовское, чертовщинка, которую сложно не заметить. Рослава говорила складно, просто, была мудра и сильна, но пляшущий в глазах огонь напоминал, с кем они имеют дело. Сложно было не поддаться ее обаянию, разговор завязывался сам собой. Воистину с ведьмами нельзя начинать беседу, иначе окажешься в плену их сладких речей.

Сейчас Рослава казалась их другом, давала советы, делилась мудростью, но это ее руки разорвали Дария, это она проводила страшный ритуал в холодном доме, возвращая к жизни того, чья душа уже исчезла в Нави. Варна снова и снова напоминала себе об этом, но речь ведьмы пробуждала воспоминания о встречах и чувствах, которые должны были угаснуть давным-давно.

— Что будем делать? — судя по тону, Свят обращался к ней не первый раз.

— Полетим, — нехотя ответила она. — Ехать придется долго, а мне бы хотелось покончить с этим как можно быстрее.

— Серьезно?! — возмутился Дарий.

— Я согласен. — Свят кивнул. — Но что делать со Славой?

— А я говорила, что из-за нее будут проблемы. — Варна не смогла упустить возможность и не уколоть его.

— Сонный порошок? — предложила Рослава.

— Рано или поздно она проснется и узнает, что прошла не ночь, а несколько дней. Усмирить ее гнев будет непросто, — сказал Свят.

— Я думаю, ты знаешь способ. — Резко одернув себя, Варна отвела взгляд. Что на нее нашло?

— Мы должны взять ее с собой, — сказал Дарий.

— Еще чего не хватало, — фыркнула Варна.

— Руки не лишние, да и знает она больше, чем нам хотелось бы, — настаивал он.

— Мы можем увезти четверых, — сказала Рослава.

— Выбора нет, — решил Свят. — Она полетит с нами.

— У тебя рассудок помутился?! — Варна толкнула его в грудь. — Одно дело якобы случайная смерть Горослава, другое — связаться с ведьмами!

— Она нас не сдаст. — Свят стоял на своем, и ее это раздражало.

— До тех пор, пока в твоей постели есть для нее место!

Тут Рослава не выдержала и тихо рассмеялась.

— Хороша у вас компания! Вы уверены, что служите Богу, а не...

— Хватит, — Свят поднял руку, призывая к молчанию. — Она летит с нами, потому что оставить ее здесь мы все равно не можем. Горослав тоже водился с ведьмой, Слава знает об этом, так что его убийство — это не такой уж и проступок в ее глазах.

— Тогда потрудись объяснить ей, как сам оказался в такой ситуации. — Варне эта идея не понравилась.

— Это моя забота.

— Слава знает правду о нас? — Варна указала на Дария.

— Нет. Последние записи Горослава я забрал, в ее глазах вы все еще жертвы обстоятельств.

— То, как она общалась со мной, говорит об обратном.

— Так или иначе, Слава — моя напарница. Мы сражались бок о бок, я доверяю ей, — тоном, не терпящим возражений, сказал Свят.

— Тогда почему она не здесь?

Все терпеливо ждали ответа, но Свят так ничего и не добавил. Запахнув плащ, он повернулся к Рославе.

— Я хочу улететь завтра же.

— Как пожелаешь, охотник, — Ведьма пожала плечами. — Если считаешь, что вы готовы.

— Мы готовились к этому всю жизнь.

— Завтра в три часа после полуночи мы будем ждать вас. — Она отступила в тень. — С девчонкой или без нее.

Свят ушел, как только ведьма исчезла во тьме. Дарий сгреб склянки в сумку и потер глаза. Иной бы подумал, что он устал, но мертвые не испытывают усталости. Его рука сама собой тянулась к лицу, когда Дарий беспокоился.

— Что тебя тревожит? — спросила Варна.

— Все, — коротко ответил он. — Что с нами происходит? Свят убил Светозарного! Ты могла подумать, что он способен на такое?

— Он способен на что угодно.

— Точно, ты ведь знаешь его куда лучше. — Помолчав, он добавил: — И ближе.

— Если тебе есть что сказать — говори! — потребовала она.

— Как ты могла, Варна?

Этот вопрос застал ее врасплох. Как она могла что? Видимо, на ее лице отразилось замешательство, потому что Дарий хмыкнул и сказал:

— Получив твою душу, я понял, что ты ни секунды не колебалась, прежде чем войти в его комнату. Ты сознательно разрушала все, что было между нами, между всеми нами. Наша дружба, моя любовь, его вера в спасение души — все сгорело в пламени твоей обиды и уязвленного самолюбия. Я отверг тебя ради Бога! Бога, Варна! Никто не может соперничать с ним.

— Мне было восемнадцать лет, — вяло отбивалась она.

— Ты не сожалеешь об этом до сих пор.

— Я вообще не жалею ни о чем, кроме того, что решила воскресить тебя! — крик разнесся по затихшему лесу. — Я отдала за тебя свою душу!

— А я каждый день живу в теле, жизнь в котором поддерживает чужая кровь! Думала ли ты о том, каково это?!

Я живу только благодаря черному колдовству и жизненным сокам, украденным у людей! Стоит мне перестать пить кровь, как я усыхаю, превращаюсь в неразумное чудовище, ведомое голодом!

— Я не знала, что так будет.

— Тебя предупреждали. Сколько раз Рослава просила тебя отказаться от этой затеи?

— Так теперь ты на стороне своей убийцы? — Варна задохнулась от возмущения.

— Она хотя бы просто убила меня, а ты...

— Она разорвала тебя в клочья! — Варна толкнула его. — Хочешь поговорить? Давай! Я нашла тебя здесь, на этом камне, с развороченным нутром! Псы пировали у твоего тела! Я видела твое сердце и твои кишки! Была ли я в здравом уме после всего этого? О, не думаю! Только лежа на твоем бездыханном теле, я поняла, что наделала! Прости, что я не сохранила силу духа, что валялась в ногах у Рославы, умоляя вернуть тебя, дурака, который пошел на ведьму с мечом, хотя даже не умел с ним обращаться! Устал жить? Прекрасно! Пойди и прыгни в костер, только избавь меня от этих тяжелых взглядов и вздохов!

Внутри будто прорвало плотину, слова вырывались не изо рта, а из самой сути Варны. Да, бремя вечной жизни нес он, но это она осталась без души, она каждый день видела, как страдает единственный близкий человек! Чужая боль — неподъемная ноша, и есть ли кара страшнее, чем стать ее причиной?

Они никогда не придут к согласию — это и есть наказание. До самой смерти он будет обвинять ее, а она — держать обиду на него. Насколько проще было бы просто оплакать его и убить Рославу из мести! Но нет, все только сильнее закручивалось, судьба становилась непредсказуемой — вчера Свят убил их наставника, а сегодня они бегут в одной упряжке с ведьмой, которая вырвала сердце Дария. Что же случится завтра?

— Варна...

— Пошел к черту, Дарий. — Она со всей силы отпихнула протянутую к ней руку. — Не подходи ко мне, иначе я убью тебя, да поможет мне Бог.

Странно, но на душе стало легче. Варна призвала силу Зверя и побежала. Ветер трепал волосы, позади плелся Дарий, впереди лежало неизвестное будущее. Пусть наступает быстрее — она наконец готова.

ГЛАВА 28

Тогда

В церкви было людно, могло показаться, что началась служба, но присутствующие не сложили руки в молитве, а на распятие косились с подозрением. Мужчины и женщины, одетые в простую удобную одежду и дорожные плащи, разбились по двое-трое и разговаривали вполголоса.

Стоило Гореславу подняться из катакомб, как разговоры стихли. Варна с Дарием остановились рядом с наставником, взгляды присутствующих обратились на них. Тишина стала зловещей.

— Зачем звал-то? — подал голос низкорослый бородач.

— Охотники, — громко начал Светозарный, — я — глава Святого Полка.

— Нам ли не знать, — сказал кто-то.

— Я прибыл сюда, чтобы нести слово патриарха. С сего дня вы все — часть церкви.

— Чего?!

— Белены объелся, что ли?

— Будет чушь-то пороть!

Гореслав терпеливо переждал волну возмущений. Варна сжалась в комок за его спиной, пожалев, что их вытащили из комнаты. Охотники никогда не наденут плащи: они приняли единого Бога для вида, лишь бы их оставили в покое. Такие никогда не приходят на службу, никогда не молятся, Полку подчиняются неохотно, со скрипом. Сотрудничать согласятся разве что Нина и Мстислав, посвятившие церкви всю свою жизнь.

Светозарный указал на свертки, разложенные на скамейках. Он молча подошел к ним и развернул ближайший. Блеснул металл — оружие! Сверкающий топор, испещренный рунической вязью, ручная пищаль, меч, кинжал, метательный нож — новехонькие, блестящие, выкованные специально для этого собрания. Охотники замолчали, несколько человек приблизились к Гореславу, чтобы разглядеть оружие получше.

— Пусть мы прогнали ведьм к Черной Пади, но наши земли все еще полнятся слугами Зверя, — сказал Светозарный. — В ряды Святого Полка попасть могут не все, а это значит, что огромное количество охотников остаются без поддержки, они вынуждены выживать и бороться, надеясь только на себя. Церковь наконец признала необходимость создания еще одного отряда защитников, и я прибыл, чтобы рассказать об этом. Княжество и церковь обеспечат вас оружием, снадобьями и всем, что может понадобиться во время охоты. Мы...

— А взамен мы что должны отдать? — громко спросила высокая женщина. Она смахнула темную челку с лица и с вызовом посмотрела на Светозарного.

— Вы разделите с нами Кодекс, — спокойно ответил Гореслав.

— По законам вашим жить? Нет уж! — выкрикнул кто-то.

— В Кодекс будут добавлены положения, объясняющие работу и взаимодействие Полка и Взвода.

— Взвода? — Женщина прищурилась.

— Мрачный Взвод — отряд поддержки для Святого Полка, — отчеканил Светозарный. — Для охотников Взвода предусмотрен ряд поблажек, таких как обращение к языческим знаниям и ритуалам, рунописи и силам старых богов.

— Церковь поддержит многобожников? — Коренастый мужчина расхохотался, ему вторили еще несколько голосов. — Где ж это видано?

— Мы столкнулись со злом во плоти, и это заставило архиепископа взглянуть на все иначе. — Гореслав повернулся к замершим в стороне Варне и Дарию. — Подойдите.

Все взгляды снова обратились к ним. Варна подчинилась, подошла ближе, от волнения свело нутро, но голову она не опустила — пусть видят ее лицо, пусть знают, что в ней нет страха. Стоит охотникам почуять слабость, как они набросятся на них, точно стая диких псов.

— Сними капюшон, — Гореслав обратился к Дарию.

Кто-то схватился за оружие, кто-то охнул, зал наполнился возмущенными голосами.

— Как он может находиться здесь?!

— Что за тварь такая?!

— Заложный!

Наметанный охотничий глаз не мог не заметить, что перед ними покойник. Глаза Дария заволокла пелена, и с каждым днем радужка тускнела все больше, кожа стала бледная, почти белая, и если его и можно было принять за человека, то за неизлечимо больного, которому осталось три вздоха до смерти.

— Кто это сделал? — над гулом разнесся уверенный женский голос.

— Ведьмы. — Гореслав обвел взглядом собравшихся. — Они вынули душу из девочки и провели ритуал, с помощью которого воскресили мальчишку. Да, он мертв. — Люди возмущенно закричали. — Но если его убить, умрут оба!

— И что теперь?! Позволить покойникам разгуливать по земле?!

— Ты в своем уме, Светозарный?!

Варна видела, как тяжело наставнику сдерживаться. Он ждал, пока волнения улягутся, но на его шее билась жилка. Гомон стих довольно быстро: всем было интересно, чего ждать дальше.

— В нашем темном мире много таких, как они, — прóклятых не по своей вине. Мы должны защищать простой люд, но кто поможет тем, кто уже стал жертвой колдовства?

— Отпустим им грехи и отправим к предкам — вот наша помощь! — заявил мужчина с рыжей бородой.

— Не горячись, — осадила его женщина. — Что будет с ними теперь?

— Они — первые воины Мрачного Взвода, — объявил Горeслав. Варна вздрогнула, услышав эти слова. — Они всю жизнь готовились стать охотниками, девчонка была новобранцем Святого Полка, но Господь решил иначе.

— И вы согласны? — Темные глаза женщины смотрели так, будто она пыталась прожечь в Варне дыру.

— У них нет иного пути, — вмешался Горeслав. — Взвод или смерть — вот и все, из чего они могут выбирать. И этот выбор будет у каждого, кто окажется в таком положении. Насильно отданные Зверю, жертвы колдовства и обмана — всем найдется место в рядах Взвода, если они согласятся сражаться на нашей стороне.

— Я — Радомила, мой муж — Ждан, — охотница кивнула на мрачного темноволосого мужчину. — Мы согласны примкнуть к Мрачному Взводу.

Многие охотники с изумлением уставились на нее. Не обращая на них внимания, женщина подошла к оружию, взяла в руки топор, покрутила его, взвесила и кивнула сама себе. Она встала рядом с Горeславом, ее муж тенью последовал за ней.

— Не думал, что ты их сторону примешь! — Низкорослый охотник возмущенно упер руки в бока.

— Будет, Ерш, мы нужны друг другу. Еще вчера ты искал противоядие от укуса какой-то змееголовой твари, а сегодня церковь протягивает его тебе. — Радомила усмехнулась. — Откажешься — будешь дураком.

— Ведьма! — Губы коротышки растянулись в улыбке. — Женился ты, Ждан, на самой настоящей колдушке! А глаза, глаза-то как у нее горят, вы посмотрите! Почуяла дармовое оружие и защиту — расцвела.

— Ломаться долго будете? — Вперед вышла еще одна женщина, седая, но крепкая. — Хоть так, хоть эдак — все одно под Полком плясать, так пусть хотя бы долги мои выплатят.

— Я не говорил, что... — начал было Горeслав, но его перебил Ждан:

— Лучше скажи, Светозарный, лучше скажи.

Позабыв о покойнике, минуту назад возмутившем всех, охотники один за другим стали подходить к Горeславу. Кажется, даже дышать стало легче: люди перешучивались между собой, обсуждали открывшиеся возможности, а Варна смотрела на это расширившимися от удивления глазами и не могла поверить в происходящее.

— Где Свят? — воспользовавшись тем, что охотники отвлеклись, она обратилась к наставнику.

— Он остался в Ясностане.

— И...

— И он больше не вернется, — жестко одернул ее Горeслав.

— Он ничего не передавал?

— Ничего.

Отношение наставника к ней изменилось — отвечал коротко, в голосе больше не было отеческих ноток. Пусть он собрал Взвод, чтобы уберечь ее от смерти, теплые чувства, зародившиеся между ними за время занятий, исчезли без следа. Возможно, он сам бы хотел убить их.

Свят ничего не передал ей — похоже на него. Наверное, бывший напарник только рад избавиться от всего, что связывало его с этим местом.

— Нина, — позвал Горeслав, — подойди.

За наставницей последовал и Мстислав. Они замерли перед Светозарным, и Варна отошла в сторону, чтобы не мешать им.

— Отныне вы — часть Мрачного Взвода. Выбирайте оружие.

От лица Нины отлила кровь, она побледнела. Оглядевшись по сторонам, Мстислав спросил:

— Что это значит? Ты обещал...

— Это значит, что вам отказано в милости и белых плащей не положено, — холодно ответил Горeслав. — Вы не уберегли новобранца, я потратил свое время зря.

— Но...

— Взвод или служение в церкви. — Светозарный не дал Мстиславу и слова вставить. — Выбор за вами.

Это плохо, но Варна почувствовала удовлетворение. Трепет перед наставниками давно прошел, уважать их было не за что. Слишком много лжи, слишком много правил, которым они сами не следовали. За то, что Мстислав делал с Дарием, она бы лишила его и черного плаща — он был недостоин даже Взвода.

— Что станет с теми, кто не примкнет? — спросил широкоплечий молодой мужчина.

— Вы — сами по себе. Вас не поддержит ни Взвод, ни Полк. Доступ к вещим вóронам тоже будет закрыт.

— Переживем, — сказал охотник. — Мы можем идти?

— Как вам угодно, — кивнул Светозарный.

Церковь покинула примерно четверть собравшихся. Никто не стал их задерживать и расспрашивать — каждый охотник делал выбор сам.

— У меня кое-что есть.

Наставник подошел к столу и развернул сверток, лежавший отдельно от остальных. Варна подошла ближе, Дарий — за ней. Под тканью оказалось два устрашающего вида серпа, натертых до блеска. Один обычный, обоюдоострое лезвие в форме полумесяца, второй же выглядел удивительно и напоминал короткую косу. К обернутой кожей рукояти была прикреплена цепь, на конце цепи болтался груз. Такого странного оружия Варна еще не видела.

— Научишься обращаться с ней и поймешь, насколько это удобно. — Горeслав провел пальцами по лезвию. — Раскручивая цепь над головой, будешь держать противников на расстоянии, а если изловчиться и размахнуться как следует, можно и оружие из их рук вырвать, и по голове грузом огреть. Возьми.

Варна протянула руку, но Светозарный проигнорировал ее и передал косу Дарию. Тот принял ее, впервые за все эти дни сделав хоть что-то. Он покрутил оружие в руках, осмотрел его, кивнул и потянулся за вторым серпом.

— Ты можешь взять меч. Любой меч. — Горeслав кивнул на оставшиеся свертки.

Выходит, теперь она недостойна даже особенного оружия. Вряд ли ей удалось скрыть разочарование и обиду, но Варна попыталась. Вытащив первый попавшийся клинок, она взвесила его в руке и осталась довольна. Что ж, пусть так: если Светозарной ей не стать, то и особого оружия для нее ковать не будут. А вот для Дария выковали. Почему?

— Я запишу ваши имена в книгу, и вы можете идти, — громко сказал Горeслав.

— А что будет с нами? — Варна задала этот вопрос в пустоту, ни к кому конкретно не обращаясь.

— Завтра утром вы покинете это место, — голос Нины все еще дрожал.

— Нам нельзя возвращаться? — уточнила Варна.

— Можно, но кто будет вас ждать? — ответил за наставницу Светозарный.

Понятно. Теперь они пытались избавиться от них как от назойливого напоминания о собственном промахе.

Конечно, наставники знали не всю правду, но это к лучшему — пусть мучаются, пусть сожалеют о том, что недосмотрели.

— Дарий, — она потянула его за рукав, — тебе нужно переодеться.

Он никак не отреагировал, даже не посмотрел на нее. Нет сомнений, что разум не покинул его: друг осознанно не замечает ее, показывая, насколько сильна обида.

— Да ты издеваешься... — пробормотала Варна, развернулась и подошла к спуску в катакомбы. — Дарий! Вперед!

Он подчинился, словно безвольная кукла. Ну и пусть! Рано или поздно до него дойдет, что даже такая жизнь лучше, чем забвение, на которое обрекла его Рослава.

Рослава.

Это имя огненными буквами отпечаталось в памяти. Однажды Варна отомстит ей за убийство, за все, что та с ней сделала. День за днем, год за годом ведьма лгала ученице, убеждала выбрать путь Зверя, утаивала, какие ужасные вещи они делают ради него, заставила полюбить себя как мать и почти убедила отречься от Бога. Однажды она ответит за все свои преступления.

Проведя всю ночь в метаниях и борьбе с накатывающим страхом, Варна начала собирать вещи. Брать с собой оказалось особо нечего — охотники не могли позволить себе багаж. Когда вся твоя жизнь проходит верхом, лишняя поклажа только доставляет неудобства.

Дарий даже с места не сдвинулся, когда она принесла его вещи. Безразличным взглядом окинул одежду и продолжил сидеть.

— Переоденься.

Он подчинился — встал, начал снимать рубашку. Делал все нарочито медленно, упрямо глядя на нее. Ей пришлось смотреть на бледную кожу и испещренное шрамами тело. Уродливый шов на животе зажил и превратился в толстую белую линию, пересекаемую неаккуратными стежками. Его тело вызывало смесь отвращения и жалости. Варна отвернулась, сделав вид, что очень занята приготовлениями.

Не успело солнце взойти, как в дверь постучали. Заплаканная Нина сообщила, что им пора. Вот так, без «доброе утро» и «нам так жаль» — просто указала на выход. Еще вчера Варна наслаждалась тем, что Полк отверг наставников, а сегодня холод в словах Нины ранил и пугал. Варна попыталась заговорить с ней, но вместо ответа получила звонкую оплеуху. Наставнице не понадобилось слов, чтобы показать, насколько сильны ее ненависть и разочарование.

Никто не вышел проводить их — ни Тихомир, ни Мстислав. Даже сироты, с которыми они выросли, предпочли не прощаться. Казалось, что оба заразны и никто не хочет иметь с ними дел. Окинув прощальным взглядом распятие, спуск в катакомбы и потертые скамьи, Варна переступила порог.

Толпа охотников шумно обсуждала что-то, но стоило им приблизиться — голоса стихли. Не глядя по сторонам, Варна ускорилась и хотела просто пройти мимо, но вперед вышла женщина, Радомила. Она преградила им путь и спросила:

— И куда вы теперь?

— Не знаю, на север. — Варна неопределенно пожала плечами.

— На севере нынче неспокойно, — в разговор влез Ерш. — И надевал бы ты капюшон, мальчик, на тебя без слез не взглянешь.

— Давайте мы проводим вас до ближайшего города, — предложила Радомила. — Расскажем, что сможем: учиться — это одно, а один на один с миром оказаться — совсем другое.

В другой день Варна задрала бы нос и отказалась, но скомканное прощание с родными стенами настолько выбило ее из колеи, что она согласилась. Осталось только взять лошадь, но с этим возникли сложности.

Всегда спокойная кобыла Чернава вдруг встала на дыбы, заржала, попятилась и отказалась выходить из конюшни. Варна не могла понять, что пугает животное, гладила его, пыталась задобрить морковкой, но тщетно — Чернава только сильнее тянула поводья.

— Мертвеца боится, — к ним подошел Ждан. — Возьмите моего коня.

— А ты? — Варна перевела взгляд на большого жеребца, бьющего копытом.

— Справлюсь с твоей лошадью. — Мужчина протянул руку, чтобы взять ее под уздцы. — Тихо, девочка. — Он погладил животное по бархатистому носу. — Вам специальный конь нужен, обученный. Обычная лошадь не повезет покойника, испугается запаха.

— Спасибо, — Варна кивнула.

Глупо было даже пытаться оседлать Чернаву — ее к охоте не готовили, не обучали не бояться мертвецов. Наверное, Варна просто не хотела думать, что Дарий теперь — одно из тех тупоголовых чудовищ, с которыми им приходилось сражаться.

Жеребец Ждана спокойно стерпел мертвеца, позволил прикрепить к седлу сумку и вообще вел себя удивительно смирно для такого гиганта. Его рыжая шерсть лоснилась — видно, что хозяин заботился о нем.

— Мы вернем его, как только доедем до города, — сказала Варна проезжающей мимо Радомиле.

— У вас что, много золота? — насмешливо спросила охотница. — Бери, пока дают, и не привязывайся — лошадей мы теряем часто.

Прикосновения сидевшего сзади Дария оказались неприятны. Варну передернуло, когда холод его тела проник под одежду. Она еще раз посмотрела на церковь в надежде, что кто-нибудь выйдет и хотя бы помашет рукой, но этого не случилось. Люди, заменившие ей родителей, семьей для нее так и не стали. Больше всего хотелось увидеть Свята, но он был далеко и уже не вернется.

Все могло сложиться иначе, не окажись она такой дурой. В идеальном мире Варна стала бы Светозарной, сражалась в паре со Святом, Дарий служил бы в ближайшем приходе, они бы встречались и проводили время вместе, как старые друзья. Нина и Мстислав носили бы белые плащи, пусть и незаслуженные, а Горeслав гордился бы своими воспитанниками и не выглядел так, будто потратил впустую десять лет жизни.

А ведь наставники даже не знали всей правды.

— Нам пора! — крикнул Ерш. — Вперед!

— Давай не задерживайся. — Радомила направила коня следом за товарищами. — Быстрее!

— Не могу поверить, что они просто избавились от нас... — пробормотала Варна.

Дарий промолчал.

ГЛАВА 29

Сейчас

Отголоски спора Светозарных доносились из катакомб примерно час, потом все стихло, и у Варны осталось лишь два предположения: Слава приняла все, что сказал Свят, или он убил ее. Спрятать труп будет легко, настоящие друзья всегда помогают друг другу, верно? Второй вариант казался даже привлекательнее: намного меньше риска, что однажды рот Светозарной откроется и их всех отправят на костер.

— До чего крутой у него нрав, да? — Млад подошел бесшумно, Варна вздрогнула от неожиданности. — Я не помешал твоей молитве?

— Я не молилась. — Она отвернулась от креста, перекинула ногу через скамью и посмотрела на старого приятеля. — Садись, раз пришел.

Тот грузно опустился на скамейку, подобрав рясу. Если Свят все еще казался юным благодаря жизни, которую вел, то Млад выглядел даже старше своего возраста. Когда-то он был курносым смешным мальчишкой, в меру сообразительным и послушным. Выдающимся охотником Млад бы не стал, но и во главе прихода Варна его не видела.

— Слышал что-то о наших? — На самом деле ей не было интересно — спросила, чтобы поддержать разговор и отвлечься от собственных мыслей.

— Да, кое-что. — Млад вздохнул. — Данияра-то убили, знаешь?

— Нет.

— Ввязался в переделку, забили насмерть, год, может, полтора назад.

Судьба драчливого Данияра ее не удивила — еще в детстве было понятно, что охотника из него не получится: слишком скверный у парня был нрав. После четырнадцати лет он совсем потерял голову — сбегал из церкви, дрался, несколько раз Мстислав вытаскивал его из постели каких-то девиц. Неудивительно, что он умер, — странно, что только сейчас.

— А Дива охотится, — продолжил Млад.

— Да ладно? — Варна искренне удивилась.

— Как вы уехали, через полгода и она ушла, сама. Думал, замуж вышла да осела, но не тут-то было! Приехала через два года, голова обрита, на лице шрамы, к седлу привязан обезглавленный упырь. Сказала, что мимо проезжала, о вас спрашивала.

— Она во Взводе?

— Не знаю, кажется, да. — Млад покачал головой. — Мы поговорили немного, она несколько дней тут провела. Потом труп совсем скверно вонять начал, пришлось ехать дальше. Везла его кому-то как доказательство.

Дива и охота! Девчонка, которая боялась всего на свете, начиная с жуков и заканчивая темнотой. На площадке она постоянно роняла меч и плакала, никто не воспринимал ее всерьез, даже наставники.

— Пути Господни неисповедимы. — Млад улыбнулся. — Сильная стала, уверенная, совсем как ты.

— Я такая всегда была, — одернула его Варна. — А ей пришлось характер ломать. Но почему она в одиночку охотится?

— Говорит, не нужен ей никто. Да уже много времени прошло; кто знает, жива ли она еще.

— Ну а ты? Доволен жизнью?

— Доволен, наверное. — Млад пожал плечами и поднял взгляд на крест. — Да только Господь со мной не говорит, не чувствует во мне истинно верующего. Таким, как Дарий, мне не стать.

— И не надо, — выпалила Варна. — Его Бог в темечко поцеловал.

— И то правда. Ты ведь знала, что Мстислав бил его? — Млад понизил голос.

— И ты в курсе? — удивилась Варна.

— Так об этом все говорили. Я боялся, что и меня бить начнут, но обошлось. Я своих не трогаю. — Он кивнул в сторону приюта. — Зверство какое-то, не по-божески. Как он теперь? Смотреть больно.

— Но ты смотришь. Отвратительное зрелище? — Варна усмехнулась.

— Вовсе нет, — горячо запротестовал Млад. — Я сочувствую ему. Не знаю, как он держится.

«С трудом», — хотела сказать Варна, но в этот момент из катакомб поднялись Светозарные.

Свят — совершенно спокойный, Слава — раскрасневшаяся, руки сжаты в кулаки. Нелегко же ей дался разговор. Варна встала.

— Займись седельными сумками, — Свят обратился к спутнице. Та одарила его испепеляющим взглядом и вылетела прочь, будто в нее бес вселился.

— Пойду, мне... — Млад замялся. — Пора мне.

Они остались вдвоем. Варна так и стояла, напряженно всматриваясь в лицо Свята; тот старательно отводил взгляд. Молчание затянулось.

— Она смирится, — наконец сказал он.

— Ее нельзя вести в лес. Если Рослава почует опасность, весь наш план...

— Что ты предлагаешь? — резко перебил ее Свят. — Убить ее? Будь моя воля, я бы ни за что не втягивал сослуживцев в эту историю, но так сложилось. Не все в этом мире в моей власти.

Ситуация действительно получилась безвыходная: если попытаться избавиться от Славы, та вспылит и наверняка донесет на них; если взять с собой, может напасть на ведьм и сорвать все планы. Вся эта затея пахла костром и дыбой.

— Справимся. — Варна решительно перешагнула через скамейку и подошла к нему. — Если что-то пойдет не так, на костер отправимся вместе.

— Тебе доводилось видеть, что в Ясностане делают с ведьмами? — спросил Свят.

— Нет, но я догадываюсь, через что они проходят перед смертью.

— Если воспоминания Горeслава всплывут, вас ничто не спасет.

— Сожги дневник, — попросила Варна.

— Возьми, — он достал из кармана книжицу и протянул ей. — Сожги сама.

— Я доверяю тебе, — спокойно сказала она, но дневник все же взяла.

— Странно слышать это, — усмехнулся Свят. — Ты смотришь на меня так, будто ждешь ножа в спину.

— Я всегда так смотрела, — отмахнулась она.

— Не всегда.

— Какой ты стал разговорчивый, — Варна закатила глаза. — Было лучше, когда ты выдавал в неделю десяток слов, половина из которых — ругань на уроках.

В этот раз Свят промолчал, только окинул ее странным взглядом и вышел. Оставшись одна, она открыла дневник на первой попавшейся странице и пробежалась глазами по строчкам, исписанным размашистым почерком Горeслава. Ничего интересного — лишь сухие отчеты о прожитых днях. Светозарный не врал, не приукрашивал, собственных чувств не описывал — только произошедшие события.

К своему немалому удивлению, Варна обнаружила интересные записи ближе к концу дневника. Даже почерк изменился — стал еще крупнее, буквы разбегались, будто Горислав писал на ходу.

«...У. сказала, что меня ждет предательство. Клянусь, я еще никогда так не ошибался».

Не было сомнений, что речь шла о Святе. Выходит, Ульяна рассказала Гориславу вообще все, что знала, лишь бы спасти свою шкуру. Захотелось прочитать ранние дневники, понять, что двигало Светозарным, когда он решил учить «прóклятого мальчишку». Отеческие чувства? Вряд ли. Горислав выстроил стену между собой и новобранцами и не позволял себе к ним привязываться.

Варна поежилась, вспоминая, с какой свирепостью наставник наотмашь бил Свята по лицу, когда тот ошибался на площадке. А еще она помнила день, после которого стены, воздвигнутые Гориславом между ними, стали еще толще.

То была ранняя весна. Светозарный отсутствовал восемь месяцев, за которые Свят умудрился вымахать в росте и порядочно окрепнуть. Дети растут быстро, особенно на рубеже между детством и юношеством, поэтому, когда Горислав вернулся, перед ним стоял уже не тщедушный мальчик, а нагловатого вида юнец. Они начали бой, все шло своим чередом, но вдруг Свят допустил ошибку и ломанулся в бездумную лобовую атаку. Светозарный занес руку для удара, Варна невольно отступила и отвернулась, чтобы не видеть этого, но его не последовало. Окрепший Свят поймал наставника за запястье и сжал так, что побелели пальцы. Это продолжалось не дольше нескольких мгновений, но с того момента Горислав изменился — стал жестче и требовательнее, но никогда больше не бил их, как детей.

«Девчонка обвела вокруг пальца и меня, и церковь. Опьяненный желанием создать Взвод, я не допросил ее, как того требовал Кодекс, помчался в столицу, чтобы получить благословение

архиепископа, и, к своему стыду, получил его. Дабы не запятнать свою честь, я должен убить обоих».

Вот оно что, Гореслав переживал за свою честь. Куда он метил? Существовало ли звание выше, чем глава Светозарных? Может, он боялся, что его самого отдадут под суд, если история всплывет? Наставник унес ответы в могилу, и вряд ли кто-то мог ответить на эти вопросы.

Пламя быстро охватило тонкие листы, дневник сгорел за несколько минут. Постояв перед очагом еще немного, Варна подхватила сумку, в последний раз обвела взглядом комнату, в которой выросла, и вышла.

Четыре ведьмы и четыре охотника — вот-вот должна начаться бойня, но никто не двигался с места. Слава переминалась с ноги на ногу, то и дело поглядывала на Свята — наверное, ждала команды, но он игнорировал ее.

— Можем начинать? — Рослава вышла вперед. — До рассвета три часа.

— Туда верхом ехать несколько дней, хочешь сказать, мы успеем? — спросил Дарий.

— Не болтай о том, в чем не разбираешься. — Ведьма отмахнулась. — Давайте начнем.

— Видит Бог, Свят, ты сошел с ума, — прошипела Слава.

— Бог ничего не видит, — откликнулась Рослава. — Он слеп, как летучая мышь.

— И ты позволишь ей...

— Полезай на сук или уходи отсюда, — резко сказал Свят.

Ведьмы подняли ветки над землей; колдовство удерживало их в воздухе, и Варна знала, какие темные ритуалы понадобились, чтобы добиться этого. Но делать нечего, уговор есть уговор. Она подошла к Рославе, та перекинула ногу через сук и улыбнулась краем губ.

— Может быть страшно, — предупредила она.

— Переживу. — Варне показалось, что древесина все еще влажная после ритуала.

— Держите равновесие, — громко сказала одна из ведьм. — Если свалитесь — пропадете, даже возвращаться за вами не станем.

Рослава выкрикнула несколько грозных, резких слов — ветка чуть заметно приподнялась, а потом резко сорвалась с места. От неожиданности Варна вцепилась в ведьму, а та звонко рассмеялась и оглянулась на нее через плечо; зеленые черти заплясали в ее глазах.

Попирая законы природы, люди и ведьмы взмыли в воздух. Сидеть на суку оказалось удивительно удобно, воздух расступался перед ними, ветер не хлестал по лицу, хотя должен был — земля внизу превратилась в расплывчатое пятно. С такой скоростью лошади скакать точно не могли.

— Ну, как тебе? — выкрикнула Рослава.

— Отвратительно! — искренне ответила Варна. Ответом ей стал смех.

Человек летать не способен, Бог не дал такой возможности; зато Зверь позволял своим подопечным все, даже приближаться к небесам.

Наполненный волшбой сук несся с такой скоростью, что уши закладывало; под ними проносились леса, поля, города и села. От восторга захватило дух, но Варна быстро одернула себя — радоваться тут нечему, их полет стоил жизни младенца, украденного у матери. Однако нутро не обмануть — темная часть души Варны ликовала: любое прикосновение к колдовству вызывало дрожь — сила Зверя горела в ней.

— Это твоя стихия! — выкрикнула Рослава. — Чувствуешь, как бьется сердце?

Варна чувствовала, но молчала. Неужели ведьмы все еще готовы принять ее в ковен? Рослава ни разу не сказала, что этот путь для нее закрыт.

— Я не вернусь, — тихо сказала Варна, но чуткое ухо ведьмы могло уловить даже шепот.

— Зверь терпелив, в отличие от вашего Бога. Можешь служить кому угодно, но помни, что Хозяин все еще ждет тебя.

— Он мне не хозяин!

Рослава не удостоила ее ответом. Да и что тут обсуждать? После смерти душа Варны все равно попадет к Зверю, он сможет сделать с ней все что угодно, но, пока есть силы, она будет противиться его зову.

Кто-то вскрикнул, Варна повернулась и увидела, как одна из ведьм повела сук в сторону, а потом резко ушла вниз. И ей, и ее ноше грозило разбиться о землю.

— Алена! — выкрикнула Рослава.

Ведьма пробормотала заклинание, развернулась и полетела за падающей сестрой. Варна знала, с кем летела Алена, от злости закружилась голова. Если они выживут, Славе не поздоровится.

В первых лучах восходящего солнца они увидели распростертое на земле тело. Руки и ноги ведьмы были вывернуты под неестественными углами. Казалось, для нее все кончено, но, повинуясь колдовству, воскресившему ее, покойница пыталась встать. Приподняв голову, она увидела Рославу.

— Помоги!

Та подбежала к ней, упала на колени, начала ощупывать искалеченное тело. Вытащив из бока Алены нож, ведьма подняла его над головой.

— Вы так нам отплатить решили? — прошипела Рослава.

— Где она? — Свят огляделся.

— Поищи в кустах, мальчик, — прорычала Пава. — Если ваш Бог милостив, она умерла, ибо судьба ее будет...

— Угрожаешь мне? — Свят сделал шаг к ведьме, но Варна преградила ему путь.

— Найди ее! Разбираться будем потом.

Ведьмы окружили Алену и принялись вправлять кости. Дарий подошел к ним и присел на корточки.

— Она такая же, как я? — спросил он.

— Своих не почуял? — ухмыльнулась Пава. — Все мы такие, как ты. Твоя подружка снесла мне голову. Знаешь об этом? — ее глаза сузились.

Дарий вопросительно уставился на Варну, а ей ничего не осталось, кроме как пожать плечами. Это правда, смысла отпираться нет. Тот миг стал поворотным в ее судьбе — либо она отсекает голову ведьмы, либо Горeслав убивает ее. Варна сделала выбор и не жалела о нем.

Славу нашел Свят — притащил ее, упирающуюся, к остальным. На лице девушки не было ни капли раскаяния, только горящие ненавистью глаза, темные тлеющие угли.

— И что вы сделаете? — запальчиво выкрикнула Светозарная. — Ты сказал мне терпеть ведьм, и я терпела, но ты знаешь, чтó они такое!

— Теперь знаю, — спокойно ответил Свят. — Что будем делать?

Его бесстрастное лицо не на шутку испугало Варну. Он обратился ко всем присутствующим, спросил их мнения, чего за ним отродясь не водилось. Она прищурилась.

— Я бы выпустила ей кишки, — кровожадно прошипела Пава. — Оставим ее гнить здесь, пусть вороны...

— Будет! — прервала ее Рослава.

— Простишь им? — Алена попыталась приподняться, но не смогла.

— Того требует наше дело, — напомнила ведьма.

В отличие от охотников, ведьмы легко пришли к согласию. Никто не стал спорить с Рославой, они молча продолжили вправлять переломанные конечности пострадавшей, тогда как Свят изо всех сил пытался удержать вырывающуюся Славу.

— Пусти! — заорала она. — Наша работа — убивать их! Как ты можешь спокойно смотреть на эту мерзость?! Я считала тебя образцом порядка и смирения, а ты...

— А я считал, что ты умнее, — рявкнул Свят. — Всем свойственно ошибаться.

— Успокой ее. — Варна почувствовала подрагивающую боль в голове.

— Не надо меня успокаивать! Я вернусь в княжество и доложу обо всем!

— И люди в белом сожгут тебя вместе с нами, — спокойно сообщила Рослава. — Думаешь, они станут разбираться, кто виноват? Как ты оказалась с нами? Что-то мне подсказывает, что ты знаешь больше, чем говоришь, и скрываешь это не только от нас, но и от начальства. Погладят ли тебя по голове за это, девочка?

Мысленно Варна усмехнулась. Рослава была мастером убеждения. Слава притихла, задумалась, перестала вырываться. Если духовенство узнает, что она скрыла весть о смерти Горeслава, ее тоже ждет наказание, возможно, только разжалование, но может сложиться так, что архиепископ будет в скверном расположении духа и дело закончится пытками.

— Лететь она не сможет, нам нужно время. — Рослава погладила Алену по волосам. — Останемся здесь до заката.

— Мы можем найти лошадей и продолжить путь верхом, — предложил Свят. — Далеко отсюда до города?

— Прилично. — Ведьма встала, отряхнула руки и обвела всех задумчивым взглядом. — Я помогу вам.

Она нарисовала на земле символ, небольшим ножом разрезала ладонь — несколько капель крови упали на четкие линии. Рослава прислушалась, прикрыла глаза, удовлетворенно кивнула и выпрямилась.

— Подождите немного, будут вам лошади.

— Как ты это сделала? — Дарий нахмурился.

— Животные легко подчиняются зову Зверя. — Ведьма пожала плечами. — Мы уйдем в лес. Захотите связаться — Варна знает ритуал. Ты ведь еще помнишь, что нужно делать?

— Помню, — нехотя ответила она.

— Славно.

«Не своди глаз с девчонки, — прозвучало в голове Варны, — теперь она наша».

Светозарные нужны были Рославе для дела, на поступок Славы закрыли глаза, но только на время. Как только Ульяна будет мертва, ковен придет за воительницей. Ведьмы не прощают тех, кто осмелился поднять руку на их сестер.

Ждать пришлось довольно долго, и все это время Слава не переставала возмущаться. Она то и дело спрашивала Свята о том, как он мог, оскорбляла Дария, металась туда-сюда, сверлила взглядом лес, в котором скрылись ведьмы, словно могла убить их на расстоянии.

— Да закрой ты рот! — рявкнула Варна.

— Заставь меня! — Светозарная, казалось, только этого и ждала. Отточенным движением Слава вытащила меч и встала в стойку.

— Хватит, — вмешался Свят.

— Доставай оружие, — потребовала девушка. — А ты, — она повернулась к товарищу, — решай, на чьей стороне воевать будешь!

Варна вытащила меч и усмехнулась. Против силы Зверя Славе не выстоять, она умела, но медлительна. Возможно, победить человека для нее — раз плюнуть, но ни Варну, ни Свята ей не одолеть.

— Хватит! — повторил Свят, уже громче. — Мы убьем обеих ведьм, лишим ковен головы. Что еще тебе нужно?!

— Чтобы мы вернулись в княжество и предстали перед патриархом! — Слава злобно уставилась на него. — Мы должны во всем признаться и раскаяться.

— Вас казнят, — сказал Дарий.

— А тебя не спрашивали!

— Нас казнят, — повторил Свят.

— Зато мы будем чисты перед Богом!

Варна хмыкнула и опустила оружие. Все ясно. Честно сказать, весь Святой Полк состоял из таких, как Слава, — людей другого сорта туда просто не брали. Белые плащи горели идеей, им не требовались ни похвалы, ни почести — только призрачный шанс попасть в райские сады. Девчонка готова была жизнью пожертвовать, лишь бы обелить себя и заслужить право на последнюю исповедь.

— Хорошо.

— С ума сошел?! — возмутилась Варна раньше, чем успела остановить себя.

Свят посмотрел на нее, его глаза потемнели. По бесстрастному лицу было не понять, чтó творится в его голове, но выглядел он так уверенно, что даже Слава сложила оружие.

— Я верю тебе, — сказала она. — За все годы службы ты ни разу не дал повода усомниться в твоей вере в Господа. На тебя явно повлияло колдовство, ты не мог совершить все это по своей воле.

Дарий выглядел как человек, который вот-вот ударит себя по лицу в приступе бессильной ярости. Варна полностью разделяла его чувства: наивность Светозарной граничила с глупостью.

Пока они спорили, к ним приблизились три гнедых коня — все под седлами, будто, услышав зов ведьмы, благородные животные сбросили всадников и кинулись ей на помощь. Хотя, зная Рославу, она могла соткать их из тумана и призвать прямо из Нави.

— Со мной поедешь, — Свят потащил Славу за собой. — Надеюсь, звери знают, куда нас нужно доставить, потому что я не ведаю, где мы находимся.

— Я могу... — Варна осеклась. — Погодите.

Власть Зверя для животных неоспорима — все твари, от собак до медведей, склоняются перед его силой. Рослава не успела рассказать, по какой причине это происходит, но умение воздействовать на животных не один раз выручало Варну во время охоты.

Погладив лошадь по морде, она встала на носочки, чтобы приблизиться к лошадиному уху.

— Именем Зверя приказываю: отвезешь нас туда, где люди меняли тебе подковы.

Животное тряхнуло гривой и покорно опустило голову. Варна гладила коня по холке, глядя на то, как Слава забирается в седло. Судьба ее ждала незавидная, независимо от того, кому она достанется — ведьмам или духовенству.

— Вместе поедем? — спросил Дарий.

— Нет необходимости, — она кивнула в сторону третьего коня.

За ним потянулся тонкий шлейф разочарования, Варна почувствовала это благодаря их связи. Чем ближе они находились, тем сильнее становились, тем спокойнее было обоим, но после последнего разговора она еще не остыла.

— Дарий!

Он обернулся.

— Когда все уляжется, мы поговорим, — пообещала Варна.

— Надеюсь, что доживу до этого момента, — мрачно сострил он и отвесил ей шутовской поклон.

ГЛАВА 30

Сейчас

Кони привезли их к воротам города, бывать в котором Варне еще не приходилось. Судьба вообще не предоставляла ей возможности оказаться так близко к столице, что, в общем-то, не слишком ее расстраивало — это была территория белых плащей, спасающих зажиточных горожан за приличную плату. Здесь никто не знал о лесах и болотах, о могилах под порогом собственных домов; верующий народ построил стены и церкви, освятил землю и жил припеваючи, как у Бога за пазухой.

— Ваши там! — сообщил пробегающий мимо мальчишка.

— Что? — Свят остановил коня.

— Светозарные! Все собрались у храма.

— Это плохо, — пробормотал Дарий.

— Что они тут делают? — Варна проводила мальчишку взглядом.

— Есть только один способ узнать. — Свят напряженно обдумывал что-то. — Ладно, мы должны встретиться с ними.

— Это отличный шанс... — начала было Слава, но он перебил ее:

— Нет. Не сейчас. Я пообещал, что мы сдадимся, но только после того, как я исполню то, что задумал.

Пришлось спешиться — на улицах было так людно, что кони могли покалечить кого-нибудь. Верить в благоразумие Славы Варна не спешила, но высказывать свои сомнения тоже не торопилась. Свят и так знал, что допустил ошибку, незачем давить на его самолюбие.

— Что это за город? — Дарий с открытым ртом разглядывал резные крыши домов.

— Красная Нива, — ответил Свят. — Отсюда рукой подать до столицы.

— Чисто, даже скотом не пахнет.

— Все хозяйства за городом, — пояснил Светозарный.

— Золота у них пруд пруди, верно? — усмехнулся Дарий.

— Здесь живет семья князя, так что Ниву содержит не только местная казна, — нехотя пояснила Слава.

По состоянию города было видно, что жители не скупятся на кузнецов и зодчих, — дома сложены из добротного сруба, коньки крыш украшены резьбой и ветрениками. На окнах висят легкие занавески, дороги выметены, заборы деревянные, у всех дворов одинаковые. Проходящие мимо женщины одеты в платья, расшитые затейливыми орнаментами, некоторые из них даже подкрашивали брови и губы. Видно было, что работать им приходится немного, остается время на себя и на то, чтобы покрасоваться перед зеркалом. Никто никуда не торопился, жители не суетились, мужчины останавливались, чтобы приветствовать Светозарных, — снимали шапки и картузы, но не кланялись, видимо, были выше этого.

Завидев золоченые пики, Варна поняла, что в Красной Ниве церковь — это не просто церковь, а настоящий храм. Их дом выглядел как угрюмое серое здание с одним колоколом и крестом на крыше, но то, что отстроили здесь, потрясало своим величием.

Во-первых, храм был сложен из белоснежного камня, во-вторых, на трех колокольных башнях красовались золотые купола с огромными крестами. Храм будто вырвали из Моррея и перенесли сюда — узнавалась рука тех же зодчих, что отстраивали некогда святой город. Но здесь, в Ниве, сохранился и родной глазу вид — избы и колодцы под резными крышами.

Увидев толпу людей в белом, Варна отстала и потянула Дария за плащ, привлекая внимание. Он остановился рядом, позволяя Святу и Славе пройти вперед. Если девчонка что-то скажет, им эту площадь не покинуть.

Низкорослый мужчина приветствовал новоприбывших, что-то сказал Святу, рассмеялся. Они какое-то время беседовали, вокруг собралась небольшая группа Светозарных. Пока, судя по всему, все шло хорошо.

Вдруг Свят повернулся и поманил их к себе. Обменявшись с Дарием настороженными взглядами, Варна подошла к воинам Святого Полка и встала рядом с другом детства, выпрямив спину и расправив плечи.

— Взвод, значит? — мужчина беззастенчиво разглядывал ее. — Сильна. Можешь выдохнуть, охотница, твои достоинства я вижу невооруженным глазом.

Варна смутилась.

— Хорошо, что вы здесь, будет кому разослать вещих воронов Мрачным.

— Вы зовете нас Мрачными? — спросила она.

— Вы же зовете нас белыми плащами, нам тоже пришлось придумать что-то. Да и на вид вы действительно, — мужчина рассмеялся, — мрачные!

— Кто ты? — без обиняков спросил Дарий.

— Пришло время представиться. Радомир, новый глава Святого Полка.

Варна усмехнулась. Ну конечно, с кем еще судьба могла свести их, если не с главой Светозарных! От Горeслава мужик отличался — если тот был высоким, широкоплечим и напоминал гору, то этот походил скорее на боевой горох, настолько он был ниже Свята и остальных.

— Улыбаешься? Отлично. Хороший настрой нам всем не помешает! — Радомир потер руки. — С кем имею честь?

— Варна, — нехотя произнесла она.

В его глазах мелькнуло узнавание. Он посмотрел на нее, потом — на Дария, затем перевел взгляд на Свята; тот кивнул.

— Наш падший новобранец, надо же. Легенда! — Радомир посмотрел на нее с большим интересом. — Не думал, что посчастливится своими глазами увидеть самую странную пару Взвода.

— Вряд ли мы — самая странная пара. — Варна едва сдержалась, чтобы выразительно не посмотреть на Свята. Знал бы Радомир, кто стоит за спиной его подчиненного.

— Падший новобранец?

Теперь Дарий привлек куда больше внимания. Радомир подошел к нему и сказал:

— Сними капюшон.

— Разве я ярмарочное животное?

— Можешь быть кем угодно, а лицо свое мне покажи все-таки.

Светозарные, обступившие их, мрачно разглядывали его, но молчали, ждали реакции Радомира. Тот, в свою очередь, изучал Дария с любопытством, граничащим с отвращением.

— Ваша история мне знакома, — наконец сказал он. — Жертвы ведьм, давшие жизнь Мрачному Взводу. Мы скорбели о том, что такой многообещающий воин потерян для нас. Исходя из отчетов Горeслава, вы со Святославом должны были стать выдающейся парой.

— Он отлично справляется и без меня, — резко ответила Варна и прикусила язык, побоявшись гнева Радомира.

— Остра! — тот усмехнулся. — Судьба не сломила тебя, это хорошо. И хорошо то, что вы сейчас здесь, ибо для вас новости должны быть радостными.

— Какие новости?

— Я объявляю охоту на ведьм! — провозгласил командир. — Слишком много зла в наших землях, пора снова отогнать их к Черной Пади, а еще лучше — отправить к Зверю как можно больше его невест.

Краем глаза Варна заметила, как Слава потянула Свята за рукав. Если девчонка не успокоится, ночью придется ее убить. Способна ли Варна на убийство Светозарной? Если Господь милостив, узнать ответ на этот вопрос ей не доведется.

— Не вижу радости на лицах, — возмутился Радомир. — Разве не для этого мы топчем землю, разве не это — наш долг?

— Это, это, — кивнула Варна. — Но кто ж обрадуется работе?

Светозарный расхохотался, шутливо погрозил ей пальцем и стал серьезным.

— Раз так сложилось, вы останетесь с нами.

— Что это значит?

— Отправишь воронов всем, кому сможешь, Мрачных тоже нужно оповестить о начале сбора. Работать будем группами, у вас, как я погляжу, как раз сложилась четверка.

— С ними работать?! — возмутилась Слава.

— А что не так? — командир посмотрел на девушку впервые за все время разговора.

— Мы должны уничтожать нечисть, а не работать с ней, — сквозь сжатые зубы процедила Слава.

— Больше уважения, сестра. Все мы — братья по вере, разве нет? К тому же я бы очень хотел увидеть эту пару в бою. — Радомир даже не пытался скрыть предвкушающую улыбку. — Слишком интересные вещи Горeслав о них рассказывал, я должен посмотреть на это.

— Прошло много лет, — сказала Варна. — Вряд ли мы...

— А вот это мне решать, — перебил ее командир. — Вы остаетесь под знаменами Святого Полка, это приказ. Послезавтра покинем Красную Ниву, будьте готовы. Воронов к тому моменту следует отправить. Можете быть свободны. А ты, — вдруг добавил он, — надень капюшон обратно, не пугай мирный народ.

Кольцо сжималось: на то, чтобы добраться до Ульяны, у них оставался всего один день. Варна замерла и, дождавшись, пока Свят нагонит ее, прошептала:

— Что делать будем?

— Нельзя привлекать внимание, — так же тихо ответил он. — Город окружен, отсюда незамеченными не выбраться.

— И что? Будем ждать, пока они найдут Ульяну и она расскажет им все, чтобы спасти свою шкуру?!

— Идей нет, — сказал Дарий, глядя на них из-под капюшона.

— Самое время раскаяться, — влезла в разговор Слава.

— Если так сильно хочешь умереть, пойди и кинься с утеса, — прорычал Дарий.

— Хватит! — рявкнул Свят. — Будем придерживаться плана. Нам все равно нужно убить Ульяну — хоть ради наших целей, хоть по приказу Радомира. Главное — добраться до нее раньше Светозарных.

— Знаешь, где она живет? — спросила Варна.

— Около дня пути в сторону Ясностана.

— Будем надеяться, что Радомир не станет преследовать нас на охоте.

— Он же ясно дал понять, что хочет взглянуть на вас, — ядовито прошипела Слава.

— Будь ты талантливее, он бы захотел взглянуть на тебя, — не выдержала Варна.

— Все, что ты имеешь, дал тебе Зверь!

Святу пришлось закрыть ей рот рукой, чтобы прекратить перепалку. Девчонка сверлила Варну злобным взглядом, но молчала. Сколько еще он сможет сдерживать ее?

— Нужно отправить воронов, — напомнил Дарий. — Держи свою суку на привязи.

Силами церкви почти в каждом городе построили башни, в которых разводили вестников, использующихся Полком и Взводом для связи. Вытянутое к небу строение напоминало деревянный скворечник, внутри которого расположились десятки насестов. Все, что нужно сделать, — это прошептать ворону имя и прикрепить к его лапке послание.

— Она сдаст нас, — Дарий долго молчал, но его терпение все-таки лопнуло.

— Можешь не объяснять мне очевидные вещи, — отмахнулась Варна.

— Тебя не страшит смерть?

— Смерть страшит всех. Будь иначе, стали бы люди возводить храмы?

— Значит, с ней нужно что-то сделать.

— Убить ее предлагаешь?

— Возможно.

Они обменялись взглядами, полными понимания. Если потребуется, от Славы действительно придется избавиться, взять еще один грех на их общую душу — убить воина Господа. С другой стороны, Свят прикончил Горeслава, но Свет все еще откликается на его молитвы. У Бога очень избирательная позиция, когда дело касается наказания.

Варна проснулась резко, тут же схватила нависшего над ней человека за грудки, притянула к себе, перевернулась, прижала его к кровати и, выхватив нож из-под подушки, приставила лезвие к горлу. В предрассветной серости она разглядела знакомые черты и опешила.

— Что ты здесь делаешь? — хрипло спросила Варна, все еще прижимая нож к шее Свята.

— А ты как думаешь?

Она не хотела этого знать, не желала даже думать о том, что могло привести его сюда.

— Убирайся.

— Однажды ты так же пришла ко мне.

— У тебя не все в порядке с головой, если ты решил, что я захочу это повторить!

— Варна, это ночь перед боем. В этом нет ничего...

Она резко села, схватила его за одежду и сбросила на пол. Удивительно, но Свят не сопротивлялся. Он встал. Света, падающего из окна, не хватало, чтобы разглядеть лицо, но Варна чувствовала, что Свят смотрит на нее.

— Уходи, не позорься.

Свят действительно ушел, не проронив ни слова. От такой наглости перехватило дыхание, усилием воли Варна заставила себя промолчать и не крикнуть ему вслед что-нибудь гадкое. Видимо, Слава оказалась не в настроении делить с ним постель, поэтому он решил воспользоваться кем-то другим.

— Отвратительно... — пробормотала Варна себе под нос.

За десять лет она ни разу ни с кем не была. После ритуала любое прикосновение вызывало тошноту, в сознании навсегда отпечатались ночи, проведенные с телом Дария. Иногда ей казалось, что все люди на ощупь холодные и твердые, совсем как он; тепло человеческого тела стало ей неведомо.

Так или иначе, знать об этом Святу было не обязательно, если придет еще раз — получит нож под ребро. Традиции Святого Полка ее не волновали, так что пусть держится подальше.

Уснуть так и не получилось. Варна встала, оделась и вышла на улицу, бесшумно прокравшись мимо комнаты Светозарных.

Небо начало светлеть, совсем скоро раздастся звук рога, призывающего Полк собраться. Наверняка у Радомира было множество заданий, которые необходимо выполнить перед началом большой охоты. Вновь грядет война с ведьмами, опять сотни воинов погибнут, пытаясь оттеснить нечисть к Пади. Неужели все это будет продолжаться снова и снова, поколение за поколением?

До крика первых петухов она просидела на пороге, затем вернулась внутрь, громким криком разбудила хозяина кабака и потребовала завтрак. Во время еды к ней присоединился Дарий, но разговор не заводил, молча таращился куда-то в сторону, периодически рассматривая проходящих мимо постояльцев. Под звуки горна они одновременно встали и пошли к храму.

Светозарные выстроились в две шеренги, между белыми плащами мелькали темные одежды охотников Мрачного Взвода. Значит, все, кто был неподалеку, получили послания воронов. Радости на их лицах не было, только суровое смирение. Взвод и Полк не враждовали, но и любви друг к другу не питали: одни считали других фанатиками, а те, в свою очередь, держали охотников за грязных язычников.

Слава и Свят стояли в первом ряду, Варна демонстративно прошла мимо, расталкивая воинов, и примостилась в самом дальнем краю строя, подальше от Радомира и его приближенных. Ей не нравилось, как он на нее смотрит, не нравилось, что о ней известно всему Полку; вообще все происходящее выводило ее из себя, но нужно было терпеть, чтобы не оказаться на дыбе.

Радомир мучительно долго приветствовал собравшихся, потом достал карту и принялся делить ее на квадраты. Как ни странно, первая волна «очищения» не затрагивала Ясностан — все планы главы Полка упирались в стены, окружающие столицу. Варне это показалось подозрительным, но ввязываться в обсуждение действий она не стала бы и под страхом смерти. Если о ней и так ходят слухи, не стоит привлекать к себе лишнего внимания. Скорее всего, в рядах Светозарных было полно таких, как Слава, и Дария обязательно захотят убить, незачем давать им лишний повод для подобных мыслей.

Глава разбил немногочисленное войско на четверки, как и обещал. Как ни старалась Варна спрятаться от зорких глаз Радомира, ее определили к Славе и Святу. Пришлось кивнуть и проигнорировать заинтересованные взгляды. Светозарные не скрывали любопытства, оборачивались и рассматривали ее, а еще пристальнее изучали фигуру в капюшоне, стоящую рядом.

— Они меня на куски порвать готовы, — пробормотал Дарий.

— Страшно?

— От церковных псов иного я и не ждал.

Как бы ни был Дарий привязан к Богу, его отношение к церкви изменилось за годы службы. Теперь он видел разницу между верой и церковью, уважал первое и презирал последнее. Каплей, переполнившей чашу его терпения, стал случай, когда они нашли трех сирот в подвале диакона, пытаясь выяснить, куда пропадают дети. Прежде чем за ним приехали Светозарные, ублюдок хотел откупиться и уповал на «ну, вы же понимаете». Воинам Полка диакон достался избитым до полусмерти.

Неожиданно для всех Радомир предложил главам четверок выбрать квадраты, в которых они будут охотиться. Недолго думая, Свят указал на местность, приближенную к столице, и Варна поняла почему. Именно там его ждала Ульяна, значит, теперь они могли подобраться к ведьме, не привлекая лишнего внимания. Она незаметно выдохнула.

К концу распределения Радомир разболтался, движения его стали размашистыми, и он вообще перестал походить на главу Полка. Горeслав выглядел на этом месте куда внушительнее и достойнее, жаль, что ученик вонзил ему меч в спину.

— А вас я попрошу задержаться!

Проклиная все на свете, Варна обернулась и увидела, что Радомир жестами подзывает ее к себе. Сдерживая накатывающее раздражение, она подошла ближе и вопросительно уставилась на ухмыляющегося Светозарного.

— Святослав выбрал отличное место для охоты. Давно ходят слухи, что там целый рассадник ведьмовской заразы, — сообщил он. — Мой отряд отправится с вами.

— Зачем? — выпалила Варна.

— Странный вопрос. — Радомир нахмурился. — Есть возражения?

— Разве не разумнее разделиться, чтобы покрыть больше земель? — Их план рушился на глазах.

— Разумно не позволить молодняку сгинуть в битве против ковена, — тон Светозарного стал по-военному жестким.

— Мы охотимся уже десять лет.

— А я — тридцать три года. Как думаешь, соизмеримо?

Здравомыслие никогда не было ее сильной чертой, но в этот раз Варна промолчала. Радомир вот-вот выйдет из себя, это было видно по желвакам, выступившим на челюсти, а наживать себе такого врага — дурная идея.

— Как прикажешь, — сдержанно ответила она.

— Чудесно. Вижу, толика здравого смысла в тебе все же есть, не только грубая сила, — кивнул Радомир. — Сколько вам нужно времени, чтобы собраться?

— Ты хотел выступать завтра, — напомнил ему Свят.

— Передумал. Пока до места доберемся, остальные как раз приступят к зачистке. Так сколько?

— Нужно забрать вещи с постоялого двора, и мы готовы, — ответил за всех Свят.

— Ждем вас у восточных ворот через час. — Радомир свернул карту. — Пошевеливайтесь.

Когда Светозарный скрылся в ближайшем тереме, Дарий сказал:

— Он хочет, чтобы вы устроили для них представление.

— Это и дураку ясно, — взгляд Варны устремился в окна терема, за которыми маячили фигуры воинов. — Не спустит же он на нас каких-нибудь тварей?

— Я бы не был в этом так уверен. — Свят был мрачен, как никогда. — Все могло сложиться как нельзя лучше, черти их дернули...

Не дослушав его гневную тираду, Варна пошла прочь, надеясь успеть перекусить перед тем, как им придется отправиться в путь. Ночное происшествие никак не выходило из головы, тошнота накатывала каждый раз, когда перед глазами вставало скрытое полумраком лицо Свята. Как он додумался до такого?! Не мог же он все это время... Нет, бред какой-то!

Они выехали из города в назначенный час. Помимо Радомира к ним присоединились угрюмый худощавый Сом и Добрыня. Последний при встрече кивнул, давая понять, что узнал их.

Глава позаботился о том, чтобы для отряда Свята подготовили боевых лошадей — животные не дрогнули, когда к ним приблизился Дарий.

Ехали долго и преимущественно молча. Светозарные оказались не слишком словоохотливыми, так что Свят идеально вписался в их ряды. Дарий плелся позади, замыкающим. Будь Варна на его месте, тоже предпочла бы не подставлять спину безумным истребителям нечисти. Плечи Славы поникли, девушка держалась в седле неуверенно, как будто впервые так долго ехала верхом. Скорее всего, ее мучила совесть, но если Слава откроет рот, то четверо из семи охотников окажутся на виселице в лучшем случае.

Земли, раскинувшиеся за Красной Нивой, не выглядели дикими — в леса уходили тропинки, которые долгие годы протаптывали местные грибники. Дорога была выложена камнем до самого горизонта — казалось, что по ней можно доехать до самых стен Ясностана. Обычно ведьмы предпочитают селиться в городах, чтобы не привлекать внимания, но Ульяна явно не из пугливых: построить дом в отдалении, рискуя привлечь любопытствующих, — это дико даже для сильной ведьмы.

— Слышал, Горeслав сгинул как раз неподалеку, — сказал Сом. — Святослав, ты ведь был с ним?

— Был, — откликнулся Свят.

— На кого охотились?

— На ведьму.

— Ну, очевидно, что она победила, — с горечью в голосе заключил Добрыня.

— Мы слишком поздно поняли, что она узнала о нашем появлении. Гореславу пришлось заплатить за нашу невнимательность.

Врал Свят прекрасно — ни один мускул на лице не дрогнул, лицо оставалось безмятежным, как у ангела. Историю эту он рассказывал явно не в первый раз, казалось, что и сам поверил в свою ложь.

— Он был сильным воином, — задумчиво протянул Радомир. — Странно, что подставил спину для удара.

— Ведьма заманила нас в ловушку.

— Главное, что Святослав отомстил за него. Куда ты дел голову ведьмы? — спросил Добрыня.

— Сжег.

— Сейчас мы все с ведьм спросим. Убийство Светозарного не прощается ни людьми, ни Богом. — Сом приосанился. — Только смотрите в оба глаза, молодняк, эти твари коварны.

Не имело значения, кто убьет Ульяну, — главное, чтобы она не начала торговаться со Светозарными, предлагая выложить секреты в обмен на свою жизнь. Стоит ей сказать, что меч в наставника вонзил Свят, и клинки белых плащей могут обратиться против него.

— Нам нужно разделиться, — Дарий подвел лошадь ближе и теперь ехал совсем рядом.

— Не представляю, как это сделать, — прошептала Варна. — Радомир прилип к нам как банный лист. А долго ехать-то? — громко спросила она.

— Пару часов, — откликнулся Добрыня.

Варна достала из кармана склянку с густой темно-красной жидкостью, посмотрела по сторонам и без промедления выпила содержимое. Зелье, которое дала ей Рослава, было смешано с ее кровью, отдавало горечью и металлом, но это не самое мерзкое, что приходилось пить Варне. Мысленно воззвав к ведьме, она принялась ждать.

Довольно долго Рослава молчала, но потом в голове Варны появился нестерпимый зуд, она сосредоточилась на этом ощущении и услышала голос:

«Вы на месте?» — «Нам нужна помощь. Светозарные не отходят от нас ни на шаг». — «Жди».

Вот и весь разговор. Ради приличия Рослава могла хотя бы объяснить, что решила делать, но, похоже, ведьма не была настроена на долгие разговоры. Делать нечего — пришлось собрать остатки терпения, которым Варна никогда не обладала, и дожидаться помощи.

— Спешимся здесь, — скомандовал Радомир. — Дальше по лесу добираться будем.

Сказано — сделано. Оставили коней, забрали оружие и углубились в чащу. Белые плащи Светозарных помогали ориентироваться — старшие рассредоточились, разговоры стихли, никаких приказов Радомир не отдавал, но воины Святого Полка подобрались и приготовились к возможной атаке.

«Они что-то чувствуют», — подумала Варна.

Лес оставался приветливым и спокойным, ничто не предвещало беды. Почему же Светозарные так напряглись? Она прислушалась — ничего. Шелест листьев, осторожные шаги людей, треск ломающейся под сапогами сочной травы, трели птиц. Совершенно спокойный пейзаж, даже звериный слух не улавливал звуков приближающейся опасности.

— Первый.

Добрыня помахал рукой, подзывая собратьев. Невольно переняв общее напряжение, Варна пружинистым шагом приблизилась к нему и усмехнулась. Тотем-идол — охранная безделушка, вымазанная кровью. Не было сомнений, что где-то здесь живет ведьма, и если Рослава не поторопится, то Светозарные первыми доберутся до нее.

— Отлично. Сколько таких нам нужно найти? — Радомир был похож на сурового учителя — его взгляд переходил от одного лица к другому.

— Обычно их шесть, — ответила Варна.

— А если эта ведьма очень хочет защитить свой дом?

— Тринадцать, — выдохнул Дарий. — Их ведь не разглядеть, мы до ночи будем искать каждый.

— А мы не торопимся, — недобро усмехнулся Сом. — Давай, молодняк, разошлись! Да смотрите по сторонам: если лишитесь головы, в том нашей вины не будет.

Не сговариваясь, они разделились. Варна кивнула Дарию, тот ответил тем же. Им не требовалось разговаривать, чтобы понимать друг друга, на охоте такая способность ценна — многие твари обладают удивительно острым слухом. Определенно вокруг было сплетено колдовское заклинание, которое пока вело себя смирно, но, как только Светозарные разрушат еще несколько идолов, вспыхнет во всей своей разрушительной мощи. Рослава часто рассказывала, как ведьма должна защищать свое жилище. Оставалось надеяться, что воины Полка в курсе всех ухищрений, на которые идут невесты Зверя, чтобы оставаться в безопасности.

— Опусти голову и прекрати пялиться на деревья, — потребовала Варна. — Идолы могут быть только на земле.

Дарий кивнул.

Охранные идолы образуют сложный узор заклинания, скрывающего ведьму от посторонних глаз. Чтобы колдовство работало, фигурки должны черпать силу из земли, расположить их над ней невозможно — это разрушит колдовство.

Пропустить тотем легче легкого — неприметные деревяшки сливаются с ковром из листьев и мелкого лесного мусора, — однако довольно быстро они уничтожили еще три деревянные фигурки, и неизвестно, сколько нашли их товарищи.

Налетел ветер, деревья натужно заскрипели, ветви склонились к земле. Варна прижалась к ближайшему стволу и вслушалась в вой стихии — это свои. Тонкие нити волшбы пахли Рославой, буря, несущаяся в сторону Светозарных, была пропитана ее духом. Она успела, теперь дело оставалось за ними.

— Вперед! — она схватила Дария за ледяные пальцы и потащила вперед. — Нам дают время на то, чтобы найти Ульяну!

— А Свят?

Белых плащей нигде не было видно, ураган поглотил их. Ветер заботливо подталкивал вперед, указывал направление. Не оставалось сомнений, что ведьмы видят их и помогают быстрее добраться до нужного места.

Варна запнулась, опустила глаза и увидела еще одного идола. Вырвав фигурку из земли, она хотела подпалить ее, но ветер настойчиво толкнул в спину. Не успела Варна отойти, как молния ударила в то место, где они только что стояли. Небеса откликнулись раскатами грома. Темные облака опустились, кажется, к самой земле, верхушки деревьев утопали в сером мареве, под ногами стелился густой туман, не замечающий порывы ветра. Он полз вперед, увлекая их за собой.

— Они разберутся с идолами! — Варна пыталась перекричать ветер, в лицо летел мелкий мусор и земляная пыль.

Ведьмы перестарались — стихия сошла с ума. Столетние деревья раскачивались, словно молодые побеги, скрипели натужно, как потревоженные старики. Молнии вспыхивали то здесь, то там — ковен уничтожал защиту Ульяны. Повинуясь подгоняющему ветру, Варна побежала вперед, перепрыгивая через выступающие корни и поваленные стволы. Волшба защищала их — ни ветер, ни начинающийся дождь не хлестали беспощадно, жалели, обволакивали собой, помогая двигаться быстрее. Варна смахнула выступивший на лбу пот и поняла, что ужасно напряжена — почти до предела. Что-то пугало ее, заставляло волноваться, но что именно?

Яркая вспышка ослепила, она отшатнулась, спиной налетела на Дария, тот помог ей сохранить равновесие и громко спросил:

— Что это?

— Все идолы нашли! — выкрикнула Варна. — Вперед, нам нужно...

Белый плащ мелькнул впереди — кто-то из Светозарных бежал прямо к терему. Молясь, чтобы это был Свят, она кинулась за ним, но стихия продолжала чинить препятствия — с громким треском упало дерево, Дарий чудом успел отскочить в сторону. Природа больше не помогала им, а пыталась убить.

Убежище ведьмы появилось внезапно: бревенчатый терем вырос из-под земли, рядом с ним возник сад. Все было обнесено забором, и стихия не могла проникнуть под невидимый глазу защитный купол. Ни один куст в саду не шевелился, тогда как в шаге от частокола бушевал ураган и хлестал дождь.

— Что будем делать? — Дарий тряхнул волосами, с него ручьями стекала вода.

— Кто-то уже был здесь, — Варна указала на грязные следы.

Дверь открылась, на пороге появилась высокая бледная девушка в строгом черном платье. Она смерила гостей взглядом и сказала:

— Вы можете войти.

— Убьете нас? — громко спросила Варна.

— Все будет так, как решит матушка. — Девчонка пожала острыми плечами. — Входите.

Не в первый раз пасть Зверя разевалась перед ними, не в первый раз Варна бесстрашно шла к ней, а Дарий возмущенно шипел что-то. Они могли стоять во дворе сколько угодно, хоть до самой смерти от голода и холода — это ничего не изменит. Ведьмы знали, что они здесь и напасть неожиданно все равно не получится.

Внутри терем оказался больше, чем снаружи. Очередная уловка. Стены были гладкие, хотя терем казался бревенчатым, пахло домашним уютом и летом, которое вот-вот станет осенью. Какой-то еще запах щекотал ноздри, так пахнет на кладбищах — неуловимый сладковатый тлен, будто где-то рядом умирают десятки роз.

Варна остановилась напротив небольшой картины и уставилась на Рославу — художник запечатлел ее в нежном возрасте. На девочке было такое же платье, как то, которое носила их молчаливая провожатая, волосы заплетены в две тугие косы. Рядом стояла девушка постарше, русоволосая, пышущая здоровьем. Ее розовые щеки выделялись на фоне врожденной бледности Рославы.

— Идем, — позвала провожатая.

В большой комнате на обитой тканью скамье сидела хозяйка — та самая, которую они только что видели на картине. Спина прямая, руки сложены на коленях, русые волосы рассыпаны по плечам и ниспадают почти до пола. Помощница в черном платье, как близнец напоминающая ту, что проводила их сюда, расчесывала локоны ведьмы гребнем. Большие темные глаза хозяйки дома обратились к гостям, и у Варны перехватило дыхание: картина не передавала красоты девушки, а сейчас, видя ее воочию, невозможно было поверить, что перед ними не скульптура, а живой человек.

Личико круглое, маленький рот, пухлые губы, ярко-алые на фоне белоснежной кожи. Глаза большие, ресницы черные и длинные, аккуратный нос слегка вздернут, весь облик говорит о невинности, но в темных глазах плещется тьма. Что-то клубилось вокруг зрачков, что-то...

«Возраст!» — мысленно воскликнула Варна.

Опыт и тяжесть прожитых лет — вот что это такое. Ее глаза были глубокими, пронзительными, ведьма наверняка прожила не одну сотню лет и, кажется, очень устала.

— Садитесь, — она указала на скамью напротив. — Она заговорена, пятен не остается.

Варна стряхнула с лица капли дождя, кивнула Дарию и, совершенно не переживая о чистоте ведьминого жилища, прошла к скамье, оставляя за собой грязные следы. Одним взглядом их провожатая заставила грязь исчезнуть.

— Чудно́, — Дарий провел рукой по бархатистой обивке. — Никогда такого не видел.

— Знаете, а ведь за морем есть другая земля. — Крошечный ротик изогнулся в улыбке. — Вы живете здесь почти как звери, а там — красивые города, растущие ввысь, искусство, музыка...

— Да что ты? — Смерив ведьму взглядом, Дарий хмыкнул. — Что же ты тут делаешь?

— Отдыхаю, набираюсь сил. Ульяна, — девушка указала на себя тонким белым пальцем. — А вы?

— К чему тебе наши имена? — угрюмо спросила Варна.

— Прилично будет представиться, — с нажимом произнесла ведьма.

Язык развязался — Варна и представилась, и рассказала, кто они. Сжав кулаки, она с ненавистью уставилась на хозяйку дома.

— Хватит!

— Когда я спрашиваю, мне нужно отвечать. — Ульяна жестом отдала приказ помощницам, и они, кланяясь, выскочили из комнаты. — Вас прислала Рослава, верно? Хотя, не буду водить вас за нос, я давно знаю, что вы идете за мной.

— И ты не сбежала, — заметил Дарий.

— Бежать? От вас? — Ведьма рассмеялась. — Ты очень уверен в себе, если считаешь, что вы способны испугать меня. Приведи к моему порогу весь Святой Полк, и через мгновение все они отправятся восвояси, позабыв, как и зачем здесь оказались.

Девчонки в черном вернулись с подносами и поспешили поставить их на низкий столик. Чайник, три чашки, какие-то заморские сладости в прозрачных, искусно выполненных блюдцах. Ульяна кивнула — и они принялись разливать чай.

— Я отпустила вашего друга в надежде, что он достаточно благоразумен, чтобы выполнить мои условия. Но, как часто бывает, он оказался красив, но недальновиден.

— Почему ты отпустила его? Неужели сама не можешь разобраться с Рославой? — Варна сверлила ведьму взглядом, пытаясь поймать ее на лжи.

— Убивать сестер — дурной тон. — Девушка взяла чашку и с наслаждением вдохнула ароматный пар. — Зверь ненавидит правила, но несколько придумать все-таки пришлось, иначе ведьмы убивали бы друг друга чаще, чем это делают охотники.

— Ради чего? — хмуро спросил Дарий.

— Ради власти, — спокойно ответила Ульяна. — Чем больше ковен, тем могущественнее верховная ведьма. Мы черпаем силу друг в друге, смерть главы ковена заставляет ее сестер искать новый дом.

— Так поэтому ты решила убить Рославу? — уточнила Варна.

— Девчонка слишком много на себя берет, — жестко ответила Ульяна. — Я вернулась, чтобы остановить ее.

— Смешно, но она о тебе то же самое говорит, — сказал Дарий.

— А вы и рады слушать, глупые дети. После всего, что она с вами сделала, — ведьма покачала головой, — у вас есть хотя бы капля самоуважения? — Искренняя жалость отразилась на юном лице.

Ульяна встала, Варна схватилась за рукоять меча, но больше ничего сделать не сумела — тело застыло, как парализованное. Теперь она могла лишь наблюдать, как ведьма приближается к Дарию.

— Она могла сделать лучше. — Он почему-то не сопротивлялся и позволял тонким пальцам ощупывать себя. — Грязная работа, плохой ритуал. Ты разозлила ее? Такой судьбы и врагу не пожелаешь. Ну-ка... — ведьма приблизилась к Дарию и втянула носом воздух. — А ведь нить еще тянется. Сколько лет прошло?

— Десять, — к Варне вернулась способность говорить.

— Твой дух еще жив, — объявила Ульяна, выпрямившись. — Потрепан и искалечен, но живехонек.

— Что это значит? — спросил Дарий.

— Сейчас она скажет, что оживит тебя, если мы убьем Рославу, как и предполагалось. — Варна усмехнулась. — Верно?

— Ты дура? — Ульяна оценивающе оглядела ее. — Как, по-твоему, я должна оживить упыря? Но! — ведьма хитро прищурилась. — Можно поселить душу в живое тело.

— В чужое? — ужаснулся Дарий.

— Какая разница, как ты выглядишь, если это поможет тебе вернуть душу? Никакого больше голода, никакой крови. Разве ты не мечтаешь избавиться от этого проклятия?

— Хватит! — перебила ее Варна. — Скажи лучше, что мы должны отдать взамен.

— Ничего, — Ульяна пожала плечами. — Мне хватит того, что я расстрою замыслы Рославы. Она наказывает вас обоих, значит, для нее это важно, а что может быть лучше, чем поставить выскочку на место?

— Лжешь.

Поверить ведьме? Снова? Ну уж нет!

— Зверь оставил ее на моем пороге сто лет назад. — Ульяна вернулась на свое место. — Выбора нет, если Хозяин приказал воспитывать, значит нужно. Девчонка оказалась с червоточиной, такие легко отказываются от веры и с радостью исполняют волю Зверя. На тот момент мне была уже, — ведьма задумалась, — пара сотен лет, наверное. Я повидала таких, как она, знала, что ращу змею, которая однажды укусит меня. Так оно и вышло. Думаете, вы первые, кого она прислала за моей головой? Десятки охотников умерли прямо здесь, в этой самой комнате. Потом я устала и уехала туда, за море, пожить в роскоши, посмотреть на большой мир. Вдали от родины мои силы иссякают, приходится возвращаться время от времени и, конечно же, отбиваться от нападок Рославы. Ты уже знаешь, что она сотворила с деревней, в которой выросла?

— Зверь заставил ее убить всех, кто...

— Будет! — Ульяна взмахнула рукой и устало прикрыла глаза. — Я отправила ее туда, потому что она умоляла разрешить ей встретиться с родителями. Несколько лет умоляла, все уши прожужжала, плакала. В конце концов я отправила с ней пару сестер, лишь бы девчонка от меня отвязалась. Вернулась она довольная, а вот ее провожатые были в ярости. Застав их врасплох, Рослава обездвижила наставниц, сбежала и убила каждого жителя, да не просто убила, а насадила на кол. Тогда даже мне поплохело, а ведь чтобы меня удивить, нужно ой как постараться. — Ведьма отпила из чашки. — Не эту историю вы слышали, верно?

Вопрос ответа не требовал — все наверняка было написано на их лицах.

Варна сжала кулаки, обнаружив, что снова может двигаться. Очередной обман! Проклятая Рослава своими играми сводила ее с ума! Можно ли верить хоть одной из этих женщин?! Воистину стоило слушать наставников и никогда не говорить с ведьмами — сразу бить, чтобы не позволить их речам посеять зерна сомнений!

— Стоит ли говорить, что потом я поспешила избавиться от нее и отпустить в вольное плавание. Только сейчас, решив убить Рославу, я поняла, зачем она вырезала деревню. — Ульяна обвела гостей взглядом, давая им шанс продолжить.

— Чтобы не осталось людей, знающих ее имя. — Дарий убрал волосы с лица. — Верно?

— Молодец, — ведьма кивнула. — Ее имя тебе известно. — Темные глаза обратились к Варне. — Не знаю, что она тебе рассказала, но подели это пополам, а потом еще дважды — вот столько правды в ее словах.

— Откуда мне знать, что в твоих словах правды больше? — Варна даже не пыталась скрыть своего презрения. Девчонки в черных платьях зашипели.

— Ниоткуда, — Ульяна кивнула. — Я мастерица лжи и лет сто назад с удовольствием поиграла бы с вами, сведя с ума окончательно. Но я давно не ребенок, все это — никчемная суета. Я могу решить все ваши беды буквально за пару дней. Мальчишке в белом расскажу о тайне его рождения. Тебя, — она указала на Дария, — поселю в новое тело, вымолив твою душу у Хозяина. После смерти, конечно, ты все равно отправишься к нему, вы оба, но у вас будет несколько десятков лет никчемной человеческой жизни. Ну а что до тебя, — Ульяна внимательно посмотрела на Варну, — я уничтожу зло, отравившее твою жизнь.

— А потом? — Варна не верила ни единому слову, а вопросы задавала, чтобы потянуть время.

— Потом я уеду. Вернусь вскоре, но я всегда возвращаюсь. С моей поддержкой вы легко уничтожите четыре головы ковена Рославы и...

— Вы все равно продолжите изводить народ. — Этот разговор начал утомлять. — Какой в этом смысл?

— Ты можешь сделать, как я говорю, и пожить или же умереть прямо сейчас. — Ульяна сказала это так просто, что сомнений не осталось: если она захочет, они оба умрут мгновенно, как и Светозарные, до сих пор скитающиеся в лесу.

— Мы видели следы, — Дарий кивнул в сторону выхода. — Кто-то нашел тебя раньше нас.

— А, это... — ведьма махнула рукой, давая понять, что вопрос не стоит внимания. — Какой-то долговязый Светозарный, его тело на заднем дворе.

— Ты убила его?! — Варна яростно уставилась на Ульяну.

— Он пришел за моей головой, я должна была сложить руки и ждать? — Ведьма пожала плечами. — Не думаю.

Порыв ветра разбил окно, стекла посыпались внутрь. Варна заученно пригнулась и закрыла голову руками, Дарий сполз на пол. Ураган заливал струи ледяного дождя в комнату. Девчонки в черном зашипели, Ульяна встала, глядя прямо перед собой, но ничего не успела сделать — что-то разбилось, лиловый туман пополз по полу.

— *Подчинитесь!*

Коснувшись кожи, туман парализовал тело. Варна упала на бок, Дарий схватил ее за плечи и потащил прочь, но кто-то сбил его с ног. В комнате, затянутой лиловой пеленой, появились несколько фигур в дорожных плащах, одна из них — в белом. Варна никак не могла разглядеть скрытое колдовством лицо, сердце колотилось с такой силой, что казалось, вот-вот не выдержит, но тело не слушалось.

Ульяна тоже приросла к месту — глаза метали молнии, но колдовство сковало ее, лишило голоса и возможности двигаться. Высокая женщина откинула капюшон с лица, и Варна еле-еле сумела сдержать раздосадованный стон.

— Убить их.

Фигура в белом без промедления подошла к скованным заклятием помощницам Ульяны. Сверкнул металл — на пол упала голова, а за ней, чуть погодя, тело. Через мгновение вторая девочка лежала рядом с первой. Лужи крови слились в одну и быстро расползались по ковру.

— Что ты делаешь?!

Голос Дария раздался из-за спины. Варна не видела его, но чувствовала, что он тоже не может пошевелиться. Скорее всего, кто-то держал его, потому что колдовство на него не подействовало.

— То, что не смогли сделать вы! — рявкнула Рослава. — От вас требовалось всего лишь отсечь ей голову, без лишней болтовни! — Она повернулась к Ульяне. — Я такой ошибки не допущу. Давай!

Повинуясь приказу, Светозарный пронзил тело ведьмы мечом — освященный клинок прошил живот насквозь. Колдовство не позволило ей упасть, но глаза девушки закатились от боли. Из-под пола пробилось пламя, будто под ногами ведьмы разверзлись врата в пекло. Она закричала, комнату заполнил запах горелого мяса и волос.

— Так погибают легенды, — Рослава даже не попыталась скрыть своего торжества.

— А с этими что делать будем? — Пава подползла к Варне, ее белесые глаза лихорадочно блестели.

— Пусть продолжают влачить свое существование. — Верховная ведьма даже взглядом их не удостоила. — Пойдем со мной, мальчик, ты получишь свою награду.

Если бы Варна могла закричать, то заорала бы благим матом. Переступив через тела юных ведьм, Свят бросил на нее взгляд из-под капюшона и пошел следом за Рославой.

— Ублюдок! — прорычал Дарий.

Ковен покинул дом, стихия за окном успокоилась. Вышло солнце, тучи исчезли. Колдовство тоже рассеялось — к Варне вернулся голос и способность двигаться. Дарий помог ей встать, она осмотрелась — убитые девочки и куча обгоревших костей выглядели пугающе в ярком солнечном свете.

Дверь хлопнула, кто-то ворвался внутрь. Оборачиваться, чтобы понять, кто это, не пришлось — голос Радомира разнесся по опустевшему терему.

— Какого лешего тут произошло?! — командир застыл на пороге. — Ваших рук дело? Трех ведьм убили?

— Здесь был другой ковен, — нехотя ответила Варна. — Видимо, у них личные счеты.

— Так и знал, что эта буря неспроста! — Светозарный сплюнул на пол. — А вы? Почему вас не тронули?

— Мы пришли в разгар боя, — вмешался Дарий. — Нас обездвижили колдовством, мы не могли вмешаться.

— Я не нашел Святослава и Сома. Видели их?

— Нет, — в один голос ответили они, видимо, слишком поспешно, потому что командир смерил их подозрительным взглядом.

— Эй! — в комнату вошел запыхавшийся Добрыня. — Сома нашел, мертв!

— А Свят? — Слава нервно кусала губы.

— Его не видно.

— Парня могло придавить, во время бури много деревьев рухнуло на землю. — Радомир огляделся. — Вы идите, а я сожгу дом.

— Здесь столько всего, неужели просто уничтожишь его? — удивилась Варна.

— А ты предлагаешь в ведьмовских вещах копаться? Чтобы напороться на охранное заклятие?

— Нет, — ответила она, хоть и не была согласна с его решением.

Дом ведьмы — настоящая сокровищница, здесь наверняка хранилось множество ее записей. Впрочем, теперь об этом никому не узнать.

— Ищите парня, — скомандовал Радомир. — Как найдете — поезжайте в Ниву, не мог же он сквозь землю провалиться.

Помня о том, что говорила Рослава о тени Свята, Варна не стала бы с уверенностью заявлять, не спустились ли они в Навь за ответами. Светозарным знать об этом было необязательно, она сама спросит со Свята за все, что он сделал, но позже.

Все время, пока они скитались по лесу, делая вид, что ищут сослуживца, навязчивые мысли не покидали ее голову. Ульяна сказала, что Рослава намеренно провела ритуал, который возродил Дария как упыря. Был и другой способ, он оставался до сих пор, «ниточка тянется», сказала ведьма. Она могла поместить дух Дария в смертное тело, могла! Но Рослава снова все испортила.

— Ты правда его не видела?

Варна вздрогнула от неожиданности. Слава пристроилась к ее шагу и пытливо заглядывала в глаза.

— Правда, — соврала Варна.

— Неужели он погиб? — прошептала девушка. — Свят не мог бросить нас.

Проблема Славы заключалась в том, что она отказывалась замечать очевидное. Ее возлюбленный предал их, отрекся от веры и совершал зло ради себя, причем уже давно. Был ли Свят тем, кем его видела Слава? Он никогда не ставил идеи Святого Полка выше собственных, искусно изображал истово верующего, а когда представился шанс, предал всех и пошел на сделку с ведьмами. Один Свят Рославу не убьет, значит, та продолжит исполнять свой замысел, каким бы он ни был.

Раздался свист. Слава подобралась и кинулась к источнику звука.

— Нашелся, — проворчал Дарий. — Лучше бы ему остаться там, куда его водила ведьма.

— Держи себя в руках, — предупредила Варна. — Нужно выждать. Потом мы сполна спросим с него за все.

ГЛАВА 31

Сейчас

«Каков лжец!» — мысль билась в голове в такт стуку сердца.

Выйдя из леса, Свят сказал, что его оглушило упавшей веткой. На лбу красовался свежий кровоподтек. Светозарные во лжи воина не уличили, зато Дарий смотрел так, будто готов был убить.

— Плохо, что потеряли Сома. Хорошо, что не весь отряд, — сказал Добрыня.

Не успел он договорить, как из леса вылетел Радомир. Он толкнул Свята плечом, повалил на землю и выкрикнул:

— Отойдите от них!

Белые плащи замешкались, Варна выхватила меч и отскочила от Светозарных. Зазвенела цепь — Дарий достал серпы. Они сошлись, встали спиной к спине, приготовились защищаться.

Первым опомнился Свят — пихнул Радомира ногой в колено, командир неловко завалился набок и получил сокрушительный удар по лицу. Добрыня издал боевой клич и кинулся к ним, но Дарий оказался проворнее. Раскрутив над головой цепь, он бросил ее в Светозарного, звенья опутали тому руки и оружие. Одним мощным движением Дарий вырвал меч из рук бывшего соратника и ударил того локтем.

Слава напала сзади, только благодаря чутью Варна сумела увернуться от удара. Их клинки со звоном столкнулись, девушка ударила ногой в живот и оттолкнула от себя. Видно было, что ее учил Свят, — удары колющие, резкие, такие же, как у него. Слава наступала решительно, в глазах ее не осталось ничего, кроме ненависти, — слишком долго ей пришлось сдерживаться. Горячность не шла воительнице на пользу — Варна дважды почти вонзила меч ей в грудь, но в последний момент девушка все же уходила от ударов.

Кто-то вскрикнул. Варна отвлеклась, пропустила атаку и уронила меч. Слава начала оттеснять ее от оружия, удары Светозарной стали размашистыми, но менее уверенными. На помощь пришли заготовки, которые охотники делали с Рославой: крошечная склянка разбилась у ног противницы — яркая вспышка сбила ее с толку; Варна подскочила, схватила Славу за затылок и со всей силы ударила головой в переносицу. Меч снова оказался в руке; Слава трясла головой, ее одежду заливала кровь, струящаяся из сломанного носа.

В воздухе что-то просвистело и с глухим стуком столкнулось с головой Светозарной. Ее глаза закатились, она рухнула на землю лицом вниз. Дарий подтянул цепь к себе и кивнул — у его ног лежал Добрыня.

Они окружили Радомира — Свят порядком вымотал его, лицо заливали пот и кровь, но Светозарный не сдавался, сжимая меч в побелевших пальцах.

— Звериные выродки! — Радомир сплюнул. — Я привезу ваши головы архиепископу!

Ему, раненому и ослабевшему, не выстоять в бою против них. Варна опустила меч, Дарий последовал ее примеру. Им требовалось придумать что-то, чтобы скрыть все, что произошло. Если...

Сотканный из тьмы клинок вышел из груди командира. Тело бесформенной кучей рухнуло на землю, тень несколько секунд стояла на месте, а потом исчезла, оставив после себя легкую дымку.

— Что ты наделал?! — Варна пихнула Свята в плечо.

— Вы не убили ее? — он притворился, что не услышал вопроса.

— Какого черта происходит? — Дарий схватил его за плащ.

— Вы оставили его одного в доме Ульяны и думали, что он ничего не найдет? — Свят стряхнул его руку.

— Мы оставили?!

Свят присел рядом со Славой, приложил пальцы к ее шее, кивнул, забросил девушку на плечо и понес к лошадям.

— Долго стоять собираетесь? — Перекинув бывшую напарницу через седло, он повернулся к ним. — Можете дождаться прибытия Святого Полка, но живыми вам не уйти.

— Нас все равно убьют. — Варна убрала меч. — Ты только что подставил нас всех.

— Меньше болтай. Поехали, нужно добраться до Нивы как можно скорее.

— На плаху торопишься? — насмешливо осведомился Дарий.

— Я уже сказал — можете остаться здесь.

— То, что рассказала тебе Рослава, стоило того? — Забраться в седло Варна смогла только с третьего раза.

Они погнали лошадей к городу, навстречу верной гибели. Скрываться было бессмысленно, их все равно найдут, но так просто сдаться? Неужели Свят решил свести счеты с жизнью, узнав о происхождении своей тени?

Всю дорогу Слава спала, одурманенная ведьмовскими зельями. Бывший возлюбленный заботливо заливал их ей в рот, как только она начинала шевелиться. Солнце ни разу не выглянуло из-за туч, отказываясь освещать путь предателям. Варна почувствовала себя про́клятой — больше, чем обычно.

На совести Свята были уже два убитых главы Святого Полка. Хорошо ли он спит по ночам после того, как напал на них со спины? Светлый, чистый, подобный ангелу, на самом деле Свят оказался лжив и беспощаден. Теперь он вел на заклание их всех, а они покорно следовали за ним.

Один из отрядов Полка заметил их недалеко от города, уставших и окровавленных. Окинув разномастное сборище любопытным взглядом, Светозарный приказал воинам окружить их и отвести в Красную Ниву под конвоем. С опаской покосившись на Славу, спросил:

— Она жива? — Свят кивнул. — Что с ней тогда?

— Расскажу все, как только встречусь с главой.

— Радомир не вернулся, разве он...

— Радомир мертв, — отчеканил Свят.

Лицо Светозарного вытянулось, он помрачнел, свистом приказал отряду двигаться быстрее. Они гнали коней до главных ворот, не стали спешиваться даже в черте города — люди расступались перед ними, ощутив исходящую от воинов тревогу.

— Что случилось? — из большого терема вышла высокая женщина в белом плаще. — Где Радомир?

— Погиб, — сообщил воин.

— Возьми главенство на себя, — коренастый Светозарный кивнул женщине. — Пока не вернемся в столицу.

— На колени, — властно потребовала она.

Варну толкнули в спину, она огрызнулась, но подчинилась. Теперь они стали подозреваемыми в измене. Вот-вот им вынесут приговор, закуют в серебряные оковы и оставят ждать казни. Она посмотрела на Свята — он преклонил всего одно колено, отказавшись унижаться. Не изменял себе даже перед лицом смерти.

— Я слушаю. — Светозарная сложила руки на груди, окружающие ее мужчины держались за рукояти мечей.

— Нас ждала засада, — спокойно сказал Свят.

Варна похолодела и вся обратилась в слух.

— Мы нашли дом ведьмы, нас настигла буря, вызванная колдовством. Отряду пришлось разделиться. Я бродил по лесу, когда увидел Сома и Славу, бросился следом, но отстал — меня ударило упавшей веткой, — он указал на шишку. — Когда добрался до места, нашел только мертвого Сома, а ее и след простыл.

— Пытаешься сказать, что она убила старшего? — женщина прищурилась.

— Я не застал убийства, но видел их вместе.

Грязный лжец! Варна сжала кулаки и опустила голову, чтобы не выдать себя. Как у него язык поворачивается?! Так спокойно и складно врать надо уметь, где он научился?!

— Дальше, — потребовала Светозарная.

— Явились другие ведьмы, они обезглавили двух прислужниц Ульяны и сожгли ее саму. Только Славу не сковали заклинаниями.

— Она — одна из них? — прямо спросил один из воинов.

— Боюсь, что да, — Свят кивнул.

— Осмотреть ее, — приказала женщина. — Она твоя напарница, как ты мог не заметить?

— Я был влюблен в нее.

В этот момент Варна была готова вскинуть голову и заорать от ярости, но Дарий, ощутив ее гнев, слегка толкнул подругу плечом. Да, он прав, нужно молчать и слушать складную ложь Свята.

Влюблен! У него нет сердца, он не способен никого любить!

— Ты должен был сообщить! — рявкнула Светозарная. — Отношения в парах и тройках должны оставаться рабочими!

— Это моя ошибка, я готов понести наказание, — Свят склонил голову. — Думаю, она влияла на меня, я не мог ни слова сказать, когда Слава приходила ко мне.

— Посмотрите! — выкрикнул Светозарный, вскинув руку. — Вы только взгляните на это!

Он передал находку новой главе Святого Полка, та покрутила ее в пальцах и показала собравшимся — крест на цепочке, обычный, как у всех, да только на задней поверхности выбиты языческие символы и руны!

Судорожно вцепившись в воротник, Варна принялась шарить по груди и не нашла защитного амулета. Проклятье! Все встало на свои места.

Он приходил не для того, чтобы переспать с ней, а чтобы украсть крест! Свят заранее все продумал, уже тогда знал, как подставит Славу, ему нужны были неопровержимые доказательства ее предательства!

— Подготовьте ее к допросу, — сквозь зубы приказала Светозарная.

Воины подхватили Славу под руки и поволокли в дом. Процедура допроса у Полка жесткая, шанса оправдаться у девушки нет — никто не станет слушать ведьму, ей будут задавать одни и те же вопросы до тех пор, пока она, обезумев от боли, не признается в том, чего не совершала.

— Она убила Радомира? — Глава проводила воинов взглядом.

— Натравила их с Добрыней друг на друга, — ответил Свят. — Колдовство.

— А вы что скажете? — властно спросила Светозарная. — Как выжили вы?

— Нас обездвижили в доме ведьмы. — Варна подняла взгляд и посмотрела прямо в глаза угрюмой воительницы. — Когда колдовство спало и буря успокоилась, мы вышли к стоянке и нашли тела Радомира и Добрыни.

— Так все и было?

— Клянусь, — ее голос не дрогнул.

— И ты подтверждаешь это, немертвый?

— Подтверждаю, — хрипло ответил Дарий.

— А тебя она не тронула почему? — задумчивый взгляд командира скользнул по лицу Свята.

— Я сказал, что уйду с ней.

— Солгал?

— Конечно.

— А потом?

— Ударил ее рукоятью меча, она потеряла сознание. Нашел в ее сумке зелья, держал без сознания всю дорогу.

— Похвально, — женщина кивнула.

— Она пришла в себя, Катерина, — сообщил воин.

— Иду, — женщина кивнула. — Ты теряешь второго старшего, и это вызывает подозрения. Пойдешь со мной.

Они скрылись в доме, Варна поднялась с колен и принялась тереть лицо ладонями. Неужели все это происходит по-настоящему? Боже, Свят, что ты наделал?

— Он украл твой крест? — тихо спросил Дарий.

— Да.

— Когда?

— Понятия не имею, — соврала она.

К вечеру Светозарные разбрелись по постоялым дворам. В городе стало беспокойно: слухи расползлись быстро, уже все знали, что в рядах Святого Полка завелась ведьма. Не в силах выносить тревожные пересуды, Варна взяла тарелку и поднялась в комнату.

Кусок не лез в горло, она заставила себя поесть, чтобы восстановить силы. За окном сгущались сумерки, полная луна поднималась из-за горизонта. Идеальная ночь для ворожбы, такая же, как та, в которую убили Дария.

Столько лет все трое росли рядом — она, он и Свят. Как же вышло, что они совсем не знают друг друга? В детстве ей казалось, что Свят просто замкнутый, но теперь стало ясно, что у него нет сердца. Так легко врать, глядя в глаза людям, которые тебе доверяют, так просто подставить девушку, которая потеряла голову от любви, — это было низко, такие поступки ничем не лучше того, что делают ведьмы.

— Надо поговорить, — Дарий закрыл за собой дверь. — Молчать больше не могу, то, что он делает, сводит меня с ума.

— Да, меня тоже. — Она отставила тарелку в сторону. — Случилось что-то еще?

— Поклянись, что не убьешь никого.

— Что за глупости?

— Клянись! — потребовал он.

— Клянусь. — Скверное предчувствие появилось внутри. — Говори.

— Прежде чем пойти к Рославе, я говорил с ним.

— Что? — Услышанное доходило до нее с трудом.

— В ту ночь я не мог уснуть, ко мне зашел Свят, я выложил ему все как на духу, попросил совета. Признался, что мы собираемся сбежать, рассказал обо всем. Он сказал, что ведьма тебя не отпустит, и бросил фразу, которая раскаленной иглой вонзилась в мой разум: «Если ведьма умрет, вы сможете жить спокойно». Я обезумел, сам не знаю, что на меня нашло, показалось, будто это призыв и... — Дарий зажмурился. — Я пошел к ней.

— Это была его идея? — медленно переспросила Варна.

— Не идея, он не склонял меня к этому, просто я... А сегодня, услышав его ложь, я вдруг понял, что все вокруг словно околдованы! Его не обыскали, нас тоже, Светозарные буквально поверили ему на слово!

— Дарий, — от злости ее голос сел, — ты намекаешь на то, что Свят обладает не только способностью взывать к своей тени?

— Боюсь, что так.

В повисшей тишине было слышно, как трещит фитиль в лампе.

— Кто он, Варна? — Дарий сел на край постели. — Свет отвечает на его зов, но как? После всего, что он сделал, Господь должен был лишить его своей милости.

— Если бы на его мольбы отвечал Господь, он бы так и сделал. — Она никак не могла увидеть картину целиком. — Боюсь, что сила Свята не имеет отношения к Богу.

— Ты думаешь...

Думать — удел умников, которые не вылезают из библиотеки; она же привыкла действовать. Резко поднявшись, Варна схватила ножны, Дарий тоже встал, но не успел сделать и пары шагов, как прирос к месту.

— Что ты делаешь?!

— Плоть от плоти моей, заклинаю: не сойти тебе с этого места, пока не услышишь мой зов.

— Варна! — заорал он. — Не смей!

Она вышла в коридор, уверенно приблизилась к комнате Свята и вышибла хлипкую дверь ударом ноги. Не позволяя ему опомниться, Варна схватила его за грудки и поставила на ноги. Он оттолкнул ее, ткань рубашки затрещала, Варна размахнулась для удара, но Свят увернулся, схватил ее за запястье и получил удар слева. Столько лет прошло, а он все еще забывает, что у противника есть вторая рука!

Зарычав, Свят сделал несколько шагов назад, но только затем, чтобы разбежаться. Он налетел на нее всем телом, Варна потеряла равновесие и врезалась спиной в ставни. Треск дерева, потеря опоры — противники полетели вниз. Оба удара пришлись на нее: один о козырек крыльца, другой — о землю. Свят упал сверху, захрипев, Варна вцепилась зубами ему в шею, перед глазами завертелся яркий вихрь разноцветных вспышек. Он схватился за ее косу, намотал волосы на руку и потянул, пытаясь заставить разжать зубы. Кровь полилась в рот, Варна плюнула ему в лицо, он ударил ее кулаком.

На первом этаже зажегся свет. Понимая, что никто не должен их видеть, они отпрянули друг от друга и поспешили скрыться в спасительной тени за домом. Каждый шаг отдавался болью — спиной она приложилась знатно. Наверное, только благодаря благословению Зверя кости все еще оставались целы. Стараясь не выпускать Свята из поля зрения, Варна бежала за ним к выходу из города. Она все так же сжимала меч, его оружие тоже оставалось при нем. Что ж, этой ночью все решится.

Стоило последним домам остаться позади, как Свят замедлил шаг и обернулся. Его глаза сияли в темноте — так не бывало у людей. Варна перебросила меч в другую руку и оскалилась. Чем бы он ни был, она тоже не так проста.

— Я не хочу сражаться с тобой, — от напряжения его голос звенел.

«Никогда не говори с ведьмами» — таков закон, и сегодня Варна следовала ему неукоснительно.

Свят защищался, ловко уворачивался от ее атак, в темноте видел не хуже, чем она. Звенела сталь, сталкиваясь, мечи высекали друг из друга искры. Все так же, как на площадке, только теперь Варна действительно собиралась ранить его.

За спиной Свята появилась тень — двойник достал клинок и бросился в атаку. Первый раз в жизни Варна позволила силе Зверя полностью вырваться на свободу — алая пелена застелила глаза, казалось, что она способна разорвать его голыми руками. Настолько сильной Варна не чувствовала себя никогда, это ощущение пьянило, сводило с ума. Боль от разлуки с Дарием исчезла, ярость заполнила все ее существо.

Припав к земле, она уклонилась от удара тени, выхватила из кармана последнюю банку Рославы и швырнула ее на землю. В яркой вспышке света двойник задрожал, а потом рассыпался тысячей черных искр.

— Нет! — взвыл Свят.

Варна чудом успела заблокировать удар, он оказался настолько сильным, что ее отбросило назад. Метнувшись к ней, Свят схватил ее за шею и приподнял, свет его глаз напоминал Святое пламя, но не было в нем ничего божественного — только ярость и боль. Варна вцепилась в его волосы, выронила меч и свободной рукой расцарапала лицо, надавила на глаз — Свят заорал, отбросил ее в сторону и прижал ладонь к лицу.

— Отец наш Небесный, — Варна вытащила из-за пояса кинжал, — дай мне сил, дай мне...

— Неужели ты собираешься использовать Его силу против Светозарного?! — По щекам Свята текла кровь.

— ...воли, пусть рука моя не знает промаха, пусть сердце не знает жалости...

Свет не откликнулся. Слова так и остались словами, Господь отвернулся, не желая смотреть, как его дети убивают друг друга.

Свят воспользовался ее замешательством, бросился вперед, плечом вышиб воздух из груди и повалил Варну на землю. Судорожно сжав кинжал, она со всей силы врезала противнику в висок рукоятью, но промахнулась — удар пришелся в бровь, из раны потекла кровь, заливая ему глаза. Он завалился на бок, пытаясь проморгаться. Варна вывернулась из-под него, толкнула ногой и поползла за мечом, все еще валяющимся в траве. Свят схватил ее за сапог и потащил назад.

Перед ней возникла тень — черный клинок просвистел в опасной близости от ее пальцев, тянущихся к рукояти.

— Нет!

Хватка Свята ослабла, Варна перевернулась на спину, уклонилась от удара твари и сумела встать на ноги. Шатаясь, Свят тоже поднялся. Он вытянул руку вперед, призывая двойника успокоиться.

— Хватит!

Нехотя тень подчинилась — опустила оружие, задрожала и исчезла, слившись с ночным мраком.

— Да что ты такое?! — не выдержала Варна.

— Если бы я знал!

В его голосе сквозило неподдельное отчаяние. Свят больше не пытался напасть, стоял поодаль, не приближался. Его рубаха была порвана на груди, лицо залито кровью. Варна не ощущала ни капли жалости.

— Как ты убедил Светозарных, что мы ни при чем?

— Я не знаю.

— Лжешь. Зачем ты заставил Дария пойти к Рославе?

— Я заставил? — Он отшатнулся. — Ты в своем уме?!

— Не строй из себя святого! Твои слова влияют на людей, тебе все верят, а ты пользуешься этим! Это колдовство?!

— Сознательно я ничего не делал! — рявкнул он.

— Ты постоянно врешь! — Она подобрала меч. — Клянусь Богом, если я узнаю, что это из-за тебя Дарий пошел в лес той ночью...

— То что? — Одним большим шагом он приблизился к ней. — Что ты сделаешь, Варна?

— Я убью тебя.

— Не посмеешь.

— Ты все еще в этом сомневаешься?! — Она подняла оружие. — Можем закончить все прямо сейчас!

— Почему ты всегда выбирала его? — Свят сплюнул кровь. — У вас нет ничего общего, он — церковная мышь, слабый...

— При чем тут... О нет. Нет! — Она попятилась, вытянула руку, чтобы он и не думал приближаться. — Если ты хотя бы на мгновение забывался и думал, что можешь заменить мне его, то ошибался.

— Но пришла ты ко мне.

— Тебе ли не знать, что лечь можно с кем угодно.

Красивое лицо исказила гримаса отвращения. Теперь Свят пугал ее еще больше — она привыкла видеть его злым, холодным, самоуверенным, но всегда неуязвимым. Всего несколько раз он позволял себе показать боль. Чаще всего в эти моменты Горeслав требовал призвать тень, а Свят, тогда еще совсем мальчик, умолял Светозарного не заставлять его делать это.

— Я был «кем угодно»? — наконец спросил он.

— А я не была? — насмешливо осведомилась она. — Мы оба получили то...

— Не была.

— Что за чушь ты несешь. Всю жизнь мы только и делали, что собачились, дрались и доводили друг друга до изнеможения на площадке. Ты не мог...

— Все это и было моей жизнью. В ней не было ничего больше, только занятия и ты.

— Глупости, — она отмахнулась, не желая слушать его.

Он ничего не ответил, полез в карман, достал что-то и швырнул ей. Варна присела на корточки и подобрала крест. Свят ушел.

Вот как. Его помощь — это были знаки привязанности, которые она не замечала из-за юности и собственной влюбленности, сделавшей ее совершенно глухой ко всему вокруг. Молчаливый, угрюмый мальчишка тянулся к ней, а она не видела этого, не замечала его, а потом использовала, после чего снова выбрала Дария. Боже.

— Детские обиды, — пробормотала Варна, надевая крест.

До постоялого двора она добралась быстро, несмотря на хромоту. В комнате с выбитыми ставнями не горела свеча — наверное, Свят так и не вернулся. Может, он найдет успокоение в руках Светозарной, которая впустит измотанного воина в свою постель, чтобы облегчить его душевные муки. Очень по-сестрински, аминь.

Дарий стоял на том же месте, где она его оставила. Он был так зол, что даже не обратил внимания на ее состояние — сразу вышел вон, хлопнув дверью. Вскоре, однако, вернулся — с ведром воды и полотенцем.

— Раздевайся, — холодно сказал друг.

Она не спорила, сняла одежду, превозмогая боль. На груди расцветали синяки, лицо саднило, на горле остались отпечатки чужих пальцев.

— Надеюсь, ему досталось не меньше. — Дарий смотрел, как она смывает с себя кровь Свята.

— Можешь не сомневаться.

Они давно преодолели смущение — в тот самый момент, когда поняли, что мертвая плоть никак не реагирует на обнаженное женское тело. Теперь никто не мог помешать Дарию соблюсти обет, данный Богу перед смертью.

— Не умеешь ты просто разговаривать, да? — по голосу было слышно, что он улыбается.

— Свят утверждает, что ничего не делал намеренно. — Ей стало не до шуток.

— Думаю, он сам не знает, на что способен.

Она повернулась к нему и несколько минут рассматривала спокойное мертвое лицо.

— Ты уверен, что он мог повлиять на тебя в ту ночь?

— Кто в здравом уме пойдет на ведьму, вооружившись только мечом? — Дарий сел на кровать. — У меня было достаточно времени, чтобы осмыслить то, что произошло. Я помню, как собирал вещи, потом пришел Свят. Следующее воспоминание после разговора — я в лесу. Мне казалось, что это безумие, пока я не увидел, как Светозарные верят ему на слово. Они не доверяют никому, Варна. Святой Полк не знает жалости; если в их рядах объявилась ведьма, как утверждал Свят, они должны были пытать его, чтобы узнать больше. А Свята даже не обыскали.

Сказать ей было нечего — он оказался прав во всем. Сила, которой обладал Свят, влияла на окружающих, возможно, против его воли. В церкви он так и не нашел друзей: все чувствовали исходящую от него опасность. Даже она, оставаясь с ним наедине, ощущала давление и необъяснимый трепет.

— Когда он отправится за ответами, мы последуем за ним, — решила Варна.

— Он нас и близко не подпустит, тем более сейчас.

— Значит, я не оставлю ему выбора.

Дарий обернул ее полотенцем и не отпускал немного дольше, чем обычно. Кто бы мог подумать, что простая человеческая близость, такая естественная во всех своих проявлениях, станет для них невозможной. Она повернулась к нему, повинуясь порыву, но замерла, разглядывая потрескавшиеся бледные губы. Поцеловать возлюбленного — что может быть проще? Но не в их случае. Он холоден, от него пахло смертью. Упыри для любви не созданы — их место в земле, в спасительной темноте ящика, закопанного на трехметровой глубине. Но сейчас ей ужасно хотелось ощутить прикосновение этих бледных губ.

— Если бы я мог... — он чувствовал ее мысли и знал, о чем она думает.

— Ульяна сказала, что мы можем попытаться вернуть тебя.

— Забудь об этом. Ведьмины сказки. — Дарий отпустил ее.

— А что, если нет? Мы ведь можем хотя бы попытаться.

— Я не стану жить в чужом теле! — отрезал он.

— Твое тело давно остыло, — Варна запахнула полотенце, — здесь нечего спасать.

— Знаешь, какие слова ты говоришь мне чаще всего? — вдруг спросил Дарий.

— Какие?

— Закрой рот. — Он поднял ведро и понес его к двери. — Так вот, воспользуйся своим собственным советом.

Невыносимо! Сначала ему не нравится то, что его воскресили, теперь он не хочет даже попытаться вернуть свою душу! Неужели она обречена всю жизнь скитаться по миру в компании юнца, стареть и позволять ему на это смотреть? Что вообще может быть хуже, чем видеть, как твоя любимая женщина превращается в старуху? Проводя ритуал, Рослава действовала наверняка. Это был единственный раз, когда ее и впрямь стоило послушать и отказаться от идеи воскресить Дария.

Неужели Свят мог заставить его пойти на верную смерть? Они ведь были друзьями! Почему за поступки, совершенные много лет назад, обязательно приходится расплачиваться позже? Она ошиблась, когда пришла к Святу, ошиблась, когда решила, что чувства ему неведомы. Возможно, хуже всего в то время было именно Святославу — одинокий мальчишка, оставшийся без единственного друга, использованный для мести и снова покинутый после.

Варна залезла под одеяло и погасила лампу. От стены отделилась тень и юркнула в щель между полом и дверью. В коридоре раздались удаляющиеся шаги.

ГЛАВА 32

Сейчас

— Уехал! — громко хлопнула дверь. — Вставай быстрее!

Глаза открыть удалось не сразу. Кошмарный сон, в котором ее засасывало в трясину, казалось, выплеснулся в Явь. Варна села, проморгалась и уставилась на Дария.

— Чего? — прохрипела она.

— Свят уехал, — повторил он. — Взял двух Светозарных и ускакал на север.

— К болотам! Вот скотина!

Собираться времени не осталось, он наверняка гнал лошадей во весь дух, чтобы как можно скорее оказаться подальше отсюда. От них, если говорить прямо. Нужно было перерубить ему сухожилия, чтобы он ходить не мог!

— Убираемся. — Она схватила сумку, сгребла в нее хлам со стола, закинула ножны на плечо и обернулась. — Ну?

— Что будем делать, когда найдем его? — Дарий серьезно посмотрел на нее.

— Зависит от того, что он сделает со Светозарными. Прозвучит странно, — подобрать слова не выходило, решила сказать как есть, — но Свят не человек. По крайней мере, не тот человек, которого мы знали.

Стоило им выйти на улицу, как их обступили Светозарные. Коренастый мужчина хмуро кивнул и сказал:

— Катерина вызывает.

— Это не может подождать? — раздраженно спросила Варна.

— Оборзели, Мрачные, совсем страх потеряли?! — Один из воинов сделал шаг к ним, Дарий преградил ему путь и толкнул.

— Хватит! — рявкнул старший. — Не заставляйте тащить вас силой — мертвец ты или нет, огню наплевать.

Угроза простая и доходчивая. Варна положила руку на плечо Дария и сжала. Не время наживать врагов среди белых плащей. Конвой обступил их со всех сторон и сопроводил к терему, отгоняя любопытных жителей.

Катерина сидела за столом, на моложавом лице проступили морщины. Она подняла взгляд, жестом подозвала Варну и Дария к себе. Остальные воины покинули дом.

— Я собрала для вас новую группу. Отправитесь зачищать местность от Клюковки до...

— Мы там были не так давно, — перебила ее Варна. — И группа нам не нужна, мы работаем в паре.

— После того, что случилось, одни вы никуда не поедете. — Катерина прищурилась. — Мы можем отправить вас следом за Славой, если вы не поняли.

— А куда вы ее отправили, если уж разговор об этом зашел? — вмешался Дарий.

— В столицу. Ее ожидает заключение: сжигать своих, пусть и сошедших с праведного пути, не в наших правилах.

— Оставили ее в живых, значит? Великодушно.

— В своем ли она уме после допроса? — Варне не удалось скрыть волнение.

— О ведьме печешься? С чего бы? — Катерина ухмыльнулась. — О вас бродят слухи, разные слухи. Мрачный Взвод ходит по тонкому льду, но вы — перебор даже для него. Советую принять мою помощь и защиту Светозарных, иначе однажды вас предадут огню братья по оружию. Никто не любит нежить.

— Приходится как-то с этим жить, — ввернул Дарий, — знаешь, стерпится — слюбится.

— Язык острый, как и серпы, — Катерина смотрела на него без страха. — Каков же ты был при жизни?

— Не поверишь. — Сквозь его улыбку проглядывало плохо скрываемое раздражение.

— Ведите себя хорошо, — в голосе Катерины появились странные нотки, — не заставляйте нас сомневаться в вашей преданности.

Из терема вышли злые как черти. Любой дурак поймет, что Катерина отправляла их подальше от Пади; скорее всего, Свят поговорил с ней перед отъездом, и она не смогла противиться его влиянию. Даже если раньше он не знал об этой своей особенности, теперь использовал ее направо и налево, прикрывая себя.

— Что делать будем? — Дарий нервно крутил в руке цепь.

— То же, что и всегда. — Варна сплюнула. — Удерем, как только появится такая возможность.

Ехали долго, от Свята отставали уже на полдня. Два крепких воина в белых плащах то и дело оглядывались, проверяя, не сбежали ли Варна с Дарием. Справедливости ради стоило отметить, что именно это они и собирались сделать, да только подходящего случая не представилось.

Одна мысль не давала Варне покоя: что они будут делать, когда найдут Свята? Сдадут его Полку? Убьют? Еще вчера она была готова вонзить в него клинок, а сегодня сомневалась в твердости своей руки.

Свят — сирота, подкинутый на порог церкви, совсем как Дарий. Они с младенчества были лишены материнской любви и заботы, наставники никогда не проявляли отеческих чувств, всегда находились за невидимой стеной, отгораживающей их от подопечных. Они не семья — таков закон. Более того, с малых лет Свята начали готовить к службе в рядах Светозарных. Горислав был с ним жесток, слишком жесток, если подумать. Она до сих пор с содроганием вспоминала тот день, когда впервые увидела, как глава Светозарных бьет мальчика по лицу. Что могло вырасти из ребенка, который знал лишь военную выучку и боль? У него был только Дарий, который легко обратил свое внимание на нее, Варну, едва она оказалась в церкви. Их дружба стремительно крепла, тогда как Свят уходил на второй план.

Его слова никак не шли из головы. Он прямо сказал, что для него она не была «кем угодно», значит, таилось в его отношении что-то, помимо желания помочь. Свят был рядом на охоте, давал ценные советы, учил драться на кулаках, делился плащом, когда им часами приходилось сидеть в засаде. Он заботился о ней по-своему, как умел. Откуда сирота мог знать о любви и заботе, если сам всю жизнь получал только затрещины? Свят до сих пор не умел говорить о чувствах, будто это могло унизить его в глазах окружающих. Может, он даже любил ее когда-то. Первая любовь вспыхивает мгновенно, как пожар, а пламя ее беспощадно. У них не было ни шанса на то, чтобы этого избежать: юные, пылкие, они проводили вместе слишком много времени. Свят подходил ей — сильные, смелые новобранцы Светозарных, сама судьба свела их, чтобы нести Слово. Сейчас она могла назвать то, что происходило между ними, страстью. Во время боя искрились не только мечи, но и их тела, связь между ними становилась ощутимой, ее тянуло к нему, но совсем не так, как ей хотелось. Свят был пламенем, тогда как Дарий лишь теплым домашним очагом. У очага можно согреться и отдохнуть, а пламя способно испепелить все вокруг.

Даже сейчас неприятно было признаваться себе в том, что она просто искала повод прийти к нему. Что стало тому виной — растлевающая сила Зверя, кипящая в жилах, или необъяснимое влияние Свята, но Варна грезила им, его неземной красотой и мощью. Ведьмы продают души Зверю ради власти, людям свойственно тянуться к сильным и желать силы. И она желала его, чувствуя, как за ним тянется мрак. Он отвечал ей тем же, как умел, пиком их единения становились сражения, от которых они оба получали удовольствие. Похоже, все эти годы Свят чувствовал то же самое.

— Пора. — Варна пришпорила лошадь.

Дарий понял все без слов — длинная цепь просвистела в воздухе и выбила Светозарного из седла. Его напарник остановил лошадь, но потерял драгоценные секунды, пока пытался понять, что произошло. Варна размахнулась и на скаку ударила его по голове рукоятью меча. Мужчина мешком повалился на землю.

— Хватай его и тащи в лес!

Она схватила Светозарного и поволокла к деревьям. Привязав мужчин к стволам подальше от дороги, Дарий выпрямился и спросил:

— И что теперь?

— Рослава — тварь, конечно, но кое-чему меня научила.

Варна достала аметист — лиловый камень со сверкающими гранями. Нет помощника лучше, чем он, если нужно вызвать помешательство. Начертила им руну, положила камень в центр, ножом рассекла ладонь по старому шраму и подкрепила колдовство собственной силой. Наклонившись к самому уху Светозарного, она зашептала:

— Мы ехали на задание, и на нас напали. Черные псы вышли из леса, ты слышал их вой. Огромные птицы кружили над головой, сгустились тучи, день сменился ночью. Тени метались вокруг, ядовитый туман стелился по земле. Ты вдохнул его — и упал с коня. Да будет так.

Самое главное — заставить запомнить мелочи, чтобы ложь стала правдоподобной. Очнувшись, Светозарный будет помнить то, что она ему нашептала, и ничего больше. Воины Полка не смогут сказать, куда пропали напарники, это поможет выиграть время.

— Даже убивать не пришлось. — Варна выпрямилась.

— Как жаль, — фыркнул Дарий. — Я уже настроился. Где мы будем его искать?

— Светозарные не могли проехать незамеченными. Будем спрашивать каждого, кого встретим. — Варна вскочила в седло.

— А что мы станем делать с ним потом? — Дарий хмурился.

— Я не знаю, — честно ответила она. — Понятия не имею.

Так и скакали, без цели и понимания того, что им предстоит сделать. Свят был одержим поисками ответов, такая тяга разрушительна и могла погубить его. Он убивал товарищей, подставлял их под удар. Возможно, если перейти ему дорогу, следующими будут они.

Красную Ниву пришлось объехать стороной, этот крюк стоил им нескольких часов. Свят вряд ли позволил отряду останавливаться. Зачем вообще он взял с собой Светозарных? Для прикрытия?

День клонился к закату, на горизонте показались крыши домов. Значит, рано они отчаялись. Варна пришпорила лошадь, но бедное животное было не в состоянии скакать — дышало тяжело, едва переставляло ноги. Если не остановятся, завтра придется идти пешком.

— Слезай. — Она спрыгнула на землю, взялась за узду и повела лошадь за собой.

— Все бока в мыле. — Дарий погладил лошадь по влажной морде. — Скорее всего, им тоже пришлось сделать привал.

— Даже если так, мы все равно опоздали. — Варна покачала головой.

От Нивы на север вела только одна дорога, значит, Свят был здесь. Осталось найти тех, кто его видел.

Деревня была грязная, маленькая. Дома стояли рядом друг с другом, дворы казались крошечными, некоторые были обнесены одним общим забором. Солнце только село, а на улице уже нет ни души. Найти ночлег в таком месте вряд ли получится.

— Расседлай лошадей, я попробую уговорить кого-нибудь впустить нас.

На двери дома Варна заметила красный крест — ничего особенного, просто криво нарисованный знак, призванный, очевидно, оберегать жителей от нечисти. Она подняла глаза и увидела связку крестов, висящую на выступающей из-под крыши балке.

— Ты еще кто? — Дверь приоткрылась, через узкую щель Варна увидела низкорослую старушку. — Уходи! Нечего шастать!

— Нам нужен ночлег, мы из Мрачного Взвода.

Дверь открылась шире, бабка прищурилась и спросила:

— Не врешь?

— Ножи серебряные показать? — хмыкнула Варна.

— Коль так, заходи! Милости прошу, как говорится. Таким гостям мы рады, это точно.

— Я не одна. — Она свистнула, подавая сигнал Дарию.

— Еще лучше! — Старуха заулыбалась беззубым ртом. — Нам тут защита нужна, это вы вовремя, в эти края редко кто заезжает, а тут сразу два отряда, вот это нам...

— Два?

— Днем был тут Светозарный, правда, коней поменял да уехал. Жаль, нам ведь тоже нуж...

Днем. Они отстают как минимум на десять часов.

— Один? — уточнила она.

— Одинешенек, — подтвердила старуха.

От сопровождения он избавился. Убил, скорее всего. Еще две загубленные души, куда же ты катишься, Свят?

— Накормишь нас? Оставлю золотых, не обижу. — Варна протянула хозяйке монету.

— На что ж мне тратить твое золото в этой глуши? — Смех старухи походил на кваканье лягушки. — Ты лучше это, поди да дров мне наколи, пользы больше будет. А я пока каши разогрею, чем богаты.

Варна вышла из дома, нашла сарай, рядом примостилась старая колода и ржавый топор. В такой темноте проще себе ногу оттяпать, чем сделать что-то полезное.

— Давай помогу. — Дарий протянул руку.

— В темноте я вижу неплохо, — напомнила Варна.

— Думаю, что я все-таки лучше.

Передала топор и села на гору чурок. Мерный стук разносился по мрачной деревне. Странно, но в домах не горел свет, лишь в паре окон мерцало что-то, напоминающее пламя свечей. Луна скрылась за облаками, свежий ветер принес запах хвойного леса.

— Спокойно тут. — Варна подняла лицо к небу.

— Не забывай, где мы находимся. Помоги мне.

Они собрали наколотые дрова и понесли их в сарай. Не успела Варна опомниться, как дверь за спиной захлопнулась, лязгнул железный засов, темнота стала кромешной.

— Сквозняк? — тихо спросил Дарий.

— Не думаю. — Она ударила кулаком в дверь. — Эй! Немедленно открывай!

— Нет уж, нет уж, посидите там! — Старуха захохотала. — Мальчик просил задержать вас, и я задержу! Мальчик просил...

— Сволочь! — прорычал Дарий.

— Мальчик, значит. — Варна полностью разделяла его гнев. — Я тебе покажу мальчика, ты у меня попляшешь сейчас!

Отошла к стене, разбежалась и врезалась в дверь. Петли жалобно заскрипели. Кровь закипела, темнота рассеялась, желание оттаскать старуху за седые космы усилилось стократно.

— Я... тебе... — каждое слово сопровождалось ударом, — устрою!

Из горла вырвался рык, Варна вложила в удар всю свою силу и вышибла дверь ногой. Опешившая бабка уставилась на нее, широко распахнув потускневшие глаза, но не успели они и шагу к ней сделать, как хозяйка подхватила подол юбки и с прытью, несвойственной дряхлым старухам, ломанулась к калитке. Дарий раскрутил цепь над головой, но промазал — груз просвистел над головой удирающей бабки. К их огромному удивлению, она перемахнула через забор и вприпрыжку понеслась по улице.

— Чтоб я помер! — выкрикнул Дарий на бегу. — Ты это видела?!

Старуха бежала впереди и заливалась смехом, юбка развевалась, косынка слетела с головы, седые волосы разметались по плечам. Она пританцовывала, играючи перепрыгивала через препятствия, уводила их все дальше, вглубь деревушки. Бежать за ней было опасно, но им требовалось знать, куда отправился Свят.

Мгновение назад они видели старуху — и вдруг та исчезла. Дарий схватил Варну за локоть и заставил притормозить — она чуть не налетела на крест. Их привели на кладбище, маленькое, как и сама деревня, заросшее травой, ставшее частью леса. На свежей земле виднелись следы, по ним удалось пробраться к выкопанной могиле. В ней стоял старый открытый гроб, в гробу лежала та самая бабка. Руки сложены на груди, истлевшая кожа сползла с черепа, и даже в таком состоянии она как будто ухмылялась, насмехаясь над ними.

— Отродье Зверя, — прошипела Варна. — Вставай! — Плюнула в гроб.

— Вряд ли она сможет. — Дарий усмехнулся. — Провела нас, сволочь старая.

— Не сама же она встала! Сам слышал, Свят был здесь, это он приказал задержать нас!

— Теперь он еще и мертвецов поднимать может? Воистину не парень, а кладезь талантов.

— Не смешно! — В голову пришла идея. — Пойдем, я попробую кое-что сделать.

Дом, конечно же, стоял пустой, давно заброшенный, как и вся деревня. Очередное покинутое людьми место, ставшее пристанищем для нечистой силы. В одном бабка не обманула — конь Свята стоял в стойле, обреченный на голодную смерть. Варна потрепала его по холке.

— На чем он уехал? — задумчиво спросил Дарий.

— На помеле улетел, — огрызнулась она. — Отпусти наших лошадей, дорогу домой они найдут. Только сумки забери!

Животные — верные помощники ведьм. Слуги тьмы легко общаются с ними, используют в ритуалах и заговаривают. Этот конь знал, куда поехал его хозяин, да только сказать не мог, ему нужно с этим помочь.

Иметь при себе несколько высушенных адамовых голов* Варна привыкла с детства. Общаться с животными ей нравилось больше всего, она часто практиковалась в этом нехитром колдовстве. Рослава учила, что ведьма — слуга природы. Матушка-земля, как и все ее дети, с радостью помогут ей, если их попросить.

Варна засунула в рот колючий цветок, а второй предложила коню. Тот покосился на нее карим глазом и безропотно принял угощение.

Она чувствует тяжесть, кто-то сжимает бока сильными ногами, узда натягивается, впиваясь в губы. Человек правит нервно, дергает, невпопад бьет пятками, от него пахнет силой, и она подчиняется. Они бегут долго, очень долго — и вдруг останавливаются. «Жди, — человек приказывает, — жди», копыто бьет землю, трава вокруг жухлая, невкусная, она не может утолить голод. Он запрыгивает на спину, от него пахнет кровью и смертью. Запах щекочет ноздри, хочется встать

* Адамова голова — ряд растений, которым приписывают магические свойства.

на дыбы и сбросить его, но властная рука держит крепко, они снова скачут вперед, она и ее человек. Остальных привязали к седлу, они бегут следом. Сил совсем не остается, человек останавливается в лесу и ведет ее вперед. Пахнет страхом. «Нет, нет, дальше я не пойду!» Он кивает и начинает копать. Из ямы выбирается он, за ним — что-то страшное, хочется бежать, она встает на дыбы, но человек приказывает успокоиться. «Вперед скачи, вперед, — кряхтит посеревшее нечто, — в сторону Пади, а там свернешь налево у большого камня. Потом не заблудишься, последнее место, где еще люди остались, там тебе скажут, где ее дерево, да только зря ты туда едешь, ой, зря, милый...» Ее ведут в сарай, привязывают. Бросают. Вокруг темнота и сырость. Страх. Страх. Страх.

— Эй, эй! — Холодные руки коснулись лица. — Варна!

Она открыла глаза. Нестерпимо захотелось заржать, но Варна вовремя поняла, что видение закончилось. Дарий сидел на корточках, она — прямо на земле, во рту оставался горький привкус адамовой головы. Конь пятился от них, но не мог порвать повод.

— Поехали. — Варна встала. — По дороге до камня, там налево и не заблудимся.

— Сколько еще фокусов у тебя в запасе? Я имею право знать. — Дарий прикрепил сумку к седлу. — Кто правит?

— Я.

Он сел сзади и обхватил ее руками. От его прикосновений мурашки побежали по коже, конь тоже разволновался, но вел себя смирно.

— Тише, — она погладила животное по крепкой шее, — пора выбираться отсюда.

ГЛАВА 33

Сейчас

Давным-давно вместо указателей на перекрестках ставили большие камни, на которых выбивали стрелки, указывающие направление и названия поселений. Этот камень почернел от времени, порос мхом, стало почти невозможно разглядеть, куда ведут три узкие дорожки, расходящиеся в разные стороны. Хорошо, что мертвая ведьма оказалась словоохотливой и в подробностях рассказала, куда следует ехать.

Конь бежал вперед с явной неохотой, но артачиться не решался. Почти всю дорогу Варна пыталась избавиться от навязчивых лошадиных мыслей и желания пожевать свежей травы, ее неловкость ощущал и Дарий. Он смеялся каждый раз, когда яркий образ стога сена возникал перед ее внутренним взором.

— Да замолчи ты! — рявкнула она.

— Не могу, прости, изо всех сил стараюсь, но это очень смешно.

— Скоро будет не до смеха.

— Так не лишай последней возможности повеселиться.

Он перестал хохотать, как только почуял болотный смрад. Ветер, бьющий в лицо, принес запах гниения и тревоги. Вскоре они увидели первые дома.

Если Клюковка, стоящая на болоте, выглядела славным местом, то эта деревня походила на чумные загоны — дома стояли прямо между деревьев, никаких дворов, заборов, просто множество разрозненных строений. Почерневшие от сырости деревья нависали над ними, загораживая солнце, воздух был тяжелый и влажный. Никаких улиц — только узкие тропки, залитые водой. Почва под копытами чавкала, конь то и дело оступался и останавливался, чтобы вытащить ногу из топкой грязи.

— Слезай. — Варна спрыгнула на землю и по щиколотку увязла в месиве, в которое превратилась дорога.

— Как здесь жить можно? Что они выращивают в такой земле? — Дарий снял плащ и повесил его на седло.

— Мандрагору, видимо.

Люди в деревне жили — хороший знак, — только выглядели очень плохо: серые лица, покрытые язвами, испуганные глаза, грязная одежда. Они не подходили ближе, но дела свои бросили, стояли и пялились на чужаков.

— Ну! — выкрикнула Варна. — Долго смотреть будете?

Никто ей не ответил, жители даже не смутились, так и смотрели. Щуплый мужичок подошел ближе и сказал:

— А вы-то тут как оказались? Уходите. — Он замахал руками. — Давайте, пока она вас...

— Опять гостей моих прогоняешь?

Голос тихий, но властный; услышав его, люди разбежались кто куда. Мужичок дернулся, сложился пополам в поклоне и, так и не разогнувшись, попятился в сторону дома. Варна взглядом отыскала женщину, появление которой всех так напугало, и, к своему удивлению, обнаружила пухлую серолицую бабку. А ожидала увидеть вечно юную ведьму.

— Пошли, что встали? — проворчала бабка. — Знаю я, зачем вы тут, да только никак в толк не возьму, чего вы к нему пристали. Ну ищет он своей судьбы, а вам-то что?

Дом бабки был покосившийся, старый и черный. Крыша просела, вокруг росли кусты и мрачные деревья. Лошадь пришлось оставить у входа, Варна погладила ее и пообещала вернуться. Судя по взгляду, животное ей не поверило.

Внутри было сыро, пахло плохо — смесью гнилого лука и немытого стариковского тела. С потолка свисали связки трав, в стене зияло затянутое пузырем окно, свет почти не попадал внутрь. Стол, на столе свеча, два стула рядом, чуть поодаль печь — и все, больше ничего нет.

Бабка прошла к освещенному кругу, оставляя за собой грязные следы, села, сложила руки перед собой и уставилась на гостей. Один глаз у нее был белый, скорее всего ослепший, зато другой — яркий, голубой, не взгляд, а бритва. Варна села напротив, Дарий встал за спиной.

— Ну? — требовательно спросила бабка. — Чего принесло вас? Кто вас звал?

— Мы ищем...

— Да знаю я! — перебила хозяйка. — Вот и спрашиваю: кто вас звал? Его, я знаю, манило сюда всю жизнь, а вы-то что?

— Он наш друг. — Варна сама не понимала, ложь это или нет.

— Друг? Ай, не смеши! — Бабка осклабилась. — Чрево твое огнем горит, друг, ох, знаю я таких друзей!

Варна думала, что смутить ее невозможно, но ее щеки густо покраснели.

— Кто ты такая? — Она решила перейти в нападение. — Ведьма?

— Конечно, как иначе-то? — Бабка деловито закивала. — Сами не знаете, что ли, что в Пади только наш род обитает? И все равно приперлись, ай, молодые, в голове ветер... Ну, раскинем камушки?

Не успела Варна понять, о чем речь, как бабка ловко кинула на стол несколько обточенных гладких камешков. На каждом была вырезана руна, таких ей видеть еще не доводилось.

— Ну и узел! — охнула старуха. — Что за страсти, сразу видно, что Зверь лапу на судьбу наложил. Столько событий с иными и за всю жизнь не случается, а ты с молодых ногтей из огня да в полымя. А то я думаю: пахнешь как наша, а на вид охотница. Понимаю, понимаю... — Она перевернула камень. — Руну видишь? Ты думала, что вас трое, а вас четверо было.

— Не понимаю. — Варна склонилась над столом. — Что значит «четверо»?

— За парнем твоим смерть идет, да только не преследует его, а оберегает.

По спине побежали мурашки.

— За Святом? — уточнила она.

— За ним, за ним. Я как увидела его, сразу поняла, что к чему, а как послед вышел, так и...

— Погоди, — вмешался Дарий, — ты видела, как он родился?

— Вот этими ручками их приняла. — Бабка показала скрюченные болезнью пальцы.

— Их?

— Смешные вы, конечно, в такую даль приехали, а зачем — сами не знаете. — Ведьма смахнула камни со стола и раскинула новые. — Говорили, мать их нагуляла от черта. Хороша собой была, ремеслу нашему училась быстро, радость одна, а не девка. А тут вдруг захворала, из дома перестала выходить, а жила-то одна, я и думаю: зайду, вдруг померла, нужно схоронить хоть. Захожу, а она сидит, под сарафаном хороший такой живот, а я ей: «Руслана, дочка, что ж такое, кто посмел?» А девчонка все одно твердила, мол, на болоте нечисть ее схватила, сделала свое дело и была такова. Я живу долго, очень, а такого ни разу не слышала! Не поверила, подумала, что какой-то козел из деревни на девку позарился, а она от страха ничего и не поняла. Ну решила помогать ей, а то что она одна может? С таким пузом ни дров наколоть, ни еды добыть. Так и жили, ждали, пока разродится.

— Ну? — нетерпеливо спросил Дарий. — Что дальше-то?

— О, а ты Навью пахнешь. Немертвый, ух, судьбинушка тяжелая, ай-яй-яй, кто ж такое сотворил, — запричитала бабка и раскидала камни. — А, вижу, вижу, картинка складывается. Всех окрутила, всех! — вдруг захохотала ведьма. — Камни выпадают, глядите — страсть, смерть, любовь, чертова тройка, сильное колдовство. Ну и силу тебе Зверь дал, не позавидуешь. Но ты не ложилась с ним, это хорошо, есть еще шанс душу вернуть, тянется нить.

— Что за загадки! — рявкнула Варна. — Объясни!

— Сама не знаешь? — Бабка хитро прищурилась. — Огонь, что по венам течет, — это яд. Стоит тебе лечь с кем-то — как душа его мигом будет проклята да к Зверю отправится. Что, не знала?

Варна силилась что-то сказать, но не могла, только открывала и закрывала рот.

— Рослава наградила тебя тем же даром, что ей дан, — понизив голос, пояснила ведьма. — Ее любовь страстная, да только спалить до костей может, и твоя такая же. Есть ведьмы, которые склоняют на сторону Зверя уговорами, есть те, которые принуждают, а есть такие, как твоя подружка, — хитрые, ласковые, как кошки во время течки, и никто устоять не может перед ними. Но стоит человеку лечь с такой — все, пропал, считай, продал душу за ночь с колдушкой.

— Врешь, — выдохнул Дарий.

— А оно мне надо? — фыркнула старуха. — Говорю как есть, руны не врут.

Варна обессиленно прикрыла глаза. Так вот каким даром ее наградила Рослава? Способностью души чужие красть?! Не из-за этой ли силы Дарий и Свят так к ней тянутся?

— Не серчай, разве в жизни тебе не помогал этот дар? Получала всех, кого хотела. — Бабка усмехнулась, будто прочитав ее мысли. — Сильная, смелая, Зверь никогда не ошибается в выборе.

— Да только ни одной души я ему не отправила, — прорычала Варна.

Ведьма зацокала языком, снова раскинула камни и закивала. Перевела взгляд на нее, улыбнулась.

— И правда, вы поглядите, дар использовала только в сражениях. Что ж тебя так... А, теперь я вижу. Ну надо же!

— Это из-за меня Свят потерял душу? — прямо спросила Варна.

Легкая ухмылка преобразила лицо колдушки, сделав его моложе на несколько десятков лет.

— Девочка моя, откуда у него душа?

Дарий впился в плечо подруги пальцами, удерживая на месте. Если бы не он, Варна перевернула бы стол, вцепилась в глотку ведьмы и разорвала ее. Тени вокруг пришли в движение, словно было в доме что-то еще, кроме них, какая-то мрачная сила, разбежавшаяся по углам.

— Руслана разродилась ночью, — шепот ведьмы заполнил все пространство вокруг. — Родила двух мертвых младенцев, а как они похожи друг на друга были! Один как отражение другого. Мы унесли их в лес, закопали. Шесть дней страдала девка, ползала по полу, будто злым духом одержимая, потом и сама померла. Понесла ее туда же, к деревьям, где детей похоронили, и слышу — плачет кто-то! Кинулась к могиле, а на сырой земле лежит ребенок! Беру его, а за ним пуповина тянется, да не простая, черная, уходит в землю. И оттуда тоже плач доносится! Начала копать, а там еще один ребенок, только нет у него ни лица, ни тела человеческого — только тень. Поняла, что не врала Руслана, не мужик ее изнасиловал, ой, не мужик! Вокруг могилы деревья зачахли, трава пожухла, кругом земля выжжена. Схоронила девку, имя ребенку дала — Святослав, как она и хотела. А второго звать должны были Златославом — ну, как хотела мать, так тому и быть. Принесла обоих домой, обтерла живого, а мертвый то исчезал, то появлялся. Даже мне жутко стало, а уж повидала я на своем веку кошмаров немало. — Ведьма замолчала, чтобы перевести дух.

— Дальше. — Варна не узнала собственный голос.

— Ну, а дальше встала Руслана, плач из могилы ее поднял. Как увидела ее на пороге, так и обомлела, а она протиснулась мимо меня — и к детям! Баюкала, а у самой глаза — ну точно как у твоего упыря! Потом слухи поползли по деревне, что встает Руслана; люди собрались, хотели сжечь ее тело, но налетела буря, принесла хворь — народ стал вялый, больной, все, кого вы видели сегодня, живут с тех пор, никто не помер, гниют заживо от чумы какой-то, но не забирает их души ни Бог, ни Зверь. Потом пришли три ведьмы, отняли у меня детей, унесли, и все, не видела я их до вчерашнего дня.

Дарий сел на пол. Варна сама едва держалась, чтобы не сползти со стула. Возможна ли такая жуть? Неужели не врет ведьма?

— Так чей он сын? — медленно спросила она.

— Понятия не имею, твари какой-то, а может, и Зверя самого. — Ведьма пожала плечами. — Одно знаю: боюсь я его.

— Где он? — Дарий все еще сидел на полу.

— Мать пошел навестить, конечно. Нет, нет!

Они встали, но бабка резко вскочила и преградила им путь.

— Не мешайте! Если вам жизнь дорога — не мешайте! Кто знает, что произойдет, когда он увидит ее! А если батюшка изволит явиться?!

— Пусти! — Варна отпихнула ведьму в сторону. — Мы должны...

— Не должны вы ничего! Давайте я вам про Навь расскажу, поведаю, как душу мальчишки вернуть! Что угодно, только не... — Старуха заламывала руки. — Сами подумайте, сила дается только женщинам, а тут — мужик! Он либо очень слаб, либо очень силен! Как его назвать? Нет имени мужикам колдующим! И не волхв он, и не друид — колдун? Я не знаю! Ведьмак, черт бы его... — Ведьма плюнула на пол. — А он еще и двуликий: одной ногой здесь, другой — в Нави! Будто и не живой, и не мертвый.

— Свят очень даже живой! Свет давал ему силу, Бог...

— А Бог ли это был?! — завизжала бабка. — Мы несем учение Зверя, у всех нас одна цель — искоренить Слово, сделать так, чтобы о новом Боге позабыли!

— Что ты несешь?! — Дарий схватил ведьму за плечи и встряхнул. — Невозможно искоренить веру в Бога и Его Слово!

— Когда последний верующий отвернется от Него, — голос старухи звучал громко, как набат, — Он исчезнет. Кто Он без своей паствы? Если о Нем не помнят, значит, Его не существует.

Где-то ударили в колокол. Еще раз и еще, размеренный звук разносился по округе и пробирал до костей. Варна открыла дверь и увидела, что день сменился ночью.

— Пойдем. — Она переступила порог.

— Отпустите его! — Ведьма не пошла за ними, кричала в спину. — Пусть идет! Его зовут, он должен...

Ее слова унес ветер. Дарий шел рядом, на его лице появилась упрямая уверенность. Он не отступит, как и она. Кем бы ни был Свят, они должны спасти его или убить.

К лесу пробирались долго, несколько раз заблудились, утопая по щиколотку в трясине. Почувствовав твердую почву под ногами, Варна немного успокоилась. Колокол продолжал надрываться, ветер бушевал, но темное небо никак не могло разразиться грозой.

Белый плащ увидели издалека, пригнулись, почти ползком подобрались ближе. Звуки их шагов утопали в вое ветра и шуме деревьев.

Он стоял над могилой, вытянув ладонь. Земляной курган задрожал, на поверхности показалась рука. Она зашарила вокруг, пытаясь найти опору. Свят сделал шаг назад. Потревоженная покойница вылезала из могилы, а он смотрел на это и не двигался.

Показалась вторая рука, голова, лицо, вымазанное грязью, — Руслана выбралась на свет божий, захрипела, закашлялась, из ее нутра полилась черная жижа. Выпрямившись, ведьма потянулась к сыну, но тот отпрянул. Они смотрели друг на друга минуту-другую, его волосы развевались за спиной, плащ хлопал на ветру.

Вдруг рядом появилась тень — Злат пришел повидаться с родительницей. В отличие от брата, он сразу бросился к матери, а та обняла его! Обняла тень, прижала к себе, стала баюкать, как ребенка. С ним у нее было куда больше общего, чем со вторым сыном.

Блеснула сталь. Варна прыгнула вперед, но опоздала — голова покойницы отлетела в сторону. Злат растворился. Свят уставился на подругу сияющими потусторонним светом глазами. С лезвия его меча стекала черная слизь.

— Уходи, — спокойно сказал он.

— Пойдем с нами! — Варна протянула к нему руку.

— Мне некуда возвращаться. — Свят вытер меч краем плаща и убрал его в ножны. — Мне нет места ни среди Светозарных, ни среди живых.

— Тогда я пойду с тобой. — Дарий вышел вперед. — Ибо и мне нет места в этом мире. Глупо отрицать это, правда? — Он усмехался, но Варна чувствовала обуявший его ужас.

— Нам придется сражаться, если вы не позволите мне уйти, а я этого не хочу. — Свят гнул свою линию. — У вас много работы, охоту на ведьм никто не отменял. Можете попытаться начать ее, убив меня или старуху в деревне.

— Я не стану убивать тебя, — возмутилась Варна.

— Несколько дней назад ты говорила иначе.

Сквозь шум ветра она услышала птичьи крики, подняла голову и увидела, что небо почернело вовсе не от туч — его заслонили крылья. Как по команде, птицы стали падать на землю. С яркими вспышками ведьмы принимали свой истинный облик, и ни одно из бледных лиц Варна не узнала. Их окружили, взяли в кольцо, Свят стоял в центре — белое пятно на фоне беспросветного мрака.

— Свят! — Она хотела шагнуть к нему, но ноги не слушались.

— Убить их? — спросила его одна из ведьм.

— Нет.

Его взгляд прожигал Варну насквозь. Вот что он имел в виду, когда говорил, что они оба прокляты! Вот почему так тянулся к ней — только она могла понять и принять его, но отвернулась, когда Свят искал хоть какой-нибудь повод остаться верным церкви и Богу. Он мог вырасти кем угодно, но не получил от окружающих ничего — ни тепла, ни участия.

— Куда ты идешь?! — Никакой силы не хватило бы, чтобы рассеять колдовство, сковывающее ее движения.

— За братом.

— Ты сошел с ума?! — заорала она. — Мы все исправим, Свят! Не уходи!

Он снял плащ и бросил его на землю, рядом воткнул меч, испещренный строчками из Писания. Кольцо ведьм сжалось, Варна чувствовала их дыхание за спиной. Он не станет слушать, отвернется, как она отвернулась от него, попытается найти иной путь, но для этого им придется разорвать порочный круг, связавший их всех.

— Свят! — выкрикнул Дарий.

И бросил ему короткий серп. Свят ловко поймал его, удивленно посмотрел на оружие, затем — на друга детства, кивнул и ухмыльнулся, беззлобно, благодарно.

Он прощался.

— Да что вы делаете?! — Варна изо всех сил рвалась вперед, но невидимые путы не позволяли сойти с места.

— Быть может, еще встретимся. — Свят хотел подойти к ней, но передумал, сделал несколько шагов назад, словно побоялся приближаться.

Он раскинул руки, ведьмы закричали, тело Свята дрогнуло и рассыпалось серым пеплом. Ветер подхватил его, взметнул вверх, женщины, продолжая кричать, обратились в птиц и ринулись следом.

Белые хлопья падали с неба. Опустошенная, Варна протянула руку, чтобы поймать то, чем стал Свят. Вместо пепла на ладонь упал снег.

ЭПИЛОГ

Мир не перевернулся, нечисть не полезла из всех щелей. Все осталось таким, как прежде, только Свят обратился пеплом и ушел.

Они остались живы, вернулись в деревню продрогшие, мокрые, а убежище нашли в доме Есилии, ведьмы-повитухи.

Вьюга превратилась в буран, он закончился через два дня, позволив наконец покинуть проклятое место. На прощание Есилия напомнила, что Дарий еще может вернуть свою душу, и она, если они захотят, укажет на человека, способного исправить гнусное колдовство Рославы.

— Что мы скажем Светозарным? — спросил Дарий. До Красной Нивы осталось полтора дня пути.

— Что Свят погиб, как и его напарники. — Она не собиралась спрашивать, но слова сами собой сорвались с языка. — Зачем ты отдал ему серп?

— Когда я решил посвятить себя церкви, он принял мой выбор. А я принимаю его.

Дарий всегда был умнее, даже мертвым он продолжал чувствовать и сопереживать, а она будто оказалась не способна на это. Когда Варна уговаривала Свята остаться, внутри не всколыхнулось ничего, кроме желания привязать его к себе, заставить быть рядом, как раньше. Ей было одиноко, она нуждалась в человеческом тепле, и дать его мог лишь такой же прóклятый, как она сама. Только Святу ничего не будет от близости с ней, только он понимал, что она чувствует. И его больше нет, по крайне мере в этом мире.

В Красную Ниву вернулись, чтобы избавиться от подозрений и отчитаться о проваленном задании, которого, по сути, даже не было. Белых плащей в городе стало меньше, зато повсюду ходили члены Взвода, Мрачные, в черной одежде, похожие на огромных воронов. Некоторые из них останавливались, чтобы поздороваться, но бóльшая часть косилась с подозрением — упырь для них все еще скорее оставался врагом, чем другом.

В большом тереме устроили собрание: несколько Светозарных стояли перед столом, за которым сидела Катерина. Увидев их, Варна хотела выйти, но глава окликнула ее и предложила подойти поближе.

— Я слышала, что произошло. — Ее лицо было серьезно, глаза прищурены, возле них пролегла паутинка тонких морщин. — Мне жаль Святослава.

Варна взглянула на Дария, тот — на нее. Кто мог донести весть раньше, чем они?

— Вернемся к делу. — Катерина встала. — Мы потеряли слишком много бойцов, но отменять охоту не станем. Ведьмы стали хитрее, они знают, когда мы собираемся напасть. Думаю, в наших рядах есть шпионы. Вряд ли Слава работала одна. Мы должны провести чистку, обыск личных вещей, найти всех, кто связан с ковенами. Патриарх отправил нам на помощь святых сестер — их глаз наметан, ни одна ведьма не останется безнаказанной.

Послышались мягкие шаги, дверь слева от Катерины открылась, из нее вышла хрупкая женщина с большим крестом на груди. Она обвела взглядом собравшихся, ее зеленые глаза сияли ярко, как драгоценные камни, черные волосы были убраны в строгую косу.

«Ты!» — хотела выкрикнуть Варна, но слова так и остались несказанными. Рослава быстро приложила палец к губам, лишив ученицу способности говорить. Как ни старалась, Варна не могла выдавить из себя ни звука.

Только сейчас она увидела пламя в глазах Катерины. Та приобняла ведьму и, улыбаясь краем губ, сказала:

— Святые сестры изменят лик Святого Полка до неузнаваемости, можете мне поверить.

Варна вылетела из терема как стрела, хлопнула дверью так, что зазвенели окна. Ни слова сказать не выходит! Рослава запретила ей говорить!

— Не могу... — Дарий кривил лицо в тщетных попытках высказаться. — Чертовщина!

«Колдовство!» — пыталась заорать Варна, но не издала и звука: они не могли говорить о волшбе, не могли сказать, что Святым Полком управляет ведьма!

Ворвавшись в кабак, она потребовала перо, попыталась нацарапать слова на бумаге, но ничего не вышло — каракули, неразборчивая ересь! В гневе Варна отшвырнула листок и уставилась на посетителей кабака.

Сборище в черных плащах она приметила сразу. Охотники, вот только знакомых лиц среди них Варна не увидела. Кроме одного.

Отросший ежик рыжих волос, курносый нос и безвольный подбородок — Дива, сильно изменившаяся, но все еще она!

— Вот это встреча.

Дива приблизилась к Варне и раскинула руки в стороны, словно предлагая обняться.

— Я слышала, что ты сама по себе, — сказала Варна.

— Время нынче неспокойное, пришлось найти компанию. — Дива пожала плечами. — Покойничек, рада видеть тебя в добром здравии.

Дарий выдавил из себя улыбку, Варна перехватила его обеспокоенный взгляд и глубоко задумалась.

Искать помощи им негде — ведьмы проникли в Святой Полк, а рассказать об этом не может ни она, ни Дарий.

Рослава расправится с ними, если они попытаются вставлять ей палки в колеса, нечего даже думать о том, чтобы пытаться противостоять ей вдвоем. Им нужна помощь, любая, и если от Святого Полка они ее не дождутся, то охотники Мрачного Взвода всегда готовы поддержать своих.

— Нам нужно разослать воронов, — сказала Варна.

— Сбор объявляешь? — Дива усмехнулась. — Охотиться, значит, собралась... На кого?

— На ведьм, — сквозь зубы прошипела Варна.

— А я говорила, что она бедовая девка! — Дива подняла к потолку кружку под дружное улюлюканье охотников. — За Мрачный Взвод, доходяги! Выпьем, а потом наваляем кому-нибудь.

Литературно-художественное издание
Red Violet. Темные миры

Хоффман Рита

Мрачный Взвод

Ведьмин час

Руководитель редакционной группы *Анна Неплюева*
Ответственный редактор *Арина Ерешко*
Литературный редактор *Елена Музыкантова*
Арт-директор *ALES*
Леттеринг *Vit*
Иллюстрации обложки и форзацев *Lancheva*
Верстка *Владимир Снеговский*
Корректоры *Лилия Семухина, Юлия Молокова*

Подписано в печать 05.12.2023.
Формат 84×108 1/32.
Гарнитура Newton.
Усл. печ. л. 23,52.
Доп. тираж 4000 экз. Заказ №11393.

ООО «Манн, Иванов и Фербер»
123104, Россия, г. Москва, Б. Козихинский пер.,
д. 7, стр. 2

mann-ivanov-ferber.ru
vk.com/mifbooks

Отпечатано в АО «Первая Образцовая типография»,
филиал «УЛЬЯНОВСКИЙ ДОМ ПЕЧАТИ»
432980, Россия, г. Ульяновск, ул. Гончарова, д. 14
uldp.ru

16+